バーゼルⅢ 自己資本比率規制
国際統一／
国内基準告示
の完全解説

北野 淳史 プロモントリー・フィナンシャル・ジャパン
緒方 俊亮 長島・大野・常松法律事務所
浅井 太郎 有限責任監査法人トーマツ

一般社団法人 金融財政事情研究会

はじめに

　サブプライム問題に端を発し、リーマン・ショックによって世界中に伝播した金融危機を受けて、バーゼル銀行監督委員会では、既存の自己資本比率規制、いわゆるバーゼルⅡの大幅見直しに関する議論が行われた。それまで、自己資本比率規制は金融監督当局間の議論により決められていたが、金融危機が世界に拡散したことで、はじめて各国首脳レベルの課題として金融規制が議論されることとなった。良くも悪くも、金融規制や金融システムの重要性が世界中に広く認知されることとなった瞬間である。こうした政治レベルからの強い要請があったこともあり、実質わずか2年の間に、新しい銀行の健全性および流動性の規制となるバーゼルⅢが取りまとめられ、2010（平成22）年12月にバーゼル銀行監督委員会により公表された。

　これをふまえ、日本においては、海外に営業拠点を有する国際統一基準行に対する自己資本比率規制の告示の見直しが2012（平成24）年3月に行われ、2013（平成25）年3月末より段階的な実施が開始されている。一方で、主要行の一部から信用事業を営む農漁協までを広範に含む、日本国内の預貯金取扱金融機関の大多数を占める国内基準行（国内基準が適用される金融機関は、銀行から協同組織金融機関まで多岐にわたるが、本書では、便宜的にこれら金融機関を「国内基準行」と総称する）に対する自己資本比率規制については、バーゼルⅢの導入自体が見直しの直接の契機となったわけでは必ずしもなかったものの、これをふまえた必要な見直しに向けた議論が、その後開始された。

　日本国内においては、金融危機の直接の影響は必ずしも大きくなかったものの、長らくデフレ経済に悩まされ、金融仲介機能の発揮を掲げた金融円滑化法が施行されていた最中でもあり、実体経済に悪影響を及ぼすような規制の強化を容易に行う環境にはなかった。そのようななか、2011（平成23）年3月には東日本大震災という未曽有の災害を経験し、被災地を中心に、ますます国内基準が適用される預貯金取扱金融機関の健全性の強化に向けた議論

を行うことがむずかしい環境となった経緯がある。

　一方で、国際的な金融危機をふまえた今般の規制強化は、日本が過去に経験したバブル後の不良債権問題に共通する部分もあり、たとえば自己資本比率の計算における繰延税金資産の取扱いについては、当時の金融再生プログラムのなかでも大きな議論になったが、バーゼルⅢではこの取扱いの厳格化が図られている。このように、危機の経験をふまえ、次なる危機に備えるために既存の規制において不十分な点の改善を図ることは不断に必要であり、こうした観点から、バーゼルⅢの内容をふまえつつも金融仲介機能の発揮に大きな影響を与えないような、日本の実情にあった国内基準行に対する自己資本比率規制の見直しの議論が開始された。

　国内基準が適用される預貯金取扱金融機関はさまざまな業態にまたがるため論点も多種多様であり、かつ対象となる金融機関の数が多数にのぼることから、その影響の分析や個別金融機関からの意見聴取、これらの意見をふまえた規制案の見直し等に多くの時間を要したものの、金融庁の関係部局、各個別金融機関、各業界の協会関係者等々の多大なる協力の結果、2013（平成25）年3月8日、国内基準行に対する新しい自己資本比率規制が公布され、2014（平成26）年3月31日から適用されるに至った。

　こうした自己資本比率規制、いわゆるバーゼルⅩⅩと呼ばれる規制は、日本だけでも1,000を超える預貯金取扱金融機関に対する健全性規制・監督を語るうえで避けては通れない、最も基礎的かつ重要な規制の1つである。しかしながら、バーゼルⅠの時代から始まる一連の規制策定および見直しの経緯や、先般の金融危機をふまえ、短期間に集中的に議論が行われた結果まとめられたバーゼルⅢの背景、さらにはこうした国際的な議論をふまえて策定された国内基準行に対する新しい自己資本比率規制の背景や趣旨等を知る者は、必ずしも多くはないと思われる。特に、時代を追うごとに規制内容そのものの範囲が拡大、複雑化しており、これらをふまえて策定・改正された日本の自己資本比率規制を一から理解するのはむずかしい状況にあるのではないだろうか。

　これまでにもバーゼルⅢに関する解説を行った書籍はいくつかみられるも

のの、実際に策定された日本のルールを読み解くうえで生じるさまざまな疑問に対し、その答えを必ずしもすべて解き明かすものとはなっていないのではないかと思われる。しかし、これほど複雑かつ大掛かりな規制が今後適用されていくうえで、無用の混乱を避け、規制を円滑に適用していくためには、規制・監督当局の担当者のみならず金融機関の担当者が、規制の形式的な文言には必ずしも直接現れていない規制の背景や趣旨、意図等について、可能な限り共通の認識を有することが重要であるといえる。

　執筆者が金融庁において規制の策定を担っていた際、既存のバーゼルⅡに関するものを含め、さまざまな質問や照会を金融機関の担当者から受ける機会があった。金融機関の担当者としては、告示等のルールについて、なるべく明確なかたちで解釈を示されていたほうが、今後その金融機関がとる行動についての妥当性が確保されることはいうまでもない。一方で、自己資本比率規制は金融機関のリスク管理に密接にかかわるものであるところ、厳密なルールや解釈を明確にすればするほど、各金融機関の状況をふまえると必ずしも実態にそぐわないものが生じてきたり、金融機関自らが考える機会や力を奪うことにもつながる。これは、ルール・ベースとプリンシプル・ベースの規制・監督の最適な組合せを追求するベターレギュレーションの考え方に通ずるものである。

　告示等の規制の策定は、こうした厳密なルールと一定程度の裁量・解釈の余地との間のバランスをいかにして図るかということを、当局の担当者が常に考えながら行われている。そのため、告示やQ&A等の細かい表現のなかに当局からの微妙なメッセージが隠されていたり、あるいは明確な解釈を示すことがかえって金融機関の自由度を不必要に狭めるようなケースではあえて金融機関の裁量の余地を残すこととするなど、策定された告示等のルールのなかには、策定担当者や策定に関与した者のみが認識している背景や経緯等が少なからず存在する。

　本書は、自己資本比率規制にかかわる当局および金融機関の担当者が、今後実際にこれを適用するにあたって不必要に立ち止まる機会がなるべく少なくなるよう、また自ら考える必要のあるケースについては規制の背景や趣旨

等をふまえた適切な解釈が行えるよう、バーゼルⅢの策定交渉やその後の告示等の策定に実際に従事した担当者3名が、最終的な告示やQ&A等の文言には必ずしも現れてこない背景や経緯、趣旨等を含め、可能な限り詳細に解説を行うことを目的としている。

その際、国内基準行に対する規制は、銀行、信用金庫、信用組合、労働金庫、農協、漁協といった業態横断的にさまざまな金融機関に適用される規制であることから、業態ごとに異なる内容の規制が適用される部分については、これを詳述することで、すべての業態にかかわる当局および金融機関の担当者にとって意味のあるものとなるよう工夫を行っている。本書がこうした関係者にとっての助けとなることが、執筆者一同の思いである。

本書の構成は以下のとおりである。まず第1章において、日本における自己資本比率規制の概略を述べる。その後、大きな2つの柱として、第2章において国際統一基準行に対する新しい規制、第3章において国内基準行に対する新しい規制に関し、それぞれ告示や監督指針、Q&A等の日本における規制内容について、実務担当者に必要な解説を行っている。特に、国内基準については、第3章において規制の背景や国際統一基準との違いについて詳しい解説を行っている。なお、国内基準については、リスク・アセットに関する論点を除いて、原則として第3章のみを参照することで必要な規制内容の把握ができるように工夫している。リスク・アセットに関する論点については、必要に応じ第2章を参照されたい。また、協同組織金融機関に対する自己資本比率規制については、株式会社である銀行の規制をふまえつつ、業態の特殊性に鑑み、銀行とは異なる取扱いが採用されている部分がある。そこで、こうした銀行に適用される国内基準および国際統一基準との違いを中心に、第4章において解説を行っている。協同組織金融機関に対する自己資本比率規制のうち、銀行に適用される国内基準および国際統一基準と共通する部分については、必要に応じ、第2章および第3章を参照されたい。

また、バーゼルⅢにおいて導入される新しい規制には、今般国内において規制の見直しが行われた自己資本比率規制の改正のみにとどまらず、資本バッファーやレバレッジ規制、流動性規制等、今後導入が予定されている他

のさまざまな規制も含まれている。こうした今後導入予定のバーゼルⅢパッケージに含まれるその他の規制の主要なポイントについても、第5章において簡単に解説を行っている。

　最後に、自己資本比率規制に係る告示は業態ごとに定められており、該当する条項の番号が異なる。実務上の利便性の観点から、国際統一基準、国内基準のそれぞれにつき、業態ごとに主要な事項に関する告示の該当条項の比較表を付録として作成している。

　　2014年4月

北野　淳史
緒方　俊亮
浅井　太郎

著者略歴

北野　淳史（きたの　あつし）

プロモントリー・フィナンシャル・ジャパン　リスク戦略室長
京都市出身。2001年京都大学経済学部卒。2003年同大学院経済学研究科修士課程を修了し、金融庁入庁。米国通貨監督庁（OCC）出向、検査局を経て、2008年より総務企画局総務課国際室にてバーゼル2.5およびバーゼルⅢの策定交渉に従事。2010年より監督局総務課バーゼルⅡ推進室（現健全性基準室）にて、国際統一基準行および国内基準行向けの新規制の策定等に従事。2012年より、メガバンクのリカバリープラン（再建計画）の検証、当局ストレステストの実施等を担当。2013年8月より現職。

緒方　俊亮（おがた　しゅんすけ）

長島・大野・常松法律事務所　弁護士
福岡県出身。2005年東京大学法学部卒。2006年弁護士登録、長島・大野・常松法律事務所入所。2010年10月より金融庁監督局総務課バーゼルⅡ推進室（現健全性基準室）に出向、自己資本の定義（自己資本比率規制の分子部分）を中心に、国際統一基準行および国内基準行向けの新規制の策定のほか、メガバンクのリカバリープラン（再建計画）の検証等に従事。2013年10月より現職。

浅井　太郎（あさい　たろう）

有限責任監査法人トーマツ　金融インダストリーグループ　シニアマネジャー
愛知県出身。2000年東京大学教養学部卒。同年日本興業銀行（現みずほ銀行）入行。監査法人系コンサルティング会社を経て、2007年監査法人トーマツ（現有限責任監査法人トーマツ）入社。2009年3月より金融庁監督局総務課バーゼルⅡ推進室（現健全性基準室）に所属。リスク・アセット（自己資本比率規制の分母部分）を中心に、バーゼル2.5を含めた国際統一基準行および国内基準行向けの新規制の策定のほか、内部格付手法等の承認審査業務等に従事。2013年4月より現職。

凡　　例

本文中で用いている告示名称等は以下のとおりである。

自己資本比率告示	バーゼルⅢ告示と改正国内基準告示の総称
銀行告示	「銀行法第14条の２の規定に基づき、銀行がその保有する資産等に照らし自己資本の充実の状況が適当であるかどうかを判断するための基準（18年金融庁告示第19号）」を指す。他業態の同様の告示名称は、「持株告示」「農中告示」「信金告示」「信組告示」などとする。
バーゼルⅡ告示	バーゼルⅡに基づく旧告示の総称（国際統一基準・国内基準を問わず、今般の見直し以前の告示を指す）
24年改正告示	平成24年３月公布の国際統一基準の改正に係る告示総称。銀行告示に関しては、24年金融庁告示28号。
25年改正告示	平成25年３月公布の国内基準の改正に係る告示総称。銀行告示に関しては、25年金融庁告示６号。
銀行開示告示	第３の柱に係る告示名称。他業態の同様の告示名称は、「農中開示告示」「信金開示告示」などとする。
告示Q&A	自己資本比率規制に関するQ&A。バーゼルⅡに関するQ&Aなどを特定する必要がある場合はその旨をあわせて記載。
主要行等向け監督指針	主要行等向けの総合的な監督指針
中小・地域金融機関向け監督指針	中小・地域金融機関向けの総合的な監督指針
バーゼルⅢ告示	24年改正告示による改正後の各業態の自己資本比率規制に係る告示の総称
改正国内基準告示	25年改正告示による改正後の各業態の自己資本比率規制に係る告示の総称

目　次

第1章　自己資本比率規制総論

1　日本における自己資本比率規制 ……………………………………… 2
2　早期是正措置 …………………………………………………………… 7
3　早期警戒制度 …………………………………………………………… 9

第2章　国際統一基準

1　策定の経緯・背景 ……………………………………………………… 16
　(1)　国際合意（バーゼルⅢ）成立までの経緯 ………………………… 16
　(2)　バーゼルⅢの概要（全体像） ……………………………………… 19
　(3)　国際合意をふまえた日本におけるバーゼルⅢ …………………… 19
2　新しい国際統一基準の概要 …………………………………………… 29
　(1)　新しい国際統一基準 ………………………………………………… 29
　(2)　自己資本比率の計算式における分母（銀行の抱えるリスク量）……… 32
3　普通株式等Tier 1 資本に係る基礎項目の額 ………………………… 38
　(1)　総　　論 ……………………………………………………………… 38
　(2)　普通株式等Tier 1 資本に係る基礎項目の額 ……………………… 38
4　普通株式等Tier 1 資本に係る調整項目の額 ………………………… 55
　(1)　総　　論 ……………………………………………………………… 55
　(2)　一般的に損失吸収力に乏しいと考えられる資産や利益等である
　　　調整項目 ……………………………………………………………… 59
　(3)　金融システムのリスクの連鎖を防止する観点から一定程度保有
　　　を抑制する必要があると考えられる資産等 ……………………… 71
5　その他Tier 1 資本の額 ………………………………………………… 94
　(1)　総　　論 ……………………………………………………………… 94

- (2) その他Tier 1 資本に係る基礎項目の額 ································ 94
- (3) その他Tier 1 資本に係る調整項目の額 ································ 119

6 Tier 2 資本の額 ·· 122
- (1) 総　　論 ·· 122
- (2) Tier 2 資本に係る基礎項目の額 ·· 122
- (3) Tier 2 資本に係る調整項目の額 ·· 134

7 経過措置 ·· 137
- (1) 自己資本比率に係る経過措置 ·· 137
- (2) 資本調達手段に係る経過措置 ·· 138
- (3) 公的機関による資本の増強に関する措置に係る経過措置 ········· 142
- (4) その他の包括利益累計額および評価・換算差額等に係る経過措置 ··· 143
- (5) 少数株主持分等に係る経過措置 ··· 144
- (6) 調整項目に係る経過措置 ·· 146
- (7) 特定項目に係る15％基準超過額に係る経過措置 ···················· 148

8 リスク捕捉の強化 ·· 149
- (1) 総　　論 ·· 149
- (2) CVAリスク（標準的リスク測定方式、先進的リスク測定方式） ······· 149
- (3) 中央清算機関（CCP）向けエクスポージャーの取扱い ············· 163
- (4) 大規模規制金融機関等向け資産相関引上げ ··························· 175
- (5) 期待エクスポージャー方式 ··· 179
- (6) 適格金融資産担保の取扱い ··· 184
- (7) 保有資産のボラティリティが高い債務者の格付 ····················· 187
- (8) 保証人に対する格付要件の見直し ······································ 188
- (9) 証券化商品等に対するRW1,250％の取扱い ························· 189
- (10) 重要な出資のエクスポージャー ··· 189

9 その他の論点 ·· 191
- (1) 比例連結 ·· 191
- (2) フロアの取扱い ··· 191

10 第3の柱の見直し ･･･ 193
 (1) 見直しの背景 ･･･ 193
 (2) 自己資本の構成要素の開示 ･････････････････････････････････ 194
 (3) 貸借対照表とのリコンシリエーション（対照関係）の開示 ･･････ 199
 (4) 自己資本調達手段の概要および詳細の開示 ･･･････････････････ 200
 (5) そ の 他 ･･･ 203
 (6) 経過措置 ･･･ 204

第3章　国内基準

1 検討の経緯 ･･･ 206
2 検討にあたってのさまざまな論点 ･････････････････････････････ 209
 (1) 国際統一基準との関係 ･････････････････････････････････････ 209
 (2) 金融仲介機能の発揮との間のバランス ･･･････････････････････ 209
 (3) 自己資本の質の強化（調整（控除）項目）･････････････････････ 210
 (4) 自己資本の質の強化（Tier 2 の撤廃）･････････････････････････ 212
 (5) 自己資本の質の強化（普通株を中心としたコア資本）･･･････････ 215
 (6) プロシクリカリティの抑制（その他有価証券の評価損益）･･･････ 218
 (7) プロシクリカリティの抑制（貸倒引当金の取扱い）･････････････ 221
 (8) リスク捕捉の強化（カウンターパーティ・リスクの取扱い）･･････ 222
 (9) 新規制への円滑な移行（経過措置）･･･････････････････････････ 223
 (10) 協同組織金融機関による中央機関（連合会）等向け出資の取扱
    い ･･ 224
3 国際統一基準と国内基準の比較 ･･･････････････････････････････ 226
4 国内基準の概要 ･･･ 228
 (1) 最低自己資本比率 ･･･ 228
 (2) 自己資本比率の計算式における分母（銀行の抱えるリスク量）･･･ 229
5 コア資本に係る基礎項目の額 ･････････････････････････････････ 236
 (1) 概　　要 ･･･ 236

(2) 普通株式または強制転換条項付優先株式に係る株主資本の額 ····· 238
　(3) その他の包括利益累計額 ·· 252
　(4) 普通株式または強制転換条項付優先株式に係る新株予約権の額 ··· 254
　(5) コア資本に係る調整後少数株主持分の額 ························ 254
　(6) 貸倒引当金の額 ·· 261
6　コア資本に係る調整項目の額 ·· 263
　(1) 総　　論 ··· 263
　(2) 一般的に損失吸収力に乏しいと考えられる資産や利益等である
　　コア資本に係る調整項目 ·· 264
　(3) 金融システムのリスクの連鎖を防止する観点から一定程度保有
　　を抑制する必要があると考えられる資産等 ······························ 277
　(4) 具体的な計算例 ·· 303
7　経過措置 ·· 305
　(1) 資本調達手段に係る経過措置 ·· 305
　(2) 公的機関による資本の増強に関する措置に係る経過措置 ·········· 311
　(3) 土地再評価差額金に係る経過措置 ·································· 312
　(4) その他の包括利益累計額のうち退職給付に係るものの経過措置 ··· 315
　(5) 少数株主持分に係る経過措置 ·· 316
　(6) コア資本に係る調整項目に係る経過措置 ·························· 320
　(7) 自己保有普通株式等に係る経過措置 ·································· 323
　(8) 意図的に保有している他の金融機関等の対象資本調達手段の額
　　に係る経過措置 ·· 324
　(9) 特定項目に係る15％基準超過額に係る経過措置 ····················· 325
　(10) 他の金融機関等の対象資本調達手段に係るエクスポージャーに
　　係る経過措置 ·· 326
　(11) 内部格付手法等を用いるための自己資本比率に係る経過措置 ····· 328
　(12) 単体自己資本比率の算出の方法等に係る経過措置 ················· 330
8　リスク捕捉の強化 ·· 331
　(1) 概　　要 ··· 331

(2)　CVAリスク（簡便的リスク測定方式） ································· 331
　(3)　その他（国際統一基準との関係） ····································· 332
9　その他 ··· 334
　(1)　比例連結 ··· 334
　(2)　内部モデル承認要件 ·· 334
10　第3の柱の見直し ·· 336
　(1)　見直しの背景 ·· 336
　(2)　自己資本の構成要素の開示 ··· 336
　(3)　自己資本調達手段の概要の開示 ····································· 340
　(4)　経過措置 ··· 341

第4章　協同組織金融機関の自己資本比率規制

1　適用対象 ·· 344
2　信用金庫連合会、信用金庫、信用協同組合連合会、信用協同組合、労働金庫連合会または労働金庫に適用される国内基準 ················· 346
　(1)　概　　要 ··· 346
　(2)　自己資本比率の計算式における分母（協同組織金融機関のリスク・アセット） ·· 346
　(3)　コア資本に係る基礎項目の額 ·· 347
　(4)　コア資本に係る調整項目の額 ·· 355
　(5)　経過措置 ··· 366
3　農水系統機関に適用される国内基準 ·································· 368
　(1)　概　　要 ··· 368
　(2)　自己資本比率の計算式における分母（農水系統機関のリスク・アセット） ··· 368
　(3)　コア資本に係る基礎項目の額 ·· 369
　(4)　コア資本に係る調整項目の額 ·· 372
　(5)　経過措置 ··· 374
4　信用金庫連合会および農林中央金庫に適用される国際統一基準 ····· 376

- (1) 普通出資 …………………………………………………… 376
- (2) その他Tier 1 資本調達手段 …………………………………… 378
- (3) Tier 2 資本調達手段 …………………………………………… 380
- (4) 調整項目 ……………………………………………………… 382

第5章　バーゼルⅢのその他のパッケージの今後の導入予定

1 バッファー、サーチャージ、システム上重要な銀行に対する取扱い … 385
- (1) 資本保全バッファー …………………………………………… 385
- (2) 早期是正措置の見直し ………………………………………… 387
- (3) カウンター・シクリカル・バッファー ……………………… 388
- (4) グローバルなシステム上重要な銀行（G-SIBs）に対するサーチャージ ………………………………………………………… 390
- (5) 国内のシステム上重要な銀行（D-SIBs）の取扱い ………… 391
- (6) 再建計画と処理計画 …………………………………………… 394
- (7) 国内基準行に対する取扱い …………………………………… 396

2 レバレッジ規制 …………………………………………………… 399
- (1) 概　　要 ……………………………………………………… 399
- (2) レバレッジ規制の導入に伴う影響 …………………………… 401

3 流動性規制 ………………………………………………………… 403
- (1) 流動性カバレッジ比率と安定調達比率 ……………………… 403
- (2) 流動性規制の導入に伴う影響 ………………………………… 406

4 バーゼルⅢ導入が銀行ビジネスに与えうる影響 ……………… 408

おわりに ……………………………………………………………… 410
付録：告示の読替表 ………………………………………………… 413
事項索引 ……………………………………………………………… 433

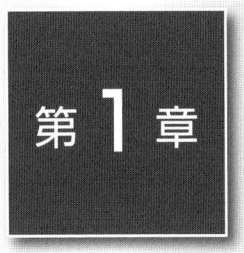

自己資本比率規制総論

1 日本における自己資本比率規制

　銀行は、その業務の健全な運営に資するため、その経営の健全性を判断する基準として定められる基準を遵守しなければならない（銀行法14条の2）。このうち、銀行の保有する資産等に照らし当該銀行の自己資本の充実の状況が適当であるかどうかの基準、すなわち、自己資本比率規制として、銀行告示が定められている。

　この自己資本比率規制は、スイスのバーゼルに事務局を置くバーゼル銀行監督委員会（以下「バーゼル委」）によって策定される、いわゆるバーゼル合意（バーゼルXX）を受けて策定されるものである。

　日本では、自己資本比率規制は、海外営業拠点[1]を有する銀行（以下「国際統一基準行」）に対して適用される国際統一基準と、海外営業拠点を有しない

図表1−1　自己資本比率規制とは（必要性のイメージ）

貸出等 ¥100	預金等 ¥90
	自己資本 ¥10

自己資本より大きな損失 →

貸出等 ¥80	預金等 ¥90
債務超過¥10	毀損 ¥20

→ 預金者等の負担に

自己資本より小さな損失 →

貸出等 ¥95	預金等 ¥90
毀損¥5	自己資本¥5

→ 預金を払い戻せるだけの資産は確保

　銀行に一定規模の損失が生じたとしても、十分な自己資本をあらかじめ備えておくことで、預金者等に損失が発生することを防ぐ目的

図表1-2　バーゼル銀行監督委員会とは（平成26年3月末現在）

> 1．位置づけ
> 　銀行監督に関する継続的な協力のための協議の場。銀行の監督やリスク管理に関する実務を世界的に促進・強化することに取り組んでおり、バーゼルXXと呼ばれる規制等の策定を行っている。
>
> 2．事務局
> 　スイスのバーゼル
>
> 3．メンバー
> 　アルゼンチン、オーストラリア、ベルギー、ブラジル、カナダ、中国、フランス、ドイツ、香港特別行政区、インド、インドネシア、イタリア、日本、韓国、ルクセンブルク、メキシコ、オランダ、ロシア、サウジアラビア、シンガポール、南アフリカ、スペイン、スウェーデン、スイス、トルコ、英国および米国の中央銀行および銀行監督当局
>
> 4．オブザーバー
> 　欧州銀行監督委員会（EBA）、欧州中央銀行（ECB）、欧州委員会（EC）、金融安定研究所（FSI）、国際通貨基金（IMF）

銀行（以下「国内基準行」）に対して適用される国内基準に区別される。これらの基準において、銀行は、連結ベースおよび単体ベースの自己資本比率規制の対象となる[2]。

　同様に、銀行以外の預金取扱金融機関および貯金取扱金融機関（以下「預貯金取扱金融機関」）[3]についても、それぞれの根拠法に基づき自己資本比率規制が適用されるが、その概要は以下の表に記載のとおりである。

1　外国に所在する支店または銀行業を営む外国の会社（銀行が総株主等の議決権の100分の50を超える議決権を保有しているものに限る）であって、その所在地において常勤の役員または従業員をもつものをいう（銀行告示2条）。すなわち、海外支店または過半数の議決権を保有する海外子銀行を有する場合、国際統一基準行に該当する。
2　バーゼル合意では、連結ベースでの自己資本比率規制が国際的に活動する銀行に義務づけられている。日本において銀行やその他の預貯金取扱金融機関について単体ベースでの自己資本比率規制が課せられるのは、銀行法等の業態ごとの根拠法の趣旨をふまえたいわば日本独自の上乗せとしての規制である。

図表1－3　国際統一基準行と国内基準行（平成26年3月末現在）

国際統一基準行	国内基準行
銀行持株会社	
三菱UFJ FG・みずほFG・三井住友FG・三井住友トラストHD・山口FG	りそなHD・ふくおかFG ほか、計11グループ
大手行（除く信託銀行）	
三菱東京UFJ銀行・みずほ銀行・三井住友銀行	りそな銀行・新生銀行・あおぞら銀行
信託銀行	
三菱UFJ信託銀行・三井住友信託銀行・みずほ信託銀行	野村信託銀行 ほか、計13行
地方銀行（埼玉りそな含む）	
群馬銀行・千葉銀行・横浜銀行・八十二銀行・静岡銀行・滋賀銀行・中国銀行・山口銀行・伊予銀行	常陽銀行・福岡銀行・埼玉りそな ほか、計56行
第二地方銀行	
名古屋銀行	左記以外の第二地方銀行　計40行
協同組織金融機関	
農林中央金庫 株式会社商工組合中央金庫	すべての信用金庫（信金中央金庫含む） すべての信用組合（全信組連含む） すべての労働金庫（労金連含む） すべての農協・漁協（信連・信漁連含む）

3　金融商品取引法上の最終指定親会社については、特別金融商品取引業者に適用される自己資本規制比率とバーゼル合意に従った自己資本比率規制のいずれかを任意に選択して適用することが認められている（最終指定親会社等の保有する資産等に照らし当該最終指定親会社等の自己資本の充実の状況が適当であるかどうかを判断するための基準を定める件4条1項）。

	根拠法	告示	国際統一基準または国内基準の別	連結または単体の別
銀行	銀行法14条の2	銀行法第14条の2の規定に基づき、銀行がその保有する資産等に照らし自己資本の充実の状況が適当であるかどうかを判断するための基準（平成18年金融庁告示第19号）	国際統一基準または国内基準	連結および単体
銀行持株会社	銀行法52条の25	銀行法第52条の25の規定に基づき、銀行持株会社が銀行持株会社及びその子会社の保有する資産等に照らしそれらの自己資本の充実の状況が適当であるかどうかを判断するための基準（平成18年金融庁告示第20号）	国際統一基準または国内基準	連結のみ
株式会社商工組合中央金庫法	株式会社商工組合中央金庫法23条1項	株式会社商工組合中央金庫法第23条第1項の規定に基づき、株式会社商工組合中央金庫がその経営の健全性を判断するための基準（平成20年金融庁・財務省・経済産業省告示第2号）	国際統一基準	連結および単体
信用金庫連合会および信用金庫	信用金庫法89条1項	信用金庫法第89条第1項において準用する銀行法第14条の2の規定に基づき、信用金庫及び信用金庫連合会がその保有する資産等に照らし自己資本の充実の状況が適当であるかどうかを判断するための基準（平成18年金融庁告示第21号）	信用金庫連合会：国際統一基準または国内基準 信用金庫：国内基準	連結および単体
信用協同組合連合会および信用組合	協同組合による金融事業に関する法律6条1項	協同組合による金融事業に関する法律第6条第1項において準用する銀行法第14条の2の規定に基づき、信用協同組合及び信用協同組合連合会がその保有する資産等に照らし自己資本の充実の状況が適当であるかどうかを判断するための基準（平成18年金融庁告示第22号）	国内基準	連結および単体

労働金庫連合会および労働金庫	労働金庫法94条1項	労働金庫法第94条第1項において準用する銀行法第14条の2の規定に基づき、労働金庫及び労働金庫連合会がその保有する資産等に照らし自己資本の充実の状況が適当であるかどうかを判断するための基準（平成18年金融庁・厚生労働省告示第7号）	国内基準	連結および単体
農林中央金庫	農林中央金庫法56条	農林中央金庫がその経営の健全性を判断するための基準（平成18年金融庁・農林水産省告示第4号）	国際統一基準	連結および単体
農業協同組合連合会および農業協同組合（注）	農業協同組合法11条の2第1項	農業協同組合等がその経営の健全性を判断するための基準（平成18年金融庁・農林水産省告示第2号）	国内基準	連結および単体
漁業協同組合連合会および漁業協同組合ならびに水産加工業協同組合連合会および水産加工業協同組合(注)	水産業協同組合法11条の6第1項等	漁業協同組合等がその経営の健全性を判断するための基準（平成18年金融庁・農林水産省告示第3号）	国内基準	連結および単体

（注） 貯金または定期積金の受入れを行うものに限る。

2 早期是正措置

　自己資本比率規制における最低所要自己資本比率は、バーゼルⅡ以前、国際統一基準については8％、国内基準については4％とされていたが、預貯

図表1－4　バーゼルⅡ以前の早期是正措置の概要

区分	自己資本比率		措置の概要
	国際統一基準	国内基準	
第一	8％未満	4％未満	原則として資本の増強に係る措置を含む経営改善計画の提出およびその実行命令
第二	4％未満	2％未満	資本増強計画の提出および実行、配当または役員賞与の禁止または抑制、総資産の圧縮または増加抑制、高金利預金の受入れの禁止または抑制、営業所における業務の縮小、営業所の廃止、子会社または海外現法の業務の縮小、子会社または海外現法の株式の処分等の命令
第二の二	2％未満	1％未満	自己資本の充実、大幅な業務の縮小、合併または銀行業の廃止等の措置のいずれかを選択したうえ当該選択に係る措置を実施することの命令
第三	0％未満	0％未満	業務の一部または全部の停止命令 ただし、以下の場合には第二区分の二以上の措置を講ずることができる。 ①　金融機関の含み益を加えた純資産価値が正の値である場合 ②　含み益を加えた純資産価値が正の値と見込まれる場合 なお、同区分に属さない金融機関であっても、含み損を加えた純資産価値が負の値である場合や、負となることが明らかに予想される場合は、業務停止命令を発出することがありうる。

(注1)　すべての金融機関に対し、流動性不足等を原因とする業務停止命令（銀行法26条1項、27条）を発出することがありうる。
(注2)　第二区分ないし第三区分に該当する金融機関であっても、当該金融機関が合理的と認められる経営改善計画を策定し、同計画が比較的短期で確実に達成できると見込まれる場合は、当該金融機関の属する区分より上の区分の措置を講ずることができる。
(出所)　金融庁作成資料

金取扱金融機関の自己資本比率がこれらの最低比率を下回った場合には、経営の健全性確保や破綻の未然防止のため、監督上の措置を発動する制度が、平成10年4月より銀行法において導入されている（銀行法26条2項）。いわゆる早期是正措置である。

　図表1－4のとおり、預貯金取扱金融機関が最低所要自己資本比率を下回った場合、その水準に応じて適切な監督上の措置が、早期是正措置として発動されることとなる。早期是正措置については、バーゼルⅢの導入に伴い、国際統一基準については、すでに平成24年8月にその一部見直しが行われている[4]。すなわち、第2章において説明するように、バーゼルⅢではこれまでの最低所要自己資本比率と実質的に同じ総自己資本比率8％という基準に加え、Tier1比率6％および普通株式等Tier1比率4.5％という2つの基準が追加されたことから、早期是正措置において参照する比率についても、これら3つの指標へと変更されている。また、第2章7(1)において説明するように最低Tier1比率と最低普通株式等Tier1比率は平成27年3月31日までの間に段階的に引き上げられることから、早期是正措置の各区分の水準も、それに応じて平成27年3月31日までの間に段階的に引き上げられることとなっている。

　なお、第5章において述べるが、バーゼルⅢの導入に伴い、最低所要比率＋αとしての資本バッファーという概念が今後新たに導入されることとなる。このバッファー水準を下回った場合には、配当や役員賞与の停止といった社外流出制限が求められるようになることから、今後、資本バッファーが段階的に導入される平成28年3月末に向けて、あらためて早期是正措置の見直しの議論が行われることが予想される。

---

[4] http://www.fsa.go.jp/news/24/ginkou/20120807-3.html。見直し内容については第5章の図表5－1を参照。

3　早期警戒制度

　早期是正措置は、自己資本比率が最低所要比率を下回った場合にはじめて発動される監督上の措置である。自己資本比率は、預貯金取扱金融機関の健全性を表す代表的指標の1つではあるものの、当該比率が銀行のあらゆる健全性を表すわけではない。預貯金取扱金融機関はさまざまなリスクにさらされているが、たとえば、銀行勘定において国債等の債券を保有することに伴う金利リスクや、与信先が特定の業種や地域に集中する与信集中リスク等は、最低所要自己資本比率のなかでは直接捕捉されてはいない。

　預貯金取扱金融機関が、その自己資本比率には現れないリスクにさらされているか否かを把握し、仮にそうしたリスクが大きいと判断された場合に

図表1－5　バーゼルⅡの3本の柱

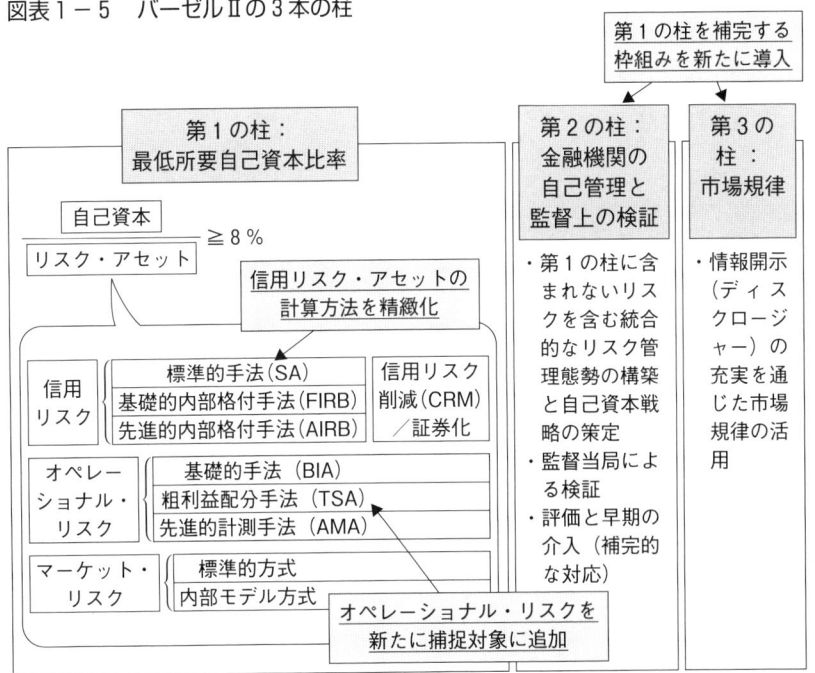

第1章　自己資本比率規制総論　9

図表1－6　バーゼルⅡ第2の柱の導入をふまえた早期警戒制度の見直し

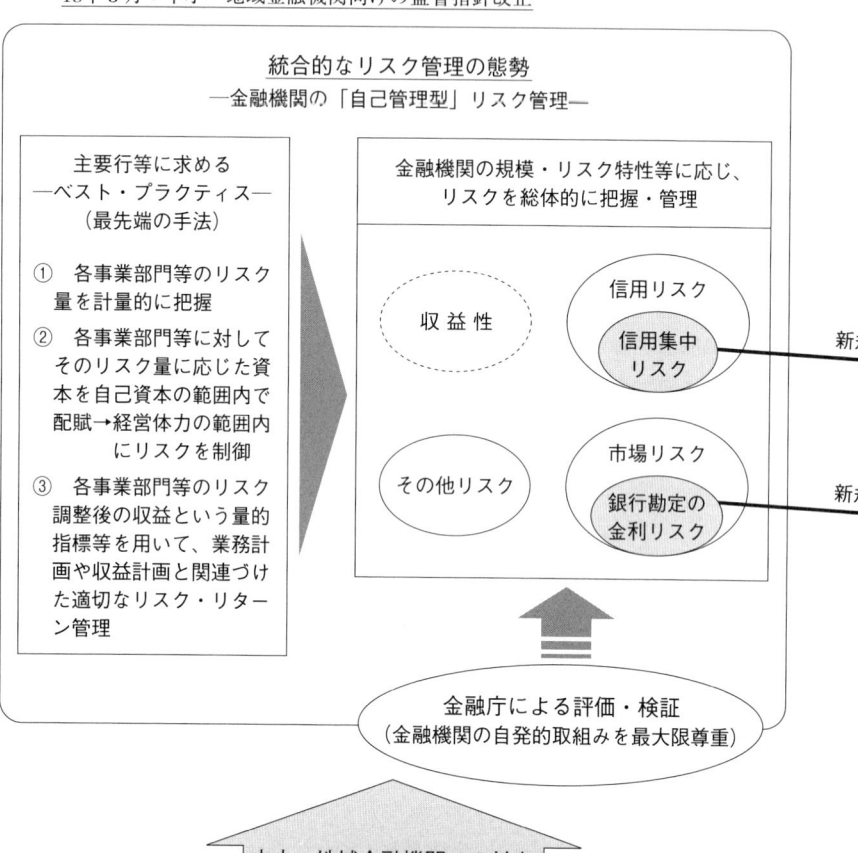

(出所) 金融庁作成資料

(2) 早期警戒制度の活用

平成18年3月：主要行等向けの監督指針改正
　　　　　　中小・地域金融機関向けの監督指針改正

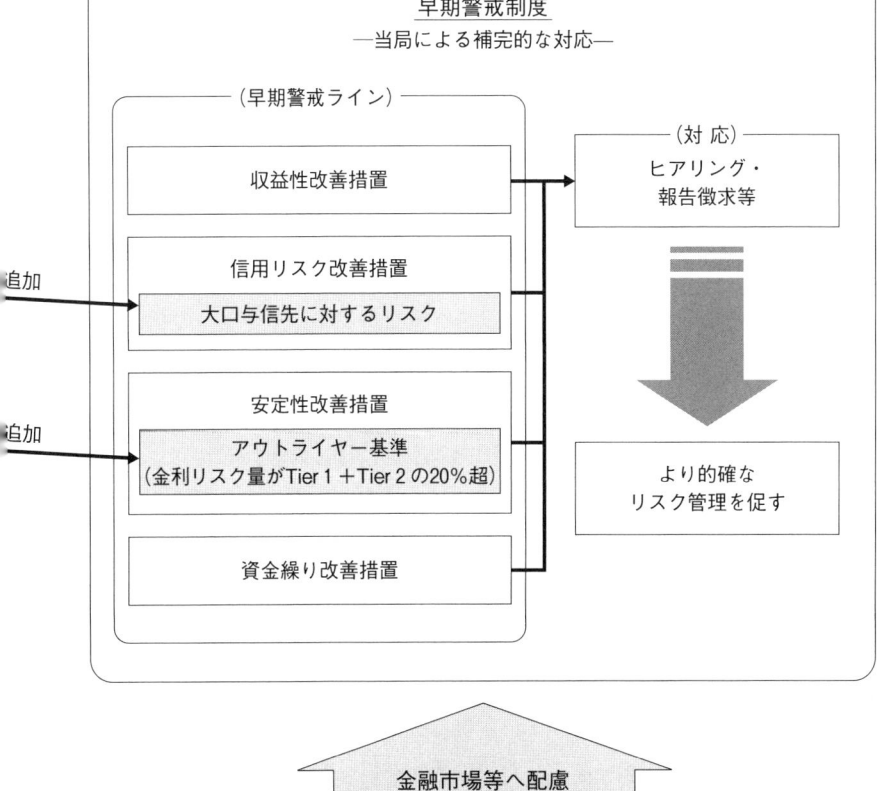

　早期警戒ラインの基準に該当する場合でも経営が不健全であると自動的にみなされるものではなく、当局が直ちに経営改善を求めるものではない。
　改善が必要とされる場合でも、金融市場への影響や中小企業金融の動向等に十分配慮し、改善計画の方法や時期等が適切に選択されるよう特に留意して監督を行うものとする。

は、早め早めの経営改善を促していく枠組みとして、平成14年12月に早期警戒制度が導入されている。

　早期警戒制度は、大きく、収益性、信用リスク、市場リスクおよび資金繰りリスクの４つの柱から構成される。平成14年の導入の後、平成19年からバーゼルⅡが導入されたことに伴い、早期警戒制度についても見直しが行われた。すなわち、バーゼルⅡでは、図表１－５のとおり、最低所要自己資本比率が表す第１の柱で捕捉されないリスクについては、金融機関が自ら捕捉・管理し、それを当局が検証するという第２の柱によって補完されるべきものとされる。これに伴い、早期警戒制度の枠組みに、第１の柱では捕捉されない銀行勘定の金利リスクおよび与信集中リスクが盛り込まれることとなった（図表１－６）。

　早期警戒制度については、バーゼルⅢの導入に伴う大きな見直しは行われてはいないものの、銀行勘定の金利リスク量を算出する際の１つの指標であるアウトライヤー比率については、第２章および第３章において説明するようにバーゼルⅢの導入に伴い自己資本の定義が見直されたことから、これに伴う見直しが国際統一基準行および国内基準行に対してそれぞれ行われている。すなわち、従前の監督指針においては、アウトライヤー比率の分母は基本的項目（以下「Tier１」）と補完的項目（以下「Tier２」）の合計額であり、控除項目の額を控除する前の数字であったが、今般の見直しに伴い、国際統一基準行については第２章２(1)において解説する総自己資本の額へと変更されており[5]、また、国内基準行については第３章４(1)において解説する自己資本の額へと変更されている[6]。いずれも自己資本比率の分子の計算において控除される各調整項目の額を控除した後の数字を用いることとなった。

---

[5]　主要行等向け監督指針Ⅲ－２－３－３－３(1)③ロ
[6]　地域・中小金融機関向け監督指針Ⅱ－２－５－３(2)②

図表1-7　第2の柱のもとにおける銀行勘定の金利リスクの取扱い

　金融機関が、第1の柱の対象となっていないリスク（銀行勘定の金利リスクや信用集中リスク等）も含めたリスクを把握したうえで、経営上必要な自己資本額を自ら検討
　⇒金融機関による統合的なリスク管理と当局による早期警戒制度に基づくモニタリング

銀行勘定の金利リスクに係る取扱い（アウトライヤー比率）　［バーゼルⅡにおける取扱い］

　金利リスク量がTier1とTier2の合計額の20％を超える金融機関（アウトライヤー銀行という）の自己資本の適切性について監督当局は特に注意を払う。

　ただし、当該リスクは、第1の柱（最低所要自己資本比率）には含まれないことから、アウトライヤー銀行に該当しても、自動的に自己資本の賦課が求められるものではない。　［いわゆるアウトライヤー規制ではない］

金利リスク量
　　　　①　金利がイールド・カーブに沿って200bp上下に平行移動した場合のリスク量
または　②　保有期間1年、観測期間最低5年で測定される99％点と1％点の金利変動のリスク量

　新しい自己資本比率規制の実施に伴い、アウトライヤー比率の分母が、
①　国際統一基準行については、総自己資本（調整項目控除後）の額
②　国内基準行については、自己資本（調整項目控除後）の額
へと変更（ただし、いずれも経過措置ベース）。

# 第2章

国際統一基準

1　策定の経緯・背景

(1) 国際合意（バーゼルⅢ）成立までの経緯

　2007（平成19）年のサブプライム問題に端を発する金融危機を受け、バーゼル委ではまず、金融危機に対する緊急対応についての議論が行われた。これが、2009（平成21）年7月に公表されることとなる、いわゆるバーゼル2.5である。バーゼル2.5では、銀行勘定における再証券化商品に係る事実上のリスク・ウェイトの引上げや、リーマン・ショックに伴いさまざまな問題が明らかとなったトレーディング勘定の取扱いの強化等が図られている。

　こうした議論の一部は金融危機以前から開始されていたものの、議論の最中に金融危機が生じたこともあり、まずはバーゼル2.5の最終化に向けた議論が優先されたという経緯がある。そのようななか、2008（平成20）年9月

図表2－1　バーゼル2.5の概要

[背景]
・サブプライム問題に端を発する金融危機への当面の対処として、銀行勘定の証券化商品の取扱いおよびトレーディング勘定の取扱いを強化（2009（平成21）年7月公表、2011（平成23）年12月末より実施）

[バーゼル2.5のポイント]
➢証券化商品の取扱強化（銀行勘定）
　✓再証券化商品のリスク・ウェイト引上げ
　✓外部格付使用に係るモニタリング要件の導入
➢トレーディング勘定の取扱強化
　✓内部モデル採用行のストレスVaRに係る追加資本賦課
　✓内部モデル採用行の追加的リスク（信用リスク）に係る追加資本賦課
　✓証券化商品につき原則銀行勘定と同様の取扱いを適用
➢上記に係る開示の強化

図表2−2　バーゼルⅢ実施までの経緯

2008（平成20）年9月	リーマン・ショック
11月	G20ワシントン・サミット（国際的な金融危機に対し首脳レベルで対応することを確認）
2009（平成21）年	バーゼル委にてバーゼルⅢ検討本格スタート
4月	G20ロンドン・サミット
9月	G20ピッツバーグ・サミット（2010（平成22）年末までに新規制を策定することを確認）
12月	バーゼルⅢ市中協議文書公表（市中協議期間〜2010（平成22）年4月）
2010（平成22）年2月	定量的影響度調査（QIS）実施
6月	G20トロント・サミット
7月	中央銀行総裁・監督当局長官グループ会合（バーゼルⅢパッケージの大枠合意）
9月	中央銀行総裁・監督当局長官グループ会合（バーゼルⅢの最低自己資本比率合意）
11月	G20ソウル・サミット（バーゼルⅢパッケージの了承）
12月	バーゼルⅢテキスト公表
2012（平成24）年3月	日本におけるバーゼルⅢ告示公布
2013（平成25）年3月	新規制段階実施開始

にリーマン・ショックが起こり、米国発の金融危機が世界中に伝播したことを受け、その2カ月後にはワシントンDCでG20首脳会合が初めて開催され、金融規制の強化の方向性を盛り込んだ首脳宣言が出されることとなった。この時の首脳宣言に盛り込まれた内容が、その後のバーゼルⅢの基礎となっている。

　G20からの指示を受け、バーゼル委ではその後、さまざまな分野ごとに新しい規制策定に向けた議論が集中的に行われることとなる。特に大きなテーマとなったのが、結果としてバーゼルⅢの主要部分を占めることとなる自己資本の定義の見直しである。自己資本の定義に関しては、日本を含め、各国それぞれに固有の事情があったことから、バーゼルⅢの交渉過程において、真正面から互いの利害をぶつけ合う特に激しい議論が行われた。

　その間の日本の主張は一貫していた。国益保護の観点から、日本の金融機

関に著しく不利な内容となる規制強化には反対の立場であったものの、金融危機の教訓をふまえ、資本の定義を強化することには理解を示し、ただ一方で、拙速な規制強化は実体経済に大きな悪影響を与えるおそれがあることから、この点については十分に配慮すべきといったことを、交渉当初より一貫して主張してきた。

　資本の定義に関する議論を含むバーゼルⅢの見直し案は、実質的にわずか1年程度の短い議論の末、2009（平成21）年12月には市中協議文書としてバーゼル委から公表されることとなる。この段階の見直し案は、最終的に合意されたバーゼルⅢの内容と比較しても非常に厳しい内容であったが、これは二度とこのような危機を起こしてはならないとして規制の厳格化を主張する国が大多数であったためである。

　しかし、その後バーゼル委のメンバー各国の金融機関を対象に実施された定量的影響度調査（Quantitative Impact Study、いわゆるQIS）の結果や市中協議文書に対するコメント等もふまえると、仮に市中協議文書で示された規制案をそのまま即座に適用した場合、各国の金融機関に大きな負の影響が生じ、金融危機の最中にある世界の金融システムのさらなる混乱につながるおそれがあるとの懸念が、各国当局において共有されることとなった。こうした経緯・検討をふまえ、2010（平成22）年12月に公表されたバーゼルⅢ最終合意文書においては、十分な経過措置が導入されることとなったほか、資本の定義の厳格化についても一定程度バランスがとられることとなった。

　なお、交渉プロセスの詳細には立ち入らないが、バーゼルⅢの交渉過程において、日本の主義・主張は一貫していたとともに、規制の強化と実体経済への負の影響回避との間のバランスがとれたものであったことから、バーゼルⅢの最終的な姿をつくりあげていく過程において、日本に一定の影響力があったことは間違いない。日本の金融当局には交渉力がないといった批判を聞くこともしばしばあるが、少なくともバーゼル2.5やバーゼルⅢの交渉過程においては、金融庁および日本銀行の交渉担当者の多くは各国からも一目置かれる存在であり、他国の交渉担当者との間の信頼関係を十分に構築するとともに、あるべき規制の姿を議論するうえで、必要不可欠な存在であった

ことにここで触れておきたい。

(2) バーゼルⅢの概要（全体像）

　2010（平成22）年12月に公表されたバーゼルⅢの全体像については、これまでも各所で解説がなされているため、本書では詳細に立ち入らないが、大きくは、図表2－3のとおり①自己資本比率規制、②レバレッジ規制および③流動性規制の3つのパートに分けることができる。また、以上に加えてグローバルなシステム上重要な銀行（G-SIBs）については、自己資本比率規制の枠組みのなかで、そのシステム上の重要性に鑑み、バッファーの延長としてのサーチャージが課されることとなる。

　このうち、本書で詳細に解説する国際統一基準に係る告示等の改正は、①の一部、すなわち2013（平成25）年より実施された自己資本の質および量の強化と、中央清算機関向けエクスポージャーの取扱いの見直しを含むデリバティブ取引に係るカウンターパーティ・リスクの捕捉強化である。①の残りの部分に当たる資本バッファーやサーチャージについては2016（平成28）年から段階的に実施される予定であるほか、流動性規制のうち流動性カバレッジ比率とレバレッジ規制はそれぞれ2015（平成27）年以降の導入が予定されており、今後金融庁において必要な国内ルールの策定が行われる予定となっている。

(3) 国際合意をふまえた日本におけるバーゼルⅢ

Ⅰ．バーゼル合意の法的位置づけ

　バーゼル委にて策定される各種ルールには法的な拘束力はない。これは、世界貿易機関（WTO）などで決められるルールが各国にて条約として批准され、これに違反した場合には紛争処理機関に提訴される可能性があることとは大きく異なる。したがって、各国当局は、バーゼル合意をその国内にお

図表2-3　バーゼルⅢの全体像

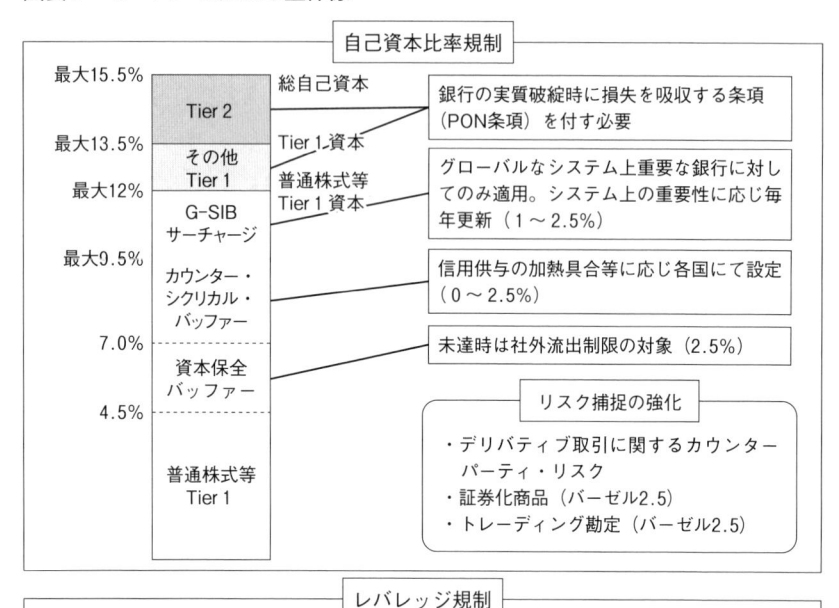

自己資本比率規制

比率	構成要素	説明
最大15.5%	Tier 2（総自己資本）	銀行の実質破綻時に損失を吸収する条項（PON条項）を付す必要
最大13.5%	その他Tier 1（Tier 1資本）	
最大12%	G-SIBサーチャージ（普通株式等Tier 1資本）	グローバルなシステム上重要な銀行に対してのみ適用。システム上の重要性に応じ毎年更新（1～2.5%）
最大9.5%	カウンター・シクリカル・バッファー	信用供与の加熱具合等に応じ各国にて設定（0～2.5%）
7.0%	資本保全バッファー	未達時は社外流出制限の対象（2.5%）
4.5%	普通株式等Tier 1	

リスク捕捉の強化
・デリバティブ取引に関するカウンターパーティ・リスク
・証券化商品（バーゼル2.5）
・トレーディング勘定（バーゼル2.5）

レバレッジ規制

○レバレッジ比率

$$\frac{\text{Tier 1}}{\text{総資産（オフバランス含む）}} \geqq 3\%$$

・ノンリスクベースの指標
・レバレッジの拡大を抑制
→<u>2015（平成27）年より開示スタート</u>
→<u>2017（平成29）年に第1の柱への移行是非検討</u>
→<u>2018（平成30）年より第1の柱で導入可能性</u>

流動性規制

① 流動性カバレッジ比率（LCR）

$$\frac{\text{適格流動資産}}{\text{30日のストレス時流出}} \geqq 100\%$$

・短期の資金流出に対する流動性の確保
→2014（平成26）年最終化。<u>2015（平成27）年から段階実施予定</u>

② 安定調達比率（NSFR）

$$\frac{\text{安定調達（資本・預金等）}}{\text{所要安定調達}} \geqq 100\%$$

・中長期的な安定調達の確保
→バーゼル委で議論中。実施時期未定

いて実施する義務を必ずしも負うわけではない。

しかし、世界の国々を見渡すと、バーゼル委のメンバーである27カ国・地域のみならずほとんどの国において、バーゼル合意が銀行に対する健全性規制として導入されている。法的拘束力がないバーゼル合意がこのように各国において実施される背景の1つとして、図表2－4のとおりいわゆるパスポート機能を有することがあげられる。あるA国のX銀行が、B国に支店等の営業拠点を設立しようとした際、仮に各国の銀行規制がバラバラであると、B国当局はA国における規制内容を確認し、X銀行が健全であるかどうかを一つひとつ細かく精査する必要がある。一方で、A国においてバーゼル合意が実施されている場合、B国は自己資本比率という共通の目線でX銀行の健全性を測ることが可能であり、少なくとも自己資本比率という点については健全性が保たれているか否かを比較的容易に確認することが可能となる。

このように、少なくとも国際的に活動する銀行にとっては、バーゼル合意

図表2－4　バーゼル合意のパスポート機能

・バーゼル合意は、スイスのバーゼルに事務局のあるバーゼル銀行監督委員会にて策定
　⇒バーゼルⅠ（1989（平成元）年）→バーゼルⅡ（2007（平成19）年）
　　→バーゼル2.5（2011（平成23）年）→バーゼルⅢ（2013（平成25）年）
　　〈カッコ内は日本での実施年〉
・策定された規制に法的拘束力はないが、世界中で実施されている。

他国の監督当局
「本当にこの銀行は健全なのだろうか」

バーゼル合意を遵守していることが、銀行が一定の健全性を保っていることを証明するパスポート機能となる。

第2章　国際統一基準　21

を遵守していることは、他国において業務を行ううえで必要不可欠なパスポートを有していることとほぼ同じ意味をもつこととなるため、バーゼル合意は世界各国において実施されているというわけである。

II. 国境横断的な規制の整合性

このようなパスポート機能を有するバーゼル合意が各国において実施されることの重要性は前述のとおりであるが、その際、バーゼル委において合意された内容がそのまま各国において実施されることが重要となる。仮に合意内容よりも緩和された規制が各国で実施されるとすると、その国の銀行が、他国の銀行と比較して競争上有利となり、結果として競争条件の不平等をもたらすこととなるほか、パスポートとしての機能にも疑義が生じることとなる。一方で、バーゼル合意には法的拘束力がないことから、合意内容をそのまま各国に実施させる強制力がこれまでなかったことも事実である。

日本においては、バーゼルIが1989（平成元）年に導入されて以降、主要各国に先駆けて2007（平成19）年にはバーゼルIIを導入するとともに、バーゼルIIIについても、国際統一基準行に対して国際合意に従い2013（平成25）年より実施を行っている。一方で、米国においては2014（平成26）年3月現在においていまだにバーゼルIIのすべてが実施されているわけではない[1]ほか、米国、欧州ともに、バーゼルIIIの実施が国際合意より1年後倒しとなり、2014（平成26）年からの実施となってしまったことはよく知られている事実である。

こうした各国の規制実施のタイミングのズレをなくし、また各国で実施される規制の内容の整合性を確保すべく、バーゼル委は、各国における規制の実施状況を横断的に審査し、その結果を公表する、いわゆるピアレビューを2012（平成24）年から実施している。最初のピアレビューの対象となったのは日本、米国および欧州の3カ国・地域であるが、ピアレビューでは、バー

---

[1] 2014（平成26）年2月に、米国の大規模かつ複雑な上位行に対し、同年第2四半期よりバーゼルIIの先進的内部給付手法が適用されることが発表された。これにより、米国においてもようやくバーゼルIIが完全実施されることとなる。

図表2-5 バーゼル合意実施状況のピアレビュー結果（2014（平成26）年3月末時点）

A：遵守、B：おおむね遵守、C：著しく不遵守、D：不遵守、N/A：評価対象外、（ ）：仮評価

	日本	米国	欧州	シンガポール	スイス	中国	ブラジル	オーストラリア
総合評価	A	N/A	N/A	A	A	A	A	A
適用範囲	A	A	(A)	A	A	A	A	A
経過措置	A	(A)	(A)	A	A	A	A	A
自己資本の定義	B	(B)	(C)	A	B	A	A	B
信用リスク(標準的手法)	A	(B)	(B)	B	A	B	B	A
信用リスク(内部格付手法)	A	(B)	(C)	B	B	A	A	A
信用リスク（証券化）	B	(C)	(A)	A	A	A	A	A
カウンターパーティ・リスク	A	(B)	(B)	A	A	A	A	A
マーケット・リスク(標準的方式)	B	A	(B)	A	A	A	A	A
マーケット・リスク（内部モデル方式）	A	A	(A)	A	A	A	A	A
オペレーショナル・リスク（基礎的／粗利益配分手法）	A	N/A	(B)	A	A	A	A	A
オペレーショナル・リスク（先進的計測手法）	A	B	(B)	A	A	A	A	A
資本バッファー	−	(A)	(A)	A	A	A	B	A
G-SIBサーチャージ	−	−	−	N/A	N/A	N/A	N/A	N/A
第2の柱	A	A	(A)	A	A	A	B	A
第3の柱	A	(A)	(A)	A	B	B	A	A

ゼル委が策定したバーゼルⅡ、2.5、Ⅲの国際合意の内容と、各国・地域で策定されるルールとの間の差異の有無や重要性の軽重を評価し、これら各国・地域におけるバーゼル合意の遵守状況を4段階で評価することとなっている。

　この最初のピアレビューの報告書は、2012（平成24）年10月1日にバーゼル委から公表された。図表2-5のとおり、日本の国内規制に関しては、総合評価として、4段階中の最上位の評価である「遵守」とされている。また、各項目ごとの個別評価をみても、自己資本の定義、証券化の取扱いおよびマーケット・リスクの標準的方式について上から2番目の「おおむね遵守」であったほかは、すべて最上位の評価を得ている。一方で、米国および欧州については、審査が実施された段階でバーゼルⅢの国内規制が最終化されていなかったこともあり、各項目ごとの個別評価が仮評価となったことか

ら、総合評価は実施されていない。その後2013（平成25）年にかけて審査が行われたシンガポール、スイス、中国およびブラジルについては、いずれも総合評価が「遵守」となっている。

Ⅲ．バーゼル合意の日本国内における実施にあたっての基本的考え方

　金融庁においてはこれまで、国際的に合意された内容は、原則としてその合意内容どおりに国内で実施するという立場がとられてきた。国際的なルールの策定に係る交渉過程においては、各国さまざまな利害の対立があり、激しい議論が戦わされることも多々あるものの、このような議論を経て合意に至ったルールを合意どおりに実施しないことが許容されてしまうと、国際的な議論そのものの意義が無に帰してしまうおそれがあるからである。

　バーゼル委においても、こうした懸念に対処すべく、ピアレビューの取組みを通じ、各国当局に対して国際合意どおりに規制を実施することを促すこととなったという背景がある。日本におけるバーゼルⅢ告示、主要行等向け監督指針および告示Q&A等については、バーゼル委によるピアレビューが実施され、また、自己資本比率規制が海外の連結子法人等も含めた連結ベースで適用される等、国際合意との整合性を確保する必要性が高いことから、必ずしも日本の法令や会計制度とそぐわない部分であっても、あえて国際合意の内容に即したかたちで改正を行ったという背景がある。

　なお、日本においては、国内においてのみ活動する預貯金取扱金融機関については、国内基準という国際統一基準と異なる自己資本比率規制を適用しており、最低所要自己資本比率は、国際統一基準の8％に対し、国内基準では4％である。この点についてさまざまな意見があることは事実であり、たとえば国際通貨基金（IMF）が各国に対して定期的に実施している金融セクター評価プログラム（FSAP）において、日本については国内基準行の4％基準を引き上げるべきとの提案が行われている。

　一方で、バーゼル委が2012（平成24）年に実施したピアレビューのなかでも、バーゼル合意の適用範囲に国内基準行が含まれていないことについて、

個別項目として審査が行われている。結果は図表2－5にあるとおり「遵守」である。バーゼル合意においては、当該合意の適用対象は、国際的に活動する銀行（internationally active banks）とされており、それ以上の詳細な定義は行われていないところ、日本においては、こうした合意の内容をふまえ、銀行告示においては、海外に支店または過半数の議決権を有する子銀行を有する銀行を、国際統一基準行と定義し、バーゼル合意の内容をそのまま適用することとしている。

　ピアレビューの議論のなかでは、海外に営業拠点を有しなくとも国際的に活動している銀行があるのではないか、すなわち、国境を越えたクロスボーダーの与信を相応に提供しているような銀行があれば、それは国際的に活動する銀行と整理すべきなのではないかといった議論が行われた。しかし、評価結果にあるとおり、少なくとも2012（平成24）年の時点においては、海外に営業拠点を有しない銀行のなかで、クロスボーダーの与信を相応に提供している日本の銀行は存在せず、またクロスボーダー与信の状況が当局により定期的に把握されていること等をふまえ、日本におけるバーゼル合意の適用範囲に問題はないとの評価に至っている。

　したがって、今後、海外に営業拠点を有しないもののクロスボーダーの与信活動を積極的に展開する銀行が出てきた場合、あるいは2012（平成24）年のピアレビューでは直接的な議論にはならなかったが、国際統一基準行の定義、すなわち海外支店または議決権の過半数を有する子銀行を有している銀行という定義が適切であるか否かといった点については、今後あらためて議論が行われる可能性がゼロではないといえる。

　なお、日本において国際統一基準と国内基準のダブルスタンダードが設けられるきっかけとなったのは、図表2－6のとおりバーゼルⅠ導入以前の1986（昭和61）年である。ここで、本則としての最低自己資本比率が4％と定められた一方、海外に支店を有する金融機関については、有価証券の含み益の70％相当額を自己資本に加算したうえで、6％以上を満たすことが補則として導入されることとなった。それ以降、2つの基準は統一されることなく変遷している。一方で、各国を見渡すと、図表2－7のとおり、世界銀行

図表2-6　日本における自己資本比率規制の変遷

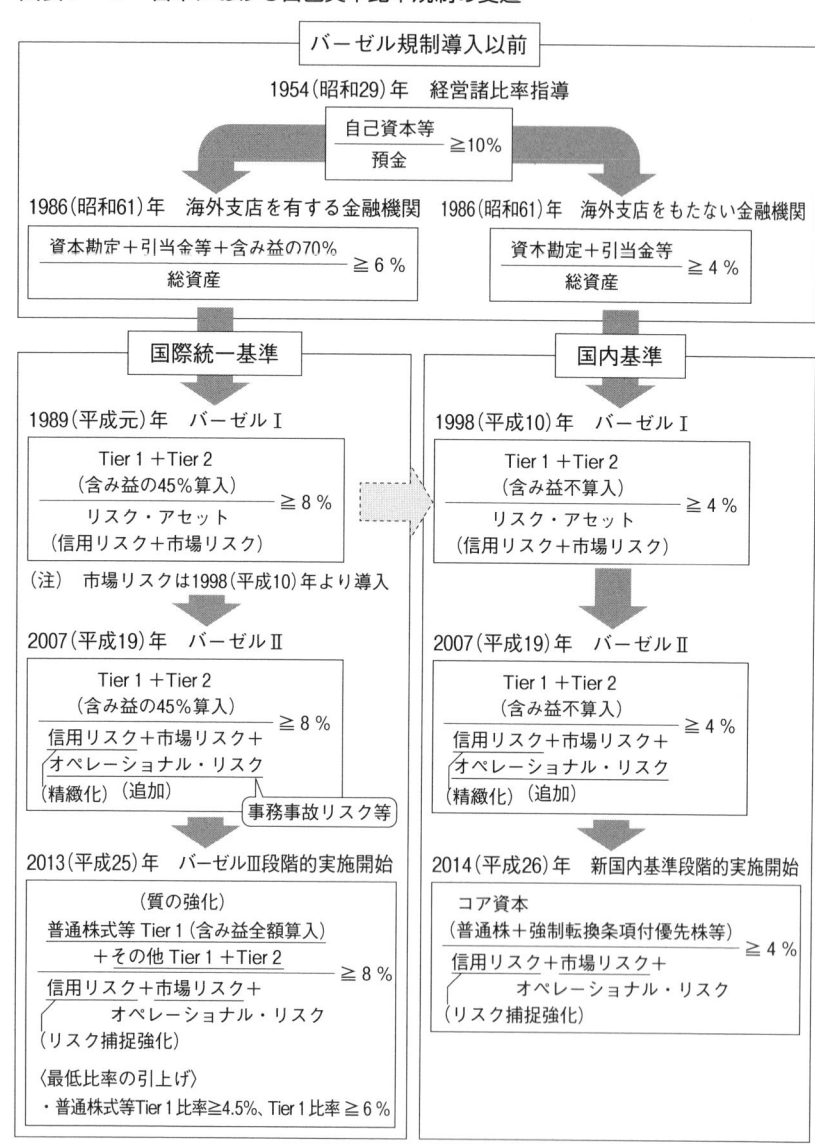

バーゼル規制導入以前

1954(昭和29)年　経営諸比率指導

$$\frac{自己資本等}{預金} \geq 10\%$$

1986(昭和61)年　海外支店を有する金融機関

$$\frac{資本勘定＋引当金等＋含み益の70\%}{総資産} \geq 6\%$$

1986(昭和61)年　海外支店をもたない金融機関

$$\frac{資本勘定＋引当金等}{総資産} \geq 4\%$$

国際統一基準

1989(平成元)年　バーゼルⅠ

$$\frac{Tier\,1＋Tier\,2（含み益の45\%算入）}{リスク・アセット（信用リスク＋市場リスク）} \geq 8\%$$

(注)　市場リスクは1998(平成10)年より導入

2007(平成19)年　バーゼルⅡ

$$\frac{Tier\,1＋Tier\,2（含み益の45\%算入）}{信用リスク＋市場リスク＋オペレーショナル・リスク（精緻化）（追加）} \geq 8\%$$

事務事故リスク等

2013(平成25)年　バーゼルⅢ段階的実施開始

（質の強化）

$$\frac{普通株式等Tier\,1（含み益全額算入）＋その他Tier\,1＋Tier\,2}{信用リスク＋市場リスク＋オペレーショナル・リスク（リスク捕捉強化）} \geq 8\%$$

〈最低比率の引上げ〉
・普通株式等Tier 1比率≧4.5%、Tier 1比率≧6%

国内基準

1998(平成10)年　バーゼルⅠ

$$\frac{Tier\,1＋Tier\,2（含み益不算入）}{リスク・アセット（信用リスク＋市場リスク）} \geq 4\%$$

2007(平成19)年　バーゼルⅡ

$$\frac{Tier\,1＋Tier\,2（含み益不算入）}{信用リスク＋市場リスク＋オペレーショナル・リスク（精緻化）（追加）} \geq 4\%$$

2014(平成26)年　新国内基準段階的実施開始

$$\frac{コア資本（普通株＋強制転換条項付優先株等）}{信用リスク＋市場リスク＋オペレーショナル・リスク（リスク捕捉強化）} \geq 4\%$$

(出所)　氷見野良三著『[検証]BIS規制と日本』(2005、金融財政事情研究会)をもとに作成

図表2－7　諸外国の最低所要自己資本比率の水準（バーゼルⅡ）

最低比率	国　名
15%	ボツワナ
12%	アルメニア、アルバニア、ウガンダ、英領ジブラルタル、エルサルバドル、オマーン、カザフスタン、キルギス、クウェート、コソボ、タジキスタン、タンザニア、バーレーン、パプアニューギニア、ブルガリア、ベネズエラ、ボスニアヘルツェゴビナ、モルドバ、ヨルダン、ルーマニア、レバノン
11%	ブラジル
10〜15%	ケイマン
10、11%	ロシア（資本が500万ユーロ以下11％、その他10％）
10%	アルバ（多国籍銀行以外）、アンゴラ、ウルグアイ、エジプト、エストニア、ガーナ、キプロス、グアテマラ、クック諸島、クロアチア、コスタリカ、ジャージー島、ジャマイカ、シンガポール、ジンバブエ、スイス、スリランカ、ナイジェリア、ニカラグア、フィリピン、ブルンジ、ボリビア、ホンジュラス、マラウィ、マン島、南アフリカ、モーリシャス
9.1%	ペルー
9%	イスラエル、インド、コロンビア、バングラデシュ、ベリーズ
8.5%	タイ
8、12、15%	ポーランド（経営開始初年度：15％、2年度：12％、以降：8％）
8、12.5%	ドイツ（経営開始3年間：12.5％、以後8％）
8、12%	ベラルーシ（経営開始2年間：12％、以降：8％）
8％〜	英国、香港（個別に当局裁量で上乗せ）
8%	米国（8％以上であれば、「適正」（Adequately Capitalized）とされる。ただし、10％（「優良」（Well Capitalized））の水準）未満の場合、金融持株会社設立ができないなど、経営に一定の制約がかかる。なお、S＆L（貯蓄金融組合）についても、最低自己資本比率は8％と決められている）
	アイスランド、アイルランド、アルゼンチン、アルバ（多国籍銀行）、アルジェリア、アングィラ、アンティグアバーブーダ、イタリア、インドネシア、英領ガンジー、英領バージンアイランド、オーストラリア、オーストリア、オランダ、カナダ、ガイアナ、ガボン、カメルーン、韓国、ギニアビサウ、ギリシャ、グレナダ、ケニア、コートジボアール、コンゴ、サウジアラビア、ザンビア、スウェーデン、スペイン、スリナム、スロバキア、スロベニア、セイシェル、赤道ギニア、セネガル、セントクリストファーネイビス、セントビンセントおよびグレナディーン、セントルシア、台湾、チェコ、チャド、中央アフリカ、中国、チリ、デンマーク、トーゴ、ドミニカ、トリニダード・トバゴ、トルコ、ニジェール、ニュージーランド、ネパール、ノルウェー、パキスタン、パナマ、バヌアツ、ハンガリー、フィジー、フィンランド、ブータン、フランス、ブルキナファソ、ベトナム、ベナン、ベルギー、ポルトガル、マカオ、マケドニア、マリ、マルタ、マレーシア、メキシコ、モザンビーク、モルジブ、モロッコ、モンセラット島、ラトビア、リトアニア、リヒテンシュタイン、ルクセンブルク、レソト

（出所）　世界銀行"Bank Regulation and Supervision"（2008）ほか

等の調査によれば、アフリカや中南米の国々も含め、8％より低い水準の最低比率を設けている国は見当たらない。

2 新しい国際統一基準の概要

(1) 新しい国際統一基準

Ⅰ. 概　要

　国際統一基準行は、国際統一基準として、以下に掲げる3つの最低所要自己資本比率を達成することが求められる（銀行告示2条、14条）。バーゼルⅡ

図表2－8　自己資本の主な構成項目（バーゼルⅡとバーゼルⅢ）

	バーゼルⅡ	バーゼルⅢ
普通株＋内部留保	Tier 1 （監督指針上の中心資本）	普通株式等 Tier 1 資本
優先株 （普通株式転換型）	Tier 1 （監督指針上の中心資本）	その他 Tier 1 資本 （実質破綻時損失吸収条項が必要）
優先株 （社債型）	Tier 1	その他 Tier 1 資本 （実質破綻時損失吸収条項が必要）
海外SPC発行優先出資証券	Tier 1 （ステップアップ金利特約付きはTier 1の15％まで）	その他 Tier 1 資本 （追加要件満たす必要）
永久劣後債・ 永久劣後ローン	Upper Tier 2 （LT2と合計でTier 1まで）	その他 Tier 1 資本または Tier 2 資本（追加要件満たす必要）
期限付劣後債・ 期限付劣後ローン	Lower Tier 2（LT2） （Tier 1の50％まで）	Tier 2 資本 （追加要件満たす必要）
少数株主持分 （子会社の第三者持分）	基本的に Tier 1（無制限）	3つの Tier のいずれか （第三者持分の種類ごとに分類。算入制限あり）
一般貸倒引当金	Tier 2（リスク・アセット全体の1.25％まで）	Tier 2（信用リスク・アセットの合計額の1.25％まで）

告示では、最低自己資本比率 8 ％のみが最低所要自己資本比率として定められており、ただしその自己資本の半分はTier 1 でなければならなかったことから事実上最低Tier 1 比率 4 ％の達成が求められていたが、バーゼルⅢの導入により、以下の 3 つの最低所要自己比率が明示的に設けられることとなった。

・普通株式等Tier 1 比率≧4.5％

$$\frac{\text{普通株式等Tier 1 資本の額}=\text{普通株式等Tier 1 資本に係る基礎項目の額}-\text{普通株式等Tier 1 資本に係る調整項目の額}}{\text{信用リスク・アセットの額の合計額}+\text{マーケット・リスク相当額の合計額を 8 ％で除して得た額}+\text{オペレーショナル・リスク相当額の合計額を 8 ％で除して得た額}} \geq 4.5\%$$

・Tier 1 比率≧ 6 ％

$$\frac{\text{Tier 1 資本の額}=\text{普通株式等Tier 1 資本の額}+\text{その他Tier 1 資本の額（その他Tier 1 資本に係る基礎項目の額}-\text{その他Tier 1 資本に係る調整項目の額）}}{\text{信用リスク・アセットの額の合計額}+\text{マーケット・リスク相当額の合計額を 8 ％で除して得た額}+\text{オペレーショナル・リスク相当額の合計額を 8 ％で除して得た額}} \geq 6\%$$

・総自己資本比率≧ 8 ％

$$\frac{\text{総自己資本の額}=\text{Tier 1 資本の額}+\text{Tier 2 資本の額（Tier 2 資本に係る基礎項目の額}-\text{Tier 2 資本に係る調整項目の額）}}{\text{信用リスク・アセットの額の合計額}+\text{マーケット・リスク相当額の合計額を 8 ％で除して得た額}+\text{オペレーショナル・リスク相当額の合計額を 8 ％で除して得た額}} \geq 8\%$$

Ⅱ．普通株式等Tier 1 比率

　普通株式等Tier 1 比率は、普通株式や内部留保等の最も質の高い資本と考えられる普通株式等Tier 1 資本が、銀行が抱えるリスク量に対して十分な水準が確保されていることを判断するための基準である。普通株式は、配当等の社外流出の抑制を通じた高い損失吸収力を有するが、バーゼルⅢ告示において、この普通株式や内部留保等の最も質の高い資本である普通株式等Tier 1 資本に関する最低所要自己資本比率が定められた。

　なお、普通株式等Tier 1 資本には、下記 4 で説明するように、無形固定資産や繰延税金資産、金融機関等向け出資等の損失吸収力に乏しいと考えられる資産や金融システム全体のリスクを高めると考えられる資産等に関して、保守的な調整（減額）が行われる。

Ⅲ．Tier 1 比率

　Tier 1 比率は、普通株式等Tier 1 資本に加えて、一定の要件を満たす優先株式等のゴーイング・コンサーン、すなわち事業継続を前提とした損失吸収力を有すると考えられる資本または負債等（「その他Tier 1 資本」）の合計額が、銀行の抱えるリスク量に対して十分な水準が確保されていることを判断するための基準である。

　バーゼルⅡ告示においては、非累積的永久優先株および海外特別目的会社（「海外SPC」）の発行する優先出資証券をTier 1 に算入することが認められていたが、バーゼルⅢ告示においては、このような非累積的永久優先株や海外SPCの発行する優先出資証券を一律に規制上のその他Tier 1 資本に算入することは認められておらず、ゴーイング・コンサーンでの損失吸収力を有すると認められるための所定の要件を満たすものに限り、その他Tier 1 資本に算入することが認められている。

Ⅳ．総自己資本比率

　総自己資本比率は、Tier 1 資本に加えて、一定の要件を満たす劣後債等、

ゴーン・コンサーン、すなわち清算や倒産を前提とした損失吸収力を有する資本または負債等（「Tier 2 資本」）の合計額が、銀行の抱えるリスク量に対して十分な水準が確保されていることを判断するための基準である。このようなゴーン・コンサーンでの損失吸収力を有する資本または負債等は、銀行の倒産時において、預金者を含む一般債権者に先立ち損失を負担することとなるため、倒産時の損失吸収バッファーとして機能するものであり、したがって、総自己資本比率は、仮に銀行が倒産等する場合においても、損失吸収のための十分な資本があることを判断するための基準となる。

(2) 自己資本比率の計算式における分母（銀行の抱えるリスク量）

銀行の抱えるリスク量を表す自己資本比率の計算式における分母は、信用リスク・アセットの額の合計額、マーケット・リスク相当額の合計額を 8 ％で除して得た額およびオペレーショナル・リスク相当額の合計額を 8 ％で除して得た額の合計額である。

Ⅰ．信用リスク・アセットの額の合計額

信用リスク・アセットの額の合計額は、標準的手法採用行と内部格付手法採用行それぞれにおいて、以下の表に掲げる額の合計額である（銀行告示10条1項、21条1項）。

[標準的手法採用行の場合（銀行告示48条）]

	信用リスク・アセットの額の合計額
イ	リスク・ウェイト[2]を資産の額またはオフ・バランス取引[3]もしくは派生商品取引および長期決済期間取引[4]の与信相当額に乗じて得た額ならびに未決済取引[5]および証券化エクスポージャー[6]の信用リスク・アセットの額の合計額

2　銀行告示第6章第2節
3　銀行告示第6章第3節
4　銀行告示第6章第4節

	ただし、信用リスク削減手法について定める銀行告示第6章第5節において、リスク・ウェイトまたは与信相当額の算出方法が定められている場合には、同節の規定により算出した額とする。また、標準的手法採用行が直接清算参加者として、清算取次ぎ等[7]を行うことにより生ずる間接清算参加者に対するトレード・エクスポージャーに係る信用リスク・アセットの額について、銀行告示139条の2の規定により算出する場合には、当該合計額の算出にあたって、当該トレード・エクスポージャーに係る信用リスク・アセットの額として、同条の規定により算出された信用リスク・アセットの額を用いる。
ロ	CVAリスク相当額[8]を8％で除して得た額
ハ	中央清算機関関連エクスポージャー[9]に係る信用リスク・アセットの額[10]

　今般の見直しに伴い、従来の信用リスク・アセットの額に加え、後述する8(2)のCVAリスク相当額に関する信用リスク・アセットの額および8(3)の中央清算機関関連エクスポージャーに係る信用リスク・アセットの額が新たに追加されることとなった。

[内部格付手法採用行の場合（銀行告示152条1号）]

信用リスク・アセットの額の合計額	
イ	内部格付手法採用行が内部格付手法により事業法人等向けエクスポージャー、リテール向けエクスポージャー、株式等エクスポージャーおよび証券化エクスポージャーについて算出した信用リスク・アセットの額（購

5　銀行告示79条の5の規定により算出される。
6　銀行告示246条～252条の規定により算出する。
7　間接清算参加者の適格中央清算機関に対するトレード・エクスポージャーに係る金融商品取引法2条27項に規定する有価証券等清算取次ぎ、間接清算参加者の適格中央清算機関に対するトレード・エクスポージャーに係る商品先物取引法2条20項に規定する商品清算取引その他間接清算参加者の適格中央清算機関に対するトレード・エクスポージャーに係る取次ぎまたはこれらに類する海外の取引をいう（銀行告示48条2項）。
8　銀行告示第8章の2に定めるところにより算出する。以下同じ。
9　銀行告示270条の6各号に掲げるエクスポージャーである中央清算機関に対するトレード・エクスポージャー、中央清算機関に係る清算基金、および直接清算参加者向けトレード・エクスポージャー（銀行が間接清算参加者である場合の直接清算参加者に対するトレード・エクスポージャーであって銀行告示270条の2第1項2号に掲げる要件のすべてを満たすものをいう）をいう。以下同じ。
10　銀行告示第8章の3に定めるところにより算出する。以下同じ。

	入債権、リース料[11]、同時決済取引および非同時決済取引に係る信用リスク・アセットの額を含む)、PD／LGD方式[12]の適用対象となる株式等エクスポージャーの期待損失額に1,250％のリスク・ウェイトを乗じて得た額、178条の2の規定により算出される信用リスク・アセットの額および178条の3の規定により算出される信用リスク・アセットの額の合計額に1.06を乗じて得た額ならびにその他資産およびリース取引における見積残存価額の信用リスク・アセットの額の合計額
ロ	標準的手法を適用する部分につき、銀行告示48条1項（1号に係る部分に限る）の規定を準用することにより標準的手法により算出した信用リスク・アセットの額の合計額
ハ	CVAリスク相当額を8％で除して得た額
ニ	中央清算機関関連エクスポージャーに係る信用リスク・アセットの額

　もっとも、以下の表に掲げるものについては、信用リスク・アセットの額を算出することを要しないことに留意が必要である（銀行告示10条2項、21条2項）。今般の見直しに伴い、従来は信用リスク・アセットとして計上されていた無形固定資産や退職給付に係る資産（単体自己資本比率の計算においては前払年金費用）等については、普通株式等Tier 1資本に係る調整項目等として自己資本比率の計算において新たに分子からその全部または一部が控除されることとなったことから、控除される金額相当については信用リスク・アセットの計算対象から除外されることとなった。

	自己資本比率の算出にマーケット・リスク相当額に係る額を算入しない場合	特定取引勘定設置銀行[13]において自己資本比率の算出にマーケット・リスク相当額に係る額を算入する場合	特定取引勘定設置銀行[13]以外の銀行において自己資本比率の算入にマーケット・リスク相当額に係る額を算入する場合
イ	個別貸倒引当金（内部格付手法採用行にあっては、銀行告示178条2項のその他資産に対して計上されているものに限る）		

11　銀行告示174条1項に規定するリース料をいう。
12　銀行告示166条1項2号
13　銀行法施行規則13条の6の3第1項の規定に基づき特定取引勘定を設けた銀行をいう。以下同じ。

ロ	特定海外債権引当勘定		
ハ	支払承諾見返勘定		
ニ	派生商品取引に係る資産		
ホ	有価証券、コモディティまたは外国通貨およびその対価の受渡しまたは決済を行う取引に係る未収金		
ヘ	自己保有資本調達手段、対象資本調達手段、無形固定資産(のれん相当差額を含む)、繰延税金資産および退職給付に係る資産(単体自己資本比率の計算においては前払年金費用)のうち、普通株式等Tier 1資本に係る調整項目の額、その他Tier 1資本に係る調整項目の額またはTier 2資本に係る調整項目の額とされたものの額に相当する部分		
ト	無形固定資産または退職給付に係る資産(単体自己資本比率の計算においては前払年金費用)のうち繰延税金負債の額と相殺された額に相当する部分[14]		
チ		特定取引勘定の資産および連結子法人等における特定取引等[15]に係る資産。ただし、証券化取引を目的として保有している資産およびCVAリスク相当額[16]の算出に反映された取引を除く。	当該銀行および連結子法人等における特定取引等[15]に係る資産。ただし、証券化取引を目的として保有している資産およびCVAリスク相当額[16]の算出に反映された取引を除く。

Ⅱ．マーケット・リスク相当額の合計額

ⅰ．マーケット・リスク相当額の合計額

　マーケット・リスク相当額の合計額は、次の銀行の区分に応じて定められる資産および負債ならびに取引または財産について、銀行告示第9章に定めるところにより算出するものの合計額をいう銀行告示11条、22条。マーケット・リスクの取扱いについては、バーゼルⅢの導入に伴う変更は基本的に

14　繰延税金負債の額と相殺された繰延税金資産の額はここに含まれていないが、こうした繰延税金資産についても信用リスク・アセットの額を計算する必要は当然にないものと考えられる。
15　銀行法施行規則13条の6の3第2項に規定する特定取引その他これに類似する取引をいう。以下同じ。
16　銀行告示270条の3第1項または270条の4第1項に規定する。以下同じ。

ない。

特定取引勘定設置銀行	特定取引勘定設置銀行以外の銀行
特定取引勘定の資産および負債ならびに特定取引勘定以外の勘定の外国為替リスクまたはコモディティ・リスクを伴う取引または財産（連結自己資本比率の算出の場合においては、連結子法人等における特定取引等に係る資産および負債ならびに特定取引等に係る資産および負債以外の外国為替リスクまたはコモディティ・リスクを伴う取引または財産を含む。）[17]	当該銀行（連結自己資本比率の算出の場合においては、連結子法人等を含む。）における特定取引等に係る資産および負債ならびに特定取引等に係る資産および負債以外の外国為替リスクまたはコモディティ・リスクを伴う取引または財産[17]

ⅱ. マーケット・リスク相当額不算入の特例

　上記ⅰにかかわらず、銀行法施行規則13条の6の3第1項の規定に基づき特定取引勘定を設けた銀行（「特定取引勘定設置銀行」）およびそれ以外の銀行のそれぞれについて、次に掲げる条件のすべてを満たす場合には、マーケット・リスク相当額の合計額を8％で除して得た額を、自己資本比率の計算において分母に算入しない取扱いが認められている（銀行告示4条、16条）[18]。当該取扱いについても、基本的にバーゼルⅢ導入に伴う変更はない。

---

[17] 銀行告示5条2項2号～6号、6条2項1号～4号もしくは7条2項各号に掲げる額または銀行告示17条2項2号～6号、18条2項1号～4号もしくは19条2項各号に掲げる額に該当する部分を除く。以下同じ。すなわち、普通株式等Tier 1資本に係る調整項目、その他Tier 1資本に係る調整項目またはTier 2資本に係る調整項目に含まれる額については、マーケット・リスク相当額の合計額に重ねて算入しないこととする趣旨である。

[18] 期中の量的基準は、連結ベースの特定取引勘定の資産および負債の合計額（特定取引勘定設置銀行以外の銀行においては、連結ベースの商品有価証券勘定および売付商品債券勘定の合計額）を日次で算出したものが基準を満たすことを確認する必要があるが、当面は、毎月末において基準を満たすことを確認する方法を用いてさしつかえないとされる（告示Q&A「第4条－Q1」）。

特定取引勘定設置銀行	特定取引勘定設置銀行以外の銀行
・直近の期末[19]から算出基準日[20]までの間における特定取引勘定の資産[21]および負債の合計額のうち最も大きい額が、1,000億円未満であり、かつ、直近の期末の総資産の10％に相当する額未満であること。 ・算出基準日が期末である場合には、当該算出基準日における特定取引勘定の資産[21]および負債の合計額が、1,000億円未満であり、かつ、当該算出基準日における総資産の10％に相当する額未満であること。 ・直近の算出基準日において自己資本比率の算出にマーケット・リスク相当額に係る額を算入していないこと。	・直近の期末[19]から算出基準日[20]までの間における商品有価証券勘定および売付商品債券勘定の合計額のうち最も大きい額が、1,000億円未満であり、かつ、直近の期末の総資産の10％に相当する額未満であること。 ・算出基準日が期末である場合には、当該算出基準日における商品有価証券勘定および売付商品債券勘定の合計額が、1,000億円未満であり、かつ、当該算出基準日における総資産の10％に相当する額未満であること。 ・直近の算出基準日において自己資本比率の算出にマーケット・リスク相当額に係る額を算入していないこと。

Ⅲ．オペレーショナル・リスク相当額の合計額

オペレーショナル・リスク相当額の合計額は、銀行告示第10章に定めるところにより算出する（銀行告示12条、23条）。バーゼルⅢ導入に伴う変更点はない。

---

19 中間期末を含む。
20 自己資本比率の算出を行う日をいう。
21 証券化取引を目的として保有している資産およびCVAリスク相当額の算出に反映された取引を除く。

3 普通株式等Tier 1 資本に係る基礎項目の額

(1) 総　論

　普通株式等Tier 1 資本の額は、普通株式等Tier 1 資本に係る基礎項目の額から、普通株式等Tier 1 資本に係る調整項目の額を控除することで算出される（銀行告示2条1号、14条1号）。普通株式等Tier 1 比率は、普通株式や内部留保等の最も質の高い資本と考えられる普通株式等Tier 1 資本が、銀行が抱えるリスク量に対して十分な水準が確保されていることを判断するための基準である。

(2) 普通株式等Tier 1 資本に係る基礎項目の額

Ⅰ. 総　論

　普通株式等Tier 1 資本に係る基礎項目の額は、連結自己資本比率および、単体自己資本比率それぞれの計算において、以下に掲げる額の合計額である（銀行告示5条1項、17条1項）。

連結自己資本比率	単体自己資本比率
①　普通株式に係る株主資本の額（社外流出予定額を除く） ②　その他の包括利益累計額およびその他公表準備金の額 ③　普通株式に係る新株予約権の額 ④　普通株式等Tier 1 資本に係る調整後少数株主持分の額	①　普通株式に係る株主資本の額（社外流出予定額を除く） ②　評価・換算差額等の額およびその他公表準備金の額 ③　普通株式に係る新株予約権の額

図表2-9　シドニー合意

[自己資本の基本的項目（Tier 1）としての発行が適格な資本調達手段（1998（平成10）年10月28日）]（シドニー合意）
「議決権付普通株式および株主の利益に帰属している公表準備金または内部留保が、銀行のTier 1 資本の中心的な形態（predominant form）であるべきである」

[シドニー合意をふまえた主要行等向けの総合的な監督指針（平成24年8月改正前）]
・Ⅲ-2-1-1-2-2　自己資本の充実度の評価
(2)②基本的項目（Tier 1）の中でも通常の株主資本が中心の資本構成となっているか。例えば、資本金、資本剰余金及び利益剰余金（資本金及び資本剰余金のうち普通株式（普通株式転換権付優先株式を含む。）以外の株式に相当する金額を除く。）が基本的項目（Tier 1）の主要な部分を占めているか。

[ポイント]
・1998（平成10）年時点で、いわゆる「普通株式等Tier 1資本」の概念があったともいえる。
・ただし、2％といった明確な数値基準があったわけではない（「中心的な形態（predominant form）」であるべきとしか記されていない）。
・シドニー合意をふまえ、日本においては、監督指針のなかで、「普通株式転換権付優先株」をいわゆる「普通株式等Tier 1」のなかに含めることを認めていた。
・ただし、明確な2％基準があったわけではない（「主要な部分」としか記されていない）。
・上記は、バーゼルⅢの「普通株式等Tier 1資本」の概念とは異なり、調整項目は不適用の概念。

　バーゼルⅡ告示においては、このような損失吸収力が最も高いと考えられる普通株式等Tier 1 資本についての最低比率は明示的には定められておらず、1998（平成10）年のバーゼル委のいわゆるシドニー合意[22]において、「議決権付普通株式および株主の利益に帰属している公表準備金または内部留保が、銀行のTier 1 の中心的な形態であるべき」とされているのみであった。
　シドニー合意をふまえ、日本では、平成24年8月改正前の主要行等向け監

22　シドニー合意については、日本銀行のウェブサイトに掲載されている仮訳を参照。
　http://www.boj.or.jp/announcements/release_1998/bis9810b.htm/

督指針Ⅲ－2－1－1－2－2(2)②において、「基本的項目（Tier 1）の中でも通常の株主資本が中心の資本構成となっているか。例えば、資本金、資本剰余金及び利益剰余金（資本金及び資本剰余金のうち普通株式（普通株式転換権付優先株式を含む。）以外の株式に相当する金額を除く。）が基本的項目（Tier 1）の主要な部分を占めているか」と規定されていた。したがって、Tier 1 の半分はこうした資本により構成されるべきであるとの解釈が成り立つことから、便宜的に、これまでの最低所要普通株式等Tier 1 比率が 2％であったとの説明がなされることもある。

　日本においてはこのような取扱いとなっていたが、バーゼルⅢが導入される前は、各国ごとにTier 1 のなかでも最もコアとなる資本の定義が一致しておらず、市場参加者等からもわかりにくいという点が指摘されていた。こうした背景もふまえ、バーゼルⅢでは、最も損失吸収力の高い普通株式等Tier 1 資本に係る規制上の最低所要比率が各国横断的に統一的な基準のもとに設けられることとなった。

　以上をふまえ、バーゼルⅢ告示においては、銀行がゴーイング・コンサーン・ベースで自らの損失を吸収しつつ金融仲介機能を果たすことが可能となるように、最も質の高い普通株式等Tier 1 資本を最重要視し、その最低所要比率が明示的に定められている。

Ⅱ．普通株式に係る株主資本の額

ⅰ．概　　要

　普通株式に係る株主資本の額とは、銀行の株主資本の額のうち、普通株式に帰属すると考えられる部分の額をいう（銀行告示5条1項1号、17条1項1号）。具体的には、会計上の株主資本を構成する資本金、資本剰余金および利益剰余金の額の合計額のうち、以下の要件をすべて満たす普通株式に清算時に分配されるであろうと考えられる残余財産の額が該当する。たとえば、残余財産の分配について普通株式に優先する株式（優先株式）を発行している場合、上記合計額から社外流出予定額および当該優先株式の残余財産分配

請求権の額(ただし、残余財産分配請求権の額が払込金額より小さい場合には払込金額)の合計額を控除することで、普通株式に係る株主資本の額を計算することとなる(告示Q&A「第5条-Q1」)。

ⅱ. 普通株式の14要件

「普通株式」とは、以下の14の要件のすべてを満たす株式をいう(銀行告示5条3項、17条3項)。日本国内の銀行が一般に発行している普通株式は、これらの要件をすべて満たす。

なお、バーゼルⅢの交渉過程においては、以下の14の要件に加え、議決権についても要件に加えるべきかが議論となった。すなわち、議決権を有する株式のほうが、議決権のないものに比べて銀行に対する強いガバナンスを発揮できることから、こうした点をふまえ議決権の有無により資本の分類に差異を設けるべきとの考え方もあった。

しかし、最終的には議決権の有無は普通株式の要件とはならず、純粋に普通株式の損失吸収性に着目をするかたちで最も質の高い資本の要件が定められることとなった。したがって、議決権のない普通株式であっても、議決権に関する内容を除き、議決権を有する普通株式と同じ内容を有し、以下の14の要件をすべて満たすものは、銀行告示上の「普通株式」に含まれることとなる(主要行等向け監督指針Ⅲ-2-1-1-2-2(2)③)。

普通株式の14要件	
1号	残余財産の分配について、最も劣後するものであること。
2号	残余財産の分配について、一定額または上限額が定められておらず、他の優先的内容を有する資本調達手段に対する分配が行われた後に、株主の保有する株式の数に応じて公平に割当てを受けるものであること。
3号	償還期限が定められておらず、かつ、法令に基づく場合を除き、償還されるものでないこと。
4号	発行者が発行時に将来にわたり買戻しを行う期待を生ぜしめておらず、かつ、当該期待を生ぜしめる内容が定められていないこと。

5号	剰余金の配当が法令の規定に基づき算定された分配可能額を超えない範囲内で行われ、その額が株式の払込金額を基礎として算定されるものでなく、かつ、分配可能額に関する法令の規定により制限される場合を除き、剰余金の配当について上限額が定められていないこと。
6号	剰余金の配当について、発行者の完全な裁量により決定することができ、これを行わないことが発行者の債務不履行となるものでないこと。
7号	剰余金の配当について、他の資本調達手段に対して優先的内容を有するものでないこと。
8号	他の資本調達手段に先立ち、発行者が業務を継続しながら、当該発行者に生じる損失を公平に負担するものであること。
9号	発行者の倒産手続[23]に関し当該発行者が債務超過[24]にあるかどうかを判断するにあたり、当該発行者の債務として認識されるものでないこと。
10号	払込金額が適用される企業会計の基準において株主資本として計上されるものであること。
11号	発行者により現に発行され、払込ずみであり、かつ、取得に必要な資金が発行者により直接または間接に融通されたものでないこと。
12号	担保権により担保されておらず、かつ、発行者または当該発行者と密接な関係を有する者による保証に係る特約その他の法的または経済的に他の資本調達手段に対して優先的内容を有するものとするための特約が定められていないこと。
13号	株主総会、取締役会その他の法令に基づく権限を有する機関の決議または決定に基づき発行されたものであること。
14号	発行者の事業年度に係る説明書類において他の資本調達手段と明確に区別して記載されるものであること。

(A) 最劣後性（1号）

普通株式は、残余財産の分配について、最も劣後するものでなければならない。銀行の資本のうち最も損失吸収力の高い資本として位置づけられるためである。

---

23 破産手続、再生手続、更生手続または特別清算手続をいう。以下同じ。
24 債務者が、その債務につき、その財産をもって完済することができない状態をいう。以下同じ。

(B) 残余財産分配の可変性・公平性（2号）

普通株式は、残余財産の分配について、一定額または上限額が定められておらず、優先株式等の他の優先的内容を有する資本調達手段に対する分配が行われた後に、株主の保有する株式の数に応じて公平に割当てを受けるものでなければならない。普通株式は最劣後性を有する株式であるため、残余財産の分配について特定の額や上限が定められるべきではなく、また、普通株式のなかではそれぞれ公平に扱われるべきとの考えによる。

(C) 永久性（3号、4号）

普通株式は、償還期限が定められておらず、かつ、法令に基づく場合を除き、償還されるものであってはならない。普通株式は、最も質の高い資本として、償還が予定されておらず、銀行が存続する限り損失吸収可能なものでなければならないからである。なお、会社法等の法令により、銀行が株式の取得を義務づけられることがあるとしても、これのみをもって本要件に抵触するものではない。

また、普通株式は、発行者が発行時に将来にわたり買戻しを行う期待を生じさせておらず、かつ、当該期待を生じさせる内容が定められてはならない。自己株式の取得等として、株主との合意により銀行が普通株式を取得することはもとより可能ではあるが、その場合であっても、発行時において買戻しを行う期待を生じさせていたり、明示または黙示を問わずそのような定めがある場合、実質的には償還に関する合意があるものとして、普通株式の永久性に反することとなるためである。

(D) 分配可能額規制および剰余金配当の完全裁量（5号、6号）

普通株式に対する剰余金の配当が、法令の規定に基づき算定された分配可能額を超えない範囲内で行われ、その額が株式の払込金額を基礎として算定されるものでなく、かつ、分配可能額に関する法令の規定により制限される場合を除き、剰余金の配当について上限額が定められてはならない。また、剰余金の配当について、発行者の完全な裁量により決定することができ、これを行わないことが発行者の債務不履行となるものであってはならない。

普通株式は、配当の中止や減額を通じてゴーイング・コンサーン・ベース

での損失吸収を行うことから、配当はあくまで会社法等の法令により定められる分配可能額がある場合に限り可能でなければならず、その実施についても、銀行がその完全な裁量に基づき任意に決定可能でなければならない[25]。また、剰余金の配当額について算定方法や上限額が定められる場合、算定される額や上限額の配当がなされることへの株主の期待が生じる傾向が一般的にあることから、このような定めは禁止されている。

　（E）　剰余金配当の最劣後性（7号）

普通株式に対する剰余金の配当は、他の資本調達手段に対して優先的内容を有するものであってはならない。すなわち、ゴーイング・コンサーンでの最も高い損失吸収力を有する資本として、残余財産のみならず、剰余金の配当についても最劣後性を有さなければならない。

　（F）　ゴーイング・コンサーン損失吸収力（8号）

普通株式は、他の資本調達手段に先立ち、発行者が業務を継続しながら、当該発行者に生じる損失を公平に負担するものでなければならない。普通株式はゴーイング・コンサーン・ベースの資本として最も高い損失吸収力を有するものであることから必要とされるものである。

　（G）　株主資本、債務超過判断における非債務性（9号、10号）

普通株式は、払込金額が適用される企業会計の基準において株主資本として計上されるものでなければならず、発行者の倒産手続に関し当該発行者が債務超過にあるかどうかを判断するにあたり、当該発行者の債務として認識されるものであってはならない。

各国において株式に関する会計または法令上の取扱いには差異がありうるところ、ゴーイング・コンサーン・ベースの損失吸収力を有する資本として、普通株式は会計上の株主資本でなければならず、かつ、倒産手続の債務超過テストにおいても当然に負債として認識されるものではないことを確認するものである。

---

[25] 発行者の適法な意思決定機関が任意に剰余金の配当を決定することができ、この決定を行うことが義務づけられているものでない場合においては、この要件を満たすものと考えられる（平成25年3月8日付パブコメ回答13番）。

（H） 資本充実性（11号）

　普通株式は、発行者により現に発行され、払込ずみであり、かつ、取得に必要な資金が発行者により直接または間接に融通されたものであってはならない。銀行に生じる損失を普通株式が確実に損失吸収可能なものとするために、普通株式の払込資金が実際に払い込まれたことのみならず、払込資金が第三者から拠出されることを求めるものである。

（I） 無担保・無保証（12号）

　普通株式は、担保権により担保されておらず、かつ、発行者または当該発行者と密接な関係を有する者による保証に係る特約その他の法的または経済的に他の資本調達手段に対して優先的内容を有するものとするための特約が定められてはならない。発行者と密接な関係を有する者とは、発行者の親法人等、子法人等および関連法人等ならびに当該親法人等の子法人等（発行者を除く）および関連法人等をいう（告示Q&A「第5条－Q5」）。

　普通株式が、担保権や保証等により、本来であれば普通株式に優先するはずの債権者や株主に対して優先することとなり、結果としてその最劣後性が失われ、期待された損失吸収力が発揮されない事態を防ぐ趣旨である。

（J） 発行手続の適法性（13号）

　普通株式は、株主総会、取締役会その他の法令に基づく権限を有する機関の決議または決定に基づき発行されたものでなければならない。権限を有する機関の決議または決定に基づき適法かつ適式に発行されたものであって、普通株式の発行がさかのぼって無効あるいは取り消されることを防ぐ趣旨である。

　なお、たとえば、新株予約権の行使や取得条項付株式の取得の対価として交付される普通株式について、当該要件を満たすかについては、そのような資本調達手段が株主総会または法令上権限を有する取締役会の決議に基づき発行されたものである場合等、この規定の趣旨に反しない場合については、実質的に要件を満たすものと考えてさしつかえないものとされている（平成24年3月30日付パブコメ回答6番）。

(K) 区別開示（14号）

　普通株式は、発行者の事業年度に係る説明書類において他の資本調達手段と明確に区別して記載されるものでなければならない。普通株式は、議決権に関する内容を除き、同じ内容を有する株式によって構成されなければならないところ、他の異なる内容を有する株式と明確に区別して開示され、市場関係者や当局者が、規制上の要件を満たす普通株式が銀行のどの株式であるかを明確に判別可能とするために必要とされる。

ⅲ．社外流出予定額

　普通株式に係る株主資本の額からは、社外流出予定額[26]が控除される。これは、毎四半期における決算において、剰余金の配当として銀行の自己資本から処分されることが一般に確実と考えられるものについては、保守的に自己資本比率の計算において自己資本から控除するものである。この取扱いについては、バーゼルⅡ告示からの変更はない[27]。

Ⅲ．その他の包括利益累計額、評価・換算差額等

　バーゼルⅢ告示では、連結自己資本比率の計算においては連結貸借対照表のその他の包括利益累計額（Accumulated Other Comprehensive Income、AOCI）が、また単体自己資本比率の計算においては貸借対照表の評価・換算差額等の額が、正の値であるか負の値であるかに関係なく、その全額が普通株式等Tier1資本に係る基礎項目の額にそのまま算入される（銀行告示5条1項2号、17条1項2号）。これは、バーゼルⅢにおいて、その他の包括利益累計額について、会計基準における取扱いと規制資本における取扱いの整合性を図ることが重視されたためである。

---

[26] 毎四半期（3月期、6月期、9月期および12月期）における決算期末後3カ月以内に、①株主総会もしくは取締役会が剰余金の配当として決議した額または決議を予定している額、または、②株主総会における剰余金の配当に関する決議案として取締役会が決議した額または決議を予定している額、のいずれかに該当するものを指す（告示Q&A「第5条－Q12」）。

[27] 平成24年3月30日付パブコメ回答1番

その他の包括利益累計額は、①その他有価証券評価差額金、②土地再評価差額金、③繰延ヘッジ損益および④為替換算調整勘定により構成される。また、評価・換算差額等は、①〜③により構成される。

　このうち、①その他有価証券評価差額金および②土地再評価差額金に関しては、バーゼルⅡ告示において、その他有価証券の帳簿価額と取得価額の差額が正の値である場合の当該差額の45％に相当する額および土地の再評価額と再評価の直前の帳簿価額の差額の45％に相当する額は、Tier2にのみ算入されていた。一方、バーゼルⅢ告示では、前述のとおり、その他の包括利益累計額または評価・換算差額等の額に該当するものはすべて、それぞれ連結自己資本比率または単体自己資本比率の計算において普通株式等Tier1資本に係る基礎項目の額に含まれることとなった。

　こうした取扱いが採用された背景としては、その他包括利益累計額および評価・換算差額等に関して規制上の取扱いと会計上の取扱いとの整合性を図ったことがあげられるが、この取扱いが採用された結果として、その他有価証券の保有額が大きい銀行においては、その評価損益が変動することにより、普通株式等Tier1比率の変動幅が大きくなるおそれがある。これにより、プロシクリカリティ（景気循環増幅効果）を高めることにもつながりかねない。

　そのため、主要行等向け監督指針においては、普通株式等Tier1資本がその他有価証券評価差額金等のその他の包括利益累計額に過度に依存することにより、普通株式等Tier1比率が大きく変動するリスクが存在していないかという点が、自己資本の質の分析における着眼点の1つとして規定されている（主要行等向け監督指針Ⅲ－2－1－1－2－2⑵①）。また、バーゼルⅢ合意文書においても、こうした取扱いはプロシクリカリティを助長するおそれがあることから、その取扱いについては引き続き議論することとされている。

　なお、その他有価証券評価差額金とプロシクリカリティとの関係については、後述の第3章2⑹を参照されたい。

Ⅳ. 普通株式に係る新株予約権の額

　新株予約権は、これを株式会社に対して行使することにより当該株式会社の株式の交付を受けることができる会社法上の権利をいい、外国の法令におけるこれに相当するものも含まれうる。

　普通株式等Tier 1 資本に係る基礎項目の額に算入される「普通株式に係る新株予約権」（銀行告示 5 条 1 項 3 号、17条 1 項 3 号）は、普通株式をその目的とする新株予約権に限られるが、普通株式をその目的とする新株予約権であっても、その他Tier 1 資本調達手段またはTier 2 資本調達手段の要件を満たすために発行された新株予約権や、銀行が株式以外の金銭その他の財産を対価として取得することが可能とされている新株予約権（やむをえないと認められる一定の場合にのみ取得可能なものを除く[28]）については、普通株式に係る新株予約権に含まれないこととされている[29]（告示Q&A「第 5 条－Q 2 」）。

　そのため、たとえば、その他Tier 1 資本調達手段やTier 2 資本調達手段を、新株予約権付社債を用いて発行する場合であって、会計上区分法の適用等によりその新株予約権部分が新株予約権として貸借対照表に計上されるとしても、当該新株予約権については、普通株式等Tier 1 資本に係る新株予約権には該当しないこととなる。他方で、日本においてストック・オプションとして一般に用いられている新株予約権については、普通株式等Tier 1 資本に係る新株予約権に含まれることとなる。

Ⅴ. 普通株式等Tier 1 資本に係る調整後少数株主持分の額

ⅰ. 少数株主持分の規制資本への算入制限

　連結子法人等の資本のうち第三者保有分に相当する少数株主持分について

---

[28] たとえば、組織再編時等において取得が可能とされているものがこれに該当すると考えられる。
[29] 日本の会社法に基づく新株予約権について基本的に想定されるものではないが、予定された払込みがなされていない場合や、付与の実質的対価が給付されていない部分がある場合には、その資本算入は認められない。

は、バーゼルⅡ告示においては、連結子法人等の業態を問わず、原則としてその全額がTier1に算入されていた。

　しかしながら、少数株主持分に対応する連結子法人等の資本は、当該連結子法人等においては損失バッファーとして機能するものの、当該連結子法人等の親会社グループ全体の損失まで吸収することは通常困難であると考えられる。そのため、バーゼルⅢ告示では、その親会社グループの連結自己資本比率の算出において、連結子法人等の少数株主持分の額のうち、「普通株式等Tier1資本に係る調整後少数株主持分の額」のみが普通株式等Tier1資本に係る基礎項目の額に算入可能となった（銀行告示5条1項4号）。詳細な計算方法については下記ⅱで解説するが、大要、銀行子会社または証券子会社の少数株主持分のうち、これら子会社が（銀行でない場合には銀行であると仮定して）普通株式等Tier1比率7％[30]を達成するために必要となる普通株式等Tier1資本に係る基礎項目の額における第三者保有相当部分を、普通株式等Tier1資本に係る基礎項目の額に算入することができる。

ⅱ．普通株式等Tier1資本に係る調整後少数株主持分の額の計算方法

　普通株式等Tier1資本に係る調整後少数株主持分の額は、「特定連結子法人等の少数株主持分相当普通株式等Tier1資本に係る基礎項目の額（A）のうち次に掲げる額のいずれか少ない額（B）に普通株式等Tier1資本に係る第三者持分割合（C）を乗じて得た額以下の額」である（銀行告示8条1項1号）。

・当該特定連結子法人等の連結自己資本比率を算出する算式[31]の分母の額[32]に7％を乗じて得た額

・親法人等である銀行の連結自己資本比率を算出する算式の分母の額のう

---

[30] 最低所要普通株式等Tier1比率4.5％に、第5章で解説する資本保全バッファーとして必要な普通株式等Tier1比率2.5％を合計したものに等しい。
[31] 銀行告示2条各号の算式である。
[32] 当該特定連結子法人等が銀行以外の場合には、当該算式の分母の額に相当する額となる。すなわち、銀行以外の場合、銀行告示の適用対象ではないため、仮に銀行告示が適用される場合の連結自己資本比率を算出する算式の分母の額に相当する額を用いることとなる。

ち、当該特定連結子法人等に関連するものの額[33]に7％を乗じて得た額
具体的には、以下の方法により計算する。

（A）　特定連結子法人等の少数株主持分相当普通株式等Tier 1 資本に係る基礎項目の額の算出

　まず、普通株式等Tier 1 資本に係る調整後少数株主持分の額は、「特定連結子法人等」の少数株主持分または新株予約権でなければならない。「特定連結子法人等」とは、連結子法人等[34]のうち金融機関またはバーゼル委の定める自己資本比率の基準もしくはこれと類似の基準[35]の適用を受ける者をいう。すなわち、日本の子会社については、預金取扱金融機関や、証券会社等の第一種金融商品取引業を行う金融商品取引業者がこれに該当する。

　また、普通株式等Tier 1 資本に係る調整後少数株主持分の額は、特定連結子法人等の少数株主持分または新株予約権のうち、「少数株主持分相当普通株式等Tier 1 資本に係る基礎項目の額」でなければならない。この、「少数株主持分相当普通株式等Tier 1 資本に係る基礎項目の額」とは、「特定連結子法人等の単体普通株式等Tier 1 資本に係る基礎項目の額」のうち、当該特定連結子法人等の親法人等である銀行の連結貸借対照表の純資産の部に新株予約権または少数株主持分として計上される部分の額をいい、当該額が零を下回る場合にあっては零とされる。

　そして、「特定連結子法人等の単体普通株式等Tier 1 資本に係る基礎項目の額」とは、特定連結子法人等について銀行告示14条1号の算式における普通株式等Tier 1 資本に係る基礎項目の額[36]とされ、具体的には、特定連結子法人等の（銀行でない場合には銀行であると仮定した場合の）普通株式に係る株主資本の額（社外流出予定額を除く）、評価・換算差額等およびその他公表準備金の額ならびに普通株式に係る新株予約権の額の合計額となる。

---

[33]　すなわち、親法人等である銀行の連結自己資本比率を算出する算式の分母の額のうち、当該特定連結子法人等の連結自己資本比率を算出する算式の分母の額に関連するものの額である。
[34]　特別目的会社等を除く。
[35]　第一種金融商品取引業を行う金融商品取引業者に適用のある自己資本規制比率（金融商品取引法46条の6、金融商品取引業等に関する内閣府令176条～180条）を含む。
[36]　当該特定連結子法人等が銀行以外の場合にあっては、これに相当する額である。

ゆえに、「少数株主持分相当普通株式等Tier 1 資本に係る基礎項目の額」とは、特定連結子法人等の（銀行でない場合には銀行であると仮定した場合の）普通株式に係る株主資本の額（社外流出予定額を除く）、評価・換算差額等およびその他公表準備金の額ならびに普通株式に係る新株予約権の額の合計額のうち、親法人等である銀行の連結貸借対照表の純資産の部に新株予約権または少数株主持分として計上される部分の額、すなわち、親法人等である銀行の連結貸借対照表において、連結会計処理の際に相殺消去されずに新株予約権または少数株主持分として計上されるものの額を意味することとなる。端的には、銀行のグループ外の第三者に帰属するまたは第三者から調達した連結子法人等の普通株式や内部留保、評価・換算差額等がこれに該当する。

　（B）　次に掲げる額のいずれか少ない額

　普通株式等Tier 1 資本に係る調整後少数株主持分の額は、上記（A）で算出した特定連結子法人等の少数株主持分相当普通株式等Tier 1 資本に係る基礎項目の額のうち、次に掲げる額のいずれか少ない額（B）に普通株式等Tier 1 資本に係る第三者持分割合（C）を乗じて得た額以下の額である。

① 　当該特定連結子法人等の連結自己資本比率を算出する算式の分母の額に7％を乗じて得た額

② 　親法人等である銀行の連結自己資本比率を算出する算式の分母の額のうち、当該特定連結子法人等に関連するものの額に7％を乗じて得た額

　このうち、①は、特定連結子法人等の（銀行でない場合は銀行であると仮定した場合の）連結リスク・アセットの額に7％を乗じて得た額、すなわち、最低所要普通株式等Tier 1 比率4.5％および資本保全バッファーとして必要な普通株式等Tier 1 比率2.5％の合計である普通株式等Tier 1 比率7％を当該連結子法人等が達成するために必要な普通株式等Tier 1 資本の額と等しい。

　他方で、②は、親法人等である銀行の連結リスク・アセットの額のうち当該特定連結子法人等に関連するもの、すなわち、銀行の連結リスク・アセットの額のうち、当該特定連結子法人等の連結ベースの資産および取引等に関し算出される連結リスク・アセットの額に、上記①と同様に7％を乗じて得た額である。

①と②では、いずれも、特定連結子法人等の連結リスク・アセットの額[37]に7％を乗じた額、すなわち、特定連結子法人等が国際統一基準行であると仮定した場合に最低普通株式等Tier 1 比率および資本保全バッファーを充足するために少なくとも必要な連結普通株式等Tier 1 資本の額を算出することとなるが[38]、最終的に①と②を比較して小さい額が用いられることとなる。

　これは、たとえば親法人等である銀行と当該特定連結子法人等との間の連結グループ内の取引が行われている場合に、このような連結グループ内の取引は銀行の連結会計処理において相殺消去され、当該取引に関するリスク・アセットの額は、銀行の連結自己資本比率の算出における連結リスク・アセットの額に含まれないこととなるため、このような連結グループ内の取引に基づく特定連結子法人等のリスク・アセットの額を除外する趣旨である。

　なお、必ずしも自己資本比率の算出が求められない銀行告示1条7号に定める「金融機関」以外の連結子法人等については、その連結リスク・アセットの額を計算することが困難な場合であって、親法人等である銀行の連結リスク・アセット額のうち当該連結子法人等に関連するものの額が当該連結子法人等の連結リスク・アセットの額よりも小さい蓋然性が高いと見込まれるときは、親法人等である銀行の連結リスク・アセット額のうち当該連結子法人等に関連するものの額を用いることができる（告示Q&A「第8条－Q1」）。

　すなわち、この（B）の計算においては、銀行に適用される自己資本比率規制の直接の対象とならない証券会社等について、当該証券会社等を頂点とする連結ベースでのリスク・アセットの額を内部管理上も算出しておらず、

---

[37] なお、これらの連結リスク・アセットの額には、特定連結子法人等が保有する対象資本調達手段の額のうち、調整後少数株主持分の額を含む後述の普通株式等Tier 1 資本の額に基づく各基準額以内に収まったものに係るリスク・アセットの額が含まれうるため、ここで調整後少数株主持分の額を計算する前提として必要なリスク・アセットの額の計算に際し、調整後少数株主持分の額が必要となるという循環構造が生じうる。この場合の計算方法は、告示Q&A「第8条－Q3」に記載されている。

[38] なお、当該連結子法人等の調整項目の額について、たとえば、リスク・ウェイト1,250％を乗じたうえで連結リスク・アセットの一部として計上する等、連結法人等の調整項目の額を勘案することはできない（告示Q&A「第8条　Q2」）。

かつ、その算出が困難である場合には、このような簡易な計算を行うことができる。

（C）　普通株式等Tier 1 資本に係る第三者持分割合

上述のとおり、普通株式等Tier 1 資本に係る調整後少数株主持分の額に算入可能な額は、（A）で算出した特定連結子法人等の少数株主持分相当普通株式等Tier 1 資本に係る基礎項目の額のうち、（B）で算出した額に普通株式等Tier 1 資本に係る第三者持分割合を乗じて得た額以下の額に限られる。

ここで、「普通株式等Tier 1 資本に係る第三者持分割合」とは、特定連結子法人等の少数株主持分相当普通株式等Tier 1 資本に係る基礎項目の額を、単体普通株式等Tier 1 資本に係る基礎項目の額で除して得た割合をいう。

（A）で述べたとおり、特定連結子法人等の少数株主持分相当普通株式等Tier 1 資本に係る基礎項目の額は、特定連結子法人等の単体普通株式等Tier 1 資本に係る基礎項目の額のうち当該特定連結子法人等の親法人等である銀行の連結貸借対照表の純資産の部に新株予約権または少数株主持分として計上される部分の額をいう。そのため、普通株式等Tier 1 資本に係る第三者持分割合は、特定連結子法人等の単体普通株式等Tier 1 資本に係る基礎項目の額のうち、当該特定連結子法人等の親法人等である銀行の連結貸借対照表の純資産の部に新株予約権または少数株主持分として計上される部分の額の占める割合をいうこととなる。

具体的には、以下のうち特定連結子法人等の親法人等である銀行の連結貸借対照表の純資産の部に新株予約権または少数株主持分として計上される部分の額が、特定連結子法人等の単体普通株式等Tier 1 資本に係る基礎項目の額全体に占める割合を意味することとなるため、基本的には、親法人等グループ外の第三者の持株比率がこれに該当することとなると思われる。

（D）　普通株式等Tier 1 資本に係る調整後少数株主持分の額の算出

以上の計算により、（A）～（C）の額が算出され、（A）の額のうち、（B）に（C）を乗じて得た額以下の額を、普通株式等Tier 1 資本に係る調整後少数株主持分の額に算入できることとなる。

普通株式等Tier 1 資本に係る調整後少数株主持分の額の算出を含む、少数

株主持分等に関する規制上の資本算入額の計算については、告示Q&A「第8条－Q4」に具体的な計算事例が掲載されているため、そちらを参照されたい。

図表2－10　少数株主持分等の計算方法の概要

① バーゼルⅡでは、親会社（親銀行）の連結自己資本比率計算の際、子会社の規制資本の第三者保有分は、原則的に少数株主持分または負債として全額算入可能であったが、<u>子会社の規制資本は親会社の損失吸収に直接利用することが困難であることから、バーゼルⅢでは算入を制限</u>
② 具体的には、大要、<u>銀行子会社および証券子会社等の普通株式等Tier 1資本の第三者保有分に限り、連結自己資本比率計算において普通株式等Tier 1資本に算入可能</u>（それ以外の子会社については、普通株式等Tier 1資本への算入は不可）
③ 算入可能限度額（普通株式等Tier 1資本／Tier 1資本／総自己資本）の計算方法は以下のとおり
【子会社のリスク・アセット（RWA）
　〈子会社連結分と親会社連結に占める子会社分の小さいほう〉】
×【最低所要水準＋資本保全バッファー＝（7.0％／8.5％／10.5％）】
×【第三者保有割合（普通株式等Tier 1資本／Tier 1資本／総自己資本）】

			連結ベースの規制資本への算入可能限度額		
			普通株式等Tier 1	その他Tier 1	Tier 2
子会社の規制資本の第三者保有分（少数株主持分等）	銀行子会社・証券子会社等	普通株式等Tier 1	RWA×7％まで	Tier 1資本でRWA×8.5％まで	総自己資本でRWA×10.5％まで
		その他Tier 1			
		Tier 2			
	その他子会社	普通株式等Tier 1		Tier 1資本でRWA×8.5％まで	総自己資本でRWA×10.5％まで
		その他Tier 1			
		Tier 2			

4 普通株式等Tier 1 資本に係る調整項目の額

(1) 総　論

　普通株式等Tier 1 資本の算出においては、普通株式等Tier 1 資本に係る調整項目の額が、その減算項目として普通株式等Tier 1 資本に係る基礎項目の額から控除される。普通株式等Tier 1 資本に係る調整項目の額は、①一般的に損失吸収力に乏しいと考えられる資産や利益等および②金融システム内のリスクの連鎖を防止する観点から一定程度保有を抑制する必要があると考えられる資産等について、自己資本比率の計算において、普通株式等Tier 1 資本に係る基礎項目の額から控除するものである。

　バーゼルⅡ以前においては、規制上の自己資本のうち質の高いゴーイング・コンサーン資本の十分性を表す指標として、Tier 1 比率が用いられてきた。しかし、Tier 1 比率を計算する際に分子のTier 1 から控除される項目は、のれん等の一部の項目に限られていたことから、市場関係者からは、必ずしも質の高い資本の実態を表す指標にはなっていないと批判されていた。こうしたことから、たとえば米国においては、Tier 1 資本から、実質的な資産価値のないのれん以外の無形資産等も控除した、有形普通株式比率（Tangible Common Equity Ratio）が、規制上のTier 1 比率に代わる指標として市場関係者において用いられていた。

　以上のような経緯をふまえ、バーゼルⅢでは、自己資本比率の分子である規制上の自己資本を保守的に調整（控除）する項目である調整項目の定義を、すべてのバーゼル規制の適用国・地域において統一し、かつ質の高い資本の実態を表す指標とするために、さまざまな項目を調整項目として新たに加えたうえで、その大部分を普通株式等Tier 1 資本の算出に適用することとなった。

図表2-11 主な調整項目等の概要図（バーゼルⅡとバーゼルⅢ）

[バーゼルⅡ]

Tier 1 減算・控除	自己株式
	社外流出予定額
	その他有価証券評価損
	為替換算調整勘定
	のれん・営業権
	企業結合に伴う無形資産
	証券化に伴う利益
	（期待損失－適格引当金）不足額×50% 〈内部格付手法（IRB）採用行〉
	Tier 1の20%を超える繰延税金資産 （主要行のみ）
自己資本控除	国内預貯金取扱金融機関向け意図的保有
	他の金融機関等向け出資（金融関連法人等向け出資等）
	（期待損失－適格引当金）不足額×50% 〈内部格付手法（IRB）採用行〉
	非同時決済に係る控除
	PD／LGD方式対象の株式エクスポージャーの期待損失 〈内部格付手法（IRB）採用行〉
	自己資本控除となる証券化エクスポージャー

（注1） 網掛けは、新規または控除範囲が拡大された項目。
（注2） 普通株式等Tier 1資本に係る基礎項目の額の算出における項目。ただし、自己株式の間接保有分については調整項目の額に含まれる。

56

[バーゼルⅢ（原則、普通株式等 Tier 1 資本から減算）]

- 自己株式（注2）
- 社外流出予定額（注2）
- その他有価証券評価損益（注2）
  （損だけでなく、益も算入）
- 為替換算調整勘定（注2）
- のれん・営業権
- のれん以外の無形固定資産（ソフトウェア等）
- （期待損失－適格引当金）不足額
  〈内部格付手法（IRB）採用行〉
- 繰延税金資産（繰越欠損金）
- 繰延税金資産（繰越欠損金以外のもの）の一部
- 退職給付に係る資産・前払年金費用
- 繰延ヘッジ損益
- 負債の時価評価に伴う増加
- 証券化に伴う利益
- 他の金融機関等向け普通株出資（意図的持合い）
- 他の金融機関等向け普通株出資（上記以外）の一部
- 他の金融機関等向けその他 Tier 1 出資（意図的持合い）
- 他の金融機関等向けその他 Tier 1 出資（上記以外）の一部
- 他の金融機関等向け Tier 2 出資（意図的持合い）
- 他の金融機関等向け Tier 2 出資（上記以外）の一部
- 非同時決済に係る控除
- PD／LGD 方式対象の株式エクスポージャーの期待損失
  〈内部格付手法（IRB）採用行〉
- 自己資本控除となる証券化エクスポージャー

普通株式等Tier1資本に係る調整項目としては、銀行告示5条2項各号または17条2項各号において、以下のものが定められている。

	普通株式等Tier1資本に係る調整項目
1号	次に掲げる額の合計額
	イ　次に掲げる無形固定資産の額の合計額 　(1)　無形固定資産（のれんに係るものに限り、連結自己資本比率の算出においては、のれん相当差額[39]を含む）の額 　(2)　無形固定資産（のれんおよびモーゲージ・サービシング・ライツに係るものを除く）の額
	ロ　繰延税金資産（一時差異に係るものを除く）の額
	ハ　繰延ヘッジ損益[40]（ヘッジ対象に係る時価評価差額がその他の包括利益累計額または評価・換算差額等の項目として計上されている場合におけるヘッジ手段に係る損益または時価評価差額を除く）の額
	ニ　内部格付手法採用行において、事業法人等向けエクスポージャーおよびリテール向けエクスポージャーの期待損失額の合計額が適格引当金の合計額を上回る場合における当該期待損失額の合計額から当該適格引当金の合計額を控除した額
	ホ　証券化取引に伴い増加した自己資本に相当する額
	ヘ　負債の時価評価（銀行または連結子法人等の信用リスクの変動に基づくものに限る[41]）により生じた時価評価差額であって自己資本に算入される額
	ト　退職給付に係る資産（単体自己資本比率の算出においては前払年金費用）の額
2号	自己保有普通株式の額
3号	意図的に保有している他の金融機関等の普通株式の額

---

[39] 他の金融機関等であって、連結子会社である保険子法人等または持分法が適用される者に係る差額（連結子会社である保険子法人等にあっては連結財務諸表規則28条5項の規定によりのれんに含めて表示される差額をいい、持分法が適用される者にあってはこれに相当するものをいう）をいう。以下同じ。

[40] 連結財務諸表規則43条の2第1項2号または財務諸表規則67条1項2号に規定する繰延ヘッジ損益をいう。以下同じ。

[41] 単体自己資本比率の算出においては、銀行の信用リスクの変動に基づくものに限る。

4号	少数出資金融機関等の普通株式の額
5号	特定項目に係る10％基準超過額
6号	特定項目に係る15％基準超過額
7号	その他Tier 1 資本不足額

　このうち、①一般的に損失吸収力に乏しいと考えられる資産や利益等としては、1号および2号ならびに5号および6号の一部が、また、②金融システム内のリスクの連鎖を防止する観点から一定程度保有を抑制する必要があると考えられる資産等としては、3号および4号ならびに5号および6号の一部が、それぞれ該当する。7号は、その他Tier 1 資本に係る調整項目の額が、その他Tier 1 資本に係る基礎項目の額を超過する場合に、当該超過部分を普通株式等Tier 1 資本の額の計算において代わりに控除するものである。

(2) 一般的に損失吸収力に乏しいと考えられる資産や利益等である調整項目

Ⅰ．無形固定資産の額

　無形固定資産については、①のれんに係るもの[42]、②モーゲージ・サービシング・ライツに係るもの[43]ならびに③のれんおよびモーゲージ・サービシング・ライツに係るもの以外のもの[44]（以下「その他無形資産」）の3つの区分ごとに、異なる取扱いが定められている。

---

[42] 銀行告示5条2項1号イ(1)、17条2項1号イ(1)
[43] 銀行告示5条2項5号および6号、17条2項5号および6号
[44] 銀行告示5条2項1号イ(2)、17条2項1号イ(2)

i．のれんに係る無形固定資産

　（A）　普通株式等Tier 1 資本に係る調整項目としての取扱い

　無形固定資産のうちのれんは、その全額について、普通株式等Tier 1 資本に係る調整項目の額に含まれ、普通株式等Tier 1 資本の額の算出において控除されることとなる。のれんは、合併等によって取得した子会社の取得価額と時価の正の差額であることから、これを処分することで銀行の損失吸収に充てることが困難と考えられるためである。バーゼルⅡ告示においても、のれんはTier 1 の減算項目とされていたが、バーゼルⅢ告示においても同様の取扱いを行うものである。

　（B）　のれん相当差額

　連結自己資本比率の算出にあたり、のれんに係る無形固定資産には、のれん相当差額が含まれる。のれん相当差額とは、他の金融機関等[45]であって、連結子会社[46]である保険子法人等または持分法[47]が適用される者に係る差額[48]をいう。具体的には、保険子法人等や持分法が適用される他の金融機関等について、銀行による投資金額が、これに対応する当該保険子法人等や持分法が適用される他の金融機関等の資本の金額を超えることにより生じる差額が該当する。

　なお、のれん相当差額については、このようにのれんに係る無形固定資産として普通株式等Tier 1 資本に係る調整項目に含まれることから、他の金融機関等に係る資本調達手段の額のうちのれん相当差額に当たる部分については、後述する調整項目の対象となる他の金融機関等に係る対象資本調達手段の額には含めなくてよい（告示Q&A「第 8 条－Q 9」）。のれん相当差額が、普通株式等Tier 1 資本に係る調整項目の額の算出に二重に含まれることを回

45　その定義については、後述(3) I の解説を参照のこと。
46　連結財務諸表規則 2 条 4 号に規定する連結子会社をいう。
47　連結財務諸表規則 2 条 8 号に規定する持分法をいう。
48　連結子会社である保険子法人等にあっては連結財務諸表規則28条 5 項の規定によりのれんに含めて表示される差額を意味し、持分法が適用される者にあってはこれに相当するものを意味する。

避する趣旨である。

ⅱ．のれんおよびモーゲージ・サービシング・ライツ以外に係る無形固定資産（その他無形資産）

　（A）　普通株式等Tier 1 資本に係る調整項目としての取扱い

　無形固定資産のうち、のれんおよびモーゲージ・サービシング・ライツ[49]以外のその他無形資産（ソフトウェア等）は、原則として、その全額が普通株式等Tier 1 資本に係る調整項目の額に算入され、普通株式等Tier 1 資本の額の計算において控除される。

　これは、その他無形資産が、一般的に、銀行の危機時における処分が困難であり、連結貸借対照表または貸借対照表に計上される額をもって換価することが困難であると考えられることによる。その他無形資産は、バーゼルⅡ告示においてはTier 1 の減算項目や控除項目には含まれておらず、その他資産等としてリスク・ウェイト100％で信用リスク・アセットの額を計算して信用リスク・アセットの額の合計額に含めるものとされていた。

　その他無形資産は、会計上無形固定資産の項目に表示されるすべての資産を意味し、したがって、ソフトウェアのみならず、借地権や電話加入権も含まれることとなる（平成25年3月8日付パブコメ回答7番）。

　なお、のれんと異なり、バーゼルⅢ告示においては、他の金融機関等であって、連結子会社である保険子法人等または持分法が適用される者に係るその他無形資産は、普通株式等Tier 1 資本に係る調整項目としてのその他無形資産には含まれていない。そのため、これらの者に係るその他無形資産については、普通株式等Tier 1 資本に係る調整項目であるその他無形資産の額に含める必要はない。

---

[49]　モーゲージ・サービシング・ライツとは、一般的に、住宅ローンの原債権者がその住宅ローン債権を売却した後に、住宅ローンに係る借入人からの支払を回収する業務を引き続き実施する場合に、管理回収等のサービス業務提供に関する費用に見合う資産をいう。日本の会計基準上は、住宅ローンに係る回収サービス権がこれに該当するが（平成24年3月30日付パブコメ回答24番）、証券化を実施した際に原債権者が留保する劣後部分に含めて経理処理することが多く、このような資産が銀行の貸借対照表に計上されることは一般的にないと考えられる。

モーゲージ・サービシング・ライツに係る無形固定資産の取扱いについては、下記(3)Vを参照されたい。

　（B）　繰延税金負債との相殺

その他無形資産に関連する繰延税金負債がある場合、当該その他無形資産の額と関連する繰延税金負債の額を相殺することができる（銀行告示5条4項、17条4項）。

また、その他無形資産の額の算出に際して、税効果会計の適用対象ではないため繰延税金負債が認識されていない無形固定資産についても、繰延税金資産の回収可能性の判断にかかわらず、その全額を費用認識した場合に生じる税効果相当額を実効税率等により合理的に見積もったうえで、この額と当該無形固定資産の額を相殺することが認められている（告示Q&A「第5条－Q8」）。

すなわち、普通株式等Tier1資本に係る調整項目であるその他無形資産の額については、（連結）貸借対照表に計上される無形固定資産の金額から実効税率相当分を控除した金額を用いることができる。ただし、この場合、銀行告示8条9項3号および10項3号または20条6項3号および7項3号に掲げる繰延税金資産（一時差異に係るものに限る）の額に、当該税効果相当額を加算することが求められる[50]。すなわち、ここでその他無形資産の額から控除された実効税率相当分については、後述のとおり一時差異に係る繰延税金資産の計算過程において勘案する必要がある。

以上についての具体的な計算事例は、告示Q&A「第5条－Q9」を参照されたい。

Ⅱ．繰延税金資産（一時差異に係るものを除く）の額

ⅰ．普通株式等Tier1資本に係る調整項目としての取扱い

繰延税金資産については、一時差異に係るものであるか否かによって異な

---

[50] なお、のれんについては、このような税効果相当額を勘案することは認められていない（告示Q&A「第5条－Q8」）。

る取扱いが適用されることとなるが、繰延税金資産（一時差異に係るものを除く）については、原則としてその全額が普通株式等Tier 1資本に係る調整項目の額に算入され、普通株式等Tier 1資本の額の計算において控除される。なお、繰延税金資産（一時差異に係るものを除く）とは、繰越欠損金等の、会計と税務の一時差異により生じる繰延税金資産以外の繰延税金資産をいう。

　繰延税金資産は、将来収益に依存する不安定な資産であり、特に銀行の危機時においては、会計上、回収可能性に鑑み計上が否定される結果、資産性が失われ、損失吸収力も消滅するおそれが高いことから、このような取扱いが適用されることとなった。実際、日本においても、平成15年に預金保険法に基づく危機対応措置が2つの銀行に適用されたが、いずれのケースにおいても、繰延税金資産の計上が否定されたために自己資本比率が大きく低下したことが、そのきっかけとなっている。

　こうした経緯もふまえ、バーゼルⅡ告示においては、繰延税金資産は、一時差異に係るものであるか否かにかかわらず、主要行についてはその純額のうちTier 1の20％を超える額について、Tier 1の減算項目とされていた。一方で、主要行以外の銀行については、繰延税金資産はTier 1から控除されず、その全額につきその他資産等としてリスク・ウェイト100％で信用リスク・アセットの額を計算することとされていた。

　なお、会計と税務の一時差異により生じる繰延税金資産については、その全額が普通株式等Tier 1資本の額の計算において控除されるわけではないが、下記(3)ⅴに記載のとおり、おおむね普通株式等Tier 1資本の10％相当額を超過する部分の額について、普通株式等Tier 1資本に係る調整項目の額に含め、普通株式等Tier 1資本の額の計算において控除することとされている。

ⅱ．繰延税金負債の額との相殺

　繰延税金資産について、関連する繰延税金負債がある場合には、繰延税金資産の額と関連する繰延税金負債の額を相殺することができる（銀行告示8条12項、20条9項）[51]。

この場合、以下の点について留意する必要がある（告示Q&A「第5条－Q6」）。

・税務当局が異なる場合には相殺できないこと。
・無形固定資産や前払年金費用と相殺した繰延税金負債については、重ねて相殺することができないこと。

　この繰延税金資産の額と関連する繰延税金負債の額との相殺については、バーゼルIII合意義書に従い、一時差異に係るものと一時差異以外に係るものとの間で按分比例の方法で行うことが告示上定められている[52]。したがって、繰延税金負債の内訳につき、個別の繰延税金資産の項目ごとにその金額がわかっていたとしても、告示上の取扱いでは一時差異に係るものの合計とそれ以外のものの合計との間で按分比例により計算をすれば足りることとなる。なお、より会計に即した正確な計算を行うという観点から、保守的に個別の繰延税金資産項目ごとに詳細な計算を行うことも許容される。

　繰延税金資産の額と関連する繰延税金負債の額との相殺の具体的な計算事例は、告示Q&A「第5条－Q10」を参照されたい。

III．繰延ヘッジ損益の額

　繰延ヘッジ損益の額も、普通株式等Tier 1資本に係る調整項目の額に算入され、普通株式等Tier 1資本の額の計算において控除される。

　繰延ヘッジ損益とは、連結財務諸表規則43条の2第1項2号または財務諸表規則67条1項2号に規定する繰延ヘッジ損益をいい、ヘッジ対象に係る時価評価差額がその他の包括利益累計額の項目として計上されている場合にお

---

[51] 第1四半期または第3四半期において一部の重要性のない連結子法人等の繰延税金資産または繰延税金負債の額の発生要因別内訳を算出することが困難な場合にあっては、他の合理的な方法によって当該連結子法人等の繰延税金資産または繰延税金負債の額を発生要因ごとに見積もることが認められている（告示Q&A「第5条－Q7」）。たとえば、直前の決算期の金額をもとに行った合理的見積額等を使用することが認められることとなる。

[52] 繰延税金資産につき回収可能性が認められない部分である評価性引当額についても、会計上の趣旨を逸脱しない限りにおいて、合理的な方法を用いて、これを繰延税金資産（一時差異に係るものを除く）と一時差異に係る繰延税金資産とに切り分けることができるとされる（平成24年3月30日付パブコメ回答24番）。

けるヘッジ手段に係る損益または時価評価差額は除かれる。

　繰延ヘッジ損益は、ヘッジ対象について即時に損益認識がなされない場合について、ヘッジ会計の適用により、会計上、ヘッジ手段であるデリバティブ取引の時価評価額がその他の包括利益累計額において繰り延べられるものであるため、ヘッジ対象とヘッジ手段とがともに打ち消し合う関係にあり、これらの時価変動は本来的には金融機関の自己資本比率の計算に反映されるべきではない。

　しかしながら、前述の3(2)Ⅲ記載のとおり、繰延ヘッジ損益を含むその他の包括利益累計額および評価・換算差額等は、その全額が普通株式等Tier 1資本に係る基礎項目の額に算入されている。そのため、ヘッジ対象に係る時価評価差額がその他の包括利益累計額の項目として計上されており、その他の包括利益累計額または評価・換算差額等の額においてヘッジ手段とヘッジ対象の評価差額が打ち消し合っている場合を除き、ヘッジ手段に係る損益または時価評価差額を、普通株式等Tier 1資本の額の計算において控除し、もって普通株式等Tier 1資本に係る基礎項目の額に算入された繰延ヘッジ損益の額を引き戻している。

Ⅳ. 事業法人等向けエクスポージャーおよびリテール向けエクスポージャーの期待損失額の合計額から適格引当金の合計額を控除した額（内部格付手法採用行）

　内部格付手法（IRB）採用行につき、事業法人等向けエクスポージャーおよびリテール向けエクスポージャーの期待損失額（Expected Loss：EL）の合計額が適格引当金の合計額を上回る場合、その超過額を適格引当金によってカバーすることができず、当該期待損失額の合計額の全額が顕在化した場合には、当該超過額について非期待損失を吸収するための規制上の自己資本でカバーしなければならないことから、この超過額については、普通株式等Tier 1資本の額の計算においてあらかじめ控除される。

　バーゼルⅡ告示においては、上記超過額の50％をTier 1から控除し、残りの50％を控除項目として自己資本全体から控除することとされていたが、

バーゼルⅢ告示においては、その全額が普通株式等Tier 1 資本に係る調整項目の額に算入し、普通株式等Tier 1 資本の額の計算において控除することとなった。

なお、他の金融機関等の対象資本調達手段のうち、少数出資に係る10％基準額、特定項目に係る10％基準額および特定項目に係る15％基準額を超えることから、普通株式等Tier 1 資本に係る調整項目の額、その他Tier 1 資本に係る調整項目の額またはTier 2 資本に係る調整項目の額とされたものについては、自己資本比率の計算において事業法人等向けエクスポージャーに含まれないため、その期待損失額についても上記超過額の計算に含まれないこととなる。他方で上記の各基準額を計算するためには下記(3)Ⅴ記載のとおり上記超過額を控除する必要があり、当該超過額と上記各超過額との間には循環構造の関係がある。このように循環構造となるため計算が困難な場合の計算方法については、告示Q&A「第5条－Q9」に記載されている。なお、当該計算方法は、あくまで計算が循環する場合における1つの計算事例であり、各金融機関において客観的かつ合理的と考えられる方法により異なる計算を行うことも許容される。

Ⅴ．証券化取引に伴い増加した自己資本に相当する額

証券化取引に伴い増加した自己資本に相当する額は普通株式等Tier 1 資本に係る調整項目に含まれる。こうした取扱いとなっている背景には、証券化取引の実行時点において、売却される優先部分について会計上売却益が認識されるものの、これは通常の債権譲渡において認識される売却益と異なり、オリジネーターが劣後部分を保有している限り、必ずしも当該売却益が実際に金融機関の損失のバッファーとして機能するとは限らないためである。証券化取引に伴い増加した自己資本に相当する額は、バーゼルⅡ告示においてもTier 1 から控除されていた。

Ⅵ. 負債の時価評価により生じた時価評価差額であって自己資本に算入される額

　負債の時価評価により生じた時価評価差額のうち、銀行または連結子法人等の信用リスクの変動に基づくもの[53]であって、自己資本に算入される額については、普通株式等Tier 1 資本に係る調整項目の額に算入され、普通株式等Tier 1 資本の額の計算において控除される。

　こうした背景には、リーマン・ショックに伴う金融危機において、信用力が低下した欧米の金融機関等において、負債を時価評価することにより利益が生じ、その結果、資本が増加するという事態が生じたことがある。会計上の資本は増加するものの、負債の時価評価は未実現のものであり、時価での負債の買取り等を行うことではじめて実現するものであることから、バーゼルⅢの導入に伴い普通株式等Tier 1 資本の額の計算において控除されることとなった。

　平成26年3月末現在の日本の会計基準においては、負債を時価評価することが一般に求められているものではないことから、日本の会計基準に基づく自己資本比率の計算を実施している金融機関は、当該項目に伴う普通株式等Tier 1 資本の調整を行う必要はない。このように、日本においては当該項目が会計上発生しないこともあり、バーゼルⅡ告示においては、特に取扱いが定められていなかったが、バーゼルⅢ告示においては、前述のバーゼル委によるピアレビューへの対応もあり、普通株式等Tier 1 資本に係る調整項目の額に含められることとなった。

Ⅶ. 退職給付に係る資産または前払年金費用の額

ⅰ. 普通株式等Tier 1 資本に係る調整項目としての取扱い

　退職給付に係る資産（単体自己資本比率の算出においては前払年金費用。以下

---

[53] 単体自己資本比率の算出においては、銀行の信用リスクの変動に基づくものに限る。

同じ）の額については、たとえば退職給付会計においてその年金資産に運用益が生じているような場合であっても、当該年金資産の利用および処分等については制約が課されており、必ずしも銀行が損失吸収のために自由に処分可能な財産ではない。

　こうした背景をふまえ、退職給付に係る資産については、その全額を普通株式等Tier1資本に係る調整項目の額として、普通株式等Tier1資本の額の計算において控除されることとなった[54]。なお前払年金費用は、バーゼルⅡ告示においては、その他資産等としてリスク・ウェイト100％で信用リスク・アセットの額を算出することとされていた。

ⅱ．繰延税金負債の額との相殺

　退職給付に係る資産に関連する繰延税金負債がある場合、その額と当該関連する繰延税金負債の額を相殺することができる（銀行告示5条4項、17条4項）。また、その他無形資産の場合と同様に、退職給付に係る資産の額について、実効税率を勘案することも認められている。具体的な取扱いについては、その他無形資産に関する上記Ⅰⅱ（B）と同様である。

Ⅷ．自己保有普通株式の額

ⅰ．普通株式等Tier1資本に係る調整項目としての取扱い

　自己保有普通株式の額とは、銀行または連結子法人等が当該銀行または連結子法人等の資本調達手段を保有している場合における当該資本調達手段[55]（「自己保有資本調達手段」という）のうち普通株式に該当するものの額をいう（銀行告示8条4項、20条1項）。

---

[54] バーゼルⅢでは、銀行が自由に処分可能なものについては、普通株式等Tier1資本に係る調整項目の額に含めなくてもよいとされているが、バーゼルⅢ告示および告示Q&Aにおいては、日本における退職給付資産および前払年金費用の実態に鑑み、同様の取扱いは明示的には規定されていない。

[55] 単体自己資本比率の算出においては、銀行が当該銀行の資本調達手段を保有している場合における当該資本調達手段をいう。

ただし、連結財務諸表規則2条19号または財務諸表等規則8条23項に規定する自己株式に該当するものについては、連結貸借対照表または貸借対照表の純資産の部において株主資本から控除されていることから、自己保有資本調達手段および自己保有普通株式の額には含まれない。

自己保有資本調達手段の保有形態には、連結範囲外の法人等[56]、[57]に対する投資その他これに類する行為を通じて実質的に保有している場合に相当すると認められる場合その他これに準ずる場合を含む。具体的には、自己保有資本調達手段の取得および保有を行う連結範囲外の法人等（例：ファンド、SPC）に対する投資を行い、これにより当該自己資本調達手段の価値変動や信用リスク等を実質的に負担することとなる場合や、自己資本調達手段の価値に直接連動する派生商品取引（例：株式オプション[58]）を行っている場合をいう（告示Q&A「第8条－Q5」）。これらの具体例については、下記(3)Ⅰⅱを参照のこと。

なお、自己保有資本調達手段については、バーゼルⅡ告示においても、会計上株主資本から控除されるものについては、同様に規制資本に含まれていなかった（すなわち会計上も規制上も株主資本から控除されていた）が、それ以外の連結貸借対照表または貸借対照表の自己株式に含まれない、間接的または実質的に保有している自己の株式については、このような資本控除の取扱いは規定されていなかった。したがって後述7の経過措置の適用の計算を行う際、前者については経過措置が適用されず、後者についてのみ経過措置が適用される結果となることには留意を要する。

ⅱ．ショート・ポジションとの相殺

自己保有資本調達手段については、銀行または連結子法人等[59]が自己保有

---

[56] 法人等（銀行法施行令4条の2第2項に規定する法人等をいう。以下同じ）であって、連結自己資本比率の算出にあたり連結の範囲に含まれない者をいう。以下同じ。
[57] 単体自己資本比率の算出においては、他の法人等、すなわち、当該銀行以外の法人等と読み替える。
[58] オプションに限らず、自己資本調達手段の価値に連動するあらゆるデリバティブ取引を含む。
[59] 単体自己資本比率の算出においては、銀行と読み替える。

資本調達手段に係る一定のショート・ポジションを保有するときは、当該自己保有資本調達手段と対応するショート・ポジションを相殺することができる（銀行告示8条5項、20条2項）。

この場合における「一定のショート・ポジション」とは、具体的には、以下の場合が該当する（告示Q&A「第8条－Q7」）。

① ロング・ポジション（インデックスに含まれる場合など、間接保有による場合も含む）と同一の資本調達手段のショート・ポジション（カウンターパーティ・リスクを有しないものに限る）[60]を有しており、かつ、当該ショート・ポジションのマチュリティが当該ロング・ポジションのマチュリティと同一である場合または残存マチュリティが1年以上の場合

② インデックスに含まれるロング・ポジションについては、上記①に該当する場合に加えて、同一のインデックスのショート・ポジションを有しており、かつ、当該ショート・ポジションのマチュリティが当該ロング・ポジションのマチュリティと同一である場合または残存マチュリティが1年以上の場合

③ 上記①および②にかかわらず、ロング・ポジションと同一の資本調達手段を原資産に含むインデックスのショート・ポジション（カウンターパーティ・リスクを有しないものに限る）を有しており、かつ、当該ショート・ポジションのマチュリティが当該ロング・ポジションのマチュリティと同一である場合または残存マチュリティが1年以上の場合であって、以下の要件のすべてを満たす場合

　ⓐ ヘッジ対象となるロング・ポジションおよびヘッジ手段であるインデックスがいずれもトレーディング勘定で保有されていること。

　ⓑ いずれのポジションも貸借対照表において公正価値で評価されていること。

　ⓒ 監督当局の評価対象となる銀行の内部管理プロセスのもと、ヘッジが

---

[60] カウンターパーティ・リスクを有しないベアファンド等、ショート・ポジションを間接的に有する場合も相殺は可能となるが、この場合、マチュリティの要件を充足するために、当該ショート・ポジションを保有する意思が重要となる。

有効であると認められること。

　なお、後述の少数出資金融機関等やその他金融機関等の対象資本調達手段をショート・ポジションと相殺する場合と異なり、①および③の場合には、ショート・ポジションについてカウンターパーティ・リスクを有しないものに限られる。これは、銀行の資本調達手段については、前述のとおりいずれも資本充実の要件として、その払込みがなされていることが必要であるところ、ショート・ポジションがカウンターパーティ・リスクを有する場合には、この要件に実質的に抵触することとなると考えられるためである。

(3) 金融システムのリスクの連鎖を防止する観点から一定程度保有を抑制する必要があると考えられる資産等

Ⅰ．総　　論

　銀行告示5条2項3号～6号または17条2項3号～6号に定めるもののうち、意図的に保有している他の金融機関等の普通株式の額についてはその全額を、また少数出資金融機関等の普通株式の額ならびに特定項目に係る10%基準超過額および特定項目に係る15%基準超過額のうちその他金融機関等の普通株式に関するものについては大要、普通株式等Tier 1資本の額の10%または他の特定項目とあわせて当該額の15%を上回る額を、普通株式等Tier 1資本に係る調整項目の額に算入し、普通株式等Tier 1資本の額の計算において控除しなければならない。

　銀行が他の銀行、証券会社または保険会社等に多くの出資を行うことにより、金融システムのなかで資本の連鎖や持合いの構造（いわゆるダブルギアリング）が生じると、ある金融システムの参加者に生じた危機が、これを通じて他の参加者にも伝播することとなり、このような金融システム内での負の連鎖が、ひいては金融システム全体の危機を引き起こすことになりかねない。そのため、このような事態を可及的に防止し、金融システムの安定に資するため、銀行による他の金融システムの参加者への規制資本への出資を抑

図表 2 – 12　他の金融機関等向け出資の取扱いの概要

1　対象金融機関等

○銀行、証券および保険を含む、広く金融に関連する業務を行う者（海外金融機関も含む）が対象
　⇒原則として、日本標準産業分類の「金融業・保険業」に該当する事業を主たる事業として営む者および「不動産業、物品賃貸業」のうち、「総合リース業」に該当する事業を主たる事業として営む者が対象。公益的業務をもっぱら営む者は対象外（告示Q&A「第8条 – Q10」参照）

2　対象となる資本調達手段

○「対象資本調達手段」：普通株、優先株、優先出資、劣後債、劣後ローン、相互会社基金等の資本調達手段
○規制資本の概念がある金融機関等（銀行、証券、保険等）については、規制資本に含まれるものに限られる。
○ただし、相当するTierにより、調整項目の対象として含まれるTierが異なる（コレスポンデンス・ルール）。

3　分　　類

① 意図的持合い
　──相互に自己資本比率を向上させるための意図的な資本調達手段の相互持合い
　⇒全額資本控除
② 少数出資金融機関等向け
　──10％以下の議決権を保有している相手方金融機関等の資本調達手段を保有
　⇒資本調達手段の合計額が自行の普通株式等Tier 1資本の10％を超える部分を各Tierから控除
③ その他金融機関等向け
　──10％超の議決権を保有している相手方金融機関等や兄弟会社等の資本調達手段を保有
　⇒普通株式については自行の普通株式等Tier 1資本の10％を超える部分を普通株式等Tier 1資本から控除。その他Tier 1資本調達手段およびTier 2資本調達手段は全額各Tierから控除

制することが重要となる。

　なお、バーゼルⅡ告示においても、意図的に保有している他の金融機関の資本調達手段や金融業務を営む関連法人等の資本調達手段等については、控

図表２－13　金融機関等向け出資（普通株式保有のケース）の取扱いの概要（バーゼルⅡとバーゼルⅢ）

[バーゼルⅡ告示における取扱い]

投資先		意図的保有（経営再建・支援・資本増強目的）	10％以下出資	10～20％以下出資	おおむね20％超出資（関連会社向け）	連結対象子法人等（おおむね50％以上出資）
国内預貯金取扱金融機関	片持ち	自己資本（Tier 2）控除	リスク・アセット計上（標準的手法ではリスク・ウェイト100％）		自己資本（Tier 2）控除	連結して自己資本比率を計算
	両持ち					
海外預貯金取扱金融機関						
証券会社						
保険会社						自己資本（Tier 2）控除
その他金融機関（貸金業者等）						連結して自己資本比率を計算

⬇

[バーゼルⅢ告示における取扱い]

投資先		資本増強を目的とした意図的な相互持合い	10％以下出資	10％超出資	連結対象子法人等（50％以上出資等）
国内預貯金取扱金融機関	片持ち	普通株式等Tier 1資本から控除	資本調達手段の合計額が自行の普通株式等Tier 1資本の10％を超える部分につき、保有普通株式の占める割合に応じ普通株式等Tier 1資本から控除 非控除分はバーゼルⅡ告示と同様の取扱い（リスク・アセット計上）	保有普通株式について、自行の普通株式等Tier 1資本の10％を超える部分を普通株式等Tier 1資本から控除 自行の普通株式等Tier 1資本の10％に収まっていたとしても、一時差異に伴う繰延税金資産等とあわせて自行の普通株式等Tier 1資本の15％を超過する場合には、超過分を控除 非控除分はリスク・ウェイト250％でリスク・アセット計上	連結して自己資本比率を計算
	両持ち				
海外預貯金取扱金融機関					
証券会社					10％超出資等と同様の取扱い
保険会社					
その他金融機関（貸金業者等）					連結して自己資本比率を計算

（注）　その他Tier 1資本調達手段、Tier 2資本調達手段を保有する場合は、10％以下出資（コレスポンデンス・ルール）か10％超出資等（全額控除）によりそれぞれ取扱いが異なる。

除項目として、自己資本から控除されることとされていた。このうち、意図的に保有している他の金融機関の資本調達手段については、銀行が他の金融機関の自己資本比率の向上のために意図的に当該他の金融機関の株式その他の資本調達手段を保有している場合を対象としており、銀行と当該他の金融機関との間で資本の持合構造があることは要件ではなかったため、いわゆる片持ちの場合も対象に含まれた。

一方で、出資先は預貯金取扱金融機関[61]に限定されていたため、証券会社や保険会社等は含まれず、また外国の金融機関は銀行であっても対象に含まれていなかった。したがって、バーゼルⅡ告示では、意図的保有の対象となる金融機関の範囲が限定的であったといえる。ただし、意図的保有に該当しない金融機関等向け出資のうち、上記金融業務を営む関連法人等の一定のものも控除項目に含まれていた。

バーゼルⅢ告示においては、以下に述べるとおり、意図的保有としてその全額が控除されるものを、片持ちではなく両持ち（持合い）に限定し、また、金融業務を営む関連法人等の資本調達手段については必ずしも全額を控除するものではない等、バーゼルⅡ告示から一部取扱いが緩和されている部分もある。一方で、対象範囲に証券会社や保険会社および外国の金融機関等が含まれることとなったほか、金融業務を営む関連法人等には該当しない金融機関等の資本調達手段を保有する場合についても計算対象に含めることとする等、銀行による金融システムの参加者の資本調達手段の保有全体について、金融システムの安定の観点から、自己資本比率の計算における取扱いがあらためて整理されている。

ⅰ．「他の金融機関等」の定義

これらの対象となる「他の金融機関等」とは、金融機関もしくはこれに準ずる外国の者または金融業、保険業その他の業種に属する事業を主たる事業として営む者（これに準ずる外国の者を含み、金融システムに影響を及ぼすおそ

---

61 銀行告示1条7号に定義する金融機関である。

れがないと認められる者その他の者を除く）であって、連結自己資本比率の算出にあたり連結の範囲に含まれないものをいう（銀行告示8条6項）。なお単体自己資本比率の計算においては、「他の金融機関等」の定義自体からは、連結自己資本比率の算出のあたり連結の範囲に含まれないものは除かれていないが、銀行告示第3章の適用においてはこれらのものは除外されている（銀行告示20条3項）。

　このように「他の金融機関等」の意義が広く定められているのは、先般の金融危機において、銀行、保険会社、証券会社にかかわらず、広く金融システム内にある者にリスクが伝播し、金融機能が麻痺した経緯をふまえ、広く金融システム全体に含まれる者を対象とすることが適当と考えられることとなったという背景がある。

　こうした背景をふまえ、バーゼルⅢ告示における「他の金融機関等」とは、原則として、日本標準産業分類の「J．金融業、保険業」に該当する事業を主たる事業として営む者および「K．不動産業、物品賃貸業」のうち「7011．総合リース業」に該当する事業を主たる事業として営む者が該当し、また、外国法人についても、これらに準ずる者が該当することとされている。

　もっとも、「621．中央銀行」や「6616．預・貯金等保険機関」に該当する者のほか、金融秩序・信用秩序の維持や金融・金融取引の円滑化等のための公益的な業務のみをもっぱら行う者については、対象に含まず、これにより、たとえば、日本銀行や預金保険機構のほか、金融商品取引清算機関等が他の金融機関等には該当しないこととなる。また、上記に該当する事業を含む複数の事業を営む者であっても、その主たる事業が上記以外のものである場合には、当該者は調整項目の対象となる他の金融機関等に含まれないこととされている。

　なお、他の金融機関等の定義に形式的に該当する者であっても、これが実質的にファンドに類すると認められる場合については、ファンド等を通じた間接保有の場合とみなしルックスルーを行うことで、その最終的な投資先のエクスポージャーとして取り扱うことも許容される（告示Q&A「第8条－Q

10」)。これにより、たとえば不動産投資信託（REIT）については、基本的に他の金融機関等には該当しない取扱いが許容されることとなる。

ⅱ．対象となる資本調達手段の保有形態

　以下に説明する意図的に保有している他の金融機関等の普通株式の額、少数出資金融機関等の普通株式の額ならびに特定項目に係る10％基準超過額および特定項目に係る15％基準超過額のうちその他金融機関等の普通株式に関するものを銀行が保有する形態としては、銀行または連結子法人等が直接保有する場合のみならず、銀行または連結子法人等（単体自己資本比率の算出においては、銀行に限る）が連結範囲外の法人等（単体自己資本比率の算出においては、他の法人等）に対する投資その他これに類する行為を通じて実質的に保有している場合に相当すると認められる場合、その他これに準ずる場合も含まれる（銀行告示8条6項ないし8項および9項1号、20条3項ないし5項および6項1号）。

　具体的には、前述(2)Ⅷの自己保有普通株式の額の場合と同様に、他の金融機関等に係る資本調達手段の取得および保有を行う連結範囲外の法人等または他の法人等（例：ファンドまたはSPC）に対する投資を行い、これにより当該資本調達手段の価値変動や信用リスク等を実質的に負担することとなる場合や、これらの資本調達手段の価値に直接連動する派生商品取引（例：株式オプション）を行っている場合が含まれる。具体例としては、以下の場合があげられている（告示Q&A「第8条−Q5」）。

・他の金融機関等に係る資本調達手段を保有するファンドに対して出資している場合（日経平均株価や東証株価指数に連動する株式投資信託やETFを含む）
・連結範囲外の法人等に対する貸付を通じて、当該法人等に他の金融機関等に係る資本調達手段を保有させていると認められる場合
・他の金融機関等に係る資本調達手段について、第三者とトータル・リターン・スワップ契約を結んでいる場合
・第三者による他の金融機関等への出資について、保証やCDSのプロテクションを提供している場合

・他の金融機関等に係る資本調達手段について、コール・オプションを購入している、またはプット・オプションを売却している場合
・他の金融機関等に係る資本調達手段を将来取得する契約を結んでいる場合
・他の金融機関等に係る資本調達手段を裏付資産とする特定社債や証券化商品に対して投資している場合

　なお、これらの場合における他の金融機関等に係る資本調達手段の保有額は、これらの資本調達手段が全額毀損したと仮定した場合に銀行に生じる損失額等をもとに算出することとなる。たとえば、ファンド等を通じた間接保有であれば、原則としてルックスルーを行ったうえで、他の金融機関等に係る資本調達手段への投資割合を勘案して算出することとなる。一方で、派生商品取引であれば、当該取引を通じて実質的に保有していると認められる額を見積もることが必要となる。たとえば、個別株オプションであればデルタポジション、スワップであれば想定元本を保有額とみなすこと等が考えられるが、当該取引の特性をふまえ、それぞれ適切に見積もることが求められている。ルックスルーが困難な場合は、告示Q&A「第8条－Q6」を参照。

ⅲ．対象資本調達手段の意義および判断基準

　これらの調整項目において対象となる「対象資本調達手段」とは、資本調達手段のうち、普通株式に相当するもの、その他Tier 1 資本調達手段に相当するものまたはTier 2 資本調達手段に相当するものをいう。ただし、規制金融機関の資本調達手段にあっては、当該規制金融機関に適用される経営の健全性を判断するための基準またはこれと類似の基準において連結総自己資本比率の算式[62]または単体自己資本比率の算式[63]の分子の額を構成するものに相当するものに限られる（銀行告示8条6項、20条3項）。したがって、これら規制金融機関の規制上の資本に含まれないものについては、対象資本調達手段に含まれない。また、ここでいう「普通株式に相当するもの」には、みなし普通株式として、普通株式、その他Tier 1 資本調達手段またはTier 2 資

62 　銀行告示2条3号の算式のほか、25条の算式も含まれる。
63 　銀行告示14条3号の算式のほか、37条の算式も含まれる。

本調達手段のいずれにも相当しない資本調達手段が含まれる。

　もっとも、たとえば、国際統一基準行が他の国際統一基準行の対象資本調達手段を保有している場合には、当該対象資本調達手段がどのTierに該当または相当するかは明らかであるが、たとえば保険会社や証券会社等の資本調達手段を保有している場合に、これらがどのTierに相当すると判断すべきかは、告示の文言だけからは必ずしも明らかではない。そこで、告示Q&A「第8条－Q11」では、他の金融機関等が発行する対象資本調達手段が、普通株式、その他Tier 1資本調達手段またはTier 2資本調達手段のいずれに相当するかについては、原則として、各Tierの算入要件に照らし、どのTierの要件に最も適合しているかをふまえ、判断することとされている。

　この点、バーゼルⅢ告示の適用日である平成25年3月31日より前に国際統一基準行が発行した資本調達手段や、他の金融機関等のうち国際統一基準行以外の者が発行する資本調達手段は、その他Tier 1資本調達手段およびTier 2資本調達手段に係る実質破綻認定時の元本削減等の要件[64]や、その他Tier 1資本調達手段のうち負債性資本調達手段に係るゴーイング・コンサーン水準での元本削減等の要件[65]を通常満たさないと考えられる。これらの資本調達手段については、上記要件以外の各Tierに係る算入要件に照らし、どのTierの要件に最も適合しているかをふまえ、相当するTierを判断することとなる[66]。

　そのため、このようなバーゼルⅢ告示におけるその他Tier 1資本調達手段やTier 2資本調達手段に係る要件を満たさないものについては、バーゼルⅡ告示における取扱いを参考に、どのTierに相当するかを判断するという方法をとることが考えられる。

　なお、他の金融機関等のうち銀行以外の者が発行する資本調達手段につい

---

[64] 銀行告示6条4項15号、7条4項10号、18条4項15号、19条4項10号
[65] 銀行告示6条4項11号または18条4項11号
[66] なお、後述7(2)に記載のとおり、経過措置の適用により他の銀行等においてその一定額が資本算入される資本調達手段を保有している場合であっても、発行者である当該銀行等において自己資本に算入可能な金額の上限が減額されるのに応じて、調整項目の対象となる当該銀行等の資本調達手段の額を減額することはできない（告示Q&A「第8条－Q12」）。

ての上記判断に際しては、当該者に適用あるその健全性を判断するための基準等における取扱いを勘案する必要はなく、保有している資本調達手段の商品性(満期の有無や優先・劣後構造、利払いの裁量性等)に着目し、当該資本調達手段が普通株式、その他Tier 1 資本調達手段またはTier 2 資本調達手段のいずれに最も近い商品性を有しているかという観点から判断すれば足りる。

上記に従い判断した結果、対象資本調達手段のうち、普通株式、その他Tier 1 資本調達手段およびTier 2 資本調達手段のいずれにも近い商品性を有さず、どのTierの要件にも適合しないと認められるものについては、みなし普通株式として、普通株式と同様に取り扱われることとなる。

このように、どのTierに相当するかの判断は、対象資本調達手段を発行している金融機関等においてこれがどのように取り扱われているかではなく、当該対象資本調達手段を保有する金融機関等において、普通株式、その他Tier 1 資本調達手段およびTier 2 資本調達手段のそれぞれの要件をふまえたうえで、これらのうちどれに最も適合するかを判断することとなる。そのため、たとえば、相互会社形態の保険会社の基金を保有する場合については、銀行が仮に同様の形態により資本調達を行った場合、どのTierの資本調達手段の要件に最も適合するかをふまえ、その取扱いを判断することとなる。

Ⅱ. 意図的に保有している他の金融機関等の普通株式の額

「意図的に保有している他の金融機関等の普通株式の額」(銀行告示5条2項3号、17条2項3号)とは、意図的に保有している他の金融機関等の対象資本調達手段のうち普通株式に相当するものをいい、すなわち、銀行または連結子法人等[67]が他の金融機関等との間で相互に自己資本比率を向上させるため、意図的に当該他の金融機関等の対象資本調達手段を保有していると認められ、かつ、当該他の金融機関等が意図的に当該銀行または連結子法人等[68]の普通株式、その他Tier 1 資本調達手段またはTier 2 資本調達手段を保

---

[67] 単体自己資本比率の算出においては、銀行と読み替える。
[68] 単体自己資本比率の算出においては、銀行と読み替える。

有していると認められる場合における当該他の金融機関等の対象資本調達手段のうち、普通株式に相当するものの額をいう（銀行告示8条6項、20条3項）。

　意図的に保有している他の金融機関等の対象資本調達手段のうち普通株式に相当するものについては、その全額が普通株式等Tier 1資本に係る調整項目の額に算入され、普通株式等Tier 1資本の額の計算において控除されることとなる。こうした取扱いの背景には、金融システム内で自己資本比率向上のために資本調達手段を相互に意図的に保有することは、銀行および他の金融機関等の双方において実体の伴わない資本が計上されることとなり、金融システムを脆弱なものにするため、自己資本からは控除すべきということがある。意図的に保有している他の金融機関等の対象資本調達手段に該当するかの具体的な判断は、以下の判断基準[69]に基づき行われる（主要行等向け監督指針Ⅲ－2－1－2－2(2)）。

　　イ．銀行又は連結子法人等が、平成9年7月31日以降、我が国の預金取扱金融機関との間で、相互に資本増強に協力することを主たる目的の一つとして互いに資本調達手段を保有することを約し、これに従い、銀行又は連結子法人等が当該預金取扱金融機関の資本調達手段を保有し、かつ、当該預金取扱金融機関も銀行又は連結子法人等の資本調達手段を保有している場合

　　ロ．銀行又は連結子法人等が、平成22年12月17日以降、他の金融機関等（我が国の預金取扱金融機関を除く。）との間で、相互に資本増強に協力することを主たる目的の一つとして互いに資本調達手段を保有することを約し、これに従い、銀行又は連結子法人等が当該他の金融機関等の資本調達手段を保有し、かつ、当該他の金融機関等が銀行又は連結子法人等の資本調達手段を保有している場合

　したがって、他の金融機関等が当該銀行または連結子法人等の資本調達手段を保有していない場合は、意図的持合いには該当しない。また、他の金融

---

[69] なお、かかる判断基準は、連結自己資本比率の算出を行う場合を前提に規定されている。

機関等との間で相互に資本調達手段を保有している場合であっても、相互に資本増強に協力することを主たる目的の1つとして資本調達手段を互いに保有することが約されているとは認められない場合（たとえば、もっぱら純投資目的等により流通市場等において他の金融機関等の資本調達手段を取得および保有している場合や、もっぱら業務提携を行う目的で他の金融機関等の資本調達手段を相互に保有している場合、また、証券子会社がマーケット・メイキング等の目的で一時的に他の金融機関等の資本調達手段を保有している場合等）は、意図的持合いには該当しない。

このように、意図的持合いとは、銀行または連結子法人等と他の金融機関等との間で相互に資本調達手段を保有しているという客観的な要件と、相互に資本増強に協力するという主観的な要件の双方が必要とされている。

従来は、いわゆる片持ちであっても、たとえば劣後ローンの引受け等は意図的保有として自己資本から控除されていたが、今般の見直しにより、意図的持合いに該当する場合が、バーゼルⅢに忠実に、自己資本増強のためにもっぱら資本を持ち合うような例外的な場合に限定されるため、意図的持合いに該当する取引はあまり想定されなくなったといえる。それでもなお、こうした取扱いが設けられたのは、金融機関同士が相互に資本増強に協力することを目的として、互いに出資し合うことを抑制するためである。

なお、従来は意図的保有として自己資本から控除されていた他の預金取扱金融機関の資本調達手段が、バーゼルⅢ告示においては意図的持合いに該当しない場合、以下の少数出資金融機関等またはその他金融機関等の対象資本調達手段を保有する場合として、それぞれの取扱いに従うこととなる。

Ⅲ．少数出資金融機関等の普通株式の額

i．計算方法

「少数出資金融機関等の普通株式の額」（銀行告示5条2項4号、17条2項4号）は、「少数出資調整対象額」に「少数出資に係る普通株式保有割合」を乗じて得た額をいう。ここで、「少数出資金融機関等」とは、銀行および連

結子法人等(単体自己資本比率の算出においては、銀行に限る)がその総株主等の議決権[70]の100分の10を超える議決権を保有していない他の金融機関等[71](銀行告示8条8項1号ホおよびへまたは20条5項1号ロおよびハに掲げる者を除く)をいう。すなわち、議決権を10％以下しか保有していない他の金融機関等(親法人等およびその子法人等または関連法人等を除く)がこれに該当する。

「少数出資調整対象額」とは、少数出資金融機関等の対象資本調達手段(意図的に保有している他の金融機関等の対象資本調達手段に該当するものを除く)を銀行または連結子法人等(単体自己資本比率の算出においては銀行に限る)が保有している場合における当該対象資本調達手段の額の合計額(以下「少数出資に係る対象資本調達手段合計額」)から「少数出資に係る10％基準額」を控除した額をいい、当該額が零を下回る場合には、零とされる。

この場合における「保有」には、連結範囲外の法人等(単体自己資本比率の算出においては他の法人等)に対する投資その他これに類する行為を通じて実質的に保有している場合に相当すると認められる場合その他これに準ずる場合を含むことから、ファンドや投信、インデックス投資等を通じて間接的に保有している場合もその対象となることは前述のとおりである。

そのため、「少数出資に係る対象資本調達手段合計額」は、銀行(または

---

[70] この議決権とは、委託者または受益者が行使し、またはその行使について銀行に指図を行うことができる株式等に係る議決権は含まれないが、信託財産である株式等に係る議決権で銀行が委託者もしくは受益者として議決権を行使し、またはその行使について指図を行うことができる株式等に係る議決権は含まれる(告示Q&A「第8条－Q14」)。

[71] 少数出資金融機関等に該当するか否かは、原則として自己資本比率の算出基準日における議決権の保有割合をもって判断する必要があるが、当該算出基準日における保有割合の把握が困難である場合には、直近の他の金融機関等の公表資料等によって把握可能な数字を用いて判断してもかまわない。また、株式会社形態でない金融機関等についても、総社員または総出資者の議決権のうち100分の10を超える議決権を保有しているか否かによって少数出資金融機関であるか否かを判断することとなる。したがって、たとえば、株式会社形態でない金融機関等につき、その総会等における議決権のない資本調達手段のみを保有している場合には、当該金融機関等に係る資本調達手段はすべて少数出資金融機関等向けの出資として取り扱われる(Q&A「第8条－Q13」)。これにより、たとえば相互会社形態の保険会社の資本調達手段を保有している場合には、原則、すべて少数出資金融機関等の対象資本調達手段を保有するものとして取り扱われることとなる。

連結子法人等）が直接または間接に保有している、少数出資金融機関等の対象資本調達手段、すなわち、普通株式、その他Tier 1 資本調達手段およびTier 2 資本調達手段に相当するものを合計した額を意味することとなる。

そして、「少数出資に係る10％基準額」は、銀行告示5条1項各号に掲げる額の合計額から同条2項1号～3号に掲げる額の合計額を控除した額[72]に10％を乗じて得た額を控除して得た額である。この計算においては、後述の経過措置は勘案されない。

このように「少数出資調整対象額」は、「少数出資に係る対象資本調達手段合計額」から「少数出資に係る10％基準額」を控除して得られるが、これは、銀行（または連結子法人等）が直接または間接に保有する少数出資金融機関等の対象資本調達手段の額の合計額のうち、普通株式等Tier 1 資本に係る基礎項目の額から普通株式等Tier 1 資本に係る調整項目の額のうち、上記(2)Ⅰ～ⅧおよびⅢⅡに掲げたものを控除して得ることで算出する普通株式等Tier 1 資本の額の10％を超える額を、普通株式等Tier 1 資本、その他Tier 1 資本またはTier 2 資本に係る調整項目として、自己資本の額の計算においてそれぞれ控除することとなる。

そのうえで、この「少数出資調整対象額」に、「少数出資に係る普通株式保有割合」として、少数出資金融機関等の対象資本調達手段のうち普通株式に相当するものの額を「少数出資に係る対象資本調達手段合計額」で除して得た割合を乗じることで、普通株式等Tier 1 資本に係る調整項目として、普通株式等Tier 1 資本の額の計算において控除される「少数出資金融機関等の普通株式の額」が算出される。

したがって、少数出資金融機関等の対象資本調達手段のほとんどが普通株式である場合には、普通株式等Tier 1 資本の額の計算における控除額が大きくなり、逆にその他Tier 1 資本調達手段やTier 2 資本調達手段の保有がほとんどであれば、後述のその他Tier 1 資本の額やTier 2 資本の額の計算における控除額が大きくなる。

---

[72] 単体自己資本比率の算出においては銀行告示17条1項各号に掲げる額の合計額から同条2項1号～3号に掲げる額の合計額を控除した額である。

ⅱ．ショート・ポジションとの相殺

　銀行または連結子法人等（単体自己資本比率の算出においては銀行に限る）が少数出資金融機関等の対象資本調達手段に係る一定のショート・ポジションを保有するときは、これらの対象資本調達手段と対応するショート・ポジションを相殺することができる（銀行告示8条11項、20条8項）。

　この「一定のショート・ポジション」については、具体的には以下のショート・ポジションが該当することとなる。前述のとおり、自己保有普通株式に関しても同様の取扱いが適用されるが、自己保有普通株式に関しショート・ポジションとの相殺を行うためには、以下の①または③のケースにおいて、ショート・ポジションがカウンターパーティ・リスクを有しないことが要件となっている点が異なる。すなわち、少数出資金融機関等の対象資本調達手段につき保有するショート・ポジションと相殺するにあたっては、当該ショート・ポジションにカウンターパーティ・リスクがないことは要件として求められない（告示Q&A「第8条－Q7」）。

① 　ロング・ポジション（インデックスに含まれる場合など、間接保有による場合も含む）と同一の資本調達手段のショート・ポジションを有しており、かつ、当該ショート・ポジションのマチュリティが当該ロング・ポジションのマチュリティと同一である場合または残存マチュリティが1年以上の場合

② 　インデックスに含まれるロング・ポジションについては、上記①に該当する場合に加えて、同一のインデックスのショート・ポジションを有しており、かつ、当該ショート・ポジションのマチュリティが当該ロング・ポジションのマチュリティと同一である場合または残存マチュリティが1年以上の場合

③ 　上記①および②にかかわらず、ロング・ポジションと同一の資本調達手段を原資産に含むインデックスのショート・ポジションを有しており、かつ、当該ショート・ポジションのマチュリティが当該ロング・ポジションのマチュリティと同一である場合または残存マチュリティが1年以上の場

合であって、以下の要件のすべてを満たす場合
ⓐ ヘッジ対象となるロング・ポジションおよびヘッジ手段であるインデックスが、いずれもトレーディング勘定で保有されていること
ⓑ いずれのポジションも貸借対照表において公正価値で評価されていること
ⓒ 監督当局の評価対象となる銀行の内部管理プロセスのもと、ヘッジが有効であると認められること

なお、上記①ないし③においてショート・ポジションのマチュリティがロング・ポジションのマチュリティと同一であるか否かの判断に関しては、仮にショート・ポジションとロング・ポジションのマチュリティが同一でない場合であっても、トレーディング勘定において保有しているポジションについては、マチュリティが同一とみなせる場合がある。たとえば、他の金融機関等に係る資本調達手段（株式等）のロング・ポジションを保有している銀行が、同時に当該株式のプット・オプションを有している場合や当該株式の先物売りもしくはコール・オプションのショート・ポジションを有している場合等、ヘッジ取引の一環として、特定の時点において当該銀行が当該ロング・ポジションを売却する契約上の権利を有しており、その権利行使により取引相手方（カウンターパーティ）が当該ポジションを購入する契約上の義務を負う場合または特定の時点において当該銀行が当該ロング・ポジションを売却する契約上の義務を有している場合等につき、マチュリティが同一であるとみなすことが認められている（告示Q&A「第8条－Q8」）。なお、銀行勘定における取引については、ポジションを頻繁に変更することは認められていないことから、こうした取扱いは原則として想定されない。

Ⅳ. 危機対応出資または引受けに基づく例外

i. 概　要

少数出資金融機関等の普通株式その他の対象資本調達手段を保有する場合であっても、これが次に掲げる資本調達手段に該当する場合には、当該対象

資本調達手段を調整項目の算出の対象から除外することができる（銀行告示8条12項、20条9項）。ただし、以下の①に掲げる資本調達手段については、当該資本調達手段の保有に係る特殊事情その他の事情を勘案して金融庁長官が承認した場合に限り、当該承認において認められた期間に限られる。

① その存続がきわめて困難であると認められる者の救済または処理のための資金の援助を行うことを目的として保有することとなった資本調達手段
② 引受け[73]により取得し、かつ、保有期間が5営業日以内[74]の資本調達手段

　少数出資金融機関等の対象資本調達手段を保有する場合に、これが規制上の自己資本の額の計算における資本控除額の計算対象に含まれる背景には、前述のとおり、現在および将来の金融システム全体の安定に資するべく、金融システム内での規制資本の持合い構造や連鎖を制限することにある。しかし、存続がきわめて困難となるような危機的状況に陥った金融機関等が金融システム内に実際に生じた場面においては、この金融機関等への救済出資を行わないことが、かえってその破綻やこれを起点とする金融システム全体の危機に波及しかねないことから、このような例外的な場面に限っては、金融庁長官が事前に承認することを条件として、当該金融機関等の救済のために出資することを認め、これにより金融システムの安定という本来の目的を達成しようとすることが①の背景にある。

　また、②については、たとえば証券子会社等が引受業務を行う場合に、当該引受業務に付随して他の金融機関等の対象資本調達手段を保有する場合がありうるが、このような対象資本調達手段のうち、その後直ちに第三者に譲渡されることが予定されるもの、すなわち保有期間が5営業日以内の資本調達手段に限って、調整項目の対象から除外することを認めるものである。ただし、保有期間が5営業日以内のものに限られることから、決算期末直前に引き受けたもの等、きわめて限定的な場合のみがこれに該当することとなると考えられる。

---

[73] 金融商品取引法2条8項6号に規定する有価証券の引受けをいう。以下同じ。
[74] 払込日が起算日となる（告示Q&A「第8条－Q15」）。

ⅱ．その存続がきわめて困難であると認められるか否かの判断基準

　上記①において、その存続がきわめて困難であると認められるか否かは、銀行による資本調達手段の取得時点における当該資本調達手段の発行者の財政状態および経営成績ならびに経済情勢および経営環境その他の事情を総合的に勘案して判断される。たとえば、業務もしくは財産の状況に照らし預金等の払戻しを停止するおそれのある金融機関または預金等の払戻しを停止した金融機関がこれに含まれる。
　したがって、このような資本調達手段には、預金保険法65条に規定する適格性の認定等に係る同法59条2項に規定する合併等の際に保有することとなった同条1項に規定する救済金融機関および救済銀行持株会社等の資本調達手段も含まれる。
　また、こうした取扱いが認められる期間は、以上の事情に加えて、当該資本調達手段の発行者の規模および金融システムにおける重要性、当該資本調達手段の種類および保有額、銀行の資本の状況、銀行が当該資本調達手段を保有することとなった経緯および目的その他の背景事情ならびに当該発行者と銀行の関係その他の当該資本調達手段の保有に係る事情を総合的に勘案して、当該資本調達手段を取得した日から10年を基本としつつ、期間の伸長・縮減や、激変緩和措置としての対象範囲の段階的縮減を認めるなど、金融システムの安定に鑑み、合理的に必要と認められる期間が定められることとなる（主要行等向け監督指針Ⅲ－2－1－2－2⑵－2）。
　例外的にこうした取扱いを認める期間が原則として10年とされた背景には、バーゼルⅢにおいて、危機対応として注入された公的支援に関するグランドファザリング、すなわち公的資金について現行規制における取扱いと同様の取扱いが認められる期間が、金融危機の発端である2008（平成20）年から起算して10年間であったこと（2018（平成30）年まで）、また危機対応として救済のために行った出資については、10年程度の期間内にはその出資先金融機関が経営危機から脱することが期待されること等をふまえたものである。ただし、10年という期間はあくまで標準となる期間であり、具体的な状

況に応じてその期間が前後することはありうると考えられる。

なお、銀行による承認の申請については、原則として、対象となる資本調達手段の取得と同時またはその直後までに行うことが求められることから、今後こうした出資に該当しうる取引が仮に生じる場合には、すみやかに金融庁長官に対して承認の申請を行う必要がある。

Ⅴ．特定項目に係る10％基準超過額

ⅰ．概　　要

特定項目に係る10％基準超過額とは、次に掲げる額の合計額をいい、以下のいずれについても、その額が零を下回る場合には、零となる（銀行告示8条9項、20条6項）。

　　一　その他金融機関等に係る対象資本調達手段のうち普通株式に相当するものの額から特定項目に係る10％基準額を控除した額

　　二　モーゲージ・サービシング・ライツに係る無形固定資産の額から特定項目に係る10％基準額を控除した額

　　三　繰延税金資産（一時差異に係るものに限る。）の額から特定項目に係る10％基準額を控除した額

特定項目に係る10％基準額とは、銀行告示5条1項各号に掲げる額の合計額から同条2項1号〜4号に掲げる額の合計額を控除した額[75]に10％を乗じて得た額をいい、すなわち、普通株式等Tier1資本に係る基礎項目の額から普通株式等Tier1資本に係る調整項目のうち少数出資金融機関等の普通株式の額までの項目の額を控除することで算出される普通株式等Tier1資本の額に、10％を乗じたものを意味する。なお、この計算においては、後述の経過措置は勘案されない。

特定項目として定義されるのは、①その他金融機関等に対する対象資本調達手段のうち普通株式に相当するもの、②モーゲージ・サービシング・ライ

---

[75] 単体自己資本比率の算出においては銀行告示17条1項各号に掲げる額の合計額から同条2項1号〜4号に掲げる額の合計額を控除した額と読み替える。

ツに係る無形固定資産および③繰延税金資産（一時差異に係るものに限る）の3つである（銀行告示8条10項1号、20条7項1号）。

以上の3つの項目は、それぞれ異なる性質を有する項目である。これらの特定項目については、バーゼルⅢの市中協議文書では全額が普通株式等Tier1資本の額の計算において控除することが提案されていたが、バーゼルⅢ最終文書においては、基本的に銀行の普通株式等Tier1資本の10%を超過する場合にその超過額が普通株式等Tier1資本の額の計算において控除される取扱いとなった。このような取扱いとなった背景には、国際交渉の過程において、それぞれの項目により大きな影響が生じうる銀行を有する各国の個別の事情をふまえたことがある。

ⅱ．特定項目の定義

（A）　その他金融機関等の対象資本調達手段のうち普通株式に相当するもの

その他金融機関等とは、以下の者またはこれに準ずる外国の者をいう（銀行告示8条8項。ただし、単体自己資本比率の算出においてはロ〜ニに掲げる者を除き、また、イについても連結子法人等の保有する議決権は含まれない（20条5項））。すなわち、銀行がその総株主等の議決権の10%を超える議決権を保有している他の金融機関等や、金融業務を営む関連法人等が主に該当することとなる。

なお、投資ファンド等については、投資ファンド等自身をその他金融機関等に含める必要は必ずしもなく、その投資先がルックスルーできる場合には、ルックスルーした後の最終的な投資先について、他の金融機関等に該当するか否か等の判断を行えば足りる。

また、単体自己資本比率を計算する際には、他の金融機関等の範囲から、銀行の連結の範囲に含まれる金融機関等は除外されていることから（銀行告示20条3項）、銀行の子法人等をその他金融機関等に含める必要はない。

その他金融機関等	
イ	当該銀行および連結子法人等がその総株主等の議決権の10%を超える議決権を保有している他の金融機関等
ロ	連結自己資本比率の算出にあたり、連結の範囲に含まれない金融子会社[76]（イに掲げる者を除く）
ハ	金融業務を営む会社[77]を子法人等としている場合における当該子法人等であって、連結自己資本比率の算出にあたり連結の範囲に含まれないもの[78]（イおよびロに掲げる者を除く）
ニ	金融業務を営む関連法人等[79]（イに掲げる者を除く）
ホ	他の金融機関等であって、当該銀行を子法人等とする親法人等である者（イに掲げる者を除く）
ヘ	他の金融機関等であって、当該銀行を子法人等とする親法人等の子法人等[80]または関連法人等である者（イ～ホに掲げる者を除く）

　したがって、その他金融機関等の対象資本調達手段とは、その他金融機関等の対象資本調達手段を銀行または連結子法人等（単体自己資本比率の算出においては、銀行に限る）が保有している場合における当該対象資本調達手段（意図的に保有している他の金融機関等の普通株式を除く）をいい、連結範囲外の法人等または他の法人等に対する投資その他これに類する行為を通じて実質的に保有している場合に相当すると認められる場合その他これに準ずる場合を含む。すなわち、直接・間接保有いずれのケースもこれに該当することとなる。

　なお、この場合におけるショート・ポジションとの相殺および危機対応出資または引受けによる例外の適用については、前述のⅢⅱおよびⅣ記載の少数出資金融機関等の普通株式の場合と同様である（銀行告示8条11項および12

76　連結財務諸表規則5条1項各号に該当するものである。
77　銀行法16条の2第1項1号～11号または13号に掲げる会社（同項11号に掲げる会社のうち従属業務をもっぱら営むものを除く）をいう。以下同じ。
78　連結財務諸表規則5条1項各号または2項に該当するものである。
79　銀行が金融業務を営む会社を関連法人等としている場合における当該関連法人等をいう。以下同じ。
80　銀行自身は除かれる。

項、20条8項および9項)。

(B) モーゲージ・サービシング・ライツに係る無形固定資産

モーゲージ・サービシング・ライツに係る無形固定資産とは、前述(脚注49)のとおり、住宅ローンに係る回収サービス権のことを指すが、日本においてこれに該当する項目は基本的に存在しないと考えられる。

(C) 繰延税金資産(一時差異に係るものに限る)

繰延税金資産(一時差異に係るものに限る)とは、会計と税務の一時差異により会計上生じる繰延税金資産をいう。したがって、繰越欠損金以外の繰延税金資産が原則としてこれに含まれることとなる。繰延税金資産(一時差異に係るものに限る)についても、繰延税金資産(一時差異に係るものを除く)と同様に、繰延税金負債と相殺することができる。なお、この場合の計算方法については、上記(2)Ⅱを参照されたい。

ⅲ. 特定項目のうち普通株式等Tier 1 資本に係る調整項目に含まれないもののリスク・ウェイト

前述ⅰの計算の結果、特定項目のうち普通株式等Tier 1 資本に係る調整項目に含まれないこととなるもの、すなわち閾値である特定項目に係る10%基準額を超過しない部分のリスク・ウェイトとしては、250%が適用される(銀行告示76条の3、178条の3)。繰延税金資産やモーゲージ・サービシング・ライツに係る無形固定資産については、バーゼルⅡ告示において標準的手法を適用する場合、その他資産等として100%のリスク・ウェイトが適用されていた。

バーゼルⅢ告示では、仮に普通株式等Tier 1 資本に係る調整項目として普通株式等Tier 1 資本の額の計算において控除されなかったとしても、当該持分については250%のリスク・ウェイトが適用されることから、いずれにしてもバーゼルⅡ告示における取扱いと比較して、その取扱いは厳格化されたこととなる。

なお、次のⅥで解説する特定項目に係る15%基準超過額に含まれるものについては、普通株式等Tier 1 資本に係る調整項目の額に含まれることに留意

する必要がある。

VI. 特定項目に係る15％基準超過額

特定項目の3つの項目それぞれにつき、特定項目に係る10％基準額、すなわち、大要、普通株式等Tier 1資本の10％を超過しなかった部分についても、その合計額が特定項目に係る15％基準額、すなわち、大要、普通株式等Tier 1資本の額の15％を超過する場合には、当該超過分につき、以下のとおり、特定項目に係る15％基準超過額として、普通株式等Tier 1資本の額の計算において控除されることとなる。

こうした取扱いは、これら特定項目については特に原則として厳格な取扱いを適用すべきであるとのバーゼルⅢの交渉過程における議論の結果をふまえたものである。

特定項目に係る15％基準超過額は、次に掲げる額の合計額をいう（銀行告示8条10項、20条7項）。

一 特定項目に係る調整対象額に、その他金融機関等に係る対象資本調達手段のうち普通株式に相当するものの額から銀行告示8条9項1号または20条6項1号に掲げる額を控除した額を特定項目に係る10％基準対象額で除して得た割合を乗じて得た額

二 特定項目に係る調整対象額に、モーゲージ・サービシング・ライツに係る無形固定資産の額から銀行告示8条9項2号または20条6項2号に掲げる額を控除した額を特定項目に係る10％基準対象額で除して得た割合を乗じて得た額

三 特定項目に係る調整対象額に、繰延税金資産の額から銀行告示8条9項3号または20条6項3号に掲げる額を控除した額を特定項目に係る10％基準対象額で除して得た割合を乗じて得た額

「特定項目に係る調整対象額」とは、「特定項目に係る10％基準対象額」から「特定項目に係る15％基準額」を控除した額をいい、これが零を下回る場合には零とされる。「特定項目に係る10％基準対象額」とは、特定項目[81]の額の合計額から特定項目に係る10％基準額[82]を控除した額をいう。すなわ

ち、特定項目の額の合計額のうち、上記Ⅴの特定項目に係る10％基準超過額としては普通株式等Tier 1 資本の額の計算において控除されなかった額になる。

また、「特定項目に係る15％基準額」とは、銀行告示 5 条 1 項各号に掲げる額の合計額から同条 2 項 1 号～ 4 号に掲げる額および特定項目の額の合計額を控除した額[83]に15％を乗じ、これを85％で除して得た額をいう。すなわち、普通株式等Tier 1 資本に係る基礎項目の額から普通株式等Tier 1 資本に係る調整項目のうち少数出資金融機関等の普通株式までの額を控除したうえで、控除されない特定項目の部分の額が普通株式等Tier 1 資本の額の15％となる額を超える部分につき、普通株式等Tier 1 資本の額の計算において控除することを意味する。

なお、特定項目に係る15％基準額の計算方法については、平成30年 3 月30日までの経過期間中、激変緩和および計算方法の簡便化の観点から、以上とは異なる計算方法が採用されている。詳細については下記7(7)を参照されたい。

Ⅶ. その他Tier 1 資本不足額

その他Tier 1 資本不足額とは、その他Tier 1 資本に係る調整項目の額から、その他Tier 1 資本に係る基礎項目の額を控除した額が、正の値である場合の当該額をいう（銀行告示 8 条14項 1 号、20条11項 1 号）。

これは、その他Tier 1 資本に係る基礎項目の額が少なく、逆にその他Tier 1 資本に適用される調整項目の額が多いことにより、結果としてその他Tier 1 資本の額が負の値となる場合に、当該負の値の額を、普通株式等Tier 1 資本に係る調整項目の額として、より質の高い普通株式等Tier 1 資本に係る基礎項目の額から控除するものである。

---

81 前述のとおり、その他金融機関等に係る対象資本調達手段のうち普通株式に相当するもの、モーゲージ・サービシング・ライツに係る無形固定資産および繰延税金資産（一時差異に係るものに限る）である。
82 前述のとおり、銀行告示 5 条 2 項 5 号または17条 2 項 5 号に掲げる額である。
83 単体自己資本比率の算出においては銀行告示17条 1 項各号に掲げる額の合計額から同条 2 項 1 号～ 4 号に掲げる額および特定項目の額の合計額を控除した額と読み替える。

5 その他Tier 1 資本の額

(1) 総　論

　Tier 1 比率は、銀行のTier 1 資本の額を銀行の抱えるリスク量で除して得られる比率であり、バーゼルⅡでは最低比率は 4 ％であったが、バーゼルⅢの導入に伴い 6 ％に引き上げられることとなった。Tier 1 資本の額は、普通株式等Tier 1 資本の額にその他Tier 1 資本の額を合計することで算出され、その他Tier 1 資本の額は、その他Tier 1 資本に係る基礎項目の額からその他Tier 1 資本に係る調整項目の額を控除して算出される（銀行告示 2 条 2 号、14条 2 号）。

　その他Tier 1 資本は、以下に述べるとおり、普通株式等Tier 1 資本と比べると資本の質は劣るものの、ゴーイング・コンサーンの損失吸収力があると認められる一定の資本または負債等、すなわち、事業継続を前提とした損失吸収力を有する資本または負債等で構成される。

　そのため、銀行に不測の損失が生じた場合であっても、その事業を継続し、金融機能を維持することができるように、普通株式等Tier 1 資本とその他Tier 1 資本からなるTier 1 資本を、リスク量対比で最低限 6 ％確保することが必要とされている。

(2) その他Tier 1 資本に係る基礎項目の額

Ⅰ．総　論

　その他Tier 1 資本に係る基礎項目の額は、以下に掲げる額の合計額である（銀行告示 6 条 1 項、18条 1 項）。

連結自己資本比率	単体自己資本比率
① その他Tier 1 資本調達手段に係る株主資本の額（社外流出予定額を除く） ② その他Tier 1 資本調達手段に係る負債の額 ③ その他Tier 1 資本調達手段に係る新株予約権の額 ④ 特別目的会社等の発行するその他Tier 1 資本調達手段の額 ⑤ その他Tier 1 資本に係る調整後少数株主持分等の額	① その他Tier 1 資本調達手段に係る株主資本の額（社外流出予定額を除く） ② その他Tier 1 資本調達手段に係る負債の額 ③ その他Tier 1 資本調達手段に係る新株予約権の額 ④ 特別目的会社等の発行するその他Tier 1 資本調達手段の額

Ⅱ．その他Tier 1 資本調達手段の15要件

　その他Tier 1 資本に係る基礎項目の各項目における「その他Tier 1 資本調達手段」とは、以下の15の要件をすべて満たす資本調達手段をいう（銀行告示6条4項、18条4項）。ただし、普通株式等Tier 1 資本に算入される普通株式の要件をすべて満たすものは除く。

その他Tier 1 資本調達手段の15要件	
1 号	発行者により現に発行され、かつ、払込ずみのものであること。
2 号	残余財産の分配または倒産手続における債務の弁済もしくは変更について、発行者の他の債務に対して劣後的内容を有するものであること。
3 号	担保権により担保されておらず、かつ、発行者または当該発行者と密接な関係を有する者による保証に係る特約その他の法的または経済的に他の同順位の資本調達手段に対して優先的内容を有するものとするための特約が定められていないこと。
4 号	償還期限が定められておらず、ステップ・アップ金利等[84]に係る特約その他の償還を行う蓋然性を高める特約が定められていないこと。

---

[84] あらかじめ定めた期間が経過した後に上乗せされる一定の金利または配当率をいう。以下同じ。

5号	償還を行う場合には発行後5年を経過した日以後（発行の目的に照らして発行後5年を経過する日前に償還を行うことについてやむをえない事由があると認められる場合にあっては、発行後5年を経過する日前）に発行者の任意による場合に限り償還を行うことが可能であり、かつ、償還または買戻しに関する次に掲げる要件のすべてを満たすものであること。 イ　償還または買戻しに際し、自己資本の充実について、あらかじめ金融庁長官の確認を受けるものとなっていること。 ロ　償還または買戻しについての期待を生ぜしめる行為を発行者が行っていないこと。 ハ　その他次に掲げる要件のいずれかを満たすこと。 　(1)　償還または買戻しが行われる場合には、発行者の収益性に照らして適切と認められる条件により、当該償還または買戻しのための資本調達（当該償還または買戻しが行われるものと同等以上の質が確保されるものに限る）が当該償還または買戻しの時以前に行われること。 　(2)　償還または買戻しの後においても発行者が十分な水準の連結自己資本比率[85]を維持することが見込まれること。
6号	発行者が前号イの確認が得られることを前提としておらず、当該発行者により当該確認についての期待を生じさせる行為が行われていないこと。
7号	剰余金の配当または利息の支払の停止について、次に掲げる要件のすべてを満たすものであること。 イ　剰余金の配当または利息の支払の停止を、発行者の完全な裁量により常に決定することができること。 ロ　剰余金の配当または利息の支払の停止を決定することが、発行者の債務不履行とならないこと。 ハ　剰余金の配当または利息の支払の停止により、流出しなかった資金を発行者が完全に利用可能であること。 ニ　剰余金の配当または利息の支払の停止を行った場合における、発行者に対するいっさいの制約（同等以上の質の資本調達手段に係る剰余金の配当および利息の支払に関するものを除く）がないこと。
8号	剰余金の配当または利息の支払が、法令の規定に基づき算定された分配可能額を超えない範囲内で行われるものであること。
9号	剰余金の配当額または利息の支払額が、発行後の発行者の信用状態を基礎として算定されるものでないこと。
10号	発行者の倒産手続に関し当該発行者が債務超過にあるかどうかを判断する

---

[85]　単体自己資本比率の算出については、単体自己資本比率。

11号	負債性資本調達手段である場合には、連結普通株式等Tier1比率[86]が一定の水準を下回ったときに連結普通株式等Tier1比率が当該水準を上回るために必要な額、またはその全額の元本の削減等[87]が行われる特約その他これに類する特約が定められていること。
12号	発行者または当該発行者の子法人等もしくは関連法人等により取得されておらず、かつ、取得に必要な資金が発行者により直接または間接に融通されたものでないこと。
13号	ある特定の期間において他の資本調達手段が発行価格に関して有利な条件で発行された場合には補償が行われる特約、その他の発行者の資本の増強を妨げる特約が定められていないこと。
14号	特別目的会社等が発行する資本調達手段である場合には、発行代り金を利用するために発行される資本調達手段が前各号および次号に掲げる要件のすべてを満たし、かつ、当該資本調達手段の発行者が発行代り金の全額を即時かつ無制限に利用可能であること。
15号	元本の削減等または公的機関による資金の援助その他これに類する措置が講ぜられなければ発行者が存続できないと認められる場合において、これらの措置が講ぜられる必要があると認められるときは、元本の削減等が行われる旨の特約が定められていること[88]。

ⅰ．資本充実性（1号）

その他Tier1資本調達手段は、発行者により現に発行され、かつ、払込ずみのものでなければならない。実際に払込みが行われており、自己資本としての損失吸収力が実体として認められることを求める趣旨である。本要件は普通株式の要件におけるものと同様の要件である。

---

86 単体自己資本比率の算出については、単体普通株式等Tier1比率。以下同じ。
87 元本の削減または普通株式への転換をいう。以下同じ。
88 ただし、法令の規定に基づいて、元本の削減等を行う措置が講ぜられる場合または公的機関による資金の援助その他これに類する措置が講ぜられる前に当該発行者に生じる損失を完全に負担することとなる場合は、この要件は不要とされる。

ⅱ．劣後性（2号）

　その他Tier 1 資本調達手段は、残余財産の分配または倒産手続における債務の弁済もしくは変更について、発行者の他の債務に対して劣後的内容を有するものでなければならない。ここでいう「債務」には、Tier 2 資本調達手段に該当する債務は含まれるが、その他Tier 1 資本調達手段に該当する債務は含まない（告示Q&A「第6条－Q1」）。すなわち、残余財産の分配または倒産手続において、Tier 2 資本調達手段よりも劣後するものでなければならないが、その他Tier 1 資本調達手段に該当する債務に劣後する必要はない。

ⅲ．無担保・無保証（3号）

　その他Tire 1 資本調達手段は、担保権により担保されてはならず、かつ、発行者または当該発行者と密接な関係を有する者による保証に係る特約その他の法的または経済的に他の同順位の資本調達手段に対して優先的内容を有するものとするための特約が定められてはならない。これら担保や特約は、その他Tier 1 資本調達手段の要件である劣後性を失わせるものであるためである。

　なお、SPCを通じて優先出資証券や劣後債を発行する場合において、銀行が直接発行する優先株式や劣後債等との同順位性を確保すべく、銀行が劣後保証を提供したり、あるいはサポート契約が締結されることがある。こうした劣後保証やサポート契約については、優先出資証券や劣後債の配当もしくは利払いまたは元本の弁済等につき、その親法人等が発行する同順位の資本調達手段の配当もしくは利払いまたは元本の弁済等に優先して行われることを保証等するものでない場合には、本要件に抵触するものではないが、その判断は個別の契約内容によることから、個別の案件ごとに実態に即した判断を行う必要がある（告示Q&A「第6条－Q3」）。

ⅳ．永久性（4号～6号）

（A） 償還期限のないこと

その他Tier 1 資本調達手段は、償還期限があってはならない。その他Tier 1 資本調達手段は、ゴーイング・コンサーンの損失吸収力を有するものであり、償還期限がなく永久性を有する必要があるためである。本要件は、普通株式の要件と同様の要件である。

（B） 発行後一定期間経過後の任意償還

もっとも、その他Tier 1 資本調達手段については、原則として、発行後5年を経過した日以後に、発行者の任意による場合に限り、償還が可能とされている。ただし、この場合、次に掲げる要件のすべてを満たさなければならない。

　イ　償還又は買戻しに際し、自己資本の充実について、あらかじめ金融庁長官の確認を受けるものとなっていること。

　ロ　償還又は買戻しについての期待を生ぜしめる行為を発行者が行っていないこと。

　ハ　その他次に掲げる要件のいずれかを満たすこと。

　　(1)　償還又は買戻しが行われる場合には、発行者の収益性に照らして適切と認められる条件により、当該償還又は買戻しのための資本調達（当該償還又は買戻しが行われるものと同等以上の質が確保されるものに限る。）が当該償還又は買戻しの時以前に行われること。

　　(2)　償還又は買戻しの後においても発行者が十分な水準の連結自己資本比率[89]を維持することが見込まれること。

なお、発行者が上記イの償還に係る金融庁長官の確認が得られることを前提としておらず、当該発行者により当該確認についての期待を生じさせる行為が行われてはならない。また、(1)の判断にあたっては、以下の点に留意する必要がある（主要行等向け監督指針Ⅲ－2－1－1－3(3)②）。

---

[89] 単体自己資本比率の算出については、単体自己資本比率。

・当該資本調達手段の償還等または買戻しを行うための資本調達（再調達）が当該償還等もしくは買戻し以前に行われているか、または当該償還等もしくは買戻し以前に行われることが確実に見込まれるか。また、当該資本調達が行われた後に、銀行が十分な水準の自己資本比率を維持できないと見込まれるような事態が生じていないか。なお、その他Tier 1 資本調達手段の償還等または買戻しを行うために資本調達（再調達）を行う場合、当該資本調達が行われた時点以降償還日または買戻し日までの間は、当該資本調達により払込みを受けた金額のうち償還予定額相当額以下の部分については自己資本への算入が認められない。
・当該償還等が、もっぱら当該資本調達手段の保有者の償還等への期待に応えるためだけに行われるものではないか。たとえば、資本調達（再調達）のために発行される資本調達手段の適用金利が当該償還等される資本調達手段の適用金利よりも実質的に高いものとなる場合、かかる銀行の金利負担の増加にもかかわらず当該資本調達を行う合理的な理由が認められるか。
・資本調達（再調達）のために発行される資本調達手段の適用金利が、当該銀行の今後の収益見通し等に照らして、自己資本の健全性を維持しつつ十分に支払可能なものとなっているか。

　また、発行後5年を経過していなくとも、発行の目的に照らして発行後5年を経過する日の前に償還を行うことについてやむをえない事由があると認められる場合にあっては、償還を行うことが可能である。具体的には、税務上の事由や規制上の事由（規制の変更等により、当該資本調達手段が規制資本としての適格性を失うおそれがある場合または適格性を失った場合等）のほか、上場会社である発行者が上場廃止となること等の事由により償還することがやむをえないと認められる場合を指すが、この場合であっても、償還を行うためにはその他Tier 1 資本調達手段の償還に係る銀行告示6条4項5号または18条4項5号の要件をすべて満たす必要がある（告示Q&A「第6条－Q2」）。

(C) 償還の蓋然性を高める特約が定められていないこと

その他Tier 1 資本調達手段について、あらかじめ定めた期間が経過した後に上乗せされる一定の金利または配当率であるステップ・アップ金利等に係る特約その他の償還を行う蓋然性を高める特約が定められてはならない。ステップ・アップ金利等に係る特約その他の償還の蓋然性を高める特約が定められる場合には、償還の蓋然性が高まり、その他Tier 1 資本調達手段の永久性を損なわしめるため、このような特約を定めることは禁止されている。

なお、バーゼルⅡにおいては、ステップ・アップ幅が一定以下のステップ・アップ金利等に係る特約を付すことが認められていたが、バーゼルⅢの導入に伴い、ステップ・アップ金利等に係る特約はいっさい認められないこととなった。

このような償還を行う蓋然性を高める特約には、具体的には、たとえば以下のようなものが該当する（告示Q&A「第6条－Q8」）。

① 当該資本調達手段を償還しなかった場合に、当該資本調達手段のクレジット・スプレッドが上昇する内容となっている場合
② 金利の算定方法が発行後一定期間経過後に変更される場合において、「変更後の参照レートに対するクレジット・スプレッド」が、「当初の支払金利レートとスワップ・レートの差額」を上回る場合
③ 当該資本調達手段を償還しなかった場合に、当該銀行がその支払利息に関して当該資本調達手段の保有者に課される源泉徴収税を肩代りする義務を負う等、当該銀行の支払利息を実質的に、増加させる内容となっている場合
④ 当該資本調達手段を償還しなかったことを条件として、当該資本調達手段が株式に転換され、または当該資本調達手段の保有者が当該銀行の株式への転換請求権を行使することができる内容となっている場合

ⅴ．配当または利払停止の完全裁量性（7号）

その他Tier 1 資本調達手段は、剰余金の配当または利息の支払の停止について、以下の4要件のすべてを満たすものでなければならない。

イ 剰余金の配当または利息の支払の停止を発行者の完全な裁量により常に決定することができること。
ロ 剰余金の配当または利息の支払の停止を決定することが発行者の債務不履行とならないこと。
ハ 剰余金の配当または利息の支払の停止により流出しなかった資金を発行者が完全に利用可能であること。
ニ 剰余金の配当または利息の支払の停止を行った場合における発行者に対する一切の制約（同等以上の質の資本調達手段に係る剰余金の配当および利息の支払に関するものを除く。）がないこと。

まず、上記イについては、たとえば以下のような事例がこれに抵触する（告示Q&A「第6条－Q4」）。

① 他の資本調達手段に対して剰余金の配当または利息の支払を行った場合に、当該その他Tier 1資本調達手段に係る配当が義務づけられる等、一定の場合に当該その他Tier 1資本調達手段の剰余金の配当または利息の支払を義務づける特約が定められている場合

② 当該その他Tier 1資本調達手段に対する剰余金の配当または利息の支払を全部または一部停止した場合に、停止された配当金または利息の代わりに金銭以外の財産（当該銀行の普通株式その他の資本調達手段を含む）を交付することを義務づける特約が定められている場合

③ 当該その他Tier 1資本調達手段に対する剰余金の配当または利息の支払を全部または一部停止した場合に、停止された配当金または利息の全部または一部を実質的に補てんするための金銭を銀行が任意に支払うことを可能とする特約が定められている場合

④ 当該その他Tier 1資本調達手段に対する剰余金の配当または利息の支払を全部または一部停止した場合に、剰余金の配当または利息の支払につき銀行が完全な裁量を有しない他の資本調達手段に対する剰余金の配当または利息の支払の停止を義務づける特約が定められている場合

⑤ 当該その他Tier 1資本調達手段に対する剰余金の配当または利息の支払を全部または一部停止した場合に、銀行の通常の業務または事業の買収も

しくは処分を含む事業再編活動を制約する特約が定められている場合
⑥ 当該その他Tier 1 資本調達手段に当該銀行の株式への転換請求権が付されている場合において、当該転換請求権の行使につき当該その他Tier 1 資本調達手段に対する剰余金の配当または利息の支払が全部または一部停止されたことを条件とする特約が定められている場合

　もっとも、上記①に関連して、一般的に優先株式は普通株式に優先して剰余金の配当が行われる内容となっているところ、この場合であっても、たとえば、普通株式と優先株式に係る剰余金の配当の決定が同日または近接した日に行われる場合等、配当政策において普通株式および優先株式の配当が一体的に決定されており、普通株式に係る剰余金の配当の実施が優先株式に係る剰余金の配当の実施を実質的に強制しているとは認められない場合については、本要件に抵触しない（告示Q&A「第 6 条－Q 6 」）。

　また、上記ニについては、同等以上の質の資本調達手段（普通株式またはその他Tier 1 資本調達手段）に係る剰余金の配当に関する制約であっても、たとえば、当該その他Tier 1 資本調達手段に対する剰余金の配当または利息の支払が停止される期間を超えて、普通株式または他のその他Tier 1 資本調達手段に係る剰余金の配当が禁止される場合など、当該その他Tier 1 資本調達手段に対する剰余金の配当または利息の支払につき銀行の裁量に実質的な制約が課されていると認められる場合には、この例外規定を満たさないものとされる（告示Q&A「第 6 条－Q 5 」）。

ⅵ．配当・利払財源の分配可能額制限（8 号）

　その他Tier 1 資本調達手段に対する剰余金の配当または利息の支払は、法令の規定に基づき算定された分配可能額を超えない範囲内で行われるものでなければならない。

　その他Tier 1 資本調達手段のうち会社法上の株式に該当するものについては、剰余金の配当について、会社法に基づき分配可能額の制限が課せられる（会社法461条）。

　他方、会社法上の株式に該当しないものについては、法令において必ずし

もこのような規制が課せられていないことから、当該その他Tier１資本調達手段およびこれと同順位の利息の受領権を有する当該銀行の他の資本調達手段に係る利息の支払額ならびに当該銀行の株式に係る剰余金の配当額（剰余金の額から減じられている額を除く）の合計額が、当該資本調達手段に係る利息の支払を行う日における会社法の規定に基づき算定された分配可能額を超えない旨の契約内容になっていることが必要である。

また、会社法上の株式に該当するものと、しないものの同順位性を確保すべく、銀行は、その株式（その他Tier１資本調達手段またはTier２資本調達手段に該当するものを含む）に対する剰余金の配当額の決定に際し、その他Tier１資本調達手段のうち会社法上の株式に該当しないものに係る利息の支払額につき、その調達スキームの特性を勘案のうえ、会社法の規定に基づき算定される当該銀行の分配可能額の計算において実質的に考慮すべきことに留意するものとされる（主要行等向け監督指針Ⅲ－２－１－１－３(2)①イ）。

ⅶ. 発行者の発行後の信用状態との非連動性（9号）

その他Tier１資本調達手段に対する剰余金の配当額または利息の支払額は、発行後の発行者の信用状態（格付や信用スプレッド等）を基礎として算定されるものであってはならない。これを許容すると、発行後に銀行の信用状態が悪化した場合等に、その他Tier１資本調達手段の配当や利払いの負担が重くなり、これがさらに銀行の経営状態を悪化させるといった事態が生じうるためである。なお、LIBORやTIBOR等の市場指標金利を参照することは可能である（告示Q&A「第6条－Q7」）。

ⅷ. 債務超過判断における非債務性（10号）

その他Tier１資本調達手段について、発行者の倒産手続に関し当該発行者が債務超過にあるかどうかを判断するにあたり、当該発行者の債務として認識されるものであってはならない。その他Tier１資本調達手段はゴーイング・コンサーン資本として事業継続を前提とした損失吸収力を有するものであり、いわゆる優先株式と基本的に同等の損失吸収力を有すべきものである

ことから、倒産手続に関しての債務超過の判断において債務と認識されない性質であることが必要となる。

ix．ゴーイング・コンサーン損失吸収力（11号）

その他Tier 1 資本調達手段が負債性資本調達手段[90]である場合には、連結普通株式等Tier 1 比率[91]が一定の水準を下回ったときに、連結普通株式等Tier 1 比率が当該水準を上回るために必要な額またはその全額の元本の削減等（元本の削減または普通株式への転換）が行われる特約その他これに類する特約が定められていなければならない。

会計上負債として認識される負債性資本調達手段については、一般的に会計上の資本よりも資本性が低いことから、銀行が破綻に至る前のある程度早い段階において、会計上の資本に振り替わる性質を必要とし、これによりゴーイング・コンサーンでの損失吸収力を確実なものとする趣旨である。

なお、本要件については、監督指針において以下を満たすことが求められている（主要行等向け監督指針Ⅲ－2－1－1－3(2)ハ）。

① ゴーイング・コンサーン水準として、連結普通株式等Tier 1 比率で5.125％以上の水準[92]が定められているか。なお、ゴーイング・コンサーン水準を下回ったか否かの判断は次の連結普通株式等Tier 1 比率によるものとし、銀行は、連結普通株式等Tier 1 比率がゴーイング・コンサーン水準を下回ったことにより元本の削減等が生じる場合、直ちにその旨の公表および保有者に対する通知を行う内容になっていること。

ⓐ 決算状況表（中間期にあっては中間決算状況表）により報告された連結普通株式等Tier 1 比率

ⓑ 業務報告書（中間期にあっては中間業務報告書）により報告された連結

---

90 バーゼルⅢ合意文書においては、会計上の負債と定義されている。
91 単体自己資本比率の算出については、単体普通株式等Tier 1 比率。以下このixにおいて同じ。
92 単体自己資本比率におけるその他Tier 1 資本調達手段の要件を満たすためには、銀行告示18条4項11号のゴーイング・コンサーン水準として単体普通株式等Tier 1 比率で5.125％以上の水準が定められていることが必要となる。

普通株式等Tier 1 比率

ⓒ 法令または金融商品取引所の規則に基づき連結普通株式等Tier 1 比率を公表している場合には、これにより報告された連結普通株式等Tier 1 比率

ⓓ 上記ⓐ〜ⓒの報告がされた時期以外に、当局の検査結果等をふまえた銀行と監査法人等との協議の後、当該銀行から報告された連結普通株式等Tier 1 比率

　ただし、上記ⓐ〜ⓒの報告によって当該銀行の連結普通株式等Tier 1 比率が報告されるまでの間に、元本の削減等がなくても連結普通株式等Tier 1 比率につきゴーイング・コンサーン水準を上回らせるものとするために合理的と認められる計画が銀行から当局に提出され、当局の承認が得られた場合には、元本の削減等の効果を生じさせないことができる。

② 元本の削減に係る特約が定められている場合、以下の事項をすべて満たしていること。

・元本の削減が行われる場合、当該削減がなされる部分に係る残余財産の分配請求権の額または元本金額、償還金額および剰余金の配当額または利息の支払額が減少するものであること。

・元本の削減が行われた後に一定の事由を満たすことを条件として当該削減された部分の元本の全部または一部の回復が可能な内容とする場合には、当該元本の回復がなされた直後においても十分に高い水準の連結普通株式等Tier 1 比率が維持されることが、その条件に含まれていること。

③ 普通株式への転換に係る特約が定められている場合、以下の事項をすべて満たしていること。

・ゴーイング・コンサーン水準を下回った場合に、普通株式への転換が必要な額その他の転換に関する事項を確定のうえ、適用ある法令に従い、直ちに当該必要な額またはその全額のその他Tier 1 資本調達手段が普通株式に転換されるものであること。

・ゴーイング・コンサーン水準を下回った場合に、発行または交付される普通株式が定款の発行可能株式総数を上回ることのないように、適切な

転換下限価額が設定されており、かつ、定款において必要な発行可能株式総数が確保されていること。

　また、負債性資本調達手段であるその他Tier 1 資本調達手段については、その他Tier 1 資本に係る基礎項目の額に算入可能な額は、必ずしもその全額ではなく、その元本の全額につき元本の削減等が生じたと仮定した場合に少なくとも生じると合理的に考えられる連結普通株式等Tier 1 資本の額に限られることに留意が必要である。

　すなわち、たとえば元本の全額削減が行われたとしても、当該元本削減時において元本の金額に満たない額の普通株式等Tier 1 資本の額しか生じないと合理的に考えられる場合には、当該普通株式等Tier 1 資本の額と同額のみが、その他Tier 1 資本に係る基礎項目の額に算入できる。

ⅹ．外部調達性（12号）

　その他Tier 1 資本調達手段は、発行者または当該発行者の子法人等もしくは関連法人等により取得されておらず、かつ、取得に必要な資金が発行者により直接または間接に融通されたものであってはならない。これは、その他Tier 1 資本調達手段の発行代り金が、そのグループ外の第三者からの資金によって払い込まれたことを確保する趣旨である。

ⅺ．その後の資本増強を妨げないこと（13号）

　その他Tier 1 資本調達手段について、発行者の資本の増強を妨げる特約、たとえば、ある特定の期間において他の資本調達手段が発行価格に関して有利な条件で発行された場合には補償が行われる特約等が定められてはならない。このような特約により銀行の資本増強が妨げられ、発行後の銀行の必要な資本調達が阻害されることを防ぐ趣旨である。

ⅻ．SPC発行の場合の完全利用可能性（14号）

　その他Tier 1 資本調達手段が、特別目的会社等が発行する資本調達手段である場合には、発行代り金を利用するために発行される資本調達手段がこれ

以外のその他Tier 1資本調達手段の要件のすべてを満たし、かつ、当該資本調達手段の発行者が発行代り金の全額を即時かつ無制限に利用可能でなければならない。詳細については、下記Ⅵ参照のこと。

ⅹⅲ．実質破綻認定時の損失吸収力（15号）

（A） 求められる特約

その他Tier 1資本調達手段は、元本の削減等または公的機関による資金の援助その他これに類する措置が講ぜられなければ発行者が存続できないと認められる場合（いわゆる「実質破綻認定時（point of non-viability、PON）」）において、これらの措置が講ぜられる必要があると認められるときは、元本の削減等が行われる旨の特約が定められていなければならない。

この場合、以下の事項をすべて満たさなければならない（主要行等向け監督指針Ⅲ－2－1－1－3(2)①）。

① 実質破綻事由が発生した場合に銀行の普通株式への転換がなされる内容である場合には、実質破綻事由が発生した際に、適用ある法令に従い直ちにその保有者に対して当該銀行の普通株式が交付されるために必要な事前の手続がすべて履践されていること。なお、公的機関による資金の援助その他これに類する措置が必要と認められる場合においては、かかる普通株式の交付は、これらの措置が実施される前に行われなければならない。

② 銀行の海外子会社（特別目的会社等を除く）が資本調達手段を発行する場合であって、当該資本調達手段を当該銀行の連結自己資本比率算定上のその他Tier 1資本に係る基礎項目の額に算入するためには、当該海外子会社の所在地国の監督当局およびわが国当局のいずれか一方または双方が、当該資本調達手段の元本の削減等または当該海外子会社への公的機関による資金援助がなければ当該海外子会社が存続できないとして、当該資本調達手段の元本の削減等または当該海外子会社への公的機関による資金援助が必要と判断した場合に、当該資本調達手段の元本の削減等が、適用ある法令に従い直ちに行われる旨の内容となっていること。なお、この場合、当該海外子会社の普通株式に代えて、当該銀行の普通株式を当該資本調達

手段の保有者に交付することが可能とされる。

なお、銀行または銀行持株会社の発行する優先株式であっても、実質破綻認定時に元本削減等が行われる旨の特約をその要項に規定する必要があるとされる（告示Q&A「第6条-Q10」）。バーゼルⅢの交渉過程において、日本の優先株式については預金保険法106条に基づき、公的資本注入の際に減資を求めることができるためこうした条項は不要であるとの議論があったものの、預金保険法106条の前提となる預金保険法102条1項1号に定める第1号措置は、破綻していない銀行に関して予防的に資本注入を行うための措置であること、また当該取扱いはいわゆる形式上の減資であり、必ずしも既存株式自体を無価値化できるものではないこと等をふまえ、バーゼルⅢの合意内容に鑑み、最終的に銀行または銀行持株会社が発行する優先株式についても、上記の特約を盛り込むことを日本においては求めることとなった。

（B）　背景および趣旨

このような特約が求められる背景としては、先般の金融危機の最中、特に欧米の金融機関において、実質的な破綻状態にあったにもかかわらず、これら金融機関の金融機能を維持するために公的資金を注入したことにより、その優先株主や劣後債権者が、本来金融機関が破綻した際に負担すべきであった損失を負担せず、結果として公的資金で保護されることとなったことがある。

このような破綻に瀕した金融機関について、本来損失を負担するべきである当該金融機関のその他Tier 1資本調達手段やTier 2資本調達手段が公的資金によって保護されるという事態を防ぐべく、これら資本調達手段について元本の全額が毀損されるかまたは普通株式に転換することが求められることとなったわけである。

（C）　日本における実質破綻認定時の定義

日本において、当該要件における「元本の削減等又は公的機関による資金の援助その他これに類する措置が講ぜられなければ発行者が存続できないと認められる場合において、これらの措置が講ぜられる必要があると認められるとき」（以下「実質破綻認定時」）がどのような場合を指すのかについては、

図表2－14　日本における実質破綻認定時の定義

【預金保険法102条】
〈預金取扱金融機関〉

わが国または当該金融機関が業務を行っている地域の信用秩序の維持にきわめて重大な支障が生ずるおそれがあると認めるとき

【預金保険法126条の2】
〈預金取扱金融機関・保険会社・証券会社・持株会社等〉

わが国の金融市場その他の金融システムの著しい混乱が生ずるおそれがあると認めるとき

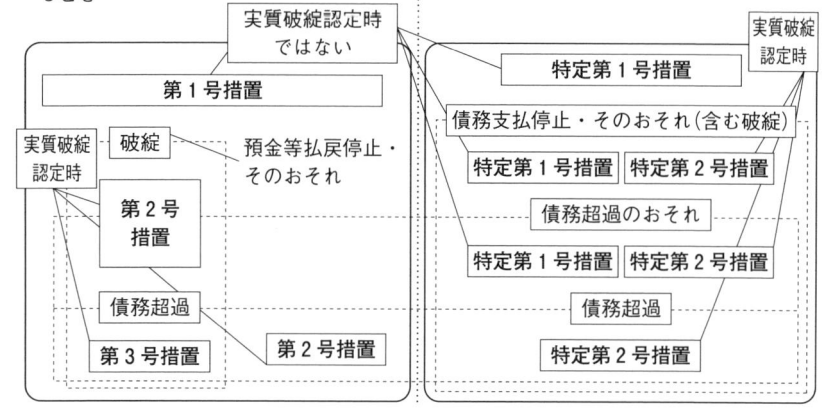

（左側）
- 実質破綻認定時ではない：第1号措置
- 破綻（預金等払戻停止・そのおそれ）：第2号措置
- 実質破綻認定時：債務超過／第3号措置／第2号措置

（右側）
- 実質破綻認定時：特定第1号措置
- 債務支払停止・そのおそれ（含む破綻）：特定第1号措置／特定第2号措置
- 債務超過のおそれ：特定第1号措置／特定第2号措置
- 債務超過：特定第2号措置

上記背景および趣旨をふまえ、その時々において有効な法令のもとでの破綻に瀕した金融機関に係る金融危機への対応の枠組みに照らして判断される。

具体的には、日本の法令を前提とすると、預金保険法[93]において、破綻に瀕した金融機関に係る金融危機への対応の枠組みとして、①同法に規定する金融機関のうち破綻金融機関またはその財産をもって債務を完済することができない金融機関に対するペイオフコストを超える資金援助（同法102条1項2号。以下「第2号措置」）および特別危機管理（同項3号。以下「第3号措置」）[94]ならびに②その財産をもって債務を完済することができない金融機関

---

[93] 金融商品取引法等の一部を改正する法律（平成25年法律45号）により改正された預金保険法
[94] 銀行の発行する資本調達手段の実質破綻時損失吸収条項に関して普通株式への転換を選択するためには、銀行に第3号措置の認定がされる場合には、かかる普通株式への転換が、当該認定に基づき預金保険機構による全株式の取得がなされるまでにすべて完了することが必要であり、そのすべてにつき普通株式への転換を完了することができない場合には、元本の削減を選択する必要がある（告示Q&A「第6条－Q11」）。

等もしくはその財産をもって債務を完済することができない事態が生ずるおそれがある金融機関等または債務の支払を停止した金融機関等もしくは債務の支払を停止するおそれがある金融機関等に対する特定資金援助等（同法126条の2第1項2号。以下「特定第2号措置」）が整備されていることから、これらの措置と実質破綻認定とを関連づけて整理される[95]。

そこで、銀行については、実質破綻認定時を、当該銀行について第2号措置もしくは第3号措置を講ずる必要がある旨の認定が行われる場合または当該銀行について特定第2号措置を講ずる必要がある旨の特定認定が行われる場合を指すこととし、また、銀行持株会社については、実質破綻認定時を、当該銀行持株会社について特定第2号措置を講ずる必要がある旨の特定認定が行われる場合を指すこととしている（告示Q&A「第6条－Q9」）（図表2－14）。

（D）法的ベイルインが可能な場合の例外

なお、銀行告示6条4項15号および18条4項15号のただし書において、法令の規定に基づいて、元本の削減等を行う措置が講じられる場合、または公的機関による資金の援助その他これに類する措置が講じられる前に当該発行者に生じる損失を完全に負担することとなる場合は、この限りでないものとされる。

このただし書は、いわゆる法令上のベイルイン、すなわち法令に基づき優先株式や劣後債等に損失負担を求めることが可能な破綻処理法制が整備されている場合に、実質破綻時損失吸収条項の定めを不要とするものである。しかし、日本においては、平成26年3月から施行される改正預金保険法においても、このような法令上のベイルインを行うことが可能な破綻処理法制は整備されていないことから、当該ただし書は26年3月末現在、日本においては適用されない[96]。

---

95 他方で、預金保険法102条1項1号または126条の2第1項1号に定める措置については、これらの措置は、破綻金融機関に該当しない資産超過の金融機関や債務超過にない金融機関等に対するいわば予防的な措置との位置づけである。したがって、金融機能強化法に基づく国による資本参加の場合と同様に、実質破綻認定時には該当しないと考えられる。

なお、仮にこの但書等が適用される場合には、法令の規定に基づいて元本の削減等を行う措置が講じられること、または公的機関による資金の援助その他これに類する措置が講じられる前に、当該銀行に生じる損失が当該資本調達手段において完全に負担されることを、当該資本調達手段の発行に際し開示されなければならない（主要行等向け監督指針Ⅲ－2－1－1－3⑵①）。

Ⅲ．その他Tier 1 資本調達手段に係る株主資本の額

　その他Tier 1 資本調達手段に係る株主資本の額とは、銀行の株主資本の額のうち、その他Tier 1 資本調達手段に帰属すると考えられる部分の額をいう。具体的には、会計上の株主資本を構成する資本金、資本剰余金および利益剰余金の額の合計額のうち、銀行告示 6 条 4 項または18条 4 項の要件を満たすその他Tier 1 資本調達手段である優先株式に清算時に分配されるであろうと考えられる残余財産の額が、これに該当する。ただし、普通株式等Tier 1 資本調達手段と同様、社外流出予定額はその額から除かれる。

Ⅳ．その他Tier 1 資本調達手段に係る負債の額

　その他Tier 1 資本調達手段に係る負債の額とは、その他Tier 1 資本調達手段に該当する銀行の負債の額をいう。具体的には、銀行告示 6 条 4 項および18条 4 項の要件のすべてを満たす劣後債や劣後ローンがこれに該当する。
　バーゼルⅡ告示では、Tier 1 に算入可能な負債性資本調達手段は、海外特別目的会社（SPC）の優先出資証券に限られていたが、バーゼルⅢ告示では、これに限らず、その他Tier 1 資本調達手段の要件のすべてを満たす負債

96　米国や英国においてはすでに法的ベイルインの枠組みが整理されており、欧州においてもそうした枠組みが整備される方向である。平成26年 3 月末現在、FSBにおいて、いわゆるグローバルにシステム上重要な金融機関（G-SIFIs）について、ベイルインを行うことが可能な一般債務、いわゆるベイルイン債を一定量以上保持することを求める方向での議論が行われている。仮にこうした取扱いにつき国際合意がなされた場合、一般債務は自己資本比率規制における規制上の資本に含まれないことから、現行のバーゼルⅢ告示において一般債務に契約上のベイルイン条項を付すことを義務づけるのは困難である。そのため、法的ベイルインの導入の是非を含め、必要な法令の見直しが必要となる可能性がある。

を、その他Tier 1 資本に係る基礎項目の額に算入できることとなった。

その他Tier 1 資本調達手段の要件のうち、負債性資本調達手段については、特に7号（配当または利払停止の完全裁量性）、10号（債務超過判断における非債務性）および11号（ゴーイング・コンサーン損失吸収力）の要件を充足することが重要となる。したがって、優先株式等の株主資本と比較すると、負債性その他Tier 1 資本調達手段の発行にあたってのハードルは高いといえる。

V. その他Tier 1 資本調達手段に係る新株予約権の額

その他Tier 1 資本に係る基礎項目の額に算入される「その他Tier 1 資本調達手段に係る新株予約権」には、その他Tier 1 資本調達手段に該当する株式をその目的とする新株予約権、および普通株式をその目的とする新株予約権であって、その他Tier 1 資本調達手段の要件を満たすために発行された新株予約権が該当する。

VI. 特別目的会社等の発行するその他Tier 1 資本調達手段の額

特別目的会社等の発行するその他Tier 1 資本調達手段の額は、特別目的会社等[97]の資本調達手段のうち、次に掲げる要件のすべてを満たすものの額をいう（銀行告示 6 条 3 項、18 条 3 項）[98]。

① 当該特別目的会社等の発行する資本調達手段がその他Tier 1 資本調達手段に該当するものであること。

② 当該特別目的会社等の発行する資本調達手段の発行代り金の全額を当該特別目的会社等の親法人等[99]である銀行が即時かつ無制限に利用可能であること。

③ 前号の発行代り金を利用するために発行される資本調達手段が、その他

---

[97] もっぱら銀行の資本調達を行うことを目的として設立された連結子法人等をいう。以下同じ。
[98] 単体自己資本比率の算出においては、特別目的会社等を有する銀行については、当該特別目的会社等を含む連結財務諸表に基づき算出することとされており（銀行告示15条）、したがって、特別目的会社等の発行するその他Tier 1 資本調達手段については、連結自己資本比率の計算の場合と同様に取り扱われることとなる。
[99] 銀行法施行令 4 条の 2 第 2 項に規定する親法人等をいう。以下同じ。

Tier 1 資本調達手段に該当するものであること。
④ 当該特別目的会社等の親法人等である銀行が、その総株主等の議決権のすべてを保有すること。

バーゼルⅡ告示においては、銀行がもっぱら資本調達を目的とする海外特別目的会社を設立し、当該海外特別目的会社が優先出資証券を投資家に対して発行したうえで、その発行代り金を劣後ローン等を通じ銀行に回金するという方法により、銀行が負債性資本調達手段によってTier 1 資本を調達することが可能であった。

バーゼルⅢ告示においても、上記①～④の要件をすべて満たすことにより、特別目的会社等を通じてその他Tier 1 資本を調達することが認められている。具体的には、銀行が議決権のすべてを有する特別目的会社等（100％子会社SPC）を通じて外部投資家からその他Tier 1 資本を調達する場合において（上記④）、特別目的会社等の発行する資本調達手段がその他Tier 1 資本調達手段の要件を満たすのみならず（上記①）、その発行代り金を銀行が即時かつ無制限に利用可能であり（上記②）、かつ銀行への回金手段もその他Tier 1 資本調達手段の要件を満たす場合には（上記③）、実質的に銀行が自らその他Tier 1 資本調達手段を発行した場合と資本の質という観点から同等であると考えられることから、このような特別目的会社等の発行する資本調達手段をその他Tier 1 資本に係る基礎項目の額に算入することが認められている。

そのため、特別目的会社等の発行するその他Tier 1 資本調達手段については、その他Tier 1 資本に係る基礎項目の額への算入に制限がある下記Ⅶのその他Tier 1 資本に係る調整後少数株主持分等の額には含めずに、その全額をその他Tier 1 資本に係る基礎項目の額に算入できることとされている。

バーゼルⅡ告示においては、特別目的会社から銀行への回金手段についてTier 1 としての要件を満たすことは必ずしも求められていなかったのに対し、改正銀行告示においては、回金手段についてもその他Tier 1 資本調達手段に該当することが必要となった点が大きな改正点の1 つである。もっとも、バーゼルⅢ告示においては、特別目的会社等は、必ずしも海外の法人で

はなくてもよい。

　なお、上記②に関連して、銀行持株会社がその連結グループ外から調達した資金は、最終的にその連結子法人等である子銀行によって利用されることが一般的と考えられることから、このような場合には、銀行持株会社に直接資金を回金しなくとも、銀行持株会社が制限なくそのSPCを通じて連結子法人等である子銀行に対する出資等を行うことができる等、銀行持株会社がSPCを通じて発行代り金を即時かつ無制限に継続的に利用することが可能な内容となっているのであれば、当該要件には抵触しない。

　したがって、たとえば銀行持株会社がSPCを通じてTier 2資本調達手段を発行する場合、銀行持株会社の倒産手続においては、その発行代り金も含めて、銀行持株会社の一般債権者を含む上位債権者に対して必要な弁済がすべてなされた後に、銀行持株会社における実質的同順位の債権者および株主との間で等しく弁済を受ける内容となっていることが必要とされる。この場合、当該SPCが子銀行に対して発行する資本調達手段について、銀行告示6条3項3号または7条3項3号に定める要件の充足性を検討する必要があると考えられるが、当該SPCは同時に複数の連結子法人等である子銀行の資本調達手段を保有することはできないことに留意が必要である。なお、当該要件に抵触しないか否かの判断は個別の案件内容によることから、個別の案件ごとに実態に即した判断を行う必要があるものとされる（告示Q&A「第6条－Q12」）。

Ⅶ. その他Tier 1資本に係る調整後少数株主持分等の額

　その他Tier 1資本に係る調整後少数株主持分等の額は、「連結子法人等の少数株主持分等相当Tier 1資本に係る基礎項目の額（A）のうち、次に掲げる額のいずれか少ない額（B）にTier 1資本に係る第三者持分割合（C）を乗じて得た額以下の額から、普通株式等Tier 1資本に係る調整後少数株主持分の額（D）を控除した額」をいう（銀行告示8条1項2号）。

　　イ　当該連結子法人等の連結自己資本比率を算出する算式の分母の額[100]に8.5%を乗じて得た額

ロ　親法人等である銀行の連結自己資本比率を算出する算式の分母の額のうち当該連結子法人等に関連するものの額[101]に8.5％を乗じて得た額

具体的には、以下の方法により計算することとなる。

（A）　連結子法人等の少数株主持分等相当Tier 1 資本に係る基礎項目の額の算出

その他Tier 1 資本に係る調整後少数株主持分等の額は、連結子法人等[102]の少数株主持分もしくは新株予約権または負債のうち、連結子法人等の「少数株主持分等相当Tier 1 資本に係る基礎項目の額」でなければならない。この「少数株主持分等相当Tier 1 資本に係る基礎項目の額」とは、連結子法人等（特別目的会社等を除く）の「単体Tier 1 資本に係る基礎項目の額」のうち、当該連結子法人等の親法人等である銀行の連結貸借対照表の純資産の部または負債の部に新株予約権もしくは少数株主持分または負債として計上される部分の額をいい、当該額が零を下回る場合にあっては、零とされる。

そして、「連結子法人等の単体Tier 1 資本に係る基礎項目の額」とは、連結子法人等について連結自己資本比率を算出する算式における普通株式等Tier 1 資本に係る基礎項目の額およびその他Tier 1 資本に係る基礎項目の額（特別目的会社等の発行するその他Tier 1 資本調達手段を除く）の合計額をいい、当該連結子法人等が銀行以外の場合にあっては、これに相当する額とされる。具体的には、連結子法人等が銀行である場合または銀行であると仮定した場合における、その普通株式またはその他Tier 1 資本調達手段に係る株主資本の額（社外流出予定額を除く）、評価・換算差額等およびその他公表準備

100　当該連結子法人等が銀行以外の場合にあっては、これに相当する額である。すなわち、銀行以外の場合、銀行告示の適用対象ではないため、仮に銀行告示が適用される場合の連結自己資本比率を算出する算式の分母の額に相当する額を用いることとなる。

101　当該連結子法人等の同条各号の算式の分母の額に関連するものの額をいう。すなわち、親法人等である銀行の連結自己資本比率を算出する算式の分母の額のうち、当該特定連結子法人等の連結自己資本比率を算出する算式の分母の額に関連するものの額である。

102　普通株式等Tier 1 資本に係る調整後少数株主持分の額の計算の場合とは異なり、特定連結子法人等であることは要件とされていない。すなわち、銀行子会社や証券子会社以外の連結子法人等の少数株主持分等もこの取扱いの対象となる。

期の額、普通株式またはその他Tier1資本調達手段に係る新株予約権の額ならびにその他Tier1資本調達手段に係る負債の額の合計額をいう。

　ゆえに、「少数株主持分等相当Tier1資本に係る基礎項目の額」とは、連結子法人等が銀行である場合または銀行であると仮定した場合における、その普通株式またはその他Tier1資本調達手段に係る株主資本の額（社外流出予定額を除く）、評価・換算差額等およびその他公表準備金の額、普通株式またはその他Tier1資本調達手段に係る新株予約権の額ならびにその他Tier1資本調達手段に係る負債の額の合計額のうち、親法人等である銀行の連結貸借対照表の純資産の部または負債の部に新株予約権もしくは少数株主持分または負債として計上される部分の額、すなわち、親法人等である銀行の連結貸借対照表において、連結会計処理において相殺消去されずに新株予約権もしくは少数株主持分または負債として計上されるものの額を意味することとなる。

　端的には、銀行のグループ外の第三者に帰属するまたは第三者から調達した連結子法人等の普通株式や内部留保、評価・換算差額等およびその他Tier1資本調達手段がこれに該当する。

　（B）　次に掲げる額のいずれか少ない額[103]

　その他Tier1資本に係る調整後少数株主持分等の額は、上記（A）で算出した連結子法人等の少数株主持分等相当Tier1資本に係る基礎項目の額のうち、次に掲げる額のいずれか少ない額（B）にTier1資本に係る第三者持分割合（C）を乗じて得た額以下の額から、普通株式等Tier1資本に係る調整後少数株主持分の額（D）を控除した額である。

① 当該連結子法人等の連結自己資本比率を算出する算式の分母の額に、8.5％を乗じて得た額
② 親法人等である銀行の連結自己資本比率を算出する算式の分母の額のう

---

103 特別目的会社等を除く。これは、上記Ⅵのとおり、特別目的会社等の発行する資本調達手段については、銀行告示6条1項4号や7条1項4号等において、一定の条件を満たすことを前提に、この調整後少数株主持分等の額とは異なる取扱いが認められているためである。

ち、当該連結子法人等に関連するものの額に8.5％を乗じて得た額

このうち、①は、連結子法人等が銀行である場合または銀行であると仮定した場合の、当該連結子法人等の連結リスク・アセットの額に8.5％を乗じた額、すなわち、最低所要Tier 1 比率6％および資本保全バッファーとして必要となる普通株式等Tier 1 比率2.5％の合計であるTier 1 比率8.5％を、当該連結子法人等が達成するために必要なTier 1 資本の額と等しい。

他方で②は、親法人等である銀行の連結リスク・アセットの額のうち当該連結子法人等に関連するもの、すなわち、親法人等である銀行の連結リスク・アセットの額のうち当該連結子法人等の連結ベースの資産および取引等に関して算出される連結リスク・アセットの額に、上記①と同様に8.5％を乗じた額である。

①と②では、いずれも、連結子法人等の連結リスク・アセットの額に8.5％を乗じた額、すなわち、連結子法人等が国際統一基準行であると仮定した場合に、最低所要Tier 1 比率および資本保全バッファーを達成するために少なくとも必要となる連結Tier 1 資本の額を計算することになるが、ここで①と②を比較して小さい額を計算に用いることとされているのは、普通株式等Tier 1 資本に係る調整後少数株主持分の額に関して前述の3(2)Vにおいて説明したのと同じ趣旨によるものである。なお、連結子法人等が銀行告示1条7号の「金融機関」に該当しない場合の簡便な計算方法についても同様に当てはまる。

（C） Tier 1 資本に係る第三者持分割合

前述のとおり、Tier 1 資本に係る調整後少数株主持分等の額に算入可能な額は、（B）において算出した額にTier 1 資本に係る第三者持分割合を乗じて得た額以下の額に限られる。

ここで、Tier 1 資本に係る第三者持分割合とは、連結子法人等の少数株主持分等相当Tier 1 資本に係る基礎項目の額を単体Tier 1 資本に係る基礎項目の額で除して得た割合をいう。前述のとおり、連結子法人等の少数株主持分等相当Tier 1 資本に係る基礎項目の額は、連結子法人等の単体Tier 1 資本に係る基礎項目の額のうち、当該連結子法人等の親法人等である銀行の連結貸

借対照表の純資産の部に新株予約権もしくは少数株主持分または負債として計上される部分の額をいうのであるから、これを単体Tier 1 資本に係る基礎項目の額で除して得た割合であるTier 1 資本に係る第三者持分割合とは、以下のうち連結子法人等の親法人等である銀行の連結貸借対照表の純資産の部に新株予約権もしくは少数株主持分または負債として計上される部分の額が、連結子法人等の単体Tier 1 資本に係る基礎項目の額に占める割合を意味することとなる。

端的には、連結子法人等の単体Tier 1 資本のうち、銀行のグループ外の第三者に帰属し、または保有する割合を意味する。

（D） 普通株式等Tier 1 資本に係る調整後少数株主持分の額の控除

以上の計算により、（A）ないし（C）の額が算出されることとなるが、（A）の額のうち、（B）に（C）を乗じて得た額以下の額から、普通株式等Tier 1 資本に係る基礎項目に算入される普通株式等Tier 1 資本に係る調整後少数株主持分等の額（D）を控除した額を、Tier 1 資本に係る調整後少数株主持分等の額として、その他Tier 1 資本に係る基礎項目の額に算入することとなる。

(3) その他Tier 1 資本に係る調整項目の額

Ⅰ．総　論

その他Tier 1 資本に係る調整項目の額は、次に掲げる額の合計額である（銀行告示 6 条 2 項、18条 2 項）。

その他Tier 1 資本に係る調整項目	
1 号	自己保有その他Tier 1 資本調達手段の額
2 号	意図的に保有している他の金融機関等のその他Tier 1 資本調達手段の額
3 号	少数出資金融機関等のその他Tier 1 資本調達手段の額

第 2 章　国際統一基準

4号	その他金融機関等のその他Tier1資本調達手段の額
5号	Tier2資本不足額

Ⅱ．自己保有その他Tier1資本調達手段の額

　自己保有その他Tier1資本調達手段の額は、自己保有資本調達手段のうちその他Tier1資本調達手段に該当するもの（優先株等）の額をいう。これは、銀行が自らのその他Tier1資本調達手段を実質的に保有していると認められる場合における当該その他Tier1資本調達手段の額を、その他Tier1資本に係る調整項目の額として、その他Tier1資本の額の計算において控除するものである。自己保有資本調達手段の意義等については、前述の4(2)Ⅷにおける自己保有普通株式の額に関する説明と同じである。

Ⅲ．意図的に保有している他の金融機関等のその他Tier1資本調達手段の額

　意図的に保有している他の金融機関等のその他Tier1資本調達手段の額は、意図的に保有している他の金融機関等の対象資本調達手段のうち、その他Tier1資本調達手段に相当するものの額をいう。

　意図的に保有している他の金融機関等の対象資本調達手段の意義等については、前述の4(3)Ⅱにおいて意図的に保有している他の金融機関等の普通株式の額に関する説明が同じく妥当する。

Ⅳ．少数出資金融機関等のその他Tier1資本調達手段の額

　少数出資金融機関等のその他Tier1資本調達手段の額は、少数出資調整対象額に少数出資に係るその他Tier1資本保有割合を乗じて得た額をいう。ここで、少数出資に係るその他Tier1資本保有割合とは、少数出資金融機関等の対象資本調達手段のうち、その他Tier1資本調達手段に相当するものの額を、少数出資に係る対象資本調達手段合計額で除して得た割合をいう。

したがって、少数出資金融機関等のその他Tier 1 資本調達手段の額は、少数出資調整対象額のうち、少数出資に係る対象資本調達手段の額の合計における、その他Tier 1 資本調達手段に相当するものの額を意味することとなる。

なお、少数出資調整対象額の意義、計算方法、ショート・ポジションとの相殺、危機対応出資および引受行為に伴う例外等については、前述の4(3)ⅢおよびⅣにおける少数出資金融機関等の普通株式の額に関する説明が同じく妥当する。

Ⅴ. その他金融機関等のその他Tier 1 資本調達手段の額

その他金融機関等のその他Tier 1 資本調達手段の額は、その他金融機関等に係る対象資本調達手段のうち、その他Tier 1 資本調達手段に相当するものの額をいう。

これは、銀行がその他金融機関等の対象資本調達手段のうち、その他Tier 1 資本調達手段に相当するものを直接または間接に保有する場合に、当該対象資本調達手段の全額をその他Tier 1 資本から控除するものである。

なお、その他金融機関等の対象資本調達手段の意義、ショート・ポジションとの相殺、危機対応出資および引受行為に伴う例外等については、前述の4(3)ⅣおよびⅤにおけるその他金融機関等の普通株式の額に関する説明が同じく妥当する。

Ⅵ. Tier 2 資本不足額

Tier 2 資本不足額とは、Tier 2 資本に係る調整項目の額からTier 2 資本に係る基礎項目の額を控除した額が正の値である場合の当該額をいう（銀行告示8条14項2号、20条11項2号）。これは、Tier 2 資本の額が負の値となる場合に、当該負の値の額を、その他Tier 1 資本に係る調整項目の額として、より質の高いその他Tier 1 資本に係る基礎項目の額から控除するものである。

6 Tier 2 資本の額

(1) 総　　論

　総自己資本比率は、銀行の総自己資本の額を銀行の抱えるリスク量で除して得られる比率であり、最低比率は従前と同様 8 ％である。総自己資本の額は、Tier 1 資本の額にTier 2 資本の額を合計することで算出され、Tier 2 資本の額は、Tier 2 資本に係る基礎項目の額からTier 2 資本に係る調整項目の額を控除して算出される（銀行告示 2 条 3 号、14条 3 号）。

　Tier 2 資本は、以下に解説するとおり、Tier 1 資本と異なりゴーイング・コンサーンの損失吸収力は有しないものの、銀行の破綻時におけるゴーン・コンサーンの損失吸収力があると認められる一定の資本または負債等、すなわち、銀行が破綻した際に預金者に対するバッファーとなりうる資本または負債等から構成される。

　そのため、Tier 2 資本を含む総自己資本が、リスク量対比で最低限 8 ％確保されることにより、銀行の預金者を含む一般債権者に対して損失が及ぶことを可及的に防止するための資本が備わることとなる。

(2) Tier 2 資本に係る基礎項目の額

Ⅰ．総　　論

　Tier 2 資本に係る基礎項目の額は、以下に掲げる額の合計額である（銀行告示 7 条 1 項、19条 1 項）。

連結自己資本比率	単体自己資本比率
① Tier 2 資本調達手段に係る株主資本の額（社外流出予定額を除く） ② Tier 2 資本調達手段に係る負債の額 ③ Tier 2 資本調達手段に係る新株予約権の額 ④ 特別目的会社等の発行するTier 2 資本調達手段の額 ⑤ Tier 2 資本に係る調整後少数株主持分等の額 ⑥ 次に掲げる額の合計額 　ⓐ 一般貸倒引当金[104]の額[105] 　ⓑ 内部格付手法採用行において、適格引当金の合計額が事業法人等向けエクスポージャーおよびリテール向けエクスポージャーの期待損失額の合計額を上回る場合における当該適格引当金の合計額から当該期待損失額の合計額を控除した額	① Tier 2 資本調達手段に係る株主資本の額（社外流出予定額を除く） ② Tier 2 資本調達手段に係る負債の額 ③ Tier 2 資本調達手段に係る新株予約権の額 ④ 特別目的会社等の発行するTier 2 資本調達手段の額 ⑤ 次に掲げる額の合計額 　ⓐ 一般貸倒引当金[104]の額[105] 　ⓑ 内部格付手法採用行において、適格引当金の合計額が事業法人等向けエクスポージャーおよびリテール向けエクスポージャーの期待損失額の合計額を上回る場合における当該適格引当金の合計額から当該期待損失額の合計額を控除した額

Ⅱ．Tier 2 資本調達手段の10要件

　Tier 2 資本に係る基礎項目の各項目における「Tier 2 資本調達手段」とは、以下の10の要件をすべて満たす資本調達手段をいう（銀行告示7条4項、19条4項）。ただし、普通株式の要件またはその他Tier 1 資本調達手段の要件をすべて満たすものは除かれる。

---

[104] 内部格付手法採用行においては銀行告示151条の規定により標準的手法により算出される信用リスク・アセットの額に対応するものとして区分された一般貸倒引当金に限る。以下同じ。
[105] ただし、当該額が信用リスク・アセットの額の合計額に1.25％を乗じて得た額を上回る場合にあっては、当該乗じて得た額とされる。

	Tier 2 資本調達手段の10要件
1号	発行者により現に発行され、かつ、払込ずみのものであること。
2号	残余財産の分配または倒産手続における債務の弁済もしくは変更について、発行者の他の債務（劣後債務を除く）に対して劣後的内容を有するものであること。
3号	担保権により担保されておらず、かつ、発行者または当該発行者と密接な関係を有する者による保証に係る特約その他の法的または経済的に他の同順位の資本調達手段に対して優先的内容を有するものとするための特約が定められていないこと。
4号	償還期限が定められている場合には、発行時から償還期限までの期間が5年以上であり、かつ、ステップ・アップ金利等に係る特約その他の償還等[106]を行う蓋然性を高める特約が定められていないこと。
5号	償還等を行う場合には発行後5年を経過した日以後（発行の目的に照らして発行後5年を経過する日前に償還等を行うことについてやむをえない事由があると認められる場合にあっては、発行後5年を経過する日前）に、発行者の任意による場合に限り償還等を行うことが可能であり、かつ、償還等または買戻しに関する次に掲げる要件のすべてを満たすものであること。 イ　償還等または買戻しに際し、自己資本の充実について、あらかじめ金融庁長官の確認を受けるものとなっていること。 ロ　償還等または買戻しについての期待を生ぜしめる行為を、発行者が行っていないこと。 ハ　その他次に掲げる要件のいずれかを満たすこと。 　(1)　償還等または買戻しが行われる場合には、発行者の収益性に照らして適切と認められる条件により、当該償還等または買戻しのための資本調達（当該償還等または買戻しが行われるものと同等以上の質が確保されるものに限る）が当該償還等または買戻しの時以前に行われること。 　(2)　償還等または買戻しの後においても、発行者が十分な水準の連結自己資本比率を維持することが見込まれること。
6号	発行者が債務の履行を怠った場合における、期限の利益の喪失についての特約が定められていないこと。

---

[106] 償還期限が定められていないものの償還または償還期限が定められているものの期限前償還をいう。以下同じ。

7号	剰余金の配当額または利息の支払額が、発行後の発行者の信用状態を基礎として算定されるものでないこと。
8号	発行者または当該発行者の子法人等もしくは関連法人等により取得されておらず、かつ、取得に必要な資金が発行者により直接または間接に融通されたものでないこと。
9号	特別目的会社等が発行する資本調達手段である場合には、発行代り金を利用するために発行される資本調達手段が前各号および次号に掲げる要件のすべてまたは前条第4項各号に掲げる要件すべてを満たし、かつ、当該資本調達手段の発行者が発行代り金の全額を即時かつ無制限に利用可能であること。
10号	元本の削減等または公的機関による資金の援助その他これに類する措置が講ぜられなければ発行者が存続できないと認められる場合において、これらの措置が講ぜられる必要があると認められるときは、元本の削減等が行われる旨の特約が定められていること[107]。

　Tier 2 資本についても、その他Tier 1 資本調達手段と同様に、資本充実性（1号）、無担保・無保証（3号）、発行者の信用状態との非連動性（7号）、外部調達性（8号）、SPC発行の場合の完全利用可能性（9号）および実質破綻認定時の損失吸収力（10号）が求められ、これらの点については、その他Tier 1 資本調達手段に関するものと同様であることから、5(2)Ⅱの解説を参照されたい。

　また、劣後性については、一般債権者よりも劣後することが必要であるが（2号）、その他Tier 1 資本調達手段と異なり、劣後債権者に劣後する必要はない。そのため、Tier 2 資本調達手段は、その他Tier 1 資本調達手段に優先することになると考えられる。

　なお、Tier 2 資本調達手段の劣後性に関しては、バーゼルⅡにおけるTier 2 と同様、以下の内容を満たす必要がある（主要行等向け監督指針Ⅲ－2－1－1－3(2)②イ・ロ）。

---

[107] ただし、法令の規定に基づいて、元本の削減等を行う措置が講じられる場合または公的機関による資金の援助その他これに類する措置が講じられる前に当該発行者に生じる損失を完全に負担することとなる場合は、この要件は不要となる。

・劣後債権者の支払請求権について、破産手続における配当の順位は、破産法に規定する劣後的破産債権に後れるものとする旨の定めがあるか。これに加えて、少なくとも会社更生、民事再生等の劣後状態が生じた場合には、劣後債権者の支払請求権がいったん停止し、上位債権者が全額の支払を受けることを条件に、劣後債権者の支払請求権の効力が発生するという条件付債権として法律構成することにより、結果的に利払い、配当を含め上位債権者を優先させる内容となっているか。
・上位債権者に不利益となる変更、劣後特約に反する支払を無効とする契約内容がある旨の記載があるか。

償還に関しては、その他Tier 1 資本調達手段と異なり、発行後5 年以上経過後の日であれば、償還期限を定めることが可能であり、この点でその他Tier 1 資本調達手段に比べて規制資本としての永続性に欠ける。もっとも、償還期限の前に任意償還を行う場合の条件および償還の蓋然性を高める特約を付してはいけないこと（4 号、5 号）については、その他Tier 1 資本調達手段と同様である。

さらに、Tier 2 資本調達手段については、その利息の支払等の債務の履行を怠ったとしても、いまだ期限が到来していない債務、たとえば償還期限の到来していない元本債務について、その期限の利益を喪失させてはならず（6 号）、期限前償還が認められる場合を除き、償還期限が繰り上げられることはない内容となっている。加えて、上位債権者に不利益となる変更、劣後特約に反する支払を無効とする契約内容も監督指針において求められている（主要行等向け監督指針Ⅲ－2－1－1－3(2)②）。

Ⅲ．Tier 2 資本調達手段に係る株主資本の額

Tier 2 資本調達手段に係る株主資本の額とは、銀行の株主資本の額のうち、Tier 2 資本調達手段[108]に帰属すると考えられる部分の額をいう。具体的には、会計上の株主資本を構成する資本金、資本剰余金および利益剰余金

---

108 たとえば、累積的優先株式がこれに該当しうる。

の額の合計額のうち、銀行告示7条4項または19条4項の要件を満たすTier2資本調達手段に清算時に分配されるであろうと考えられる残余財産の額が、これに該当する。ただし、普通株式等Tier1資本調達手段と同様、社外流出予定額はその額から除かれる。

Ⅳ. Tier2資本調達手段に係る負債の額

Tier2資本調達手段に係る負債の額とは、Tier2資本調達手段に該当する銀行の負債の額をいう。たとえば、銀行告示7条4項および19条4項の要件のすべてを満たす劣後債や劣後ローンがこれに該当する。

Ⅴ. Tier2資本調達手段に係る新株予約権の額

Tier2資本に係る基礎項目の額に算入される「Tier2資本調達手段に係る新株予約権」には、Tier2資本調達手段に該当する株式をその目的とする新株予約権、および普通株式をその目的とする新株予約権であってTier2資本調達手段の要件を満たすために発行された新株予約権が該当する。

Ⅵ. 特別目的会社等の発行するTier2資本調達手段の額

特別目的会社等の発行するTier2資本調達手段の額は、特別目的会社等の資本調達手段のうち、次に掲げる要件のすべてを満たすものの額をいう（銀行告示7条3項）[109]。ただし、特別目的会社等の発行するその他Tier1資本調達手段に該当するものは除く。

① 当該特別目的会社等の発行する資本調達手段が、その他Tier1資本調達手段またはTier2資本調達手段に該当するものであること。
② 当該特別目的会社等の発行する資本調達手段の発行代り金の全額を、当該特別目的会社等の親法人等である銀行が即時かつ無制限に利用可能であること。

---

[109] 単体自己資本比率の算出における特別目的会社等の発行するTier2資本調達手段の取扱いについては、前述5(2)Ⅵの特別目的会社等の発行するその他Tier1資本調達手段の取扱いと同様である。

③ 前号の発行代り金を利用するために発行される資本調達手段が、その他Tier 1資本調達手段またはTier 2資本調達手段に該当するものであること。
④ 当該特別目的会社等の親法人等である銀行が、その総株主等の議決権のすべてを保有すること。

バーゼルⅢ告示では、前述の5(2)Ⅵ記載の特別目的会社等の発行するその他Tier 1資本調達手段の取扱いと平仄をそろえ、上記①〜④の要件をすべて満たすことにより、特別目的会社等を通じてTier 2資本を調達することが認められている。

具体的には、銀行が議決権のすべてを有する特別目的会社等（100％子会社SPC）を通じて外部投資家からTier 2資本を調達する場合において（上記④）、特別目的会社等の発行する資本調達手段が少なくともTier 2資本調達手段の要件を満たすのみならず（上記①）、その発行代り金を銀行が即時かつ無制限に利用可能であり（上記②）、かつ銀行への回金手段も少なくともTier 2資本調達手段の要件を満たす場合には（上記③）、実質的には銀行が自らTier 2資本調達手段を発行した場合と資本の質という観点から同等であると考えられることから、このような特別目的会社等の発行する資本調達手段をTier 2資本に係る基礎項目の額に算入することが認められている。

そのため、このような特別目的会社等の発行するTier 2資本調達手段については、Tier 2資本に係る基礎項目の額への算入制限が課せられる下記ⅦのTier 2資本に係る調整後少数株主持分等の額には含めずに、その全額をTier 2資本に係る基礎項目の額に算入することが可能とされている。

バーゼルⅡ告示においては、Tier 1に算入される海外特別目的会社の発行する優先出資証券と異なり、Tier 2に算入される劣後債等については、特別目的会社等を通じて発行する場合に、当該特別目的会社等の発行する資本調達手段がTier 2に該当することを除いて、ほかに特別の要件等は定められていなかった。一方で、バーゼルⅢ告示においては、上記②〜④の要件を満たす場合にのみ、その全額をTier 2資本に係る基礎項目の額に算入可能としており、この点が主要な改正点といえる。

なお、上記①および上記③において、Tier 2資本調達手段のみならずその

他Tier 1 資本調達手段が含まれているのは、たとえば、特別目的会社がその他Tier 1 資本調達手段によって取得した資金を銀行にTier 2 資本調達手段で回金したり、あるいはその逆に特別目的会社がTier 2 資本調達手段によって取得した資金を銀行にその他Tier 1 資本調達手段で回金した場合であっても、資本算入においては、より質の低い資本調達手段にあわせて、特別目的会社等の発行するTier 2 資本調達手段としてTier 2 資本に係る基礎項目の額への算入のみを認めるためである。

また、上記②に関連して、銀行持株会社が特別目的会社等を通じてTier 2 資本調達手段を発行する場合の回金の考え方については、特別目的会社等の発行するその他Tier 1 資本調達手段に関する前述 5 (2)Ⅵの説明を参照されたい。

Ⅶ. Tier 2 資本に係る調整後少数株主持分等の額

Tier 2 資本に係る調整後少数株主持分等の額は、「連結子法人等の少数株主持分等相当総自己資本に係る基礎項目の額(i)のうち次に掲げる額のいずれか少ない額(ii)に総自己資本に係る第三者持分割合(iii)を乗じて得た額以下の額から、普通株式等Tier 1 資本に係る調整後少数株主持分の額及びその他Tier 1 資本に係る調整後少数株主持分等の額の合計額(iv)を控除した額」をいう（銀行告示 8 条 1 項 3 号）。

　　イ　当該連結子法人等の連結自己資本比率の算式の分母の額[110]に10.5%を乗じて得た額
　　ロ　親法人等である銀行の連結自己資本比率を算出する算式の分母の額のうち当該連結子法人等に関連するものの額[111]に10.5%を乗じて得た額

---

[110] 当該連結子法人等が銀行以外の場合にあっては、これに相当する額である。すなわち、銀行以外の場合、銀行告示の適用対象ではないため、仮に銀行告示が適用される場合の連結自己資本比率を算出する算式の分母の額に相当する額を用いることとなる。
[111] 当該連結子法人等の同条各号の算式の分母の額に関連するものの額をいう。すなわち、親法人等である銀行の連結自己資本比率を算出する算式の分母の額のうち、当該特定連結子法人等の連結自己資本比率を算出する算式の分母の額に関連するものの額である。

具体的には、以下の方法により計算することとなる。

ⅰ. 連結子法人等の少数株主持分等相当総自己資本に係る基礎項目の額の算出

Tier 2 資本に係る調整後少数株主持分等の額は、連結子法人等[112]の少数株主持分もしくは新株予約権または負債[113]のうち、連結子法人等の「少数株主持分等相当総自己資本に係る基礎項目の額」でなければならない。この「少数株主持分等相当総自己資本に係る基礎項目の額」とは、連結子法人等（特別目的会社等を除く）の「単体総自己資本に係る基礎項目の額」のうち、当該連結子法人等の親法人等である銀行の連結貸借対照表の純資産の部または負債の部に新株予約権もしくは少数株主持分または負債として計上される部分の額をいい、当該額が零を下回る場合にあっては、零とされる。

そして、「連結子法人等の単体総自己資本に係る基礎項目の額」とは、連結子法人等について単体Tier 1 資本に係る基礎項目の額およびTier 2 資本に係る基礎項目の額（特別目的会社等の発行するTier 2 資本調達手段を除く）の合計額をいい、当該連結子法人等が銀行以外の場合にあっては、これに相当する額とされる。具体的には、連結子法人等が銀行である場合または銀行であると仮定した場合における、その普通株式、その他Tier 1 資本調達手段またはTier 2 資本調達手段に係る株主資本の額（社外流出予定額を除く）、評価・換算差額等およびその他公表準備期の額、普通株式、その他Tier 1 資本調達手段もしくはTier 2 資本調達手段に係る新株予約権の額ならびにその他Tier 1 資本調達手段またはTier 2 資本調達手段に係る負債の額の合計額をいう。

ゆえに、「少数株主持分等相当総自己資本に係る基礎項目の額」とは、連結子法人等が銀行である場合または銀行であると仮定した場合における、そ

---

[112] 普通株式等Tier 1 資本に係る調整後少数株主持分の額の計算の場合とは異なり、特定連結子法人等であることは要件とされていない。すなわち、銀行や証券子会社以外の連結子法人等の少数株主持分や銀行グループ外の第三者から調達したTier 2 資本調達手段等もこの取扱いの対象となる。

[113] このように連結子法人等の負債も対象に含まれることから、たとえば連結子法人等が発行する劣後債等のTier 2 資本調達手段も含まれることとなる。

の普通株式、その他Tier 1 資本調達手段またはTier 2 資本調達手段に係る株主資本の額（社外流出予定額を除く）、評価・換算差額等およびその他公表準備金の額、普通株式、その他Tier 1 資本調達手段またはTier 2 資本調達手段に係る新株予約権の額ならびにその他Tier 1 資本調達手段またはTier 2 資本調達手段に係る負債の額の合計額のうち、親法人等である銀行の連結貸借対照表の純資産の部または負債の部に新株予約権もしくは少数株主持分または負債として計上される部分の額、すなわち、親法人等である銀行の連結貸借対照表において、連結会計処理において連結消去されずに新株予約権もしくは少数株主持分または負債として計上されるものの額を意味することとなる。

端的には、銀行のグループ外の第三者に帰属するまたは第三者から調達した連結子法人等の普通株式や内部留保、評価・換算差額等ならびにその他Tier 1 資本調達手段およびTier 2 資本調達手段がこれに該当する。

ⅱ．次に掲げる額のいずれか少ない額

Tier 2 資本に係る調整後少数株主持分等の額は、上記ⅰで算出した連結子法人等の少数株主持分等相当総自己資本に係る基礎項目の額のうち、次に掲げる額のいずれか少ない額(ⅱ)に総自己資本に係る第三者持分割合(ⅲ)を乗じて得た額以下の額から、普通株式等Tier 1 資本に係る調整後少数持分の額およびその他Tier 1 資本に係る調整後少数持分の額の合計額(ⅳ)を控除した額である。

① 当該連結子法人等の連結自己資本比率を算出する算式の分母の額に10.5％を乗じて得た額
② 親法人等である銀行の連結自己資本比率を算出する算式の分母の額のうち当該連結子法人等に関連するものの額に10.5％を乗じて得た額

このうち、①は、連結子法人等が銀行である場合または銀行であると仮定した場合の、当該連結子法人等の連結リスク・アセットの額に10.5％を乗じた額、すなわち、最低所要総自己資本比率 8 ％および資本保全バッファーとして必要となる普通株式等Tier 1 比率2.5％の合計である総自己資本比率10.5％を当該連結子法人等が達成するために必要な自己資本の額に等しい。

他方で、②は、親法人等である銀行の連結リスク・アセットの額のうち当該連結子法人等に関連するもの、すなわち、親法人等である銀行の連結リスク・アセットの額のうち当該連結子法人等の連結ベースの資産および取引等に関して算出される連結リスク・アセットの額に、上記①と同様に10.5%を乗じた額である。①と②では、いずれも、連結子法人等の連結リスク・アセットの額に10.5%を乗じた額、すなわち、連結子法人等が国際統一基準行であると仮定した場合に、最低所要総自己資本比率および資本保全バッファーを達成するために少なくとも必要となる連結総自己資本の額を計算することになるが、ここで①と②を比較して小さい額を計算に用いることとされているのは、普通株式等Tier 1資本に係る調整後少数株主持分の額に関して前述の3(2)Vにおいて説明したのと同じ趣旨によるものであり、連結子法人等が銀行告示1条7号の「金融機関」に該当しない場合の簡便な計算方法についても同様に当てはまる。

ⅲ．総自己資本に係る第三者持分割合

上述のとおり、総自己資本に係る調整後少数株主持分等の額に算入可能な額は、ⅱにおいて算出した額に総自己資本に係る第三者持分割合を乗じて得た額以下の額に限られる。

ここで、総自己資本に係る第三者持分割合とは、連結子法人等の少数株主持分等相当総自己資本に係る基礎項目の額を単体総自己資本に係る基礎項目の額で除して得た割合をいう。前述のとおり、連結子法人等の少数株主持分等相当総自己資本に係る基礎項目の額は、連結子法人等の単体総自己資本に係る基礎項目の額のうち、当該連結子法人等の親法人等である銀行の連結貸借対照表の純資産の部に、新株予約権もしくは少数株主持分または負債として計上される部分の額をいう。したがって、これを単体総自己資本に係る基礎項目の額で除して得た割合である総自己資本に係る第三者持分割合とは、以下のうち連結子法人等の親法人等である銀行の連結貸借対照表の純資産の部に新株予約権もしくは少数株主持分または負債として計上される部分の額が、連結子法人等の単体総自己資本に係る基礎項目の額に占める割合を意味

することとなる。

　端的には、連結子法人等の総自己資本のうち、銀行のグループ外の第三者に帰属し、または保有するものの割合を意味する。

iv．普通株式等Tier 1 資本に係る調整後少数株主持分の額およびTier 1 資本に係る調整後少数株主持分等の額の控除

　以上の計算により、 i ないしiiiの額が算出されることとなるが、 i の額のうち、iiにiiiを乗じて得た額以下の額から、普通株式等Tier 1 資本に係る基礎項目の額に算入される普通株式等Tier 1 資本に係る調整後少数株主持分等の額、およびその他Tier 1 資本に係る基礎項目の額に算入されるTier 1 資本に係る調整後少数株主持分等の額(iv)を控除した額を、Tier 2 資本に係る調整後少数株主持分等の額としてTier 2 資本に係る基礎項目の額に算入することとなる。

Ⅷ．貸倒引当金の額

　以下の貸倒引当金はTier 2 資本に係る基礎項目の額に算入される。ただし、イについては、信用リスク・アセットの額の合計額[114]に1.25％を乗じて得た額が上限とされ、また、ロについては、銀行告示152条 1 号イに掲げる額に0.6％を乗じて得た額が上限とされる。

　　イ　一般貸倒引当金[115]の額
　　ロ　内部格付手法採用行において、適格引当金の合計額が事業法人等向けエクスポージャーおよびリテール向けエクスポージャーの期待損失額の合計額を上回る場合における当該適格引当金の合計額から当該期待損失額の合計額を控除した額

　これらの金額は、バーゼルⅡ告示においてもTier 2 に算入されていたもの

---

[114] 内部格付手法採用行にあっては、銀行告示152条 1 号ロに掲げる額、すなわち標準的手法を適用して算出される部分の信用リスク・アセットの額に限られる。
[115] 内部格付手法採用行においては、銀行告示151条の規定により標準的手法により算出される信用リスク・アセットの額に対応するものとして区分された一般貸倒引当金に限る。

であるが、一般貸倒引当金の上限額はリスク・アセットの合計額に1.25％を乗じて得た額とされていたのに対し、バーゼルⅢ告示では、信用リスク・アセットの額の合計額に1.25％を乗じることとされており、1.25％を乗じるリスク・アセットの額の範囲が信用リスク・アセットの額の合計額に限定されることとなった。

(3) Tier 2 資本に係る調整項目の額

Ⅰ．総　　論

　Tier 2 資本に係る調整項目の額は、次に掲げる額の合計額である（銀行告示7条2項、19条2項）。

	Tier 2 資本に係る調整項目
1号	自己保有Tier 2 資本調達手段の額
2号	意図的に保有している他の金融機関等のTier 2 資本調達手段の額
3号	少数出資金融機関等のTier 2 資本調達手段の額
4号	その他金融機関等のTier 2 資本調達手段の額

Ⅱ．自己保有Tier 2 資本調達手段の額

　自己保有Tier 2 資本調達手段の額は、自己保有資本調達手段のうちTier 2 資本調達手段に該当するもの（Tier 2 資本調達手段に該当する劣後債や劣後ローン等）の額をいう。

　これは、銀行が自らのTier 2 資本調達手段を実質的に保有していると認められる場合に、当該資本調達手段の額をTier 2 資本の額の計算において控除するものである。

　自己保有資本調達手段の意義等については、前述の4(2)Ⅷにおける自己保有普通株式に関する説明と同じものが妥当する。

Ⅲ. 意図的に保有している他の金融機関等のTier 2 資本調達手段の額

意図的に保有している他の金融機関等のTier 2 資本調達手段の額は、意図的に保有している他の金融機関等の対象資本調達手段のうち、Tier 2 資本調達手段に相当するものの額をいう。

意図的に保有している他の金融機関等の対象資本調達手段の意義等については、前述の4(3)Ⅱにおいて意図的に保有している他の金融機関等の普通株式の額における説明と同じものが妥当する。

Ⅳ. 少数出資金融機関等のTier 2 資本調達手段の額

少数出資金融機関等のTier 2 資本調達手段の額は、少数出資調整対象額に少数出資に係るTier 2 資本保有割合を乗じて得た額をいう。ここで、少数出資に係るTier 2 資本保有割合とは、少数出資金融機関等の対象資本調達手段のうちTier 2 資本調達手段に相当するものの額を、少数出資に係る対象資本調達手段合計額で除して得た割合をいう。

したがって、少数出資金融機関等のTier 2 資本調達手段の額は、少数出資調整対象額のうち、少数出資に係る対象資本調達手段の額の合計における、Tier 2 資本調達手段に相当するものの額を意味することとなる。

なお、少数出資調整対象額の意、計算方法、ショート・ポジションとの相殺、危機対応出資および引受行為に伴う例外等については、前述の4(3)ⅢおよびⅣにおいて少数出資金融機関等の普通株式の額に関する説明と同じものが妥当する。

Ⅴ. その他金融機関等のTier 2 資本調達手段の額

これは、銀行がその他金融機関等の対象資本調達手段のうちTier 2 資本調達手段に相当するものを直接または間接に保有する場合に、当該対象資本調達手段の全額をTier 2 資本の額の計算において控除するものである。

なお、その他金融機関等の対象資本調達手段の意義、ショート・ポジショ

ンとの相殺、危機対応出資および引受行為に伴う例外等については、前述の4(3)ⅣおよびⅤにおけるその他金融関等の普通株式の額に関する説明と同じものが妥当する。

7 経過措置

バーゼルⅢ告示においては、これらの新しい金融機関の健全性規制を導入することで、金融機関および金融システム全体の健全性を強化しつつ、他方でこれらの導入により国内外の経済および景気に悪影響が生じることを可及的に抑えるべく、段階的に実施を行うこととされている。これをふまえ、既存の自己資本や新しく導入される調整項目等につき、さまざまな経過措置が設けられており、24年改正告示の附則においてその取扱いを定めている。

(1) 自己資本比率に係る経過措置

バーゼルⅢ告示においては、前述のとおり、普通株式等Tier 1 比率およびTier 1 比率は、最終的にそれぞれ最低比率として4.5%および 6 %を達成、維持する必要がある。

もっとも、24年改正告示附則 2 条において、その経過措置として、施行日である平成25年 3 月31日〜27年 3 月30日の 3 年間は、これらの比率に代えて、以下の比率がそれぞれ最低水準として定められている。したがって、最終的な最低比率が適用されるのは、平成27年 3 月31日からとなる。

	普通株式等Tier 1 比率	Tier 1 比率
25年 3 月31日〜26年 3 月30日の間	3.5%	4.5%
26年 3 月31日〜27年 3 月30日の間	4 %	5.5%

(2) 資本調達手段に係る経過措置

Ⅰ. 適格旧Tier 1 資本調達手段に係る経過措置

　銀行告示 6 条 4 項または17条 4 項に定めるその他Tier 1 資本調達手段に該当しない資本調達手段については、その他Tier 1 資本に係る基礎項目の額に算入することはできない（銀行告示 6 条 1 項、17条 1 項）。

　しかしながら、銀行または連結子法人等[116]が発行した適格旧Tier 1 資本調達手段に該当するものの額については、平成25年 3 月31日～34年 3 月30日の 9 年間は、以下の表の期間の区分に応じ、25年 3 月31日[117]時点における適格旧Tier 1 資本調達手段の額（以下「適格旧Tier 1 資本調達手段に係る基準額」）に同表における当該期間の区分に対応する％を乗じて得た額を超えない部分の額を、その他Tier 1 資本に係る基礎項目の額に算入することができる（24年改正告示附則 3 条 1 項）。

　適格旧Tier 1 資本調達手段とは、平成22年 9 月12日[118]より前に発行された、バーゼルⅡ告示においてTier 1 に算入されていた海外SPCの優先出資証券または非累積的永久優先株であって、銀行告示 6 条 4 項または17条 4 項におけるその他Tier 1 資本調達手段に該当しないものをいう。ただし、ステップ・アップ金利等を上乗せする特約が付されたものであって25年 3 月31日以前に当該特約によりステップ・アップ金利等が上乗せされたものは、適格旧Tier 1 資本調達手段から除かれる。

　なお、以下の表に掲げる％は、あくまで平成25年 3 月31日時点における適格旧Tier 1 資本調達手段の額の合計額にそれぞれ乗じられ、これが該当する期間における適格旧Tier 1 資本調達手段に関するその他Tier 1 資本に係る基

116　単体自己資本比率を算出する場合においては、銀行のみ。
117　24年改正告示の適用日である。
118　中央銀行総裁・銀行監督当局長官グループにより、バーゼルⅢの最低自己資本比率が最終合意された日。

礎項目の額への算入の上限となる。自己資本比率を計算する時々における適格旧Tier 1 資本調達手段の額の合計額に％を乗じるのではないことに留意が必要である。

また、以上により各期間における適格旧Tier 1 資本調達手段の算入上限が計算されるが、その後ステップ・アップ金利等が上乗せされたり、あるいは償還が行われたとしても、各期間における算入上限が変更されることはなく、算入上限の範囲内に収まる実際の適格旧Tier 1 資本調達手段の額について、その他Tier 1 資本に係る基礎項目の額への算入が行われる。次のⅡで解説する適格旧Tier 2 資本調達手段についても同様となる。

適格旧Tier 1 資本調達手段に係る基準額に乗じる％	
25年3月31日～26年3月30日の間	90％
26年3月31日～27年3月30日の間	80％
27年3月31日～28年3月30日の間	70％
28年3月31日～29年3月30日の間	60％
29年3月31日～30年3月30日の間	50％
30年3月31日～31年3月30日の間	40％
31年3月31日～32年3月30日の間	30％
32年3月31日～33年3月30日の間	20％
33年3月31日～34年3月30日の間	10％

Ⅱ．適格旧Tier 2 資本調達手段に係る経過措置

銀行告示7条4項または18条4項に定めるTier 2 資本調達手段に該当しない資本調達手段については、Tier 2 資本に係る基礎項目の額に算入することはできない（銀行告示7条1項、18条1項）。

しかしながら、銀行または連結子法人等[119]が発行した適格旧Tier 2 資本

119　単体自己資本比率を算出する場合においては、銀行のみ。

調達手段の額については、平成25年3月31日～34年3月30日の9年間は、以下の表の期間の区分に応じ、25年3月31日時点における適格旧Tier2資本調達手段の額（以下「適格旧Tier2資本調達手段に係る基準額」）に同表における当該期間の区分に対応する％を乗じて得た額を超えない部分の額を、Tier2資本に係る基礎項目の額に算入することができる（24年改正告示附則3条2項）。

ただし、適格旧Tier2資本調達手段のうち、償還期限の定めがあり、かつ、当該償還期限までの期間が5年以内になったものについては、連結貸借対照表計上額または貸借対照表計上額に、算出基準日[120]から当該償還期限までの期間の日数を当該償還期限までの期間が5年になった日から当該償還期限までの期間の日数で除して得た割合を乗じて得た額をもって、その適格旧Tier2資本調達手段の額としなければならない。すなわち、残存期間5年を切った適格旧Tier2資本調達手段については、日割り計算によりその算入可能額が減額されていくこととなる。

なお、適格旧Tier2資本調達手段とは、Tier2資本調達手段に該当しない以下の資本調達手段をいう。

① 平成22年9月12日以前に発行された、以下のいずれかに該当する資本調達手段であってTier2資本調達手段に該当しないもの。ただし、ステップ・アップ金利等を上乗せする特約が付されたものであって、25年3月31日以前に当該特約によりステップ・アップ金利等が上乗せされたものは除く。

　ⓐ 負債性資本調達手段で、次に掲げる性質のすべてを有するもの
　　(ⅰ) 無担保で、かつ、他の債務に劣後する払込ずみのものであること。
　　(ⅱ) 次項に規定する場合を除き、償還されないものであること。
　　(ⅲ) 業務を継続しながら損失の補てんに充当されるものであること。
　　(ⅳ) 利払いの義務の延期が認められるものであること。
　ⓑ 期限付劣後債務（契約時における償還期間が5年を超えるものに限る）

---

[120] 銀行告示4条1号イに規定する算出基準日をいう。

ⓒ　期限付優先株
② 　平成22年9月12日〜25年3月30日の間に発行された、実質破綻時損失吸収条項（銀行告示7条4項10号または19条4項10号）以外のすべてのTier 2 資本調達手段の要件を満たすもの

　なお、以下の表に掲げる％は、あくまでも平成25年3月31日時点における適格旧Tier 2 資本調達手段の額の合計額に乗じられ、これがそれぞれの期間における適格旧Tier 2 資本調達手段の額のTier 2 資本に係る基礎項目の額への算入の上限となる。自己資本比率を計算する時々における適格旧Tier 2 資本調達手段の額に％を乗じるものではないことに留意が必要である。

適格旧Tier 2 資本調達手段に係る基準額に乗じる％	
25年3月31日〜26年3月30日の間	90％
26年3月31日〜27年3月30日の間	80％
27年3月31日〜28年3月30日の間	70％
28年3月31日〜29年3月30日の間	60％
29年3月31日〜30年3月30日の間	50％
30年3月31日〜31年3月30日の間	40％
31年3月31日〜32年3月30日の間	30％
32年3月31日〜33年3月30日の間	20％
33年3月31日〜34年3月30日の間	10％

Ⅲ．ステップ・アップ金利等が上乗せされた場合の取扱い

　上記ⅠおよびⅡにかかわらず、適格旧Tier 1 資本調達手段または適格旧Tier 2 資本調達手段にステップ・アップ金利等を上乗せする特約が付されている場合において、当該特約によりステップ・アップ金利等が上乗せされたときは、その上乗せされた日以後、当該適格旧Tier 1 資本調達手段の額または当該適格旧Tier 2 資本調達手段の額は、その他Tier 1 資本に係る基礎項目の額またはTier 2 資本に係る基礎項目の額に算入することができない（24年

改正告示附則3条3項)。すなわちステップ・アップ金利等が上乗せされた場合には、その時点で償還が行われなかったとしても、以後、自己資本に算入することはできなくなる。

これは、ステップ・アップ金利等が上乗せされる日において発行体による償還がなされるとの実務慣行が存在することから、当該ステップ・アップ金利等が上乗せされる日を実質的な償還期日と同視して、自己資本比率の計算上も取り扱うものである。

(3) 公的機関による資本の増強に関する措置に係る経過措置

銀行告示においては、資本調達手段が公的資金の注入に基づくものであるか、あるいは民間でのファイナンスに基づくものであるかにかかわらず、銀行告示に定める普通株式等Tier 1資本調達手段、その他Tier 1資本調達手段またはTier 2資本調達手段の要件を満たさない場合には、普通株式等Tier 1資本に係る基礎項目の額、その他Tier 1資本に係る基礎項目の額またはTier 2資本に係る基礎項目の額に算入することはできない。

しかしながら、預金保険法や金融機能強化法等に基づく公的機関による資本の増強に関する措置を通じて平成25年3月31日より前に発行された資本調達手段であって、バーゼルⅡ告示におけるTier 1に該当するものの額については、30年3月31日までの間は、普通株式等Tier 1資本に係る基礎項目の額に算入することが認められている(24年改正告示附則4条1項)。したがって、公的資金として注入された非累積的永久優先株がある場合には、当該優先株は30年3月31日までの間、普通株式と同様に普通株式等Tier 1資本の額に算入できる。

また、同様に、公的機関による資本の増強に関する措置を通じて平成25年3月31日より前に発行された資本調達手段であって、バーゼルⅡ告示におけるTier 2に該当するものの額については、30年3月31日までの間は、Tier 2資本に係る基礎項目の額に算入することが認められている。ただし、償還期

限の定めがあり、かつ、当該償還期限までの期間が5年以内になったものについては、連結貸借対照表計上額または貸借対照表計上額に、算出基準日から当該償還期限までの期間の日数を当該償還期限までの期間が5年になった日から当該償還期限までの期間の日数で除して得た割合を乗じて得た額に限られる（24年改正告示附則4条2項）。すなわち、残存日数に応じ、日割り計算で算入可能額が減額されていく。

(4) その他の包括利益累計額および評価・換算差額等に係る経過措置

Ⅰ．その他の包括利益累計額および評価・換算差額等の経過措置期間中の算入額

銀行告示においては、その他の包括利益累計額および評価・換算差額等に該当するものの額については、その全額が普通株式等Tier1資本に係る基礎項目の額に算入される。

しかしながら、平成25年3月31日〜30年3月30日の間は、次の表に掲げる期間の区分に応じ、各時点のその他の包括利益累計額および評価・換算差額等額に同表の％を乗じて得た額を、普通株式等Tier1資本に係る基礎項目の額に算入するものとされる（24年改正告示附則5条1項）。適格旧Tier1資本調達手段や適格旧Tier2資本調達手段と異なり、その他の包括利益累計額および評価・換算差額等に係る経過措置の計算は、各時点の金額に対して掛け目となる％が掛け合わされることに注意が必要である。

その他の包括利益累計額および評価・換算差額等の額のうち 普通株式等Tier1資本に係る基礎項目の額に算入する割合	
25年3月31日〜26年3月30日の間	0％
26年3月31日〜27年3月30日の間	20％
27年3月31日〜28年3月30日の間	40％

28年3月31日～29年3月30日の間	60%
29年3月31日～30年3月30日の間	80%

Ⅱ. 普通株式等Tier 1 資本に係る基礎項目の額に算入されないものの取扱い

その他の包括利益累計額および評価・換算差額等に該当するものの額のうち、Ⅰに記載した普通株式等Tier 1 資本に係る基礎項目の額に算入された額に対応する部分以外の部分の額については、以下の取扱いをすることとされている（24年改正告示附則5条2項）。

バーゼルⅡ告示において該当するもの	適用される取扱い
Tier 1 に該当する部分	その他Tier 1 資本に係る基礎項目の額に算入する。
Tier 2 に該当する部分	Tier 2 資本に係る基礎項目の額に算入する。
Tier 1 およびTier 2 に該当しない部分	従前の例による。

具体的な取扱いについては、告示Q&A「24年改正告示附則第5条－Q1」を参照されたい。

(5) 少数株主持分等に係る経過措置

連結自己資本比率の算出において、連結子法人等の少数株主持分等相当総自己資本に係る基礎項目の額については、当該額のうち、普通株式等Tier 1 資本に係る調整後少数株主持分の額、その他Tier 1 資本に係る調整後少数株主持分等の額またはTier 2 資本に係る調整後少数株主持分等の額に算入されたもののみが、それぞれ普通株式等Tier 1 資本に係る基礎項目の額、その他Tier 1 資本に係る基礎項目の額またはTier 2 資本に係る基礎項目の額に算入される。

しかしながら、平成25年3月31日～30年3月30日の間は、連結子法人等の少数株主持分等相当総自己資本に係る基礎項目の額のうち、普通株式等Tier 1 資本に係る調整後少数株主持分の額、その他Tier 1 資本に係る調整後少数株主持分等の額およびTier 2 資本に係る調整後少数株主持分等の額に算入されなかったものについても、次の表に掲げる期間の区分に応じ、その額に同表に掲げる対応する％を乗じて得た額について、以下の取扱いに従い資本算入することが認められている（24年改正告示附則6条1項）。

対応する部分	取扱い
連結子法人等の普通株式に対応する部分の額	普通株式等Tier 1 資本に係る基礎項目の額に算入することができる。
連結子法人等のその他Tier 1 資本調達手段に対応する部分の額	その他Tier 1 資本に係る基礎項目の額に算入することができる。
連結子法人等のTier 2 資本調達手段に対応する部分の額	Tier 2 資本に係る基礎項目の額に算入することができる。

資本算入できる部分の割合	
25年3月31日～26年3月30日の間	100％
26年3月31日～27年3月30日の間	80％
27年3月31日～28年3月30日の間	60％
28年3月31日～29年3月30日の間	40％
29年3月31日～30年3月30日の間	20％

　以上の経過措置により、連結子法人等の少数株主持分等相当総自己資本に係る基礎項目の額、すなわち、連結子法人等の普通株式等Tier 1 資本、その他Tier 1 資本またはTier 2 資本であって、銀行告示8条1項により自己資本への算入が認められない部分の額[121]については、平成30年3月30日までの

---

[121] 連結子法人等の適格旧Tier 1 資本調達手段または適格旧Tier 2 資本調達手段に該当するものは、この定義には含まれない。これらについては、上記(2) ⅠおよびⅡにおいて解説した取扱いが適用される。

間、上記表の％を乗じた額について、自己資本への算入が認められることとなる。なお、掛け目となる％は、各時点における額に対して掛け合わされることに留意が必要である。

当該経過措置の具体的な計算事例は、告示Q&A「24年改正告示附則第6条－Q1」に掲載されている。

(6) 調整項目に係る経過措置

Ⅰ．調整項目の額のうち経過期間中に算入される額

銀行告示2条または14条の算式における普通株式等Tier1資本に係る調整項目の額、その他Tier1資本に係る調整項目の額およびTier2資本に係る調整項目の額は、それぞれ、銀行告示5条2項各号または17条2項各号、6条2項各号または18条2項各号および7条2項各号または19条2項各号に掲げる額を合計することで算出される。

もっとも、24年改正告示附則7条1項では、上記各調整項目のうち、普通株式等Tier1資本に係る調整項目のうちその他Tier1資本不足額、およびその他Tier1資本に係る調整項目のうちTier2資本不足額以外のものについて、平成25年3月31日～30年3月30日の間、以下の表に掲げる期間の区分に応じ、これらの額に同表に掲げる対応する％を乗じて得た額を、普通株式等Tier1資本に係る調整項目の額、その他Tier1資本に係る調整項目の額またはTier2資本に係る調整項目の額にそれぞれ算入することができるものとされる。

これは、バーゼルⅢ告示においては、バーゼルⅡ告示におけるTier1の減算項目および控除項目に比べて、同じく資本から控除される調整項目に該当するものが大幅に増加し、かつ、その多くが普通株式等Tier1資本の額の計算において控除されることとなったため、実体経済に悪影響を与えることなく円滑に新規制を実施できるように、5年間にわたる段階的経過措置が定められたものである。

なお、掛け目となる％は各時点の額に対して掛け合わされることに留意が必要である。

各調整項目の額に乗じる割合	
25年3月31日〜26年3月30日の間	0％
26年3月31日〜27年3月30日の間	20％
27年3月31日〜28年3月30日の間	40％
28年3月31日〜29年3月30日の間	60％
29年3月31日〜30年3月30日の間	80％

Ⅱ．調整項目の額のうち経過期間中に算入されないものの取扱い

その他Tier 1 資本不足額およびTier 2 資本不足額以外の普通株式等Tier 1 資本に係る調整項目の額、その他Tier 1 資本に係る調整項目の額またはTier 2 資本に係る調整項目の額に関して、Ⅰにおける割合を乗じた部分以外の部分の額については、バーゼルⅡ告示における取扱いに応じて、下記表記載の取扱いを受けることとなる。

バーゼルⅡ告示において該当するもの	適用される取扱い
Tier 1 に該当する部分	その他Tier 1 資本に係る調整項目の額に算入する。
Tier 2 または控除項目に該当する部分	Tier 2 資本に係る調整項目の額に算入する。
Tier 1 、Tier 2 および控除項目のいずれにも該当しない部分	従前の例による。

調整項目に係る経過措置の具体的な計算事例については、告示Q&A「24年改正告示附則第7条－Q1」を参照されたい。

(7) 特定項目に係る15％基準超過額に係る経過措置

　銀行告示において、普通株式等Tier 1 資本に係る調整項目である特定項目に係る15％基準超過額は、前述4(3)Ⅵに解説したとおり、特定項目に係る調整対象額と同じ額となるところ、この「特定項目に係る調整対象額」は、「特定項目に係る10％基準対象額」から「特定項目に係る15％基準額」を控除することで算出される。

　そして、銀行告示8条9項または20条6項においては、「特定項目に係る15％基準額」について、銀行告示5条1項各号または17条1項各号に掲げる額の合計額から同条2項1号～4号に掲げる額および特定項目の額の合計額を控除した額に15％を乗じ、これを85％で除して得た額と規定される。

　しかしながら、平成25年3月31日～30年3月30日の間、「特定項目に係る15％基準額」は、銀行告示5条1項各号または17条1項各号に掲げる額の合計額から同条2項1号～4号に掲げる額の合計額を控除した額に15％を乗じて得た額を意味するものと読み替えられる（24年改正告示附則8条1項）。

　これは、特定項目に係る10％基準額に1.5を乗じた額と同じ結果となる。経過期間における激変緩和措置および計算の簡便性の観点からこのような経過措置が設けられたものである。

8 リスク捕捉の強化

(1) 総　論

　バーゼルⅢの導入に伴う国際統一基準の見直しは、以上までに解説した自己資本比率の分子に係るものが中心であるが、リーマン・ショックに伴う金融危機をふまえ、デリバティブ取引に係るカウンターパーティ・リスクの取扱いを中心に、リスク捕捉、すなわち自己資本比率の分母に関しても一定の見直しが行われている。この背景としては、欧米の金融機関を中心に、デリバティブ取引関連で大きな損失が生じたこと、金融危機が金融システム内の金融機関同士の連関性の問題を浮彫りにしたこと等があげられる。

(2) CVAリスク（標準的リスク測定方式、先進的リスク測定方式）

Ⅰ．概　要

　CVAリスクとは、デリバティブ取引の相手方（カウンターパーティ）の信用力を反映するCVA（Credit Valuation Adjustment）が変動するリスクを捕捉する枠組みであり、中央清算機関等関連エクスポージャーに該当する取引以外のすべてのデリバティブ取引について、そのリスクを捕捉することが新たに求められることとなった。

　デリバティブ取引の与信相当額の算定に期待エクスポージャー方式の使用の承認を受けており、かつ、マーケット・リスクの個別リスクの算出に内部モデル方式の使用の承認を受けている金融機関については先進的リスク測定方式を、それ以外の金融機関、すなわちほとんどの金融機関は標準的リスク

測定方式を用いてCVAリスク相当額を算出することが求められる（図表 2 - 15）。

II．CVAとは

CVAとは、デリバティブ取引の評価にあたって、カウンターパーティの信用力を反映する手法として、欧米をはじめとする各国で多くの金融機関が採用している手法である。これは、デリバティブ取引につきカウンターパーティの日々の信用力の変化を取引時価の算定の際に勘案する仕組みで、カウンターパーティの信用力が下がった場合、取引時価から当該減少分を差し引くことで、時価を調整することとなる。こうしたCVAの算出においては、カウンターパーティのクレジット・スプレッドが用いられることが一般的である（図表 2 - 16）。

なお、日本においては、会計上CVAの認識が必ずしもなされておらず、

図表 2 -15　CVA リスクの計測方法

		デリバティブ取引の与信相当額の算出方法	
		カレント・エクスポージャー方式 標準方式	期待エクスポージャー方式
市場リスク（個別リスク）の算出方法	標準的方式	標準的リスク測定方式	
	内部モデル		先進的リスク測定方式

図表 2 -16　一般的なCVAの算式

$$CVA = \sum^{i} EPE_i \times (T_i - T_{i-1}) \times D_{0, T_i} \times s_i$$

EPE_i：時点 T_i における正の期待エクスポージャー
D_{0, T_i}：時点 T_i に対応するディスカウントファクター
s_i：時点 T_i におけるカウンターパーティのクレジット・スプレッド

図表2－17　実務指針

> 非上場デリバティブ取引の時価評価
> 時価評価の方法
> 102. 取引所の相場が無い非上場デリバティブ取引の時価は、市場価格に準ずるものとして合理的に算定された価額が得られればその価額とする。合理的に算定された価額は、一般に、以下のいずれかの方法を用いて算定する。
> (1)　〜略
> (2)　割引現在価値による方法
> 　類似する取引に気配値の無いデリバティブ取引については、将来キャッシュ・フローを見積もり、それを適切な市場利子率で割り引くことにより現在価値を算定する。
> 〜中略〜
> 　なお、信用リスク等のリスクを将来キャッシュ・フローに反映させることができる場合には、市場利子率はリスク・フリーに近いものを使用する。他方、リスクを将来キャッシュ・フローに反映させることが実務的に困難な場合には、市場利子率をリスク要因で補正する。
> (3)　〜略
>
> 時価評価における留意事項
> 103. 非上場デリバティブ取引の時価評価に当たっては、次の事項に留意する。
> (1)〜(3)　略
> (4)　企業自体の信用リスク及び取引相手先の信用リスクは、原則として、時価評価に当たって加味する。
> (5)　略
>
> 非上場デリバティブ取引の時価評価
> 時価評価の留意事項
> 293. 前略〜また、相手先の信用リスクは、評価益の回収可能性に係るリスクであるため、時価の算定に加味することが望ましい。ただし、自らの信用リスクや相手先の信用リスクを時価に反映することが実務上困難な場合には、重要性があると認められる場合を除いて、これらを加味しないことができる。〜後略

管理手法としても根づいていない。もっとも、図表2－17のとおり日本の「金融商品会計に関する実務指針」において、非上場デリバティブの公正価値評価にあたって、自らおよび相手方の信用リスクを考慮すべき旨が述べられている。実務的にこれらが勘案されていない背景には、その重要性が低い

第2章　国際統一基準　151

場合に適用される例外規定を根拠としているものと考えられる。

III. 導入に至る経緯

バーゼルIIIの検討の契機となったリーマン・ショックに伴う金融危機において、多くの投資銀行がデリバティブ取引に関するカウンターパーティの信用力悪化に伴う損失を計上した。バーゼル委の調査によれば、このデリバティブ取引のカウンターパーティ・リスクに関する損失の3分の2がCVAを要因とするものであり、残りの3分の1がカウンターパーティのデフォルトに伴うものであった。

バーゼルII以前において、デリバティブ取引については、カウンターパーティのデフォルト・リスクのみを捕捉する枠組みとされていたものの、金融危機におけるCVAを要因とした大きな損失の発生をふまえ、CVA変動リスクに対する資本賦課がその後検討されることとなった。

CVAは、前述のとおりクレジット・スプレッドを用いて計測されることが多いことからも推察されるように、すでに先進的な金融機関においては、内部管理上、社債等、その他の信用リスクを有する商品と一体で市場管理部門で管理されていることが多かった。これをふまえ、バーゼルIIIにおいては、原則としてマーケット・リスクの捕捉の枠組みと類似の枠組みを適用することとなった。

2009（平成21）年12月に公表されたバーゼルIIIの市中協議文書において、CVAリスクについては債券相当アドオン方式というリスク捕捉案が示されたが、その後バーゼル委により実施された定量的影響度調査（QIS）において、CVAリスク相当額の影響でリスク・アセット全体が2倍程度になりかねないとの調査結果が得られた。

この背景には、各国においても必ずしもCVAリスクの捕捉方法に関する統一的な実務がなかったこと、また市中協議案を策定する過程において、結論を出すまでの時間が十分になく、必ずしも詳細な議論が行われなかったことがある。そのため日本の交渉担当である金融庁および日本銀行の担当官が、その水準調整のために、厳しい交渉を重ねなければならなかったことに

ついてここで触れておきたい。特に、日本においてはCVAを勘案する実務がそれまでなかったため、水準調整のための理論根拠の積上げも困難[122]であり、交渉担当官があたかも「刀で鉄砲に立ち向かう」ような状況であった。

結果として、最終的な合意においては、市中協議案から大幅に見直しがなされ、また、最終合意以降も一部水準調整がなされたことは、金融庁および日本銀行の交渉担当官の粘り強い交渉の結果であったといえる。

Ⅳ．捕捉の対象

CVAリスクは、すべてのデリバティブ取引がその捕捉の対象となる。リテール先との取引や、バーゼルⅡ上、デフォルト先に該当するカウンターパーティとの取引も例外とはならない。ただし、デフォルト先のエクスポージャーにつき、早期解約条項等に抵触した結果、デリバティブ取引としての特性を失っている取引についてはCVAリスクを計測する必要はない（告示Q&A「第70条の2 - Q1」）。

計測の対象外となるのは、後述する中央清算機関関連エクスポージャー[123]および資金清算機関関連エクスポージャーを含めた以下のものを対象とするエクスポージャーとなる（銀行告示270条の2第1項、第2項）。

① 中央清算機関
② 銀行が適格中央清算機関の間接清算参加者である場合であって、次に掲げる要件のすべてを満たす取引に係る直接清算参加者
　ⓐ 間接清算参加者のトレード・エクスポージャーについて、次に掲げる場合における間接清算参加者の損失の発生を防ぐための方策を適格中央清算機関または直接清算参加者が講じていること。
　　(i) 直接清算参加者が債務不履行または支払不能となった場合

---

122 むしろ当時は、CVAリスクの資本賦課に対する必要性への疑問符が各方面から示されるばかりであった。
123 間接清算参加者からの直接清算参加者向けのエクスポージャーであって、中央清算機関関連エクスポージャーに該当する場合も含む。

(ⅱ) 他の間接清算参加者が債務不履行または支払不能となった場合
　ⓑ 間接清算参加者が、その適格中央清算機関に対するトレード・エクスポージャーに係る清算取次ぎ等を委託している直接清算参加者が、債務不履行または支払不能により適格中央清算機関の清算参加者としての資格を失った場合においても、間接清算参加者が追加的な負担をすることなく他の直接清算参加者または適格中央清算機関と当該トレード・エクスポージャーに関する契約を継続または承継するための枠組みが存在していること。
③ 資金清算機関等

　なお、バーゼルⅢの導入前後において、信用リスク・アセットの計測対象として新たに追加されたエクスポージャーは、後述する清算機関に関連するエクスポージャーのみであり、CVAリスクについては、従前の信用リスクの計測対象であったデリバティブ取引に係るエクスポージャーついて、追加的に資本賦課する枠組みとなっている。すなわち、対象となるエクスポージャーの範囲が拡大されたわけではなく、既存のカウンターパーティ・エクスポージャーについて、これまで原則デフォルト・リスクのみを捕捉していたものが、CVAリスクについても新たに捕捉対象になったものである。

Ⅴ. 先進的リスク測定方式

　既述のとおり、デリバティブ取引の与信相当額の算出に期待エクスポージャー方式の使用の承認を受けており、かつ、マーケット・リスクの個別リスクの計測に内部モデル方式の使用の承認を受けている金融機関は、先進的リスク測定方式を用いてCVAリスク相当額を算出することとなる[124]（銀行告示270条の4）。

　先進的リスク測定方式では、デリバティブ取引の与信相当額の期待エクスポージャーの算定過程において得られる将来時点の期待エクスポージャー（Expected Exposure）の額を用いて、あらかじめ設定された算式（図表2-

---

[124] 平成26年3月末時点において、日本で先進的リスク測定方式を用いる金融機関は野村ホールディングスのみであり、預貯金取扱金融機関では採用されていない。

図表2−18　先進的リスク測定方式におけるCVAの算式

$$CVA = LGD_{MKT} \times \sum_{i=1}^{T} Max\left(0\,;\, e^{\frac{s_{i-1} \times t_{i-1}}{LGD_{MKT}}} - e^{\frac{s_i \times t_i}{LGD_{MKT}}}\right) \times \left(\frac{EE_{i-1} \times D_{i-1} + EE_i \times D_i}{2}\right)$$

t_T：ネッティングセット内の取引の最長の契約満期
s_i：t_i に対応する信用スプレッド
LGD_{MKT}：市場で観測されるLGD（Loss Given Default／デフォルト時損失率）
EE_i：t_i における期待エクスポージャー
D_i：t_i に対応するディスカウントファクター

図表2−19　先進的リスク測定方式におけるCVA−VaRの算式

① ポジションの時価を再評価するモデルの場合
　✓上記のCVAの算式に基づきVaRを算出
② グリッド・ポイント・センシティビティを用いるモデルの場合
　✓以下で算出される感応度に基づきVaRを算出

$$RegulatoryCS\,01_i = 0.0001 \times t_i \times e^{-\frac{s_i \times t_i}{LGD_{MKT}}} \times \left(\frac{EE_{i-1} \times D_{i-1} + EE_i \times D_i}{2}\right) \,(i<T \text{のとき})$$

$$RegulatoryCS\,01_T = 0.0001 \times t_T \times e^{-\frac{s_T \times t_T}{LGD_{MKT}}} \times \left(\frac{EE_{T-1} \times D_{T-1} + EE_T \times D_T}{2}\right) \,(i=T \text{のとき})$$

③ パラレルシフトを仮定したモデルの場合
　✓以下で算出される感応度に基づきVaRを算出

$$RegulatoryCS\,01_i = 0.0001 \times \sum_{i=1}^{T} \left(t_i \times e^{\frac{s_i \times t_i}{LGD_{MKT}}} - t_{i-1} \times e^{\frac{s_{i-1} \times t_{i-1}}{LGD_{MKT}}}\right) \times \left(\frac{EE_{i-1} \times D_{i-1} + EE_i \times D_i}{2}\right)$$

18）に基づきCVAを算出したと仮定した場合のクレジット・スプレッドの変動に伴うCVAの変動をCVAリスク、すなわちCVAバリュー・アット・リスク（CVA・VaR）としてとらえるものである。その際に用いるクレジット・スプレッドの変動として、マーケット・リスクの個別リスク計測の際に用いる内部モデルにおけるクレジット・スプレッドの変動を適用することとなる。

　①内部モデルによりポジション時価を再評価して個別リスクを計測している場合には、上記の算式により計測されるCVAの金額を求める一方、②ク

レジット・スプレッドのグリット・ポイント・センシティビティを用いる内部モデルの場合、③クレジット・スプレッドのパラレルシフトのみを仮定した内部モデルの場合で、それぞれ異なる算式によりリスク量を算出することとなる（銀行告示270条の4第4項、図表2－19）。

　CVA・VaRの計測にあたっては、マーケット・リスクを内部モデルで計測する場合とおおむね同じ条件が課される。信頼区間99％、保有期間10日間の条件に加え、最終的なVaR値を算出する際に掛け合わされる掛け目である乗数3が適用される[125]（銀行告示270条の4第1項）。

　また、期末時点のみポジションを低減させる規制裁定行為を防ぐ観点から、期末時点ではなく、期中平均を用いる必要がある。ただしCVA・VaRの算出頻度としては、マーケット・リスクを内部モデルで計測する場合に日次での計測が求められていることとは異なり、少なくとも月次での計測が許容されており、月次で計測している場合の期中平均の算出にあたっては、マーケット・リスクの内部モデルにおける60日平均ではなく、四半期の月末平均を適用することとなる。月次よりも算出頻度が高い場合には、当該計測値を適切に用いたうえで、四半期の期中平均を算出することとなる（告示Q&A「第270条の4－Q1」）。

　マーケット・リスクについては、バーゼル2.5において、通常のVaRに加え、ストレス時のVaRに当たるストレスVaRを合算したリスク量に対して資本賦課が行われることとなったが、CVA・VaRについても同様に、ストレス時のCVA・VaR（ストレスCVA・VaR）を合算したものに対して資本賦課が行われることとなる（銀行告示270条の4第1項）。通常のCVA・VaRの計測時には、「期待エクスポージャー方式」で用いた足元のマーケット・データを用いることとなる一方（銀行告示270条の4第2項）、ストレスCVA・VaRの計測時には、「期待エクスポージャー方式」で用いているストレス期間3年間のうちの1年間をストレス期間として用いる（銀行告示270条の4第3項、告示Q&A「第79条の4－Q2」）。

---

[125] マーケット・リスクの計測の際に適用されるバックテスティングでの超過回数に応じた乗数の上乗せは適用されない。

CVAリスクのヘッジを目的としたクレジット・デフォルト・スワップ等については、CVA・VaRを計測する際に、当該ヘッジ効果を勘案することができる（銀行告示270条の4第6項）。ただし、インデックス・クレジット・デフォルト・スワップをヘッジ目的で保有している場合には、ヘッジ対象のカウンターパーティのスプレッドとの間のベーシス・リスクを反映させる必要がある。当該ベーシス・リスクを勘案していない場合には、ヘッジ効果は50％に限定される（銀行告示270条の4第7項）。

CVA・VaRを計測する内部モデルが格付遷移リスクを捕捉している場合、内部格付手法での信用リスク・アセットの算出において、マチュリティを1年とすることができる。これは、信用リスク・アセット額を計算する式のマチュリティ調整のなかで、当該債務者の格付遷移リスクを一部織り込んでいることとの整合性をとるものである（銀行告示158条8項）。

CVA・VaRを計測する前提として、カウンターパーティのクレジット・スプレッドを適切に把握することが求められるが、市場で取引される商品とは異なり、クレジット・スプレッドを市場で観測することが困難な場合も想定される。その場合、いわゆるプロキシとなる代理スプレッドを見積もったうえでCVA自体を算出することとなるが、CVA・VaRの計測にあたっては、当該代理スプレッドの変動について検討することも必要となると考えられる。

Ⅵ. 標準的リスク測定方式[126]

先進的リスク測定方式を用いない金融機関は、CVAリスクの計測にあたり、標準的リスク測定方式を用いる（銀行告示270条の3）。

標準的リスク測定方式でのCVAリスク量は、カウンターパーティの外部格付に応じた掛け目、与信相当額およびマチュリティを用いて、図表2－20の算式により算出する（銀行告示270条の3第1項）。

以下、外部格付、与信相当額およびマチュリティに関する留意点について

---

[126] 標準的リスク測定方式の理論的背景等については、「バーゼルⅢにおけるCVA資本賦課手法の概要」丹羽文紀（2011年、証券アナリストジャーナル）参照。

図表２−20　標準的リスク測定方式における所要自己資本の算式

$$所要自己資本額 (K) = 2.33 \times h^{0.5} \times \left\{ \left[\sum_i 0.5 \times w_i \times (M_i \times EAD_i^{total} - M_i^{hedge} \times B_i) - \sum_{ind} w_{ind} \times M_{ind} \times B_{ind} \right]^2 + \sum_i 0.75 \times w_i^2 \times (M_i \times EAD_i^{total} - M_i^{hedge} \times B_i)^2 \right\}^{0.5}$$

h ：保有期間（h=1）
W_i ：取引相手方 i に対する掛け目（下表に基づき決定）
M_i ：取引相手方 i の派生商品取引に係る実行マチュリティ
EAD_i^{total} ：取引相手方 i ごとのネッティング・セットの与信相当額の割引現在価値
M^{hedge} ：CVAリスクのヘッジ手段として用いる取引相手 i に係る取引のマチュリティ
B_i ：CVAリスクヘッジ手段として用いる取引相手 i に係る取引の想定元本の割引現在価値
W_{ind} ：CVAリスクのヘッジ手段として用いるインデックスに係る掛け目
M_{ind} ：CVAリスクのヘッジ手段として用いるインデックスのマチュリティ
B_{ind} ：CVAリスクのヘッジ手段として用いるインデックスの想定元本の割引現在価値

外部格付	ウェイト
AAA・AA	0.7
A	0.8
BBB	1.0
BB	2.0
B	3.0
CCC以下	10.0

述べる。

ⅰ．外部格付

　既述のとおり、CVAリスクはクレジット・スプレッドの変動に伴うCVAの変動に係るリスクを捕捉するものとして導入された。ただし、個別のカウンターパーティのクレジット・スプレッドの変動について、それぞれ見積もることは、こうした市場が必ずしも整備されていない国の多くの金融機関に

とって困難であることから、標準的リスク測定方式においては、市場性信用リスクの管理において採用されることが多い外部格付ごとの変動幅を用いる枠組みが採用されている。

　外部格付の使用にあたっては、すでにバーゼルⅡにおいて導入されている「適格信用格付機関」の付した外部格付を用いる。そのため、これを用いるためには、信用リスクの標準的手法における格付の使用基準に準じ、以下が必要な要件となる。

・あらかじめ適格格付の使用基準を設けること。
・採用する外部格付については、金融機関の内部管理において用いていること。
・複数の格付機関から外部格付を取得している場合には、上から2番目の外部格付（対応する掛け目が低いほうから2番目）を採用すること。

　有効な外部格付を有しないカウンターパーティの取扱いについては、銀行が標準的手法採用行か内部格付手法採用行かによって異なる。標準的手法採用行の場合、無格付先は外部格付BBB相当（信用リスク区分1-3）とみなしたうえで、対応する掛け目である1％を用いることとなる。

　一方内部格付手法採用行の場合、内部格付制度において定義された債務者格付と外部格付の関係に基づき、債務者格付に応じて、対応する外部格付に係る掛け目を適用することとなる[127]。格付機関によって異なる対応関係を設定している場合には、あらかじめ定めた手続に基づき、掛け目を設定することが必要となる。また、リテール先や一部の中小企業等、外部格付へのマッピングが適切ではないと考えられるカウンターパーティについては、標準的手法の取扱いに準じて1％の掛け目を適用することも認められる。以上の取扱いについては、各行の信用リスク管理指針に定めることが必要となる（告

---

[127] 標準的リスク測定方式の枠組みが、市場で観測されるクレジット・スプレッドをもとにしていることに鑑み、外部格付を参照することなく、内部格付制度である債務者格付のみで判断することは想定されていない。しかしながら、外部格付の使用基準を充足しない場合において、当該外部格付に対応した掛け目の適用は認められないことから、結果として、外部格付と内部格付制度である債務者格付が異なる場合には、債務者格付に対応した掛け目が適用されうる（告示Q&A「第270条の3-Q2」）。

示Q&A「第270条の3-Q2」)。

なお、標準的リスク測定方式において、インデックス・クレジット・デフォルト・スワップのヘッジ効果を勘案する際の掛け目については、当該インデックス・クレジット・デフォルト・スワップに含まれる債務者のクレジット・スプレッドの加重平均スプレッドと同等な水準のスプレッドである外部格付に対応した掛け目を用いることとなる(銀行告示270条の3第3項)。

ⅱ.与信相当額

与信相当額については、信用リスク・アセットの算出時に用いる与信相当額を用いる。カレント・エクスポージャー方式を適用している場合、信用リスク削減手法適用後エクスポージャーが該当し、適格金融資産担保の信用リスク削減効果の勘案方法に簡便手法を用いている場合であっても、包括的手法を用いて算出することとなる(銀行告示270条の3第4項1号、平成24年3月30日付パブコメ回答31番)。

また、ネッティング・セット(法的に有効な相対ネッティング契約下にある取引については当該取引の集合をいい、それ以外の取引については個別取引をいう)内の取引については、ネッティング効果を勘案することができる。

与信相当額の算出にカレント・エクスポージャー方式および標準方式を用いている場合、図表2-21の算式に基づき割引効果を勘案した与信相当額を用いる。これは、期待エクスポージャー方式の場合に、実効マチュリティの算定において割引効果が勘案されている点を、カレント・エクスポージャー方式および標準方式にも反映させることを目的としている(銀行告示270条の3第4項、第5項)。

なお、会計上CVAを認識している場合、CVAリスクの算定に用いる与信

図表2-21 与信相当額の調整方法

$$調整後\ EAD = EAD \times \left(1 - \frac{e^{-0.05 \times M_i}}{0.05 \times M_i}\right)$$

相当額に対してCVAを勘案してはならない（銀行告示79条5項）[128]。

iii. マチュリティ

マチュリティについては、内部格付手法での信用リスク・アセットの算出に用いられる実効マチュリティを用いる（図表2-22）。ただし、内部格付手法での信用リスク・アセットの算出においては、5年が上限とされているが、CVAリスク計算上は、上限が設定されていないことに留意する必要がある[129]（銀行告示158条1項、270条の3第1項）。また、実効マチュリティの計算ができないエクスポージャーについては、契約上のマチュリティを用いることとなる（平成24年3月30日付パブコメ回答28番）。

なお、日本でのデリバティブ取引の実務においては、ISDAのマスターアグリーメントではなく、銀行取引約款に従い取引していることも想定される。この場合、期限の利益の喪失事由が生じているケース等、随時解約可能な状態と考えられる債務者とのデリバティブ取引については、当該デリバティブ取引を一括清算可能な状態とみなして、マチュリティについて、下限である1年とすることが可能である（告示Q&A「第270条の2-Q1」）。

以上、標準的リスク測定方式の各パラメータについて説明してきたが、CVAリスクに係る所要自己資本は、グループ合算で計測されることに留意が必要となる。すなわち、グループ内の複数のエンティティにおいてデリバティブ取引を行っている場合は、信用リスク・アセットのように個別のエンティティごとに算出した所要自己資本を単純に合算するのではなく、マーケット・リスクやオペレーショナル・リスクのようにグループで1つの所要

図表2-22　マチュリティの算出式

$$\text{実効マチュリティ} = \sum_t t \times CF_t \Big/ \sum_t CF_t$$

---

[128] ただし下限が1年であることには変わりはない。
[129] 一方で、最終的な信用リスク・アセットの算出に用いる与信相当額の計算の際にはCVAを認識することができる（銀行告示79条6項）。

自己資本を算出することとなる[130]。

Ⅶ. CVAヘッジの取扱い

　CVAヘッジを目的としたクレジット・デリバティブ[131]については、先進的リスク測定方式および標準的リスク測定方式のそれぞれの算定プロセスのなかで当該ヘッジ効果を勘案することができる（銀行告示270条の3第6項、270条の4第6項、図表2－23）。

　前述のとおり、先進的リスク測定方式において、インデックス・クレジット・デフォルト・スワップのヘッジ効果を算出するモデルにおいて、インデックス・クレジット・デフォルト・スワップと個別のカウンターパーティのクレジット・デフォルト・スワップの間のベーシス・リスクが反映されていない場合は、ヘッジ効果は50％に限定される（銀行告示270条の4第7項）。

　また、標準的リスク測定方式において、インデックス・クレジット・デフォルト・スワップをヘッジ手段として用いる場合、当該インデックス・クレジット・デフォルト・スワップを構成するシングルネーム・クレジット・デフォルト・スワップのスプレッドの加重平均に対応する信用リスク区分の掛け目を適用することとなる（銀行告示270条の3第3項）。スプレッドの加重平均の算出にあたっては、各金融機関が個別に取得したスプレッドから適切

図表2－23　CVAヘッジとして適格なクレジット・デリバティブ

✓シングルネーム・クレジット・デフォルト・スワップ
✓コンティンジェント・シングルネーム・クレジット・デフォルト・スワップ（注1）
✓その他のクレジット・デリバティブ（注2）
✓インデックス・デフォルト・クレジット・デフォルト・スワップ

（注1）　デリバティブの評価損益にあわせて想定元本が変動するクレジット・デリバティブ。
（注2）　トータル・リターン・スワップなど。

130　複数のネッティング・セットを有するカウンターパーティについては、バーゼル委が公表しているFAQにおいて、ネッティング・セットごとの与信相当額とマチュリティをカウンターパーティごとに合算することが示されている。
131　バーゼルⅢ実施時点において、日本ではCVAを認識しない金融機関が多数であることから、CVAのヘッジを目的とした取引はあまり想定されない。

に算出することとなる（平成24年3月30日付パブコメ回答30番）。

Ⅷ. 負債の評価調整（DVA）の取扱い

CVAリスクの捕捉は、カウンターパーティのクレジット・スプレッドの変動に伴うCVA変動を捕捉する枠組みである一方、自己のクレジット・スプレッドの変動に伴うDVA（Debt Valuation Adjustment）の変動については、CVAとの相殺等を勘案する必要はない。

しかしながら、DVAは自行の負債の時価評価に伴う評価損益に該当することから、本章4(2)Ⅵのとおり、その認識の結果自己資本に算入されている金額について、調整項目として普通株式等Tier 1から控除することとなる（銀行告示5条2項1号ヘ）。

(3) 中央清算機関（CCP）向けエクスポージャーの取扱い

Ⅰ. 概　　要

バーゼルⅡ以前は資本賦課の対象外であった中央清算機関[132]（Central Counterparty：CCP）向けエクスポージャーのうち、デリバティブ取引および証券貸借取引に関する中央清算機関エクスポージャーについて、バーゼルⅢの導入に伴い新たに資本賦課を行う枠組みが導入された。

中央清算機関については、適格中央清算機関とそれ以外の中央清算機関に分類したうえで、それぞれ、清算対象取引（担保を含む）であるトレード・エクスポージャーと、自身以外の清算参加者のデフォルト時の損失を補てんする清算基金（デフォルト・ファンド）について、異なる取扱いが適用される（図表2-24）。

なお、信用取引その他これに類する海外の取引および現物・直物取引によ

---

[132] バーゼルⅡにおいては、清算機関と呼んでいたが、本書では特に区別なく中央清算機関という。

図表2-24　中央清算機関等向けエクスポージャーの取扱いの概要

	適格中央清算機関	それ以外の中央清算機関
トレード・エクスポージャー	リスク・ウェイト2％	標準的手法（外部格付）
清算基金（デフォルト・ファンド）	リスク・センシティブ手法 簡便手法	リスク・ウェイト1,250％

り生ずるものの清算（含む資金決済）に関する中央清算機関向けエクスポージャーについては、これまでどおり、信用リスク・アセットの額の算出対象外となる（銀行告示10条3項1号、21条3項1号。国内基準については33条3項1号、44条3項1号）。

Ⅱ. 経　緯

　バーゼルⅢと同時に検討が進められていた店頭デリバティブ市場改革に関して、店頭デリバティブ取引に係るシステミック・リスクを軽減するため、店頭デリバティブ取引を中央清算機関に対して清算集中することが、2009（平成21）年9月のG20ピッツバーグ・サミットにて合意された。

　従来は、中央清算機関向けエクスポージャーは資本賦課の対象外とされてきたが、店頭デリバティブ取引の清算集中の結果、金融機関からの中央清算機関へのエクスポージャーが増大し、これに伴い中央清算機関自身のシステミック・リスクが高まるおそれがあることから、中央清算機関向けのエクスポージャーについても、若干の資本賦課を実施する方向での検討がその後バーゼル委において行われることとなった。

　バーゼルⅢの最終テキストが公表された2010（平成22）年12月に、中央清算機関向けエクスポージャーの取扱いに関する市中協議案が、その後2011（平成23）年11月に第二次市中協議案が公表されたものの、最終的な合意文書が公表されたのは、バーゼルⅢの当初の実施期限まで半年を切った2012（平成24）年7月であった。

　これは、第二次市中協議案にて公表された清算基金の取扱いを適用した場

合、特定の中央清算機関に対して過度に厳しい取扱いとなることが見込まれ、中央清算機関への清算集中に対する金融機関のインセンティブを確保できなくなる[133]ことが要因であった。そのため、最終テキストでは、当該インセンティブを確保するため、清算基金の取扱いに係る簡便方式を導入したうえで、バーゼルⅢ導入時に「暫定的な取扱い」として実施することとし、中央清算機関関連エクスポージャーの取扱いについてはその後も継続的に検討を実施し、2013（平成25）年7月には新しい取扱いに係る市中協議案が公表された。

Ⅲ．適格中央清算機関の定義

中央清算機関は、適格中央清算機関とそれ以外の中央清算機関に区分される。適格中央清算機関向けのエクスポージャーについては優遇的に取り扱われる一方、それ以外の中央清算機関向けのエクスポージャーについては、相対取引に準じた取扱いが適用されることとなる。

後述する「リスク・センシティブ手法」により清算基金の所要自己資本を算出するために必要な情報を清算参加者に提供する日本における金融商品取引清算機関、商品取引清算機関および海外の中央清算機関のうち、適切な規制・監督の枠組みのもと、規制・監督を受けているものが適格中央清算機関に該当する（銀行告示1条7号の3、図表2-25）。

バーゼル委が「リスク・センシティブ手法」により清算基金に係る所要自己資本額を算出するための計算シートを公表しており、当該シートに基づき計算した結果もしくは計算に必要なインプットデータを提供する中央清算機関が、適格中央清算機関となる。金融機関が、清算基金に係る所要自己資本額について、後述する簡便手法を適用した場合であっても、中央清算機関がリスク・センシティブ手法により計算を行うための情報を銀行に提供してい

---

[133] 清算集中の方向性が示されたピッツバーグ・サミットにおいて、中央清算機関向けエクスポージャーのリスク・ウェイトは相対取引よりも低減させるべきとの提言がなされていた。したがって、中央清算機関向けエクスポージャーのリスク・ウェイトは低い水準を保たなければ、提言内容との整合性がとれないこととなる。

図表2−25　適格中央清算機関の定義

> [中央清算機関]
> ✓ 金融商品取引法2条28項に規定する金融商品債務引受業を営む者
> ✓ 商品先物取引法2条17項に規定する商品取引債務引受業を営む者
> ✓ 外国の法令に準拠して設立された法人で、外国において金融商品債務引受業または商品取引債務引受業と同種類の業務を行うもの
>
> > [適格中央清算機関]
> > リスク・センシティブ手法により、信用リスク・アセットの額を算出するにあたって必要な情報を銀行に提供しているもの
> > かつ
> > ✓ 金融商品取引法2条29項に規定する金融商品取引清算機関
> > ✓ 商品先物取引法2条18項に規定する商品取引先物清算機関
> > ✓ 外国の中央清算機関のうち、当該中央清算機関が設立された国において適切な規制および監督の枠組みが構築されており、かつ、当該規制および監督を受けている者

ることが必要となる（銀行告示1条7号の3、告示Q&A「第1条第7号の3 − Q1」）[134]。

加えて、海外の中央清算機関については、清算業務を実施する国・法域において、2012年（平成24年）に証券監督者国際機構（IOSCO）が制定した「金融市場インフラに関する原則」（Principle for financial market infrastructure、PFMI）に基づき、適切な規制・監督の枠組みが構築され、かつ、当該規制・監督に適切に服していることが必要となる（銀行告示1条7号の3、告示Q&A「第1条第7号の3 − Q1」）[135]。

ただし、バーゼルⅢの実施時点においては、いずれも経過措置が設けられており、それぞれ、

・リスク・センシティブ手法で算出するための取組みを行っていること

---

[134] 日本の清算機関については、バーゼルⅢの実施時点において、リスク・センシティブ手法での算出結果について清算参加者への提供を開始している。

[135] 主要な中央清算機関が業務を実施している国・法域では、すでにPFMIに則した規制・監督の枠組みの検討・構築が進んでおり、当該検討が予定どおり進むことを前提とすると、リスク・センシティブ手法での算出を行っていれば、主要な中央清算機関は適格中央清算機関に該当する可能性が高い。

図表2−26 日本の中央清算機関

名　　称	主な取扱商品
日本証券クリアリング機構（JSCC）	債券先物・日経平均先物 店頭デリバティブ 日本国債現物・レポ
ほふりクリアリング	株式現物
東京金融取引所（TFX）	金利先物・FX
日本商品清算機構（JCCH）	商品先物

・業務を実施する国・法域において、PFMIの実施に向けた取組みを行っていること

を満たしていれば、1年間（日本では平成25年12月基準まで）は適格中央清算機関として扱うこととされていた（告示Q&A「第1条第7号の3−Q1」）。

　なお、日本においてデリバティブ取引および証券貸借取引に関する清算業務を行っているのは、図表2−26に掲げる機関であり、当該機関が行う清算業務に関するエクスポージャーについて、中央清算機関関連エクスポージャーとして取り扱うこととなる。

Ⅳ．トレード・エクスポージャーの取扱い

　トレード・エクスポージャーとは、中央清算機関での清算を行っているデリバティブ取引および証券貸借取引ならびにそれに付随する担保取引が該当する（銀行告示1条37号の3）。これらの取引に係るエクスポージャーにつき、信用リスク・アセットの額を算出する手法に基づき与信相当額[136]を算出したうえで、

・適格中央清算機関については、リスク・ウェイト2％（銀行告示270条の7第2項）

---

[136] 中央清算機関とのネッティング契約は、当該中央清算機関の業務に係る法的な枠組みに依拠しており、相対取引に係るネッティング契約と同等の法的有効性までが求められるとは考えにくい。

・それ以外の中央清算機関については、標準的手法を適用[137]（銀行告示270条の7第1項）

することとなる。

なお、以下に該当する中央清算機関に対して超過担保を供している場合で、当該担保をカストディアンが管理している等、中央清算機関のデフォルトに伴う損失が生じない枠組み、すなわち倒産隔離時の枠組み等が構築されている場合は、当該超過担保に係るエクスポージャーについて、所要自己資本の計測対象外となる（銀行告示10条3項2号、21条3項2号、国内基準は33条3項2号、44条3項2号）。

>「直接清算参加者の適格中央清算機関への担保の差入れ又は間接清算参加者の直接清算参加者を通じた適格中央清算機関への担保の差入れにより生ずるエクスポージャーのうち、適格中央清算機関以外の第三者において分別管理されており、かつ、適格中央清算機関に係る倒産手続又は外国における倒産手続と同種類の手続に伴う当該担保に対する損失の発生を防ぐために必要な方策が講ぜられているもの」

また、以下に該当する資金清算機関等に対するエクスポージャーについても所要自己資本の計測対象外となる（銀行告示10条3項3号、21条3項3号、国内基準は33条3項3号、44条3項3号）。

>「資金清算機関等（資金決済に関する法律（平成21年法律第59号）第2条第6項に規定する資金清算機関その他これに類する者をいう。以下同じ。）に対するエクスポージャーのうち、資金清算機関等への預託金又は担保の差入れにより生ずるもの」

日本における資金清算機関は、平成26年3月末現在、「全国銀行資金決済ネットワーク」が該当する。なお、当該資金清算機関等向けエクスポージャーについてはCVAリスク相当額を算出する必要がないことは前述のとおりである（銀行告示270条の2第1項3号、270条の2第2項3号）。

---

[137] 銀行免許を有していれば、当該国（ソブリン）の外部格付に応じたリスク・ウェイト、その他の場合は、事業法人とみなして中央清算機関自身の外部格付に応じたリスク・ウェイトを適用。

V. 清算基金（デフォルト・ファンド）の取扱い

　清算基金とは、自らおよび他の清算参加者のデフォルトに伴い生じた損失を補てんするため、清算参加者があらかじめ拠出する基金をいう（銀行告示1条37号の6）[138]。リスク・アセットの算出対象となるのは、実際に拠出した金額であり、コミットメント枠や超過部分については、無限責任となっている場合を含めて、算出対象とする必要はない[139]。適格中央清算基金に係る清算基金については、以下の二通りの算出手法のいずれかが適用される。

ⅰ. リスク・センシティブ手法

　リスク・センシティブ手法とは、中央清算機関が有する資本と清算基金が、清算参加者に対するエクスポージャーに係るリスクを負担するとした場合に、清算基金の拠出者に所要自己資本を配賦するとの考え方に基づく手法である。

　清算機関が有する清算参加者へのエクスポージャーに関して、カレント・エクスポージャー方式による所要自己資本額を算出し、中央清算機関が有する資本と清算基金の合計額で資本賦課額を按分する算式となっている（銀行告示270条の8第2項、図表2－27、図表2－28）。

　なお、当該手法の算出式は複雑ではあるものの、既述のとおり、バーゼル委が算出シートを公表しており、中央清算機関からは当該シートに基づき算出した結果が提供されることが予定されており、銀行が自ら算出することは想定されていない（告示Q&A「第1条第7号の3－Q1」）。

ⅱ. 簡便手法

　清算基金のリスク・ウェイトを最大の1,250％としたうえで、清算基金を含めて、清算集中しなかったと仮定した場合の所要自己資本額を上限とする

---

[138] 自らのデフォルト時の損失だけを吸収することを目的として拠出した基金は清算基金には該当しない。
[139] 超過部分については、トレード・エクスポージャーに係る超過担保と同様に扱う。

図表 2 −27　リスク・センシティブ手法の算出式

$$K_{CM} = \left(1 + \frac{A_{Net,1} + A_{Net,2}}{\sum_i A_{Net,i}} \times \frac{N}{N-2}\right) \times \frac{DF}{DF_{CM}} \times K^*_{CM}$$

$$K^*_{CM} = \begin{cases} 100\% \times 1.2 \times (K_{CM} - DF') + 100\% \times DF'_{CM} & if \quad DF' < K_{CCP} \\ 100\% \times (K_{CCP} - DF_{CCP}) + c_1 \times (DF' - K_{CCP}) & if \quad DF_{CCP} < K_{CCP} \leq DF' \\ c_1 \times DF'_{CM} & if \quad K_{CCP} \leq DF_{CCP} \end{cases}$$

$$K_{CCP} = \sum_i Max(EBRM_i - IM_i - DF_i, 0) \times 20\% \times 8\%$$

$$DF_{CM} = \sum_i DF_i$$

$$DF'_{CM} = DF_{CM} - 2 \times \frac{DF_{CM}}{N}$$

$$DF' = DF_{CCP} + DF'_{CM}$$

$$c_1 = Max\left(\frac{1.6\%}{(DF'/K_{CCP})^{0.3}}, 0.16\%\right)$$

DF	：銀行が清算機関に拠出した清算基金
$EBRM_i$	：直接清算参加者 i に対するエクスポージャーに当初証拠金を加えた額
$A_{Net,i}$	：直接清算参加者 i に対するエクスポージャー
$A_{Net,1}$	：各直接清算参加者へのエクスポージャーのうち最大の額
$A_{Net,2}$	：各直接清算参加者へのエクスポージャーのうち 2 番目に大きい額
IM_i	：直接清算参加者 i が拠出した当初証拠金
DF_i	：直接清算参加者 i が拠出した清算基金
DF_{CCP}	：清算機関が有する資本に相当する額
N	：直接清算参加者の数

手法が簡便手法である。

　本手法をとった場合、トレード・エクスポージャーを含めて所要自己資本額を算出することとなるため、トレード・エクスポージャーを別途算出することを要しない（銀行告示270条の 8 第 3 項）。

　なお、適格中央清算機関以外の中央清算機関に対する清算基金については、一律リスク・ウェイト1,250％が適用される（銀行告示270条の 9 ）。

図表2−28　リスク・センシティブ手法のリスク・ウェイトのグラフ

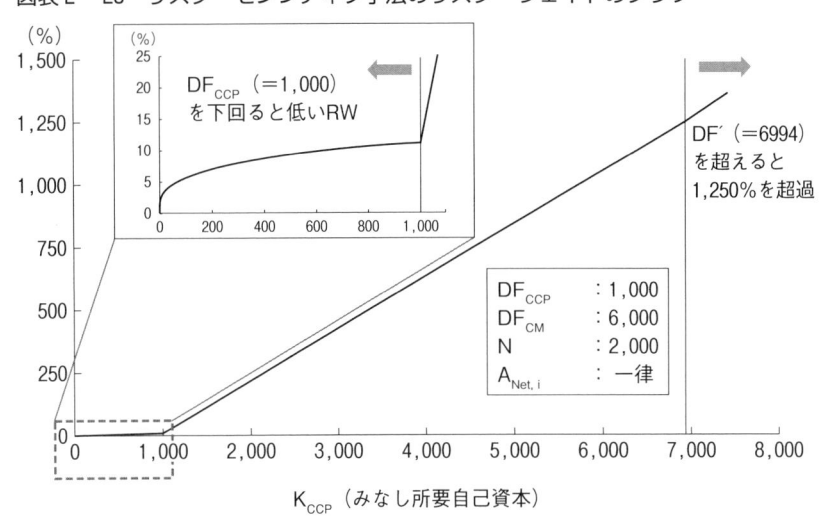

（グラフ：横軸 K_{CCP}（みなし所要自己資本）、縦軸（％）。
拡大図：DF_{CCP}（＝1,000）を下回ると低いRW。
DF'（＝6994）を超えると1,250％を超過。
DF_{CCP}：1,000
DF_{CM}：6,000
N：2,000
$A_{Net,i}$：一律）

図表2−29　簡便手法の算出式

所要自己資本額　$(K_{CM}) = Min\,(2.0\% \times TE + 1{,}250\% \times DF,\ 20\% \times TE)$

DF：銀行が清算機関に拠出した清算基金
TE：清算機関に対するトレード・エクスポージャーの額

Ⅵ. 間接清算参加者から直接清算参加者に対するエクスポージャーの取扱い

　中央清算機関との間で直接契約を締結する直接清算参加者に対して、金融機関が顧客として清算参加している等、直接清算参加者を通じて中央清算機関に対してエクスポージャーを有している場合、当該金融機関を間接清算参加者という（銀行告示1条37号の4、37号の5）。

　間接清算参加者からの直接清算参加者に対するエクスポージャーについても、以下の要件を充足している場合、中央清算機関関連エクスポージャーとして取り扱うことが可能となる（銀行告示270条の6第3号、銀行告示270条の2第1項2号）。

図表2－30　間接清算参加者から直接清算参加者に対するエクスポージャーの取扱いの概要

		RW	CVAリスク
以下の2つの要件を満たす場合 ・他の清算参加者の倒産時に損失を防ぐ方策 　（銀行告示270条の2第1項2号イ） ・ポータビリティ要件（銀行告示270条の2第1項2号ロ）		4％	不要
	上記に加え、以下の要件を満たす場合 ・ダブルデフォルト要件（銀行告示270条の7第3項） （直接清算参加者および他の間接清算参加者が同時にデフォルトした場合に、損失の発生を防ぐ方策を講じている場合）	2％	不要
その他の場合		直接清算参加者のRW	必要

・直接清算参加者のデフォルトに伴う損失負担を被らないこと。
・直接清算参加者がデフォルトした場合であっても、清算対象取引が一括清算されることなく、適切に他の直接清算参加者に取引を移管することが可能であること。

　この場合、適格中央清算機関[140]向けの間接エクスポージャーであれば、直接清算参加者向けのエクスポージャーに4％のリスク・ウェイトを適用することとなる。またこの場合、中央清算機関関連エクスポージャーに該当することから、直接清算参加者向けのデリバティブ取引であったとしても、前述したCVAリスクを算出することを要しない。

　加えて、以下の要件を充足していれば、直接清算参加者向けエクスポージャーにつき、2％のリスク・ウェイトを適用することができる。

・直接清算参加者および他の間接清算参加者が同時にデフォルトした場合であっても、他の間接清算参加者のデフォルトに伴う損失負担を被らないこ

140　適格中央清算機関以外の中央清算機関であれば、標準的手法を用いる。

と。

Ⅶ. 直接清算参加者から間接清算参加者に対するエクスポージャーの取扱い

上記の間接清算参加者から直接清算参加者へのエクスポージャーに関して、直接清算参加者からみた取扱いは以下のとおりである。

直接清算参加者から間接清算参加者に対するエクスポージャーについては、中央清算機関関連エクスポージャーとしては扱わず、間接清算参加者に対して適用されるリスク・ウェイトを適用し、信用リスク・アセットの額を算出する。同時にCVAリスクの計測対象にもなる。

しかしながら、当該間接清算参加者向けの取引については、中央清算機関が定めたルールに基づき、高い頻度でポジションの評価を行い、必要な担保のやりとりがなされていることから、通常の相対取引に比し、信用リスク・アセットの額およびCVAリスクの額が軽減される。具体的には、図表2-31の算式が適用される（銀行告示139条の2、157条6項）。

なお、直接清算参加者が間接清算参加者のデフォルトに伴う損失を負担しない枠組みとなっている場合については、直接清算参加者は間接清算参加者向けエクスポージャーを認識する必要はない（平成24年12月7日付パブコメ回答7番）。

図表2-31　直接清算参加者から間接清算参加者向けエクスポージャーの調整算式

標準的手法	内部格付手法
$RWA' = RWA \times \sqrt{\dfrac{T_m}{10}}$ RWA：調整前のRWA RWA'：調整後のRWA T_m：間接清算参加者との間の最低保有期間 　　　N日ごとに値洗う場合、 　　　$T_m = 5 + (N-1)$	$EAD' = EAD \times \sqrt{\dfrac{T_m}{10}}$ EAD：調整前のEAD EAD'：調整後のEAD T_m：間接清算参加者との間の最低保有期間 　　　N日ごとに値洗う場合、 　　　$T_m = 5 + (N-1)$

Ⅷ. 第2の柱

　以上、中央清算機関関連エクスポージャーに係る第1の柱に関する取扱いについて述べてきたが、以下では第2の柱に該当する監督指針についても一部改正（図表2-32）されたことから、簡単に触れることとしたい。

　「中央清算機関との取引固有のリスク」とは、損失負担のあり方など、清算機関の利用に伴い生じる固有のリスクが該当する。第1の柱では一律の取扱いが適用されるものの、適格中央清算機関に該当するとの理由だけで、リスクがないと評価することは適切ではない。ここでねらいとしているのは、個々の清算機関を使用するにあたり取引コストだけで判断するのではなく、リスクを評価するプロセスが必要ということであり、リスク量を計測すること等が必ずしも機械的に求められるという趣旨ではない。

　「適格中央清算機関が服している規制・監督の枠組みに重大な欠陥がある場合に生じるリスク」とは、清算機関ではなく、監督当局側に問題があった場合のリスクが該当する。特に、各国の規制・監督の枠組みについては、IOSCOによるピアレビューが実施されており、また、IMFによるFSAP（金融セクター評価プログラム）においても評価されることとなっている。当該評価において、規制・監督の枠組みに欠陥があると認められた場合であって

図表2-32　中央清算機関関連エクスポージャーに関する主要行等向け監督指針

Ⅲ-2-3-2　信用リスク管理
Ⅲ-2-3-2-1　信用リスク管理・総論
Ⅲ-2-3-2-1-2　主な着眼点
⑽　清算集中されたデリバティブ取引等に係る中央清算機関との間の取引に係るリスクについて、以下のものも含め、適切に管理しているか。 　①　中央清算機関との取引固有のリスク 　②　適格中央清算機関が服している規制・監督の枠組みに重大な欠陥がある場合に生じるリスク 　③　適格中央清算機関以外の中央清算機関について、当該中央清算機関の求めに応じて支払わなければならない未拠出の清算基金について、その全額が当該中央清算機関の損失補填に充てられるリスク

も、規制資本上の取扱いに変化はないものの、リスク管理上、適切に評価することが必要との趣旨である。

「適格中央清算機関以外の中央清算機関について、当該中央清算機関の求めに応じて支払わなければならない未拠出の清算基金について、その全額が当該中央清算機関の損失補填に充てられるリスク」については、適格中央清算機関外の中央清算機関との取引がなければ、他の要件に比し、留意する必要性は低いといえる。

(4) 大規模規制金融機関等向け資産相関引上げ

Ⅰ. 概　　要

バーゼルⅢの導入に伴い、大規模な銀行等の規制金融機関およびすべてのノンバンク等の非規制金融機関に対するエクスポージャーにつき、内部格付手法採用行が用いる信用リスク・アセット関数における資産相関が1.25倍に引き上げられることとなった。その結果、リスク・ウェイトが従前に比し1.2倍程度に増加することとなる。

Ⅱ. 経　　緯

リーマン・ショックに伴う金融危機において、金融機関のデフォルトおよびデフォルトを回避するための公的資金注入が多数発生し、こうした金融機関の株価やクレジット・スプレッド等についても、他の業種に比べて業種内で高い相関をもって変動したことが観測された。

こうした経緯をふまえ、金融機関同士については他の業種に比して高い相関を有する点を明確化するため、金融機関[141]を対象としたエクスポージャーについて内部格付手法の信用リスク・アセット関数（図表2-33）のパラメータである資産相関係数が、引き上げられることとなった（図表2-34、

---

141 銀行告示1条7号に定める金融機関とは異なる。

figure 2-33 内部格付手法の信用リスク・アセット関数（事業法人）

$$(K_{IRB}) = EAD \times \left[LGD \times N\left((1-R)^{-0.5} \times N^{-1}(PD) + \left(\frac{R}{1-R}\right)^{0.5} \times N^{-1}(99.9\%)\right) - EL \right]$$
$$\times (1-1.5 \times b)^{-1} \times (1+(M-2.5) \times b)$$
$$b = (0.11852 - 0.05478 \times \log(PD))^2$$
$$R = 0.12 \times \frac{1-e^{-50 \times PD}}{1-e^{-50}} + 0.24 \times \left(1 - \frac{1-e^{-50 \times PD}}{1-e^{-50}}\right)$$

figure 2-34 PDと相関係数の関係

相関係数$(R) = 0.12 \times \frac{1-e^{-50 \times PD}}{1-e^{-50}} + 0.24 \times \left(1 - \frac{1-e^{-50 \times PD}}{1-e^{-50}}\right) \times 1.25$　大規模規制金融機関等

相関係数$(R) = 0.12 \times \frac{1-e^{-50 \times PD}}{1-e^{-50}} + 0.24 \times \left(1 - \frac{1-e^{-50 \times PD}}{1-e^{-50}}\right)$　それ以外

図表2-35）。

Ⅲ．資産相関の引上げの対象

信用リスク・アセットの算出において、資産相関を引き上げる対象は、以下に定義される大規模規制金融機関等（図表2-36）が該当する。

自己資本比率等の健全性基準に基づき規制される銀行業・証券業・保険業を営む企業は、規制金融機関として、連結グループの総資産で1,000億USド

図表２−35　PDとリスク・ウェイトの関係

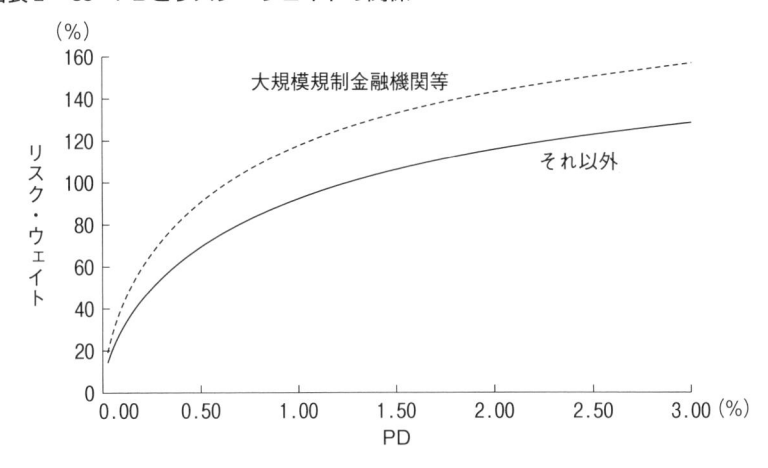

(%)
リスク・ウェイト／PD

（グラフ：大規模規制金融機関等（破線）、それ以外（実線））

ルを超える場合に、大規模規制金融機関として、資産相関の引上げの対象となる。この場合、規制金融機関の連結対象である企業についても、大規模規制金融機関に該当することとなる。

　一方、ノンバンクやヘッジファンド等、規制金融機関に該当しない金融業を営む企業については、非規制金融機関として、規模にかかわらず資産相関の引上げ対象となる。非規制金融機関のグループ企業については、当該企業自身が非規制金融機関に該当しなければ、資産相関の引上げ対象とはならない。具体的な対象先のイメージは、図表２−37を参照されたい。

　なお、地方銀行のリース子会社等、非規制金融機関に該当する場合であっても、親銀行と業務を一体で提供している場合には、グループそのものが大規模規制金融機関に該当しなければ、資産相関の引上げの対象外とすることができる。

　また、連結グループの総資産に関して、連結財務諸表を円貨で公表している銀行グループに対しては、継続的に運用することを条件として、USドルに換算することなく、円貨で判定することが可能となっている（告示Q&A「第１条第37号の２−Q１」）[142]。この場合、一度円貨で判定することとした場合にはその旨を文書化するとともに、以後為替レートの変動があったとし

第２章　国際統一基準　177

図表2－36　大規模規制金融機関等の定義

> 銀行告示1条37号の2
> 大規模規制金融機関等向けエクスポージャー
> 事業法人等向けエクスポージャーのうち、次に掲げる者に対するエクスポージャーをいう。
> 　イ　大規模規制金融機関（次に掲げる者をいう。ロ(2)において同じ。）
> 　(1)　規制金融機関（金融機関、保険会社（保険業法（平成7年法律第105号）第2条第2項に規定する保険会社をいう。以下同じ。）若しくは少額短期保険業者（同条第18項に規定する少額短期保険業者をいう。）若しくは第一種金融商品取引業者若しくはこれらに準ずる外国の者又は銀行持株会社、同条第16項に規定する保険持株会社若しくは金融商品取引法第57条の12第3項に規定する最終指定親会社若しくはこれらに準ずる外国の者をいう。以下この号、第8条第6項第1号及び第20条第3項第1号において同じ。）であってその連結貸借対照表の資産の部に計上した額が1,000億合衆国ドルに相当する額以上である者
> 　(2)　(1)に掲げる者の子法人等（銀行法施行令（昭和57年政令第40号。以下「令」という。）第4条の2第2項に規定する子法人等をいう。以下同じ。）
> 　ロ　非規制金融機関（金融業、保険業その他の業種に属する事業を主たる事業として営む者（これに準ずる外国の者を含む。）であって、次に掲げる者以外のもの（金融機関その他の金融システムに影響を及ぼすと認められる者と高い相関関係を有しないと認められる者を除く。）をいう。）
> 　(1)　規制金融機関
> 　(2)　大規模規制金融機関（規制金融機関を除く。）

ても、最初に設定した円貨ベースの閾値により判定し続けることが必要となる。

　以上の資産相関の引上げ対象となるのは、事業法人等向けエクスポージャーであることから、中堅中小企業エクスポージャーは含まれるものの、リテール向けエクスポージャー等は該当しない。また、PD/LGD方式を適用している株式等エクスポージャーについても対象となる（告示Q&A「第1条第37号の2－Q1」）。

---

[142]　具体的な換算レートとしては、告示Q&Aにおいて、バーゼルⅢ告示が公布された時期の水準（1ドル80円）が示されていることもふまえ、各行において適切な水準を設定する必要がある。

図表2-37 大規模規制金融機関等の具体的なイメージ(網掛けの先が対象)

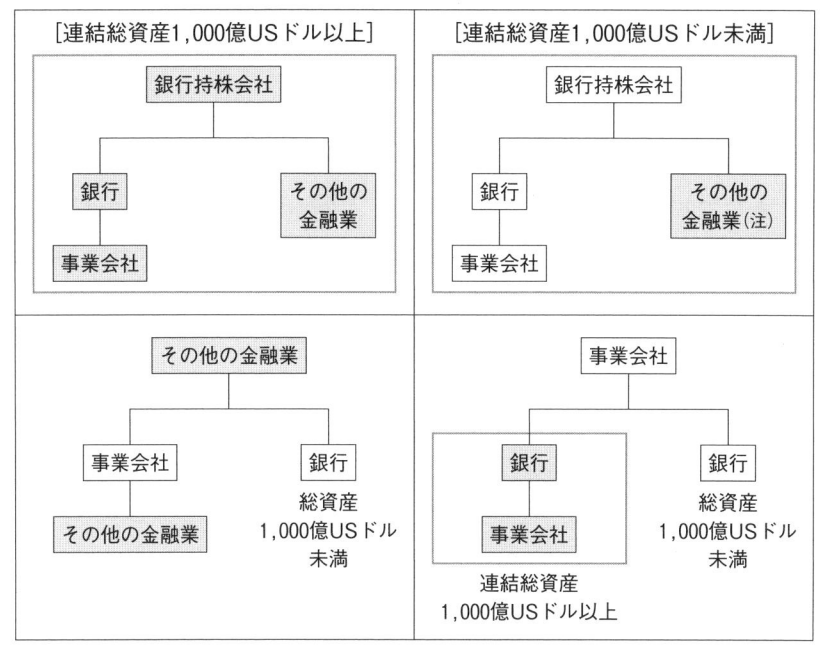

[連結総資産1,000億USドル以上]
- 銀行持株会社
  - 銀行
    - 事業会社
  - その他の金融業

[連結総資産1,000億USドル未満]
- 銀行持株会社
  - 銀行
    - 事業会社
  - その他の金融業(注)

- その他の金融業
  - 事業会社
    - その他の金融業
  - 銀行
    総資産1,000億USドル未満

- 事業会社
  - 銀行
    - 事業会社
    連結総資産1,000億USドル以上
  - 銀行
    総資産1,000億USドル未満

(注) 親銀行と業務を一体で提供している場合は、対象外とすることも可。

(5) 期待エクスポージャー方式

I. 概　　要

　期待エクスポージャー方式とは、デリバティブ取引の与信相当額の算出において用いる手法の1つであり、採用にあたっては金融庁長官の承認が必要な高度な内部モデルに基づく算出手法である。期待エクスポージャー方式については、リーマン・ショックに伴う危機の経験をふまえ、バーゼルⅢにおいて、誤方向リスクの取扱いが強化されたほか、担保に関する簡易手法の見直しが行われる等、各種要件が強化されている。

Ⅱ．誤方向リスク（wrong-way risk）への対応

ⅰ．誤方向リスクとは

　誤方向リスクとは、エクスポージャーの大きさと取引相手のデフォルト確率が同時に上昇するリスクをいい、金融システムに大きなストレスがかかったときなどに顕在化するリスクである。当該誤方向リスクは、一般誤方向リスクと個別誤方向リスクに大別される。一般誤方向リスクとは、市場全体の変動に伴うエクスポージャーの増加とカウンターパーティのデフォルト確率の上昇が相関をもって生じるリスクをいい、以下のような事例が該当する。
① 2000（平成12）年初頭、日本の金融危機時において株価は低下。この結果、日本の金融機関と締結していた株式のコール・オプションの価値は上昇すると同時にカウンターパーティである日本の金融機関のデフォルト確率は上昇
② 2010（平成22）年当時、欧州のソブリン危機と同時に円高が進行、円金利の低下が継続。この結果、金利ヘッジを目的として欧州系の金融機関と締結していた固定金利支払のスワップのエクスポージャーが拡大すると同時にカウンターパーティである欧州系金融機関のデフォルト確率が上昇
　一方、個別誤方向リスクとは、デリバティブ取引の参照資産の信用力の悪化に伴うエクスポージャーの増加とカウンターパーティのデフォルト確率の上昇が同時に生じるリスクをいい、以下のような事例が該当する。
③ A銀行の株式のコール・オプションをA銀行の子会社であるB証券会社から購入した場合、A銀行の株価下落に伴うエクスポージャーの増加が、A銀行の信用不安に基づくB証券会社のデフォルト確率の上昇と同時に発生
④ C社のクレジット・デフォルト・スワップのプロテクションを、C社を大口与信先としているD銀行から購入した場合、C社の信用力の悪化に伴うエクスポージャーの増加が、D銀行のデフォルト確率の上昇と同時に発生

ⅱ．一般誤方向リスクへの対応

　一般誤方向リスクへの対応として、期待エクスポージャー方式での与信相当額の算定の際に、ストレス時の市場データを用いることが必要となった。
　具体的には、①マーケット・リスクのストレスVaR算出時におけるストレス期間１年間を含む３年間の実績、②直近３年間の実績の双方のデータに基づき期待エクスポージャー額を算出したうえで、エクスポージャー額が大きいほうを採用する取扱いとなった（銀行告示79条の４第３項、告示Q&A「第79条の４－Q２」）。なお、①および②の比較については、取引、ネッティング・セット、債務者等の別に計算する必要はなく、ポートフォリオ全体で計測することとなる。

ⅲ．個別誤方向リスクへの対応

　個別誤方向リスクについては、その存在が特定された場合、特別な取扱いをとることが必要となる（銀行告示79条の４第９項、第10項）。
　たとえば、ⅰの③、④の事例のような個別誤方向リスクがあると認められた取引については、ネッティング・セットから除外し、単独の取引として取り扱う必要がある。そのうえで、③の事例のコール・オプションであれば、A銀行がデフォルトした場合のコール・オプションの公正価値を、④の事例のクレジット・デフォルト・スワップであれば、クレジット・デフォルト・スワップの想定元本を、それぞれ内部モデルで計測した値にかえてエクスポージャー額として用いることとなる（告示Q&A「第79条の４－Q１」）。

ⅳ．誤方向リスクのモニタリング

　期待エクスポージャー方式の採用にあたっては、前述した一般誤方向リスクおよび個別誤方向リスクについて、特定、モニタリングおよび管理を行うための体制整備が必要となり、承認要件として追加されている（銀行告示79条の４の３第２号の３）。

Ⅲ. 担保の取扱いの厳格化等

ⅰ. 簡易手法 (ショートカット・メソッド) の見直し

マージン・アグリーメントにおけるマージン・コール等の取扱いについて、内部モデルによる計測が困難な場合に認められている簡易手法 (ショートカット・メソッド) が、バーゼルⅢの導入に伴い、厳格化されることとなった (銀行告示79条の4第6項、図表2-38)。

ⅱ. 担保の取扱いの見直し

期待エクスポージャー方式における担保の評価方法について、後述するマージン・ピリオドの調整に加えて、図表2-39に示す点が見直されることとなった (銀行告示79条の4第5項、第11項)。すなわち、マージン・アグリーメントにおいて、カウンターパーティの信用力悪化時に追加担保を求めることが可能であったとしても、その影響を勘案することができなくなったほか、現金以外の担保を有する場合には、その価格変動に伴う影響を適切に勘

図表2-38　ショートカット・メソッドの概要

$$EAD = Max\,(EEPE' + IM,\ Max\,(\triangle MTM, 0) + Max\,(CE, PE))$$

- $EEPE'$：受取担保を勘案しない実効期待エクスポージャーの額
- IM：当初証拠金等として差し入れた担保の額
- $\triangle MTM$：マージン・ピリオドの間に生じる取引時価の変動額
- CE：担保勘案後のカレント・エクスポージャーの額
- PE：担保勘案後のネッティング・セットの最大エクスポージャーの額

図表2-39　担保の取扱いの見直しの概要

- ✓ 取引相手方の信用状態が悪化した場合に担保提供されるマージン・アグリーメントに基づく担保による効果は反映不可 (銀行告示79条の4第5項)
- ✓ 現金以外の資産を担保とする場合、当該担保の価格変動を適切に反映する必要 (銀行告示79条の4第11項)

図表2−40　担保管理要件の追加

- ✓適切な担保管理に係る体制を整備することが必要
- ✓担保管理部門では以下を実施
  - ➢担保の再利用の管理
  - ➢担保の計算
  - ➢担保の徴求
  - ➢担保に係る係争の管理
  - ➢担保に関する日次報告（個別の担保額、当初証拠金および追加証拠金の水準）
  - ➢取締役等への定期的な報告

案することが求められることとなった。

ⅲ．担保管理要件の追加

　期待エクスポージャー方式採用行については、担保管理に関する図表2−40の特別な要件を課されることとなった（銀行告示79条の4の3）。

Ⅳ．バックテスティングおよびストレステスト要件の追加

　期待エクスポージャー方式採用行に係るバックテスティングおよびストレステストに関し、図表2−41に示す取扱いが強化された（銀行告示79条の4の3）。なお、バックテスティングについては、別途バーゼル委から2010（平成22）年12月に公表された資料（Sound practices for backtesting counterparty credit risk models）を参考として、適切に手続を行うことも必要となる。

Ⅴ．その他

　以上にあわせて、デリバティブ取引とレポ形式の取引（証券金融取引）を同時にモデル化し、相互のネッティング効果を勘案するクロス・プロダクト・ネッティングの要件など、バーゼル委によるピアレビューにおいて指摘された事項等について、国際合意との整合性を確保するための修正が実施されている（銀行告示79条の4第12項ほか）。

図表2-41　バックテスティング要件

［必須要件］ ✓バックテスティングの計測期間（time horizon）の設定にあたっては、リスクのマージン・ピリオドを勘案しなければならない ✓代表するカウンターパーティとの間のポートフォリオの静的なヒストリカル・バックテスティングを検証プロセスの一部に含めなければならない。 ✓監督当局の指示のもと、定期的にバックテスティングを行わなければならない ✓バックテスティングの対象とする代表的なポートフォリオには、銀行が有する重大なリスク・ファクターの感応度と相関をふまえ、抽出しなければならない ［主な推奨要件］ ✓期待エクスポージャー方式モデルとリスク・ファクターのバックテスティングについては、複数の計測期間を用いるべき ✓個社レベルとネッティング・セットのレベルでの算定が適切か評価すべき

（出所）　バーゼル委員会「Sound practices for backtesting counterparty credit risk models」より抜粋

(6) 適格金融資産担保の取扱い

Ⅰ. 標準的ボラティリティ調整率の見直し

　標準的ボラティリティ調整率とは、適格金融資産担保を取得している場合に、図表2-42の包括的手法により信用リスク削減効果を認識するにあたって、当該担保の価格下落幅等を勘案するヘアカットを算出する際に用いられる掛け目のことをいう[143]。

　金融資産のなかでも、金融危機時の証券化商品の価格下落幅が、通常の社債等に比して大きかったことから、バーゼルⅢの導入に伴い、ボラティリティ調整率として異なる水準を適用することとなった[144]（銀行告示94条、図表2-43）。

---

[143] なお、金融庁長官の承認を得ることで、自行推計することも可能。

図表2-42　包括的手法の算式

・信用リスク削減手法適用後エクスポージャー（EAD*）

$$EAD^* = EAD \times (1 + H_E) - C(1 - H_C - H_{FX})$$

EAD：信用リスク削減手法適用前のエクスポージャー額
C　　：適格金融資産担保の時価
H_E　：エクスポージャーの変動に係るヘアカット
H_C　：担保価格の変動に係るヘアカット
H_{FX}：エクスポージャーと担保の通貨が異なる場合のヘアカット

・ヘアカット（H_X）はそれぞれ以下の式で算出

$$H = H_M \times \sqrt{\frac{N_R + (T_M - 1)}{T_M}}$$

$$H_M = H_N \times \sqrt{\frac{T_M}{10}}$$

H_N：ボラティリティ調整率（当局設定／自行推計）
　　　（保有期間10日間）
T_M：最低保有期間
N_R：担保調整もしくは取引の時価評価の間隔

図表2-43　ボラティリティ調整率

外部格付	残存期間（M）	ソブリン等	ソブリン等 および証券化 商品以外	証券化商品
AAA/AA	M≦1年	0.5%	1%	2%
	1年＜M≦5年	2%	4%	8%
	5年＜M	4%	8%	16%
A/BBB	M≦1年	1%	2%	4%
	1年＜M≦5年	3%	6%	12%
	5年＜M	6%	12%	24%
BB	すべて	15%		

（「証券化商品」列：追加）

144　日本においては、証券化商品がそれまで適格金融資産担保に含まれていなかったことから、今回の見直しを機に、国際合意との整合性がとられている。

また、バーゼル2.5にて新たに定義された証券化商品を裏付けとする再証券化商品については、適格金融資産担保から除外されている。またレポ形式の取引については、マーケット・リスクの算出対象になっている資産については適格金融資産担保の範囲が限定されないが、再証券化商品については適格金融資産担保として取り扱うことは許容されない（銀行告示89条4号、90条）。

Ⅱ．保有期間およびマージン・ピリオドの調整

リーマン・ショックに伴う金融危機において、ISDAマスター契約において担保に係るCSA（Credit Support Annex）契約を締結している場合等であっても、担保の清算に通常よりも長い期間を要するケースが散見されたことから、以下に該当する場合については、適格金融資産担保のヘアカットの算出時に用いる保有期間および期待エクスポージャー方式におけるマージン期間（マージン・ピリオド）の調整が必要となった（銀行告示79条の4第7項、第8項、100条2項）。

たとえば、期待エクスポージャー方式を採用する銀行につき、直近2四半

図表2－44　保有期間およびマージン・ピリオドの調整

バーゼルⅡ	レポ形式の取引のみ	5営業日
	その他	10営業日

↓

バーゼルⅢ

以下を含むネッティング・セット ✓流動性の低い担保 ✓再構築の困難な派生商品取引	20営業日	係争（Dispute）によりマージン・ピリオド（保有期間）を超える清算が3回以上	左記×2倍
取引件数が5,000件を超えるネッティング・セット			
レポ形式の取引のみ	5営業日		
その他	10営業日		

図表2－45　CSA契約の取扱い

$$E^* = \max\{\max\{RC - VM \times (1 - H_C - H_{fx}), 0\} + addon - IM \times (1 - H_C - H_{fx}), 0\}$$

RC　　　：再構築コスト
VM　　　：変動証拠金（Valuation Margin）（差し入れている場合は正）
IM　　　：当初証拠金（Initial Margin）（差し入れている場合は正）
H_C　　　：担保価格の変動に係るヘアカット
H_{fx}　　　：エクスポージャーと担保の通貨が異なる場合のヘアカット
addon　　：ネットのアドオン

期の間に担保に係る係争により、マージン期間を超えるケースが3回以上生じた場合には、次の2四半期の間、マージン期間を少なくとも倍にすることが必要となった（銀行告示79条の4第8項）。

Ⅲ．CSA契約の取扱い

バーゼルⅢの実施に際し、カレント・エクスポージャー方式におけるCSA契約の取扱いに一部見直しが図られた。

すなわち、従来は、CSA契約下の取引について、超過担保を受け取っている場合にもアドオン部分の相殺は認められていないとの解釈が示されていたものの、国際的な合意との整合性を図る観点から、超過担保によるアドオン部分の相殺が許容されることが告示Q&Aで明確化されている[145]（バーゼルⅡ告示Q&A「第113条－Q1」、図表2－45）。

(7) 保有資産のボラティリティが高い債務者の格付

内部格付手法採用行は、ヘッジファンド等、レバレッジを効かせて資産を保有、もしくは金融資産が大部分を占める債務者の評価・格付付与にあたっ

---

[145] これにより2015（平成27）年からの実施が予定されているマージン規制において、イニシャル・マージンの取得義務化がなされることとの規制上の整合性が確保されることとなる。

ては、当該債務者が景気後退期の市場変動に脆弱なことから、その点を勘案して格付を付与することが求められることとなった（銀行告示188条2項3号）[146]。

(8) 保証人に対する格付要件の見直し

外部格付への依存の解消に向けた取組みの一環として、保証人に対する格付要件の見直しが行われている（銀行告示122条、154条1項、251条2項）。

たとえば、標準的手法採用行において、デフォルト債権（リスク・ウェイト150％）に対して保証を受けていた場合、バーゼルⅡでは保証効果を勘案することができる適格保証人の要件がA格以上であったことから、保証人の外部格付がA－格からBBB＋格に落ちた際に、リスク・ウェイトが急上昇する（50％→150％）、いわゆるクリフ効果が問題とされていた。当該適格保証人の要件が今般の見直しにより撤廃されたため、クリフ効果に伴う問題が解消されることとなった（図表2－46）。

図表2－46　保証人に対する格付要件の見直しの概要

	バーゼルⅢ	バーゼルⅡ
標準的手法	外部格付が付与されている保証人 ［証券化エクスポージャーへの保証］ 保証提供時：外部格付A－相当以上 算定基準日：外部格付BBB－相当以上	外部格付A－相当以上
基礎的内部格付手法	－	外部格付A－相当以上のPDを付与した保証人
先進的内部格付手法	－	－

（注）ソブリン、政府関係機関、金融機関等が保証人の場合は外部格付によらない。

146　複数期の財務諸表を参照したスコアリングモデルを用いるなど、日本の金融機関では、債務者の信用力の評価において、資産価格のボラティリティ等に対する耐性は当然に勘案しているともいえる。

(9) 証券化商品等に対するRW1,250%の取扱い

バーゼルIIIにおいては、これまで控除項目として自己資本の額の計算において控除されていた項目の一部が、リスク・ウェイト1,250%で信用リスク・アセットの額として計上されることとなった。具体的には、これまでTier 1と自己資本全体から50%ずつ減算されていた低格付の証券化エクスポージャー等、図表2-47にあげられる項目が該当する。

(10) 重要な出資のエクスポージャー

バーゼルIII告示においては、総株主等の議決権の10%を超える議決権を保有している法人等（営利を目的とする者に限り、その他金融機関等[147]を除く）

図表2-47　リスク・ウェイト1,250%が適用される項目

項　目	バーゼルIIでの取扱い
重要な出資のエクスポージャーのうち、一定額を超える部分（銀行告示76条の2）	出資等、株式等エクスポージャー
未決済取引（46日以上経過）（銀行告示79条の5第1項）	1,250% リスク・ウェイト
非同時決済取引（5営業日以降）（銀行告示79条の5第2項）	控除項目
無格付の証券化エクスポージャー（当局指定関数方式等の適用対象を除く）（銀行告示247条ほか）	控除項目
保証の免責部分（銀行告示125条）	控除項目
階層化された保証の留保した部分（銀行告示127条）	控除項目
PD/LGD方式を適用した株式等エクスポージャーの期待損失額（銀行告示152条）	50%：Tier 1控除／50%：控除項目

---

[147] その定義については4(3)Vを参照。

に係る出資[148]（以下「対象出資」）のリスク・ウェイトの見直しも行われている。これは、バーゼルⅡ合意文書においてすでに含まれていたが、今般の見直しにあわせて、適用されるリスク・ウェイトを告示上明確化したものである。

具体的には、対象出資のうち重要な出資に係る15％基準額を上回る部分に係るエクスポージャーのリスク・ウェイトとして、1,250％が適用される（銀行告示76条の2第1項、178条の2第1項）。なお、「重要な出資に係る15％基準額」とは、銀行告示2条3号または14条3号の算式における総自己資本の額に15％を乗じて得た額をいうが、この総自己資本の額については、重要な出資のエクスポージャーに関する適用がないものとして算出した額を用いることに留意が必要である。

また、対象出資のうち重要な出資に係る15％基準額以下であったため1,250％のリスク・ウェイトが適用されなかった部分についても、対象出資全体についての当該部分の合計額が、重要な出資に係る60％基準額を上回るときは、その上回る部分に係るエクスポージャーのリスク・ウェイトは、1,250％が適用される（銀行告示76条の2第2項、178条の2第2項）。「重要な出資に係る60％基準額」とは、銀行告示2条3号または14条3号の算式における総自己資本の額に60％を乗じて得た額をいうが、この総自己資本の額についても、重要な出資のエクスポージャーに関する適用がないものとして算出した額を用いる。

なお、「対象出資」の範囲については、銀行（またはその連結子法人等）が総株主等の議決権の10％を超える議決権を保有している法人等であって、その他金融機関等を含む他の金融機関等[149]に該当する者以外の者が、これに該当するとされる（告示Q&A「第76条の2 – Q1」）。

また、重要な出資に係る15％基準額の計算については、経過措置を勘案した後の総自己資本の額に15％を乗じた額となる（告示Q&A「第76条の2 – Q2」）。

148　銀行法施行令4条4項3号に規定する出資をいう。
149　単体自己資本比率の計算においては、「他の金融機関等」の定義から連結の範囲に含まれる者（銀行の子法人等）は除外されていないため（すなわち、銀行告示第3章において除外されるのみであるため（銀行告示41条3項））、対象出資の範囲からは、その他金融機関等のみならず、連結の範囲に含まれる他の金融機関等も除外されることとなる。

9 その他の論点

(1) 比例連結

　バーゼルⅡ告示では、持分法適用関連会社等への出資については、あらかじめ金融庁長官の承認を得ることで、控除項目として扱う代わりに出資持分割合に応じて財務項目を連結する比例連結の方法に基づいてリスク・アセットを計上することが認められていた。

　バーゼルⅢ告示では、持分法適用関連会社等への出資については、その他金融機関等への出資とし、たとえば普通株出資については閾値である特定項目に係る10％基準額または特定項目に係る15％基準額を超えた部分について、普通株式等Tier1資本に係る調整項目の額に含めて取り扱うことになったものの、引き続き、このような取扱いに代えて、比例連結の方法によりリスク・アセットを計上する方法を採用することも認められる（銀行告示9条1項）。

　なお、比例連結の方法によりリスク・アセットを計上する際には、厳格な比例連結の方法に従うことなく、比例連結の対象となる関連法人等の財務諸表に基づき算定したリスク・アセットのうち、出資持分割合を計上する簡便法が認められていたが、バーゼルⅢ告示においても引き続きこうした取扱いが認められている。その際、バーゼルⅡ告示と比較して、調整項目の範囲が拡大したことに留意して、リスク・アセットを算出することが必要となる（主要行等向け監督指針Ⅲ－2－1－2－2(4)②）。

(2) フロアの取扱い[150]

　信用リスクに係る内部格付手法およびオペレーショナル・リスクに係る先

進的計測手法を採用している金融機関は、バーゼルⅠもしくは従前に用いていた手法に基づいて所要自己資本のフロアを算定する必要がある（銀行告示13条、24条、バーゼルⅡ告示附則9条）。

バーゼルⅢ告示においても、フロアの取扱い自体は変わらないものの、バーゼルⅡ告示附則9条を適用し、バーゼルⅠをフロアの計算の際に用いている場合には、バーゼルⅠで算出したフロアの計算結果に対して、完全実施ベースで算出した所要自己資本の額と比較することとなる（バーゼルⅡ告示Q&A「附則第9条－Q1」）。

---

150 フロアの取扱いについては、2014（平成26）年3月末現在、バーゼル委において抜本的な見直しが検討されていることについて留意する必要がある。

10 第3の柱の見直し

(1) 見直しの背景

　バーゼル合意では、第1の柱（最低所要自己資本比率）および第2の柱（銀行の自己管理と監督上の検証）を補完すべく、情報開示の充実を通じ、市場からの外部評価の規律づけにより銀行の経営の健全性を維持することを目的として、第3の柱（市場規律）が設けられている。

　第3の柱が導入されたバーゼルⅡにおいては、自己資本比率の分母の見直しが中心に行われたこともあり、自己資本の構成および自己資本の充実度に関する開示項目も規定されたものの、開示の中心は、銀行の採用するリスク計測手法に沿ったリスク関連の情報であった。

　しかしながら、金融危機においては、多くの市場関係者や当局者が、銀行の自己資本の状況について詳細な分析や金融機関同士の比較を行おうとしたものの、自己資本の状況に関する開示が不十分であったり、あるいは開示方法が不統一であったことから、このような分析や比較が困難であったという経緯がある。そのため、市場関係者は銀行の自己資本の質を正確に把握することができず、これが銀行の健全性への疑心暗鬼を生み、金融危機を助長させたほか、当局としても銀行の自己資本の正確な状況に即したより適切な方策を講じることが困難となる事態も生じた。

　そこで、バーゼルⅢにおいては、このような自己資本の構成の不十分性および開示方法の不統一性を是正すべく、主に自己資本の構成に焦点を当てた第3の柱の見直しが行われている。具体的には、以下の点についての開示が強化され、または求められることとなった。

・自己資本の構成要素の開示（図表2-48）
・貸借対照表とのリコンシリエーション（対照関係）の開示

・自己資本調達手段の概要（図表 2 - 49）および詳細の開示

(2) 自己資本の構成要素の開示

　バーゼルⅢにおいて、銀行は、図表 2 - 48のように、自己資本の構成要素、すなわち、普通株式等Tier 1 資本、その他Tier 1 資本およびTier 2 資本に係る基礎項目および調整項目のすべての構成要素を開示することが求められることとなった。この自己資本の構成要素の開示は、国際的な比較可能性を確保するため、共通の開示様式によって行うことが求められている。

　そのため、国際統一基準行は、図表 2 - 48の開示様式（単体自己資本比率に関しては、銀行開示告示別紙様式第 1 号の開示様式）を用いて自己資本の構成要素を開示しなければならない（銀行開示告示 2 条 1 項、 2 項、 4 条 1 項、 2 項等）。

　なお、第 3 の柱における自己資本比率および自己資本の構成要素の開示は、第 1 の柱に基づく自己資本比率の計算方法および計算結果を開示するものであるため、開示様式は、銀行告示に定める自己資本比率の計算方法に従ったものとなっており、バーゼルⅢの開示様式と必ずしもすべてが一致するものではない。しかし、国際的な比較可能性を確保するという趣旨をふまえ、バーゼルⅢの開示様式と容易に対照することが可能な内容となっている。

　この自己資本の構成要素は、事業年度に係る説明書類および中間事業年度に係る説明書類において開示する必要があるほか、銀行法施行規則19条の 5 に基づき四半期ごとに開示することが求められている（銀行開示告示 6 条 1 項 8 号、 2 項 8 号、 3 項）[151]。

---

[151] 国際統一基準が適用される協同組織金融機関である農林中央金庫についても、同様の開示を行うことが求められる（農中開示告示 2 条 1 項、 2 項、 3 条 1 項、 2 項）。四半期ごとの開示が求められる点についても同様である（農中開示告示 5 条 1 項 8 号、10号、 2 項）。

図表2－48　自己資本の構成要素の開示様式（連結、完全実施の事例）

（単位：百万円、％）

項　目	国際様式の該当番号
普通株式等 Tier 1 資本に係る基礎項目	
普通株式に係る株主資本の額	1a + 2 － 1c － 26
うち、資本金及び資本剰余金の額	1a
うち、利益剰余金の額	2
うち、自己株式の額（△）	1c
うち、社外流出予定額（△）	26
うち、上記以外に該当するものの額	
普通株式に係る新株予約権の額	1b
その他の包括利益累計額及びその他公表準備金の額	3
普通株式等 Tier 1 資本に係る調整後少数株主持分の額	5
普通株式等 Tier 1 資本に係る基礎項目の額　　　　(イ)	6
普通株式等 Tier 1 資本に係る調整項目	
無形固定資産（モーゲージ・サービシング・ライツに係るものを除く）の額の合計額	8 + 9
うち、のれんに係るもの（のれん相当差額を含む）の額	8
うち、のれん及びモーゲージ・サービシング・ライツに係るもの以外のものの額	9
繰延税金資産（一時差異に係るものを除く。）の額	10
繰延ヘッジ損益の額	11
適格引当金不足額	12
証券化取引に伴い増加した自己資本に相当する額	13
負債の時価評価により生じた時価評価差額であって自己資本に算入される額	14
退職給付に係る資産の額	15

自己保有普通株式(純資産の部に計上されるものを除く。)の額		16	
意図的に保有している他の金融機関等の普通株式の額		17	
少数出資金融機関等の普通株式の額		18	
特定項目に係る10パーセント基準超過額		19＋20＋21	
	うち、その他金融機関等に係る対象資本調達手段のうち普通株式に該当するものに関連するものの額	19	
	うち、無形固定資産（モーゲージ・サービシング・ライツに係るものに限る。）に関連するものの額	20	
	うち、繰延税金資産（一時差異に係るものに限る。）に関連するものの額	21	
特定項目に係る15パーセント基準超過額		22	
	うち、その他金融機関等に係る対象資本調達手段のうち普通株式に該当するものに関連するものの額	23	
	うち、無形固定資産（モーゲージ・サービシング・ライツに係るものに限る。）に関連するものの額	24	
	うち、繰延税金資産（一時差異に係るものに限る。）に関連するものの額	25	
その他 Tier 1 資本不足額		27	
普通株式等 Tier 1 資本に係る調整項目の額　(ロ)		28	
普通株式等 Tier 1 資本			
普通株式等 Tier 1 資本の額　((イ)－(ロ))　(ハ)		29	
その他 Tier 1 資本に係る基礎項目			
その他 Tier 1 資本調達手段に係る株主資本の額及びその内訳		31a	30
その他 Tier 1 資本調達手段に係る新株予約権の額		31b	
その他 Tier 1 資本調達手段に係る負債の額		32	
特別目的会社等の発行するその他 Tier 1 資本調達手段の額			
その他 Tier 1 資本に係る調整後少数株主持分等の額		34－35	

適格旧 Tier 1 資本調達手段の額のうちその他 Tier 1 資本に係る基礎項目の額に含まれる額		33＋35
	うち、銀行及び銀行の特別目的会社等の発行する資本調達手段の額	33
	うち、銀行の連結子法人等（銀行の特別目的会社等を除く。）の発行する資本調達手段の額	35
その他 Tier 1 資本に係る基礎項目の額　　　　　(ニ)		36
その他 Tier 1 資本に係る調整項目		
自己保有その他 Tier 1 資本調達手段の額		37
意図的に保有している他の金融機関等のその他 Tier 1 資本調達手段の額		38
少数出資金融機関等のその他 Tier 1 資本調達手段の額		39
その他金融機関等のその他 Tier 1 資本調達手段の額		40
Tier 2 資本不足額		42
その他 Tier 1 資本に係る調整項目の額　　　　　(ホ)		43
その他 Tier 1 資本		
その他 Tier 1 資本の額　((ニ)－(ホ))　　　　　(ヘ)		44
Tier 1 資本		
Tier 1 資本の額　((ハ)＋(ヘ))　　　　　(ト)		45
Tier 2 資本に係る基礎項目		
Tier 2 資本調達手段に係る株主資本の額及びその内訳		46
Tier 2 資本調達手段に係る新株予約権の額		
Tier 2 資本調達手段に係る負債の額		
特別目的会社等の発行する Tier 2 資本調達手段の額		
Tier 2 資本に係る調整後少数株主持分等の額		48－49
適格旧 Tier 2 資本調達手段の額のうち Tier 2 資本に係る基礎項目の額に含まれる額		47＋49
	うち、銀行及び銀行の特別目的会社等の発行する資本調達手段の額	47

うち、銀行の連結子法人等（銀行の特別目的会社を除く。）の発行する資本調達手段の額		49
一般貸倒引当金 Tier 2 算入額及び適格引当金 Tier 2 算入額の合計額		50
うち、一般貸倒引当金 Tier 2 算入額		50a
うち、適格引当金 Tier 2 算入額		50b
Tier 2 資本に係る基礎項目の額	(チ)	51
Tier 2 資本に係る調整項目		
自己保有 Tier 2 資本調達手段の額		52
意図的に保有している他の金融機関等の Tier 2 資本調達手段の額		53
少数出資金融機関等の Tier 2 資本調達手段の額		54
その他金融機関等の Tier 2 資本調達手段の額		55
Tier 2 資本に係る調整項目の額	(リ)	57
Tier 2 資本		
Tier 2 資本の額 ((チ)−(リ))	(ヌ)	58
総自己資本		
総自己資本の額 ((ト)+(ヌ))	(ル)	59
リスク・アセット		
リスク・アセットの額	(ヲ)	60
連結自己資本比率		
連結普通株式等 Tier 1 比率 ((ハ)／(ヲ))		61
連結 Tier 1 比率 ((ト)／(ヲ))		62
連結総自己資本比率 ((ル)／(ヲ))		63
調整項目に係る参考事項		
少数出資金融機関等の対象資本調達手段に係る調整項目不算入額		72
その他金融機関等に係る対象資本調達手段のうち普通株式に係る調整項目不算入額		73

無形固定資産（モーゲージ・サービシング・ライツに係るものに限る。）に係る調整項目不算入額		74
繰延税金資産（一時差異に係るものに限る。）に係る調整項目不算入額		75
Tier 2 資本に係る基礎項目の額に算入される引当金に関する事項		
一般貸倒引当金の額		76
一般貸倒引当金に係る Tier 2 資本算入上限額		77
内部格付手法採用行において、適格引当金の合計額から事業法人等向けエクスポージャー及びリテール向けエクスポージャーの期待損失額の合計額を控除した額（当該額が零を下回る場合にあっては、零とする。）		78
適格引当金に係る Tier 2 資本算入上限額		79
資本調達手段に係る経過措置に関する事項		
適格旧 Tier 1 資本調達手段に係る算入上限額		82
適格旧 Tier 1 資本調達手段の額から適格旧 Tier 1 資本調達手段に係る算入上限額を控除した額（当該額が零を下回る場合にあっては、零とする。）		83
適格旧 Tier 2 資本調達手段に係る算入上限額		84
適格旧 Tier 2 資本調達手段の額から適格旧 Tier 2 資本調達手段に係る算入上限額を控除した額（当該額が零を下回る場合にあっては、零とする。）		85

(3) 貸借対照表とのリコンシリエーション（対照関係）の開示

　従前のバーゼルⅡにおける開示では、自己資本の構成要素と貸借対照表または連結貸借対照表の科目との対照関係が不明確であり、市場関係者等がその検証を行うことが必ずしも容易ではなかった。そのため、バーゼルⅢでは、こうした問題に対処すべく、貸借対照表または連結貸借対照表の科目と自己資本の構成要素に関する項目との対照関係について開示することが求め

られることとなった。

　これを受けて、銀行開示告示2条3項10号、4条3項11号等では、貸借対照表の科目が自己資本の構成要素に関する開示事項である項目のいずれに相当するかについて開示することが求められている。具体的には、大要、以下の事項について開示することが求められている（主要行等向け監督指針Ⅲ－3－2－4－4(2)⑪）。

- 自己資本の構成に関する開示項目のうち貸借対照表（連結自己資本比率に関しては、規制上の連結範囲を前提として作成する連結貸借対照表。以下同じ）に表示される科目の一部を構成するものが存在する場合には、当該内訳部分とその額
- 貸借対照表に表示される科目または上記内訳部分が自己資本の構成に関する開示項目のいずれに相当するかを判別するための参照番号・記号およびその他必要な説明
- 連結自己資本比率に関しては、規制上の連結範囲に基づき作成される連結貸借対照表の内容が、連結財務諸表規則に基づき作成した連結貸借対照表の内容と異なる場合には、その差異

　このような貸借対照表とのリコンシリエーション（対照関係）は、事業年度に係る説明書類および中間事業年度に係る説明書類において開示する必要があるほか、金融商品取引法に基づき有価証券報告書、半期報告書または四半期報告書において貸借対照表が公表される四半期については、銀行法施行規則19条の5に基づき四半期ごとに開示することが求められている（銀行開示告示6条1項9号、2項9号、4項）[152]。

(4) 自己資本調達手段の概要および詳細の開示

　バーゼルⅢでは、銀行は、自らの資本調達手段の概要および詳細をそれぞ

---

[152] 農林中央金庫についても、同様の開示を行うことが求められる（農中開示告示2条3項10号、3条3項11号等）。四半期ごとの開示に関する取扱いも同じである（農中開示告示5条1項9号、11号、3項）。

れ開示することが求められる。資本調達手段の概要については、バーゼルⅡでは銀行ごとの開示がまちまちであったため比較可能性に乏しかったことへの反省から、国際的に共通の開示様式を用いることが求められており、これにより、市場関係者等が、銀行の資本調達手段がバーゼルⅢの要件を満たす適格なものであることを容易に確認できるとともに、他国や他地域の金融機関と比較分析することも可能となる。また、資本調達手段の詳細を開示することで、市場関係者等が、銀行のそれぞれの資本調達手段の特性や損失吸収力をより深度をもって分析可能となる。

これを受けて、国際統一基準行は、銀行法施行規則19条の5に基づく四半期ごとの開示事項として、自己資本調達手段、すなわち、自己資本比率の計算において自己資本に算入される資本調達手段[153]に関する契約内容の概要および詳細を開示することが求められている（銀行開示告示6条1項10号、11号、2項10号、11号）[154]。もっとも、これらについては、自己資本調達手段の発行、償還または内容変更等を行った場合には更新する等、利用者が最新の情報を参照できることが望ましいとされていることには留意を要する（主要行等向け監督指針Ⅲ－3－2－4－4(4)②）。

自己資本調達手段に関する契約内容の概要については、図表2－49の開示様式を用いなければならない（銀行開示告示6条3項）[155]。また、自己資本調達手段に関する契約内容の詳細については、図表2－49の開示様式に記載される内容に加えて、自己資本調達手段に関する契約の具体的な内容を預金者、投資家等の利用者が容易に知ることができるように記載することが適当とされる（主要行等向け監督指針Ⅲ－3－2－4－4(4)②）。

---

[153] したがって、銀行告示本則に定める普通株式、その他Tier1資本調達手段およびTier2資本調達手段のみならず、24年改正告示附則に定める適格旧その他Tier1資本調達手段および適格旧Tier2資本調達手段も開示の対象となる。
[154] 農林中央金庫についても、同様の開示を行うことが求められる（農中開示告示5条1項12号、13号）。
[155] 農林中央金庫についても、同様に所定の開示様式が定められている（農中開示告示5条2項）。

図表2-49　自己資本調達手段に関する契約内容の概要に係る開示様式

1	発行者	
2	識別のために付された番号、記号その他の符号	
3	準拠法	
	規制上の取扱い	
4	平成34年3月30日までの期間における自己資本に係る基礎項目の額への算入に係る取扱い	
5	平成34年3月31日以降における自己資本に係る基礎項目の額への算入に係る取扱い	
6	自己資本比率の算出において自己資本に算入する者	
7	銘柄、名称又は種類	
8	自己資本に係る基礎項目の額に算入された額	
	連結自己資本比率	
	単体自己資本比率	
9	額面総額	
10	表示される科目の区分	
	連結貸借対照表	
	単体貸借対照表	
11	発行日	
12	償還期限の有無	
13	その日付	
14	償還等を可能とする特約の有無	
15	初回償還可能日及びその償還金額 特別早期償還特約の対象となる事由及びその償還金額	
16	任意償還可能日のうち初回償還可能日以外のものに関する概要	
	剰余金の配当又は利息の支払	
17	配当率又は利率の種別	
18	配当率又は利率	

19	配当等停止条項の有無	
20	剰余金の配当又は利息の支払の停止に係る発行者の裁量の有無	
21	ステップ・アップ金利等に係る特約その他の償還等を行う蓋然性を高める特約の有無	
22	未配当の剰余金又は未払の利息に係る累積の有無	
23	他の種類の資本調達手段への転換に係る特約の有無	
24	転換が生じる場合	
25	転換の範囲	
26	転換の比率	
27	転換に係る発行者の裁量の有無	
28	転換に際して交付される資本調達手段の種類	
29	転換に際して交付される資本調達手段の発行者	
30	元本の削減に係る特約の有無	
31	元本の削減が生じる場合	
32	元本の削減が生じる範囲	
33	元本回復特約の有無	
34	その概要	
35	残余財産の分配又は倒産手続における債務の弁済若しくは変更について優先的内容を有する他の種類の資本調達手段のうち、最も劣後的内容を有するものの名称又は種類	
36	非充足資本要件の有無	
37	非充足資本要件の内容	

(5) その他

　以上のほか、バーゼルⅢにおいては、これら自己資本に関する開示情報を市場関係者が容易に閲覧できるように、自己資本に関する開示情報を集約したウェブページをウェブサイト上に開設し、維持することが求められてい

る。

　ウェブサイトにおける財務情報や自己資本に関する情報の開示は、すでに各金融機関において広く行われているところであるが、バーゼルⅢの趣旨をふまえ、監督指針においては、国際統一基準行が自己資本に関する開示事項（過去情報も含む）をウェブサイト上に開示する場合には、その記載箇所を預金者、投資家等の利用者が容易に特定できるようにすることが適当であるとされている（主要行等向け監督指針Ⅲ－3－2－4－4(4)①）。

(6) 経過措置

　以上のうち(2)の自己資本の構成要素に係る開示事項については、前述の7において説明したバーゼルⅢにおける国際統一基準に係る経過措置の内容をふまえて、この経過措置が適用される期間中に用いることとされる開示様式が定められている。これにより、経過期間中においても、市場関係者等が、経過措置の各金融機関への影響度合い等を把握することが可能となる。

第3章

国内基準

1 検討の経緯

　国際統一基準および国内基準に関する新しい規制の検討経緯は図表3－1のとおりである。2010（平成22）年12月にバーゼル委よりバーゼルⅢが公表されたことを受け、まずは2013（平成25）年3月末からの国際統一基準の実施に向けた準備が始まった。こうした新規制が国内において実施される場合、態勢の整備等、金融機関側に一定程度準備に時間を要することから、明確なルールがあるわけではないものの、基本的には規制実施の1年前までに告示を最終化するとの方針で、バーゼル2.5およびバーゼルⅢ関連の規制が策定されてきた。これをふまえ、国際統一基準行に対するバーゼルⅢに基づく自己資本比率規制の見直しについても、平成24年2月に告示案をパブリックコメントに付し、施行日である25年3月31日の約1年前に当たる24年3月30日に告示の公布を行った経緯がある。

　一方、国内基準行に対する自己資本比率規制については、国際統一基準が大幅に見直されることを受け、見直しの是非を含めた議論が始まった。第2章の1(3)Ⅲで述べたとおり、日本においては、バーゼル合意の内容にそのまま従った自己資本比率規制が適用される金融機関は国際統一基準行に限られており、それ以外の1,000を超える国内基準行については、バーゼル合意の内容をそのまま適用するとの考えは必ずしもとられていない。しかしながら、前述のとおり、IMFから国内基準の最低比率の引上げを促されてきたという状況や、日本における過去の金融危機の教訓等をふまえると、国内基準の既存の規制内容をまったく見直さないという選択肢は事実上なかったといえる。

　以上をふまえ、規制の見直しの検討が開始されたわけであるが、こうした規制の見直しによってどの程度の影響が生じるのかを確認することなしには、規制の見直しを行うことは通常困難である。バーゼル委における規制見直しの際には、その影響度を調査する定量的影響度調査（Quantitative Im-

図表3−1　バーゼルⅢ（国際統一基準）および新国内基準検討の経緯

国際統一基準		国内基準	
2008(平成20)年9月	リーマン・ショック		
11月	G20ワシントン・サミット	2008(平成20)年11月	自己資本規制弾力化措置（～12(平成24)年3月）（国際統一基準行も一部対象）
2009(平成21)年～	バーゼルⅢ検討本格スタート		
4月	G20ロンドン・サミット		
12月	バーゼルⅢ市中協議（～10(平成22)年4月）		
2010(平成22)年9月	長官・総裁会合にて大筋合意		
12月	バーゼルⅢ最終テキスト公表	2011(平成23)年～	国内基準案の検討（データ収集等）開始
2012(平成24)年2月	バーゼルⅢに基づく自己資本告示案パブリックコメント		
3月	新規制公布		
		2012(平成24)年6月	弾力化措置延長（～14(平成26)年3月30日）
		12月	新国内基準案パブリックコメント
2013(平成25)年3月	新規制段階実施開始	2013(平成25)年3月	新国内基準公布
		9月	告示Q&A、関連監督指針案公表（11月最終化）
		2014(平成26)年3月	新国内基準段階実施開始
※下線部は日本国内の動き			

pact Study：QIS）が原則として実施されているが、国内基準行に対する規制の見直しにおいても、同様に定量的影響度調査を実施する必要があった。これを受け、平成23年および24年の2回にわたり、すべての預貯金取扱金融機関から直接または間接に必要なデータの提出を受け、当時検討されていたさ

まざまな見直し案を適用した場合の影響度の詳細な調査および分析を実施するなど、国内基準の見直しの過程においては、国内基準行の実態をふまえた丁寧な議論や検討が行われた。

　また、規制の見直しの検討過程においては、定量的影響度調査だけではなく、国内基準行を会員とするさまざまな業界団体や中央機関等との間で非公式に意見交換を行っている。さまざまな業態のさまざまな規模の預貯金取扱金融機関が対象となる国内基準については、各金融機関の意見を丁寧に聴取するとともに、必要な意見については規制の見直しにおいて勘案していくことが不可欠であった。最終的に国内基準の見直しが大きな混乱もなく無事に完了したのは、こうした関係者の方々の協力があったからであり、国内基準の見直しの過程でご協力いただいたすべての関係者に対し、当時、規制の策定に携わった者として、この場を借りてお礼を申し上げたい。

2 検討にあたってのさまざまな論点

(1) 国際統一基準との関係

　国内基準の見直しにあたっては、バーゼルⅢを参考にしつつも、さまざまな要素を勘案する必要があった。主要行から農漁協に至る業態横断的に多数の金融機関が対象となり、それだけ利害関係者の数が多いことや、日本における自己資本比率規制の歴史的な経緯、また、金融仲介機能の発揮を損ねることのない枠組みとする必要性など、見直しにあたって検討を加えるべき論点は非常に多岐にわたった。

　こうしたさまざまな論点を検討するにあたってまず問題となったのは、国際統一基準との整合性をどの程度確保するかという点である。IMFの要請等をふまえれば、国内基準を国際統一基準に可能な限り同じものとしたほうが望ましいほか、国際統一基準や国内基準といった切分けに関係なく、預貯金取扱金融機関に対する健全性規制である自己資本比率規制の一貫性を確保する観点からも、このように整合性を確保するとの考えは妥当といえる。

　また、平成23年には名古屋銀行が中国の南通に支店を開設し、国内基準から国際統一基準へと移行しているほか、取引先の支援のため、信用金庫による現地進出企業向け貸出が増加するなど、国内基準行の国際化が今後もますます進むと予想されるなかで、国際統一基準が国内基準とあまりにも異なる規制となった場合、国際統一基準行への移行コストが大きくなる結果、国際統一基準行となるインセンティブを阻害するといった弊害も考えられた。

(2) 金融仲介機能の発揮との間のバランス

　国際統一基準との整合性をふまえれば、バーゼルⅢの大きな柱の1つであ

る自己資本の量および質の強化を、国内基準についても同様に行うべきということとなる。一方で、日本はリーマン・ショックに伴う金融危機の直接的な影響は受けなかったものの、その後の欧州危機や東日本大震災等の影響もあり、株式市場は低迷し、経済状況が必ずしもよくないなか、金融円滑化法が施行されるなど、預貯金取扱金融機関による金融仲介機能の発揮が、日本経済を支えるうえで非常に大きなテーマの1つとなっていた。

したがって、バーゼルⅢの国際交渉の過程においても同様の議論が行われていたが、必要な規制の見直しは行うべきであるものの、それにより実体経済や金融仲介機能に著しいマイナスの影響を与えることはどうしても避ける必要があった。このため、国際統一基準との整合性と金融仲介機能の発揮との間のバランスを図る観点から、国際統一基準で導入された自己資本の量および質の強化のうち、自己資本の量については既存の水準を維持する一方、必要な自己資本の質の強化を図ることとなった。

以上の議論の過程においては、たとえば最低比率である4％を、国際統一基準の普通株式等Tier1比率の最低比率である4.5％に引き上げるべきだといった考えもあったが、1986（昭和61）年より国際統一基準・国内基準と二重基準となった日本における自己資本比率規制の歴史的な経緯等をふまえると、最低比率の水準そのものを見直すことは客観的にみて困難であったということもその背景の1つとしてある。

(3) 自己資本の質の強化（調整（控除）項目）

こうした議論や検討を経て、国内基準行に対する最低所要自己資本比率の4％は維持される一方、自己資本の質については必要な強化を行うこととなった。自己資本の質の強化は、バブル崩壊後の日本における金融危機においても大きな問題となった。不良債権問題を受け、2003（平成15）年には、預金保険法に基づく危機対応措置が、2つの銀行に対して講じられたが、いずれもそのきっかけとなった自己資本比率の著しい低下を招いた要因は、繰延税金資産にあった。繰延税金資産は、将来収益が生じることを前提に貸借

対照表の資産の部に計上されるものであり、将来収益が十分にあげられる見込みがなくなった場合にはその価値を失い、資産の部への計上が認められなくなる。

　こうした不安定な資産を含め、のれんなど実質的に処分価値のない資産、退職給付に係る資産（前払年金費用）や無形資産等の損失補てんのために売却が不可能、あるいは困難と考えられる資産については、国際統一基準と同様、あらかじめ自己資本比率の計算上の分子から控除することによって、より実態に即した正確な損失吸収力を表す指標とすることとなった。また、金融機関同士の持合いに伴う、いわゆるダブルギアリングについても、国際統

図表３－２　主な調整（控除）項目の考え方

項　目	新規制における取扱い	背　景
のれんおよびその他無形資産〈ソフトウェア等〉	コア資本控除	実体のないまたは換金性の乏しい資産
繰延税金資産	繰越欠損金は全額コア資本控除 その他はコア資本の10%超過分を原則控除	将来収益に依存する不安定な資産
金融機関等向け出資	コア資本での出資（普通株出資等）は、コア資本の10%超過分を原則控除 劣後債等出資は、原則RW250% 協同組織の連合会向け出資は別途の取扱い	金融システム内にリスクが滞留（システミック・リスクのおそれ）
退職給付に係る資産・前払年金費用	コア資本控除	原則使用できない資産
証券化に伴う利益	コア資本控除	即時の損失吸収力なし
期待損失が適格引当金を上回る額(内部格付手法)	コア資本控除	引当不足の銀行と引当超の銀行との整合性確保
自己保有普通株式等	コア資本控除	実質的な資本の払戻し
その他有価証券の評価損益	損益ともに勘案せず	プロシクリカリティの抑制

一基準および国内基準にかかわらず、こうした関係は金融システムのなかにリスクを滞留させることとなり、危機が生じた際のシステミック・リスクを顕在化させるおそれがあることから、国内基準においても、原則として国際統一基準と同様の取扱いとすることとなった。主な調整（控除）項目の考え方は図表3-2のとおりである。

(4) 自己資本の質の強化（Tier 2 の撤廃）

　新しい国内基準では、これまでのTier 1 やTier 2 という考え方を撤廃し、自己資本比率の分子に算入される自己資本の定義を、質の高い資本等からのみ構成されるコア資本へと一本化している。

　バーゼルⅢにおいては、総自己資本比率8％という最低比率が維持される一方、自己資本比率の分子に算入される自己資本について、最も質の高いと考えられる普通株式等Tier 1 資本のほか、その他Tier 1 資本、Tier 2 資本という3つのTierから構成される仕組みとなっている。国内基準の検討にあたってもさまざまな議論があり、国際統一基準と同様3つのTierで構成すべきといった議論、これまでどおり2つのTierでよいという議論、また、規制の簡素化等の観点から定義を一本化するべきといった議論など、さまざまな選択肢が検討された。そのなかで、Tier 2 資本については、バーゼルⅢの交渉過程においても、一時、不要論が出るなど、これを維持することの必要性についてさまざまな議論が行われた。結果として、国際統一基準においてはTier 2 資本が維持されることとなったが、その資本算入要件は厳格化され、前述のとおり、実質破綻状態において公的支援等が行われる場合に元本の全額が削減されることが、資本算入要件の1つとなった。

　こうしたバーゼルⅢの国際交渉における議論の過程もふまえ、国内基準における取扱いを検討した際、まず論点になったのは、預貯金取扱金融機関の健全性維持の観点から、Tier 2 資本はそもそも必要なのかという点である。劣後債や劣後ローン等のTier 2 資本がこれまで規制上の資本に算入されていた理由は、仮に預貯金取扱金融機関が破綻した際、株主よりも損失負担の順

位は劣るものの、預金者を含む一般債権者よりも先に損失を負担する、すなわち、破綻時に預金者に対するバッファーとしての役割を果たすと考えられたためである。

しかしながら、日本における過去の実例をみた場合、多くの金融機関は破綻する前に公的な介入がなされ、実質的に破綻状態にあったと考えられる金融機関についても、劣後債等の投資家は実際には損失を負担することを免れるなど、必ずしも金融機関の破綻時のバッファーとしての役割を果たしていたとはいえなかった。すなわち、投資家の視点からみれば、投資先の銀行が実質的に破綻に陥ったとしても、公的な介入によって損失負担を免れることができるという、モラルハザードの要因になっていたともいえる。

以上のような損失吸収力とは別の視点として、こうした預貯金取扱金融機関が発行する劣後債や劣後ローンを引き受けていた投資家がだれであったかをみた場合、その多くは銀行を含む預貯金取扱金融機関や保険会社であった。日本ではこれまでも国内の預貯金取扱金融機関の劣後ローンを引き受けた場合、意図的保有に当たるとして自己資本から控除する取扱いが適用されたが、その一方で、劣後債等を市場で取得するような場合には意図的保有には当たらず、リスク・ウェイト100％で信用リスク・アセットの額に計上されるなど、必ずしも厳しい取扱いは適用されていなかった。こうした不十分な規制を背景に、結果として金融機関が他の金融機関のリスクを背負うこととなり、金融システム全体からみた場合に大きなリスク要因となっていたと考えられる。

また、発行体側の視点に立った場合、実際にTier 2を積極的に発行していた預貯金取扱金融機関は、質の高い資本を必ずしも十分に有していない金融機関がほとんどであり、自己資本比率を引き上げる目的で、相応のコストを払って劣後債等を発行していたという実態があったことから、損失吸収力が低く、発行体にとって比較的コストの高い劣後調達を預貯金取扱金融機関が続けることにどの程度の意義があるのかといった疑問も呈されていた。

以上のような考え方をふまえると、仮に劣後債等につき引き続き規制資本としての算入を認めた場合には、少なくとも投資家のモラルハザード防止の

観点や、国際統一基準との整合性確保の観点から、実質破綻認定時に損失を吸収することを求めるいわゆる実質破綻時損失吸収条項を契約や発行要項に規定する必要があった。しかし、国際統一基準においても、実質破綻時損失吸収条項の付された新型の資本性商品の十分な市場規模があるか否かはその時点では不明であり、ましてや国内基準行に関して同様の市場が十分に構築できるかどうかは不透明であったほか、中小協同組織金融機関を含む国内基準行に対してこのような規制を導入した場合、規制そのものがさらに複雑になるといった問題もあった[1]。

　必要な規制の簡素化を行うこと、ダブルギアリングを抑制すること、投資家のモラルハザードを防止すること、損失吸収力が低く調達コストの高い資本調達は可能な限り排除すること等を総合的に勘案した結果、国内基準については劣後債・劣後ローンといったTier 2を規制資本から除外することとなった。以上をまとめたものが図表3-3である。

図表3-3　規制上の自己資本としての劣後債・劣後ローンの位置付け

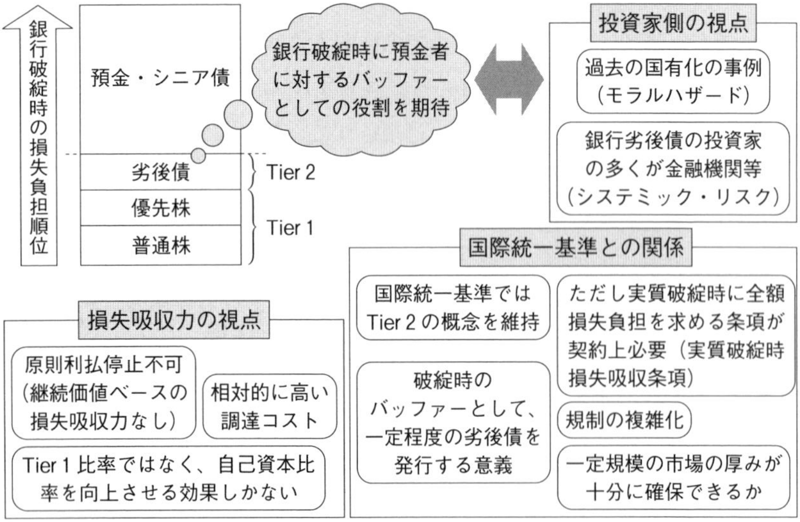

1　日本の銀行では、2014年3月にみずほフィナンシャルグループにより発行された劣後債が、実質破綻時損失吸収条項の付された最初の劣後債である。

(5) 自己資本の質の強化（普通株を中心としたコア資本）

　Tier 2 を規制資本から除外することに加えて、既存の Tier 1 についてもあらためて資本の質の観点からの見直しが行われている。従来の Tier 1 は、普通株、優先株、海外特別目的会社（SPC）を通じて発行される優先出資証券等に内部留保を加えた概念であったが、これらの資本調達手段の間にも損失吸収力に差異がある。このなかで最も損失吸収力の高い資本は普通株式および内部留保であり、普通株式については、赤字となった場合等に、真っ先に配当を停止することで、実質的に赤字を補てんする役割を果たすことが可能である。また、普通株式は原則として償還等により払戻しが行われることが想定されていないため、資本としての永続性も高い。このような普通株式の資本としての質の高さに鑑み、国際統一基準においては、普通株式および内部留保から構成される規制資本を普通株式等 Tier 1 資本と定義し、最低比率 4.5％ という基準が設定されることとなった。

　一方で、優先株についても、株式としての性質上、その配当を停止することは可能であるものの、普通株より配当を優先的に支払う必要があり、また、所定の優先配当については可能な限り配当を行うという市場慣行もあり、その意味で損失吸収力が普通株式に劣ることから、国際統一基準においてはその他 Tier 1 資本として分類されることとなった。また、優先株と同等の損失吸収力を有する海外 SPC の優先出資証券については、銀行単体でみた場合には負債性の資本調達手段であることから、優先株よりいっそうの損失吸収力が求められることとなり、バーゼルⅢでは、厳格化された一定の算入要件を満たせない限り、その他 Tier 1 資本に算入できなくなっている。

　こうした国際統一基準の考え方も参考にしつつ、国内基準においてどの資本を新しい資本の定義に含めるべきかを検討するにあたっては、損失吸収力の大小もさることながら、業態をまたいだ国内基準行の実態を十分にふまえる必要があった。その際、まず検討が行われたのは、協同組織金融機関の規制上の資本の取扱いである。

協同組織金融機関は、株式会社形態の銀行と異なり、自力での資本調達手段が非常に限られている。すなわち、銀行であれば、市場や第三者割当といったチャネルを通じて普通株や優先株による増資を行うことで、資本増強が可能である。一方、協同組織金融機関は、会員からの出資により成り立つ組織であることから、資本増強を機動的に行うことは困難である。

　検討過程においては、バーゼルⅡにおいてTier 1に算入されていた普通出資および非累積的優先出資の間の損失吸収力の差異に着目し、国際統一基準に設けられたような差異を設けるべきかが議論になったものの、調達手段が限られているという協同組織金融機関の特性をふまえると、この点に差異を設けることは、そもそも限られた調達手段をさらに制約する結果となることから、既存のTier 1に算入される普通出資および非累積的永久優先出資はすべて、新しい国内基準における分子であるコア資本に含めることとなった。

　一方、株式会社である銀行については、協同組織金融機関と比較すると、資本調達上の制約は小さいといえる。また、国際統一基準において、普通株式と優先株式との間の損失吸収力の差をふまえた取扱いの差異が設けられたこともふまえ、資本の質の強化の観点から、出発点としては普通株式のみをコア資本に算入することとなった。そのうえで、優先株式のうち、将来の特定の時点において普通株式へ強制的に転換される条項が付された、いわゆる強制転換条項付優先株式について、将来的に普通株式へ転換される効果を先取りするかたちで、コア資本に算入することが許容されることとなった。

　他方、強制転換条項付優先株式以外の優先株式、たとえば社債型優先株式については、将来普通株式へ転換することが予定されておらず、存続する限りは普通株式より優先的に配当を払い続けなければならず、また償還条項が付される場合には資本としての永続性に乏しいという性質も有することから、コア資本への算入は認められないこととなった。

　以上のとおり、銀行、協同組織金融機関ともに、国際統一基準の考え方をふまえ、原則として普通株式あるいは普通出資から構成される資本のみを規制上の資本とするという考え方を基礎としつつ、より調達手段が限定される協同組織金融機関については、バーゼルⅡにおいてTier 1に含まれる非累積

的永久優先出資を引き続きコア資本へ算入することを許容する一方、銀行に

図表3-4 規制資本の損失吸収力の差異

質が高い　　　　　　　　　　　　　　　　　質が低い
発行コストが高い　　←――――――――→　発行コストが安い
投資リスクが高い　　　　　　　　　　　　　投資リスクが低い

資本の質比較	普通株	優先株	海外SPC発行優先出資証券	劣後債・劣後ローン
継続価値ベース（going-concern）の損失吸収力	◎ 株主総会の決議のもとに、配当を停止することで社外流出を抑制可能	○ 株主総会の決議のもとに、配当を停止することで社外流出を抑制可能。ただし、普通株に比べて配当を優先的に支払う必要があり、損失吸収力は劣る	○ 配当の優先順位は優先株と同等	× 負債であるため、利払いの停止が基本的に困難であり、あるいは場合により繰延べが認められるにすぎず、利払いを免れることによる社外流出の抑制は困難（損失吸収力なし）
破綻時ベース（gone-concern）の損失吸収力	◎ 破綻時に最優先で損失を負担	○ 破綻時に普通株の次に損失を負担	○/△ 破綻時に優先株と実質的に同順位で損失を負担（契約による対応）。ただし、公的処理が行われた場合、損失を負担しない可能性あり	△/× 破綻時に資本の次（預金者よりも先）に損失を負担。ただし、公的処理が行われた場合、損失を負担しない可能性あり
資本の安定性	◎ 満期がなく永続性あり	○ 満期がなく永続性あり。ただし、一定期間後に償還（コール）できる商品もあり。普通株に強制転換されるものもあり	○ 満期がなく永続性あり。ただし、一定期間後に償還（コール）できる	○/△ 満期が定められているか、満期がないものでも、一定期間後に償還（コール）が可能であることが通常で、安定性は低い
会計上の分類	◎ 資本	○ 資本	△ 優先出資そのものは連結上の少数株主持分として資本扱い。ただし、銀行または親会社へ回金する際には劣後ローン等で行われ、単体上は負債	× 負債

第3章 国内基準

ついては強制転換条項付優先株式のみを追加的にコア資本へ算入することとなったのである。図表3－4では、主な規制資本項目の損失吸収力の差を比較している。

(6) プロシクリカリティの抑制（その他有価証券の評価損益）

　バーゼルⅢの交渉過程で大きな議論となった論点の1つに、景気循環増幅効果（プロシクリカリティ）の問題がある。バーゼルⅠと比較して、よりリスク感応的、すなわちリスクをより敏感に数値に反映することとなったバーゼルⅡは、プロシクリカリティを有しているといった問題がこれまでも指摘されてきた。リスク感応的であればあるほど、景気や市場が悪化した際、自己資本比率を押し下げる要因となり、金融機関がそうした押下げ圧力を回避するため、リスク・アセットの圧縮等、いわゆる貸渋りに走ることで、結果としてさらに経済状況を悪化させるおそれが出てくる。こうした問題がプロシクリカリティと呼ばれるものである。

　バーゼルⅢにおいては、プロシクリカリティの抑制策として、たとえば好況時に追加的な資本バッファーを積み立てるカウンター・シクリカル・バッファーの導入等により、主に最低所要自己資本比率以外の部分によってこの問題に対処することとなっている。一方で、国際交渉の過程においても、プロシクリカリティ抑制の観点から、その他有価証券の評価損益の取扱いや、貸倒引当金の取扱いが大きな議論になったという事実がある。

　このうち、その他有価証券の評価損益の取扱いについて、従来の国際統一基準では評価損をTier 1控除、評価益は税効果勘案前の45％相当額をTier 2算入という取扱いであった一方、最低所要自己資本比率が4％である国内基準については、評価益の算入は認めないが評価損はTier 1からの控除を求めるという、評価損と評価益で非対称な取扱いを採用していた。しかし、リーマン・ショックに伴う株式市場等の混乱を受け、平成20年12月末決算より、国内基準行については、その他有価証券の評価損を自己資本比率の計算上勘

案する必要がないとする自己資本比率規制の弾力化措置が導入されることとなった[2]。

プロシクリカリティを抑制する観点からは、評価損益ともに自己資本比率に反映しないことが望ましい。評価損を自己資本比率に反映すると、市場混乱時に自己資本比率の押下げ要因となるほか、逆に好況時には評価益が自己資本比率を押し上げ、過剰なリスクテイクにつながるおそれがあるためである。

一方で、評価損益を自己資本比率の計算に反映しないことは、自己資本比率そのものの信頼性を損なうおそれがある。すなわち、評価損益は実現損益ではないため、それが直ちに実際の資本の増減につながるわけではないものの、仮にその時点で保有するポジションを処分した場合にはその金額分の損失または利益が生じることから、会計上の取扱いとの整合性を確保し、より指標の信頼性を高める観点からは、評価損益を自己資本比率に反映するほうが望ましい。

また、他国の銀行と比較し、引き続き株式保有額の多い日本の金融機関は、相応の株式リスクにさらされているが、評価損を自己資本比率に反映しないとした場合、市場悪化時に自己資本比率を通じて問題が直接的に顕在化することがなくなることから、より大きな株式リスク取得のインセンティブや、政策保有株式の処分を遅らせるインセンティブにつながるおそれがあるといった問題もある。

以上のようなさまざまな論点につき議論を行った結果、図表3－5のとおり、地域や中小企業に対する重要な金融仲介機能の発揮を求められる国内基準行については、市場混乱が貸渋り等に直接的につながるプロシクリカリティを回避することをより重視すべきであるとの結論に至り、評価損益ともに自己資本比率の計算上から除外することとなった。平成20年に導入された弾力化措置は24年3月末までの時限措置であったが、24年6月に26年3月30日まで延長することが発表され、引き続き26年3月31日から適用される新国

---

[2] 国際統一基準についても、国債等に限り評価損益ともに自己資本比率に反映しないことを選択可能であった。

図表3-5　有価証券の評価損益の取扱い

[自己資本比率の計算上評価損益を勘案することの是非]

	プラス	マイナス
バーゼルⅢ 評価損益を勘案	自己資本比率が、銀行のその時点での損失吸収力をより正確に表す（会計上の取扱いと整合的）。	自己資本比率の変動が激しくなり、資本計画策定やALMに支障が出るおそれがあるほか、プロシクリカリティを強める。
新国内基準 評価損益を勘案せず	自己資本比率の変動が緩やかとなり、プロシクリカリティの抑制につながる。	特に評価損が生じている場合、実際の経営体力が数字以上に失われていることがわかりにくい。

[新国内基準における取扱い]
○自己資本比率規制の弾力化措置を恒久化（評価損益ともに自己資本に反映させず）
○ただし、保有有価証券に係る市場リスクの管理、資本配賦の際に評価損益の影響の勘案は必要（監督指針）

[（参考）米国バーゼルⅢにおける取扱い（2013（平成25）年7月公表）]
○先進的手法採用行以外の銀行（連結総資産2,500億ドル未満かつ海外エクスポージャーが100億ドル未満の銀行）は、従前の米国内規制同様、ほとんどの売買可能有価証券の評価損益について、自己資本比率の計算上勘案しないことが選択可能（ただし、一度勘案しないことを選択した場合、継続使用が条件）

内基準のなかで恒久化されることとなったわけである。

　このように、自己資本比率の計算上は、その他有価証券の保有に伴う評価損益の反映の必要はなくなった。一方で、平成25年11月に見直された監督指針においても述べられているとおり、国内基準行であっても、株式や債券等、市場リスクを有する商品を保有している場合には、そのリスクを適切に管理することが引き続き求められることとなる。したがって、国際統一基準行であれ、国内基準行であれ、市場リスクを適切に管理しなければならないことはこれまでとなんら変わることはない。

(7) プロシクリカリティの抑制（貸倒引当金の取扱い）

　プロシクリカリティ抑制の観点から議論となったもう1つの論点は、貸倒引当金の取扱いである。この論点についても、バーゼルⅢの交渉過程においてさまざまな議論が行われた。従来の国際統一基準では、標準的手法採用行は一般貸倒引当金につきリスク・アセットの合計額の1.25％まで、また内部格付手法採用行は、適格引当金が期待損失を上回る場合、リスク・アセットの合計額の最大0.6％までTier 2に算入することが認められていた。一方、国内基準については、最低比率が国際統一基準の半分であったことから、標準的手法行についてはリスク・アセットの合計額の0.625％まで、内部格付手法採用行はリスク・アセットの合計額の0.3％までTier 2への算入が許容されていた。

　貸倒引当金については、計上を行った時点で会計上の損失となることから、その時点で自己資本比率の低下要因となる。仮にこれが自己資本比率上まったく調整が行われないとした場合、銀行にとって引当金を積み立てるインセンティブがまったくないこととなってしまう。しかし、引当金は債権の損失が将来生じうるであろうと見込まれる場合に積み立てられる、いわば準備金のような性質を有していることから、バーゼルⅠ導入時より、上限付きでTier 2へ算入することが認められてきた。

　プロシクリカリティを抑制する観点からは、ある程度経済状況がよい段階から積極的に引当金を積み立てるインセンティブを銀行へ付与するため、算入上限を撤廃する、あるいはより質の高い資本への引当金の算入を認めるといった規制が望ましい。一方で、引当金は、あくまで債権の損失に対する準備であり、使途が限られていることから、通常の内部留保のように幅広く損失を吸収する力は有しない。

　バーゼルⅢの交渉過程においては、以上のような議論が種々行われたものの、結果としてこれまでの取扱いを基本的に維持することとなった。一方、国内基準については、状況が大きく悪化していない段階において、より積極

的に引当金を積み立てるインセンティブを付与し、プロシクリカリティを抑制する観点から、標準的手法採用行につき、一般貸倒引当金の算入上限を信用リスク・アセットの合計額の1.25％まで引き上げるとともに、コア資本への算入を認めることとなった。同様に、内部格付手法採用行については、適格引当金が期待損失を上回る場合、信用リスク・アセットの合計額の0.6％まで、コア資本への算入を認めることとなった。

(8) リスク捕捉の強化（カウンターパーティ・リスクの取扱い）

　バーゼルⅢでは、先般の金融危機の教訓をふまえ、デリバティブ取引に係る取引の相手方がデフォルトするリスクである、いわゆるカウンターパーティ・リスクの捕捉についての取扱いが強化されている。

　自己資本比率の分母、すなわちリスク・アセットの取扱いについては、バーゼルⅠ、バーゼルⅡにおいても原則として国際統一基準と国内基準との間で差異は設けられてこなかった。これは、最低比率は異なるものの、リスクの捕捉は一貫した枠組みのもと、共通に行われるべきであるとの考え方に基づくものである。

　バーゼルⅢをふまえたリスク・アセット計測の見直しにおいても、こうした考え方を原則として適用することとし、カウンターパーティの信用力の変化に伴いデリバティブ取引の価値が変動するCVAリスクに関する新たなリスク捕捉の枠組みも含め、国際統一基準と同様の取扱いを適用することとし、リスク捕捉の強化を図っている。

　一方で、CVAリスクの捕捉については、特に中小金融機関にとってはその計算負担が増すことが見込まれることから、国際統一基準では示されていない簡便な手法を代替的にとることを許容することとなった。

(9) 新規制への円滑な移行（経過措置）

　前述のとおり、バーゼルⅢの交渉過程において、日本は、規制の強化は必要であるものの、それが実体経済にマイナスの影響を与えることは回避すべきだとの主張を一貫して行ってきた。その結果、2013（平成25）年からバーゼルⅢが実施されることとなったが、その実施は段階的に行われ、最も長いものでは10年間の経過措置が設けられることとなった。

　新しい国内基準については、以上のとおり自己資本の質およびリスク捕捉の強化が図られることとなったものの、これを直ちに全面適用した場合には、多くの預貯金取扱金融機関において自己資本比率が大きく低下することとなり、自己資本比率維持のためのリスク・アセットの圧縮等を通じて実体経済にマイナスの影響を与えるおそれがあったことから、国際統一基準と同様、十分な経過措置を導入することとなった。

　経過措置の考え方は、基本的には国際統一基準と同様であり、新しい調整（控除）項目については５年間をかけて20％ずつ適用していくほか、既存の劣後債等については、10年間かけて自己資本の算入対象から除外することとしている。

　以上に加え、国内基準にのみ適用された経過措置としては、たとえば銀行が発行する社債型優先株について、15年間の経過措置が設けられている。優先株は、劣後債等と比較すると損失吸収力が高いことから、すでに発行されている優先株については、劣後債等よりも長期の経過措置を設けるものである。また、一部の金融機関向け出資のリスク・ウェイトの引上げについても経過措置が設けられている。

　これらの経過措置が設けられたのは、繰り返しになるが、新規制の導入が実体経済にマイナスの影響を与えることなく、円滑な移行を図るためであり、各金融機関においては、経過措置期間中に、将来的な完全実施を見据えた過度に負担のない適切な資本政策の策定が求められる。

⑽ 協同組織金融機関による中央機関(連合会)等向け出資の取扱い

　株式会社形態ではない協同組織金融機関については、その資本調達手段が限られていることから、前述のとおり、銀行と比較すると、非累積的永久優先出資を含むという点で規制上の自己資本の範囲が広いといえる。これに加えて、協同組織金融機関については、会員から調達された資金を上位機関である連合会向けに出資し、連合会がこうして集めた資金を運用し、その利益を傘下機関に還元するというシステムにより成り立っている。また、傘下機関の資本が不十分となった場合には、直接連合会が傘下機関に出資を行う、あるいは別途設けられた基金を通じて出資を行うといったかたちで、システム全体の健全性を保つ仕組みとなっている。

　したがって、傘下機関による連合会向け出資については、連合会が危機に陥った傘下機関の資本を保有することにより、お互いに自己資本比率を向上させるようなかたちで資本を持ち合うこととなることから、いわゆる資本の食い合いのような状態となりうることがある。これは、銀行同士がお互いの自己資本比率を向上させる目的資本を持ち合う、意図的な持合いに形式的に該当するといえる。

　一方で、傘下機関による連合会向けの出資は、協同組織金融システムを維持していくうえで不可欠のものであり、形式的に意図的な持合いに該当するからといって、その他の金融機関同士の資本の持合いと同様の取扱いを設けることは必ずしも合理的ではないといえる。

　こうした背景をふまえ、従前においても協同組織金融機関による連合会向け出資については、他の金融機関向けの意図的保有の取扱いとは異なる取扱いが適用されており、信用金庫、信用組合については一定の持分まではリスク・アセットとして計上する一方、それを超える出資を行っている場合には自己資本から控除する取扱いとなっていた。また、労働金庫、農漁協等については、連合会が傘下機関を直接支援する枠組みがなかったことをふまえ、

図表3－6　新しい国内基準の策定にあたって勘案されたさまざまな論点

- 金融仲介機能の発揮（金融の円滑化）
- 自己資本の量の強化（最低比率4％）
- IMFの金融セクター評価プログラム（FSAP）提言事項（最低比率の引上げ）
- 実体経済に大きな影響を与えない規制の円滑な実施（経過措置）
- 自己資本の質の強化（損失吸収力の高い資本、繰延税金資産等の控除項目）
- 銀行・協同組織という業態をまたがる規制のあり方（各業態の特殊性）
- 規制の簡素さ
- 国際統一基準（バーゼルⅢ）とのバランス（国内基準行から国際基準行への円滑な移行）
- 金融システム内のリスクの滞留（ダブルギアリング）
- 銀行破綻時の損失吸収のあり方（Tier 2の位置づけ）
- リスク捕捉の強化（カウンターパーティ・リスク）
- 弾力化措置の延長の是非（有価証券の評価損益の取扱い）
- プロシクリカリティ（景気循環増幅効果）の抑制

持分に上限を設けることなく、リスク・アセットとして計上することとなっていた。

　新しい国内基準の検討にあたっては、こうした協同組織システムの特殊性を勘案する一方、金融システム内にリスクが滞留することを回避するため、他の金融機関向け出資の取扱いの強化が図られることから、連合会向け出資についてもその取扱いが一部強化されることとなった。なお、労働金庫については連合会が直接傘下の労働金庫を支援する枠組みが設けられたことをふまえ、今般の見直しのなかで信用金庫および信用組合と同様の取扱いが適用されることととなった。

　見直し内容の詳細については第4章を参照されたい。

　以上述べたように、新しい国内基準の検討にあたっては、図表3－6にあるような多くの論点につきさまざまな議論・検討を行い、そうした検討結果をふまえて平成26年3月末から実施される国内基準が最終的に取りまとめられることとなった。

3 国際統一基準と国内基準の比較

　国際統一基準と国内基準の比較を行うと、図表3－7のとおりであり、網掛けが行われている部分が主な大きな違いとなる。新しい国内基準に関してはさまざまな評価がなされているものの、健全性の強化と金融仲介機能の発揮のバランスがおおむねとられた規制内容になっていると評価できる。

　新しい国内基準では、最低比率の4％は維持されたものの、資本の構成項目は最も質の高い普通株式および内部留保により基本的に構成されることとなったほか、調整（控除）項目についても、基本的には国際統一基準と同様の取扱いとすることで、資本の質の強化が図られている。また、リスク捕捉の強化についても、CVAリスクについて簡便的手法の選択が可能であり、また、国内基準においてコア資本に含まれない資本調達手段についての自己資本比率計算上の取扱いは異なる部分があるものの、その他の部分については国際統一基準と共通したものとなっている。

　一方で、国内基準については、プロシクリカリティ抑制の観点からその他有価証券の評価損益を自己資本比率の計算上反映しないこと、また、貸倒引当金につき算入上限を引き上げたうえでコア資本への算入が認められることとなっている。有価証券の評価損益は自己資本比率に反映されなくなるものの、有価証券保有に伴う市場リスクの適切な管理は引き続き求められることから、この点に留意した適切なリスク管理態勢の構築を行う必要がある。

　また、実体経済にマイナスの影響を与えないため、国際統一基準と同様、十分な経過措置を設けており、国際統一基準よりも長期にわたる経過措置や、リスク・ウェイトの引上げに関する経過措置を一部追加するなどしている。この点については、結果として自己資本比率の計算を行う金融機関にとっての事務的な負担増につながっているとの批判もあるが、1,000を超える国内基準行全体が、新しい規制に円滑に移行することを確保するためには必要な措置であったといえる。

図表3－7　新しい国際統一基準と国内基準の比較

	国際統一基準（バーゼルⅢ）	新国内基準
自己資本の定義	① 普通株式等Tier1（普通株＋内部留保） ② その他Tier1（優先株、協同組織優先出資等） ③ Tier2（劣後債、劣後ローン、一般貸倒引当金等）〈①＋②＋③＝総自己資本〉	コア資本のみ（普通株式等Tier1＋強制転換条項付優先株、協同組織優先出資、一般貸倒引当金）
最低所要比率	①≧4.5％、①＋②≧6％、①＋②＋③≧8％ （ただし、最低所要比率の上に普通株式等Tier1による所定のバッファーが必要）	4％（ただし、内部格付手法（IRB）採用行は、国際統一基準の①を満たす必要）
その他包括利益（評価・換算差額等）	原則、損益ともに普通株式等Tier1資本に勘案	その他有価証券評価損益、土地再評価差額金等を損益ともにコア資本に勘案せず
調整（控除）項目の適用	原則、普通株式等Tier1に適用	コア資本に適用
調整（控除）項目の範囲	のれん、その他無形資産、繰延税金資産、他の金融機関等向け出資等	国際統一基準と基本的に同様
少数株主持分等（子会社の規制資本の第三者保有分）	普通株式等Tier1資本として算入可能なものは、銀行子会社・証券子会社等分のみ。その他含め、算入制限あり	コア資本として算入可能なものは、銀行子会社・証券子会社等のコア資本相当分のみ（算入制限あり）
協同組織システム内出資	他の金融機関等向け出資と同様の取扱い	他の金融機関等向け出資と異なる取扱い
リスク・アセット	カウンターパーティ・リスク関連の捕捉強化	基本的に国際統一基準と同様。ただし、CVAリスクの捕捉に簡便法を選択可能
経過措置（控除項目）	5年	5年
経過措置（バーゼルⅡ適格資本）	10年	社債型優先株のみ15年。その他10年
経過措置（リスク・ウェイト引上げ）	なし	5年

（注）　網掛け部分が国際統一基準と国内基準の主な大きな差違。

　以上のような検討経緯をふまえて策定された新しい国内基準の告示上の個別の取扱いについて、以下それぞれ解説を行う。

4 国内基準の概要

(1) 最低所要自己資本比率

国内基準行は、国内基準として、以下の自己資本比率を充足することが求められる（銀行告示25条、37条）。

$$\frac{\text{自己資本の額（コア資本に係る基礎項目の額－コア資本に係る調整項目の額）}}{\text{信用リスク・アセットの額の合計額＋マーケット・リスク相当額の合計額を8\%で除して得た額＋オペレーショナル・リスク相当額の合計額を8\%で除して得た額}} \geq 4\%$$

国内基準では、国際統一基準と異なり、コア資本に係る基礎項目の額からコア資本に係る調整項目の額を控除することにより算出される自己資本が、銀行が抱えるリスク量に対して十分な水準が確保されていることを判断するための基準のみが、自己資本比率規制として定められることとなった。国内基準の最低所要自己資比率は、バーゼルⅡ告示と同様4％である。

自己資本比率の分子は、コア資本に係る基礎項目からコア資本に係る調整項目を控除することで算出される規制上の自己資本である。

コア資本に係る基礎項目とは、まず、国際統一基準と同様に、配当等の社外流出の抑制を通じた高い損失吸収力を有する普通株式および内部留保を中心に構成される。また、強制転換条項付優先株式については、配当等の社外流出の抑制を通じた損失吸収力という点では普通株式に劣るものの、償還されずに一定期間を経過した場合には普通株式に転換するという特性を有していることや、そのような特性をふまえて預金保険法や金融機能強化法に基づき公的資金注入の主たる手段として用いられてきたという経緯等をふまえ、一定の要件を満たす強制転換条項付優先株式はコア資本に係る基礎項目の額

に含めることとされた。

　他方で、それ以外の資本調達手段である社債型優先株式および海外特別目的会社の発行する優先出資証券ならびに劣後債および劣後ローンは自己資本に含まれないほか、帳簿上の評価額の洗替えにすぎない土地再評価差額金もコア資本に係る基礎項目の額に含まれないこととされている。加えて、上述のとおり、自己資本比率規制に内在するプロシクリカリティ（景気循環増幅効果）を抑制する観点から、国際統一基準においてTier 2 資本に係る基礎項目の額に算入される一般貸倒引当金[3]をコア資本に係る基礎項目の額に算入する一方で、国際統一基準において普通株式等Tier 1 資本に係る基礎項目の額に算入されるその他の有価証券評価差額金についてはコア資本に係る基礎項目の額に算入しないこととされた。

　国内基準の自己資本の算出において控除されるコア資本に係る調整項目の額については、国際統一基準における普通株式等Tier 1 資本に係る調整項目と基本的に同じ内容が、国内基準の特性をふまえた調整を行ったうえで定められている。

(2)　自己資本比率の計算式における分母（銀行の抱えるリスク量）

　銀行の抱えるリスク量を表す自己資本比率の計算式における分母は、信用リスク・アセットの額の合計額、マーケット・リスク相当額の合計額を 8 ％で除して得た額およびオペレーショナル・リスク相当額の合計額を 8 ％で除して得た額の合計額である。

Ⅰ．信用リスク・アセットの額の合計額

　信用リスク・アセットの額の合計額は、標準的手法採用行と内部格付手法採用行それぞれにおいて、以下の表に掲げる額の合計額である（銀行告示48

---

[3]　ただし、信用リスク・アセットの額の合計額の1.25％が算入上限とされる。

条1項、152条2号)。

[標準的手法採用行の場合(銀行告示48条1項)]

	信用リスク・アセットの額の合計額
イ	リスク・ウェイト[4]を資産の額またはオフ・バランス取引[5]もしくは派生商品取引および長期決済期間取引[6]の与信相当額に乗じて得た額ならびに未決済取引[7]および証券化エクスポージャー[8]の信用リスク・アセットの額の合計額 ただし、信用リスク削減手法について定める銀行告示第6章第5節において、リスク・ウェイトまたは与信相当額の算出方法が定められている場合には、同節の規定により算出した額とする。また、標準的手法採用行が直接清算参加者として、清算取次ぎ等[9]を行うことにより生じる間接清算参加者に対するトレード・エクスポージャーに係る信用リスク・アセットの額について、銀行告示139条の2の規定により算出する場合には、当該合計額の算出にあたって、当該トレード・エクスポージャーに係る信用リスク・アセットの額として、同条の規定により算出された信用リスク・アセットの額を用いる。
ロ	CVAリスク相当額[10]を8%で除して得た額
ハ	中央清算機関関連エクスポージャー[11]に係る信用リスク・アセット[12]の額

　国際統一基準と同様、今般の分母部分の見直しにより、CVAリスク相当額の12.5倍および中央清算機関関連エクスポージャーに係る信用リスク・アセットの額が新たに信用リスク・アセットの額の合計額に追加されることと

4　銀行告示第6章第2節
5　銀行告示第6章第3節
6　銀行告示第6章第4節
7　銀行告示79条の5の規定により算出される。
8　銀行告示246条〜252条の規定により算出する。
9　間接清算参加者の適格中央清算機関に対するトレード・エクスポージャーに係る金融商品取引法2条27項に規定する有価証券等清算取次ぎ、間接清算参加者の適格中央清算機関に対するトレード・エクスポージャーに係る商品先物取引法2条20項に規定する商品清算取引その他間接清算参加者の適格中央清算機関に対するトレード・エクスポージャーに係る取次ぎまたはこれらに類する海外の取引をいう(銀行告示48条2項)。
10　銀行告示第8章の2に定めるところにより算出する。以下同じ。
11　銀行告示270条の6各号に掲げるエクスポージャーをいう。以下同じ。
12　銀行告示第8章の3に定めるところにより算出する。以下同じ。

なった。以下の内部格付手法採用行についても同様である。

[内部格付手法採用行の場合（銀行告示152条 2 号）]

	信用リスク・アセットの額の合計額
イ	内部格付手法採用行が内部格付手法により事業法人等向けエクスポージャー、リテール向けエクスポージャー、株式等エクスポージャーおよび証券化エクスポージャーについて算出した信用リスク・アセットの額（購入債権、リース料[13]、同時決済取引および非同時決済取引に係る信用リスク・アセットの額を含む）、PD/LGD方式[14]の適用対象となる株式等エクスポージャーの期待損失額に1,250％のリスク・ウェイトを乗じて得た額、178条の2の2の規定により算出される信用リスク・アセットの額、178条の2の3の規定により算出される信用リスク・アセットの額および178条の2の4の規定により算出される信用リスク・アセットの額の合計額に1.06を乗じて得た額ならびにその他資産およびリース取引における見積残存価額の信用リスク・アセットの額の合計額
ロ	内部格付手法採用行が標準的手法を適用する部分につき、銀行告示48条 1 項（ 1 号に係る部分に限る）の規定を準用することにより標準的手法により算出した信用リスク・アセットの額の合計額
ハ	CVAリスク相当額を 8 ％で除して得た額
ニ	48条 1 項 3 号に規定する中央清算機関関連エクスポージャーに係る信用リスク・アセットの額

　もっとも、以下の表に掲げるものについては、信用リスク・アセットの額を算出することを要しないことに留意が必要である（銀行告示33条 2 項、44条 2 項）。たとえば、のれん以外の無形固定資産や退職給付に係る資産（単体自己資本比率の計算においては前払年金費用）等については、これまでその他資産等として、リスク・ウェイト100％で信用リスク・アセットの額の合計額に含まれていたが、今般の見直しにより、コア資本に係る調整項目の対象に含まれ、その全部または一部が自己資本の計算において控除されることとなったため、当該控除された部分については、信用リスク・アセットの額の

13　銀行告示174条 1 項に規定するリース料をいう。以下同じ。
14　銀行告示166条 1 項 2 号

計算対象から除外されることとなった。

	自己資本比率の算出にマーケット・リスク相当額に係る額を算入しない場合	特定取引勘定設置銀行[15]において自己資本比率の算出にマーケット・リスク相当額に係る額を算入する場合	特定取引勘定設置銀行[15]以外の銀行において自己資本比率の算入にマーケット・リスク相当額に係る額を算入する場合
イ	個別貸倒引当金[16]		
ロ	特定海外債権引当勘定		
ハ	支払承諾見返勘定		
ニ	派生商品取引に係る資産		
ホ	有価証券、コモディティまたは外国通貨およびその対価の受渡しまたは決済を行う取引に係る未収金		
ヘ	自己保有資本調達手段、対象資本調達手段、無形固定資産（のれん相当差額を含む）、繰延税金資産および退職給付に係る資産（単体自己資本比率の算出においては前払年金費用）のうち、銀行告示28条2項または40条2項の規定によりコア資本に係る調整項目の額とされたものの額に相当する部分		
ト	銀行告示28条5項または40条5項の規定により繰延税金負債の額と相殺された額に相当する部分[17]		
チ		特定取引勘定の資産および連結法人等における特定取引等[18]に係る資産。ただし、証券化取引を目的として保有している資産およびCVAリスク相当額[19]の算出に反映された取引を除く。	当該銀行および連結法人等における特定取引等[18]に係る資産。ただし、証券化取引を目的として保有している資産およびCVAリスク相当額[19]の算出に反映された取引を除く。

---

15 銀行法施行規則13条の6の3第1項の規定に基づき特定取引勘定を設けた銀行をいう。以下同じ。
16 内部格付手法採用行にあっては、銀行告示178条2項のその他資産に対して計上されているものに限る。
17 繰延税金負債の額と相殺された繰延税金資産の額はここに含まれていないが、こうした繰延税金資産についても信用リスク・アセットの額を計算する必要は当然にないものと考えられる。
18 銀行法施行規則13条の6の3第2項に規定する特定取引その他これに類似する取引をいう。以下同じ。
19 銀行告示270条の3第1項または270条の4第1項に規定する。以下同じ。

Ⅱ．マーケット・リスク相当額の合計額

ⅰ．マーケット・リスク相当額の合計額

マーケット・リスク相当額の合計額は、次の銀行の区分に応じて定められる資産および負債ならびに取引または資産について、銀行告示第9章に定めるところにより算出するものの合計額をいう（銀行告示34条、45条）。基本的に今般の見直しに伴う変更点はない。

特定取引勘定設置銀行	特定取引勘定設置銀行以外の銀行
特定取引勘定の資産および負債ならびに特定取引勘定以外の勘定の外国為替リスクまたはコモディティ・リスクを伴う取引または財産（連結自己資本比率の算出の場合においては、連結子法人等における特定取引等に係る資産および負債ならびに特定取引等に係る資産および負債以外の外国為替リスクまたはコモディティ・リスクを伴う取引または財産を含む）[20]	当該銀行（連結自己資本比率の算出の場合においては、連結子法人等を含む）における特定取引等に係る資産および負債ならびに特定取引等に係る資産および負債以外の外国為替リスクまたはコモディティ・リスクを伴う取引または財産[20]

ⅱ．マーケット・リスク相当額不算入の特例

上記ⅰにかかわらず、今般の見直しに伴い、銀行法施行規則13条の6の3第1項の規定に基づき特定取引勘定を設けた銀行（「特定取引勘定設置銀行」）およびそれ以外の銀行のそれぞれについて、次に掲げる条件のすべてを満たす場合に限り、マーケット・リスク相当額の合計額を8％で除して得た額を、自己資本比率の計算において分母に算入しない取扱いが認められている（銀行告示27条、39条）[21]。

---

[20] 銀行告示28条2項2号～6号に掲げる額または40条2項2号～6号に掲げる額に該当する部分を除く。以下同じ。すなわち、コア資本に係る調整項目に含まれる額については、マーケット・リスク相当額の合計額に重ねて算入しないこととする趣旨である。

バーゼルⅡ告示においては、国内基準行であれば、上記の条件等なく、任意にマーケット・リスク相当額を算入しないことを選択することが可能であったが、相応の規模のトレーディング勘定取引を有する銀行については、マーケット・リスク相当額を算出し、当該リスク量に見合う資本の積立てを求めることが適当であるとの判断から、改正国内基準告示においては、国際統一基準と同様、以下の表のとおり、上記条件を満たす場合に限り、マーケット・リスク相当額を算入しない取扱いを選択できることとなった。

特定取引勘定設置銀行	特定取引勘定設置銀行以外の銀行
・直近の期末[22]から算出基準日[23]までの間における特定取引勘定の資産[24]および負債の合計額のうち最も大きい額が、1,000億円未満であり、かつ、直近の期末の総資産の10％に相当する額未満であること。 ・算出基準日が期末である場合には、当該算出基準日における特定取引勘定の資産[24]および負債の合計額が、1,000億円未満であり、かつ、当該算出基準日における総資産の10％に相当する額未満であること。 ・直近の算出基準日において自己資本比率の算出にマーケット・リスク相当額に係る額を算入していないこと。	・直近の期末[22]から算出基準日[23]までの間における商品有価証券勘定および売付商品債券勘定の合計額のうち最も大きい額が、1,000億円未満であり、かつ、直近の期末の総資産の10％に相当する額未満であること。 ・算出基準日が期末である場合には、当該算出基準日における商品有価証券勘定および売付商品債券勘定の合計額が、1,000億円未満であり、かつ、当該算出基準日における総資産の10％に相当する額未満であること。 ・直近の算出基準日において自己資本比率の算出にマーケット・リスク相当額に係る額を算入していないこと。

---

21 期中の量的基準は、連結ベースの特定取引勘定の資産および負債の合計額（特定取引勘定設置銀行以外の銀行においては、連結ベースの商品有価証券勘定および売付商品債券勘定の合計額）を日次で算出したものが基準を満たすことを確認する必要があるが、当面は、毎月末において基準を満たすことを確認する方法を用いてさしつかえないとされる（告示Q&A「第4条－Q1」）。
22 中間期末を含む。
23 自己資本比率の算出を行う日をいう。以下同じ。
24 証券化取引を目的として保有している資産および銀行告示270条の3第1項または270条の4第1項に規定するCVAリスク相当額の算出に反映された取引を除く。以下同じ。

Ⅲ．オペレーショナル・リスク相当額の合計額

オペレーショナル・リスク相当額の合計額は、銀行告示第10章に定めるところにより算出する（銀行告示35条、46条）。今般の見直しに伴う変更点はない。

5 コア資本に係る基礎項目の額

(1) 概　要

自己資本比率の分子を構成するコア資本に係る基礎項目の額は、以下に掲げる額の合計額をいう（銀行告示28条1項、40条1項）。

連結自己資本比率	単体自己資本比率
①　普通株式または強制転換条項付優先株式に係る株主資本の額（社外流出予定額を除く） ②　その他の包括利益累計額（その他有価証券評価差額金、繰延ヘッジ損益および土地再評価差額金を除く） ③　普通株式または強制転換条項付優先株式に係る新株予約権の額 ④　コア資本に係る調整後少数株主持分の額 ⑤　次に掲げる額の合計額 　ⓐ　一般貸倒引当金の額[25] 　ⓑ　内部格付手法採用行において、適格引当金の合計額が事業法人等向けエクスポージャーおよびリテール向けエクスポージャーの期待損失額の合計額を上回る場合における当該適格引当金の合計額から当該期待損失額の合計額を控除した額[26]	①　普通株式または強制転換条項付優先株式に係る株主資本の額（社外流出予定額を除く） ②　普通株式または強制転換条項付優先株式に係る新株予約権の額 ③　次に掲げる額の合計額 　ⓐ　一般貸倒引当金の額[25] 　ⓑ　内部格付手法採用行において、適格引当金の合計額が事業法人等向けエクスポージャーおよびリテール向けエクスポージャーの期待損失額の合計額を上回る場合における当該適格引当金の合計額から当該期待損失額の合計額を控除した額[26]

---

[25] 当該額が信用リスク・アセットの額の合計額（内部格付手法採用行の場合、銀行告示152条2号ロに掲げる額とする）に1.25％を乗じて得た額を上回る場合は、当該乗じて得た額とする。以下同じ。

[26] 当該額が銀行告示152条2号イに掲げる額に0.6％を乗じて得た額を上回る場合は、当該乗じて得た額とする。以下同じ。

図表3－8　バーゼルⅡ告示と改正国内基準告示における自己資本の構成項目比較

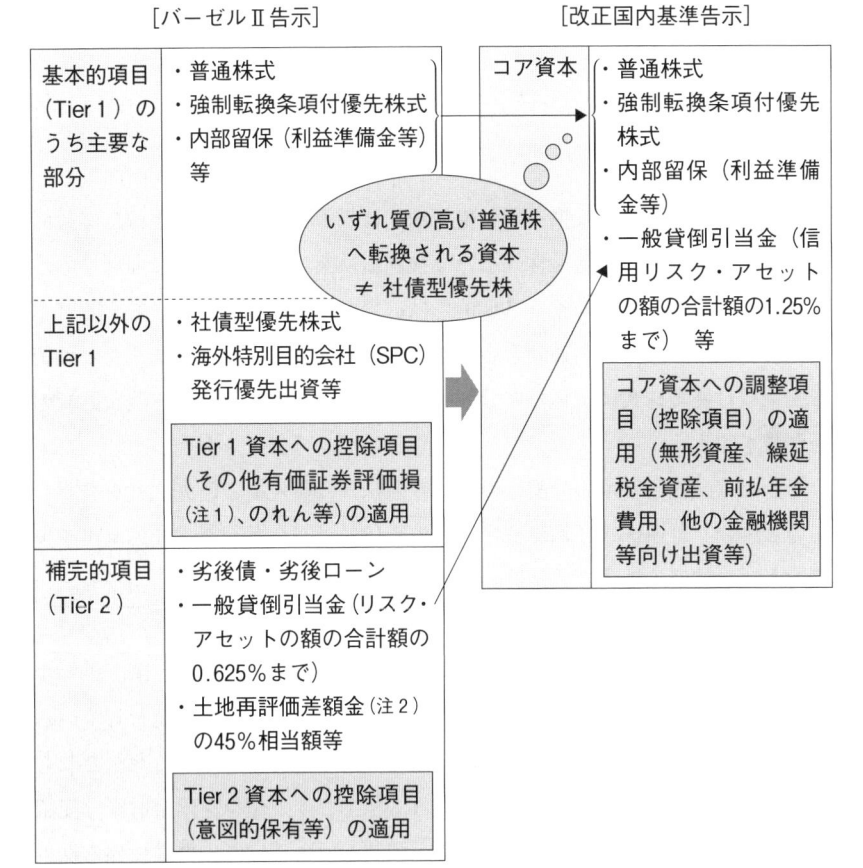

[バーゼルⅡ告示]　　　　　　　　　　　　[改正国内基準告示]

基本的項目 （Tier 1）の うち主要な 部分	・普通株式 ・強制転換条項付優先株式 ・内部留保（利益準備金等） 　等	コア資本	・普通株式 ・強制転換条項付優先株式 ・内部留保（利益準備金等） ・一般貸倒引当金（信用リスク・アセットの額の合計額の1.25%まで）　等
上記以外の Tier 1	・社債型優先株式 ・海外特別目的会社（SPC）発行優先出資等 Tier 1 資本への控除項目（その他有価証券評価損（注1）、のれん等）の適用		コア資本への調整項目（控除項目）の適用（無形資産、繰延税金資産、前払年金費用、他の金融機関等向け出資等）
補完的項目 （Tier 2）	・劣後債・劣後ローン ・一般貸倒引当金（リスク・アセットの額の合計額の0.625%まで） ・土地再評価差額金（注2）の45%相当額等 Tier 2 資本への控除項目（意図的保有等）の適用		

いずれ質の高い普通株へ転換される資本 ≠ 社債型優先株

(注1)　平成24年より延長されている弾力化措置により、平成26年3月30日まで控除の対象とはされていない。
(注2)　税効果勘案前。
(注3)　新基準において不算入となる項目や新たに控除される項目については、経過措置が適用される。

(2) 普通株式または強制転換条項付優先株式に係る株主資本の額

Ⅰ. 概　要

　普通株式または強制転換条項付優先株式に係る株主資本の額とは、銀行の株主資本の額のうち、普通株式または強制転換条項付優先株式に帰属すると考えられる部分の額をいう。具体的には、会計上の株主資本を構成する資本金、資本剰余金および利益剰余金の額の合計額のうち、普通株式または強制転換条項付優先株式に清算時に分配されるであろうと考えられる残余財産の額が該当する。

　たとえば、残余財産の分配について普通株式に優先する優先株式を発行している場合、普通株式に係る株主資本の額は、上記合計額から社外流出予定額および当該優先株式の残余財産分配請求権の額（ただし、残余財産分配請求権の額が払込金額より小さい場合には払込金額）の合計額を控除することで、計算することとなる（告示Q&A「第5条－Q１」）。また、たとえば、銀行が強制転換条項付優先株式とそれ以外の社債型優先株式の双方を発行している場合については、これらの残余財産の順位が同順位であるとすると、これら同順位の優先株式に帰属すると考えられる株主資本の額を、残余財産分配請求権の額によって按分計算する方法で、強制転換条項付優先株式に係る株主資本の額を算出することとなる。

Ⅱ. 普通株式の14要件

　「普通株式」とは、以下の14の要件のすべてを満たす株式をいう（銀行告示28条3項、40条3項）。これら普通株式の要件は、国際統一基準における普通株式の要件（第2章3(2)Ⅱⅱ）と同じである。

普通株式の14要件	
1号	残余財産の分配について、最も劣後するものであること。
2号	残余財産の分配について、一定額または上限額が定められておらず、他の優先的内容を有する資本調達手段に対する分配が行われた後に、株主の保有する株式の数に応じて公平に割当てを受けるものであること。
3号	償還期限が定められておらず、かつ、法令に基づく場合を除き、償還されるものでないこと。
4号	発行者が発行時に将来にわたり買戻しを行う期待を生ぜしめておらず、かつ、当該期待を生ぜしめる内容が定められていないこと。
5号	剰余金の配当が法令の規定に基づき算定された分配可能額を超えない範囲内で行われ、その額が株式の払込金額を基礎として算定されるものでなく、かつ、分配可能額に関する法令の規定により制限される場合を除き、剰余金の配当について上限額が定められていないこと。
6号	剰余金の配当について、発行者の完全な裁量により決定することができ、これを行わないことが発行者の債務不履行となるものでないこと。
7号	剰余金の配当について、他の資本調達手段に対して優先的内容を有するものでないこと。
8号	他の資本調達手段に先立ち、発行者が業務を継続しながら、当該発行者に生じる損失を公平に負担するものであること。
9号	発行者の倒産手続[27]に関し当該発行者が債務超過[28]にあるかどうかを判断するにあたり、当該発行者の債務として認識されるものでないこと。
10号	払込金額が適用される企業会計の基準において株主資本として計上されるものであること。
11号	発行者により現に発行され、払込ずみであり、かつ、取得に必要な資金が発行者により直接または間接に融通されたものでないこと。
12号	担保権により担保されておらず、かつ、発行者または当該発行者と密接な関係を有する者による保証に係る特約その他の法的または経済的に他の資本調達手段に対して優先的内容を有するものとするための特約が定められていないこと。
13号	株主総会、取締役会その他の法令に基づく権限を有する機関の決議または決定に基づき発行されたものであること。

---

[27] 破産手続、再生手続、更生手続または特別清算手続をいう。以下同じ。
[28] 債務者が、その債務につき、その財産をもって完済することができない状態をいう。以下同じ。

14号	発行者の事業年度に係る説明書類において他の資本調達手段と明確に区別して記載されるものであること。

ⅰ. 最劣後性（1号）

　普通株式は、残余財産の分配について、最も劣後するものでなければならない。最も損失吸収力の高い資本として位置づけられるためである。

ⅱ. 残余財産分配の可変性・公平性（2号）

　普通株式は、残余財産の分配について、一定額または上限額が定められておらず、優先株式等の他の優先的内容を有する資本調達手段に対する分配が行われた後に、株主の保有する株式の数に応じて公平に割当てを受けるものでなければならない。普通株式は最劣後性を有する株式であるため、残余財産の分配について特定の額や上限が定められるべきではないほか、普通株式のなかではそれぞれ公平に扱われるべきとの考えによる。

ⅲ. 永久性（3号、4号）

　普通株式は、償還期限が定められておらず、かつ、法令に基づく場合を除き、償還されるものであってはならない。普通株式は、最も質の高い資本として、償還が予定されておらず、銀行が存続する限り損失吸収可能なものでなければならないからである。なお、会社法等の法令により、銀行が株式の取得を義務づけられることがあるとしても、これのみをもって本要件に抵触するものではない。

　また、普通株式は、発行者が発行時に将来にわたり買戻しを行う期待を生じさせておらず、かつ、当該期待を生じさせる内容が定められてはならない。自己株式の取得等として、株主との合意により銀行が普通株式を取得することはもとより可能ではあるが、その場合であっても、発行時において買戻しを行う期待を生じさせていたり、明示または黙示を問わずそのような定めがある場合、実質的には償還に関する合意があるものとして、普通株式の

永久性に反することとなるためである。

ⅳ．分配可能額規制および剰余金配当の完全裁量（5号、6号）

普通株式に対する剰余金の配当が、法令の規定に基づき算定された分配可能額を超えない範囲内で行われ、その額が株式の払込金額を基礎として算定されるものでなく、かつ、分配可能額に関する法令の規定により制限される場合を除き、剰余金の配当について上限額が定められてはならない。また、剰余金の配当について、発行者の完全な裁量により決定することができ、これを行わないことが発行者の債務不履行となるものであってはならない。

普通株式は、配当の中止や減額を通じてゴーイング・コンサーン、すなわち継続価値ベースでの損失吸収を行うことから、配当はあくまで会社法等の法令により定められる分配可能額がある場合に限り可能でなければならず、その実施についても、銀行がその完全な裁量に基づき任意に決定可能でなければならない[29]。また、剰余金の配当額について算定方法や上限額が定められる場合、算定される額や上限額の配当がなされることへの株主の期待が生じる傾向が一般的にあることから、このような定めは禁止されている。

ⅴ．剰余金配当の最劣後性（7号）

普通株式に対する剰余金の配当は、他の資本調達手段に対して優先的内容を有するものであってはならない。すなわち、ゴーイング・コンサーンでの最も高い損失吸収力を有する資本として、残余財産のみならず、剰余金の配当についても最劣後性を有さなければならない。

ⅵ．ゴーイング・コンサーン損失吸収力（8号）

普通株式は、他の資本調達手段に先立ち、発行者が業務を継続しながら、当該発行者に生じる損失を公平に負担するものでなければならない。普通株

---

[29] 発行者の適法な意思決定機関が任意に剰余金の配当を決定することができ、この決定を行うことが義務づけられているものでない場合においては、この要件を満たすものと考えられる（平成25年3月8日付パブコメ回答13番）。

式はゴーイング・コンサーン・ベースの資本として最も高い損失吸収力を有するものであることから必要とされるものである。

ⅶ. 株主資本、債務超過判断における非債務性（9号、10号）

普通株式は、払込金額が適用される企業会計の基準において株主資本として計上されるものでなければならず、発行者の倒産手続に関し当該発行者が債務超過にあるかどうかを判断するにあたり、当該発行者の債務として認識されるものであってはならない。ゴーイング・コンサーン・ベースの損失吸収力を有する資本として、普通株式は会計上の株主資本でなければならず、かつ、倒産手続の債務超過テストにおいても当然に負債として認識されるものではないことを確認するものである。

ⅷ. 資本充実性（11号）

普通株式は、発行者により現に発行され、払込ずみであり、かつ、取得に必要な資金が発行者により直接または間接に融通されたものであってはならない。銀行に生じる損失を普通株式が確実に損失吸収可能なものとするために、普通株式の払込資金が実際に払い込まれたことのみならず、払込資金が第三者から拠出されることを求めるものである。

ⅸ. 無担保・無保証（12号）

普通株式は、担保権により担保されておらず、かつ、発行者または当該発行者と密接な関係を有する者による保証に係る特約その他の法的または経済的に他の資本調達手段に対して優先的内容を有するものとするための特約が定められてはならない。発行者と密接な関係を有する者とは、発行者の親法人等、子法人等および関連法人等ならびに当該親法人等の子法人等（発行者を除く）および関連法人等をいう（告示Q&A「第5条－Q5」）。

普通株式が、担保権や保証等により、本来であれば普通株式に優先するはずの債権者や株主に対して優先することとなり、結果としてその最劣後性が失われ、期待された損失吸収力が発揮されない事態を防ぐ趣旨である。

ⅹ．発行手続の適法性（13号）

　普通株式は、株主総会、取締役会その他の法令に基づく権限を有する機関の決議または決定に基づき発行されたものでなければならない。権限を有する機関の決議または決定に基づき適法かつ適式に発行されたものであって、さかのぼって無効あるいは取り消されることを防ぐ趣旨である。

　なお、たとえば、新株予約権の行使や取得条項付株式の取得の対価として交付される普通株式について、当該要件を満たすかについては、そのような資本調達手段が株主総会または法令上権限を有する取締役会の決議に基づき発行されたものである場合等、この規定の趣旨に反しない場合については、実質的に要件を満たすものと考えてさしつかえないものとされている（平成24年3月30日付パブコメ回答6番）。

ⅺ．区別開示（14号）

　普通株式は、発行者の事業年度に係る説明書類において他の資本調達手段と明確に区別して記載されるものでなければならない。普通株式は、議決権に関する内容を除き、同じ内容を有する株式によって構成されなければならないところ、他の異なる内容を有する株式と明確に区別して開示され、市場関係者や当局者が、規制上の要件を満たす普通株式が銀行のどの株式であるかを明確に判別可能とするために必要とされる。

Ⅲ．強制転換条項付優先株式の13要件

　強制転換条項付優先株式とは、以下の13の要件のすべてを満たす株式をいう。これらの要件は、国際統一基準のその他Tier 1 資本調達手段の要件（第2章5⑵Ⅱ）を基本としつつ、国際統一基準とは異なり、その対象を株式に限定したうえで、将来の一定の時点において普通株式へ強制的に転換することを定める強制転換条項を具備することが必要とされている。他方で、国際統一基準においては必要となる実質破綻時損失吸収条項については、国内基準では要件としては求められていない。

強制転換条項付優先株式の13要件	
1号	発行者により現に発行され、かつ、払込ずみのものであること。
2号	残余財産の分配について、発行者の他の債務に対して劣後的内容を有するものであること。
3号	担保権により担保されておらず、かつ、発行者または当該発行者と密接な関係を有する者による保証に係る特約その他の法的または経済的に他の同順位の資本調達手段に対して優先的内容を有するものとするための特約が定められていないこと。
4号	償還期限が定められておらず、ステップ・アップ金利等に係る特約その他の償還を行う蓋然性を高める特約が定められていないこと。
5号	償還を行う場合には発行後5年を経過した日以後（発行の目的に照らして発行後5年を経過する日前に償還を行うことについてやむをえない事由があると認められる場合にあっては、発行後5年を経過する日前）に発行者の任意による場合に限り償還を行うことが可能であり、かつ、償還または買戻しに関する次に掲げる要件のすべてを満たすものであること。 イ　償還または買戻しに際し、自己資本の充実について、あらかじめ金融庁長官の確認を受けるものとなっていること。 ロ　償還または買戻しについての期待を生ぜしめる行為を発行者が行っていないこと。 ハ　その他次に掲げる要件のいずれかを満たすこと。 　(1)　償還または買戻しが行われる場合には、発行者の収益性に照らして適切と認められる条件により、当該償還または買戻しのための資本調達（当該償還または買戻しが行われるものと同等以上の質が確保されるものに限る）が当該償還または買戻しの時以前に行われること。 　(2)　償還または買戻しの後においても発行者が十分な水準の連結自己資本比率[30]を維持することが見込まれること。
6号	発行者が前号イの確認が得られることを前提としておらず、当該発行者により当該確認についての期待を生ぜしめる行為が行われていないこと。
7号	剰余金の配当の停止について、次に掲げる要件のすべてを満たすものであること。 イ　剰余金の配当の停止を発行者の完全な裁量により常に決定することができること。 ロ　剰余金の配当の停止を決定することが発行者の債務不履行とならないこと。

30　単体自己資本比率の算出については、単体自己資本比率。

	ハ 剰余金の配当の停止により流出しなかった資金を発行者が完全に利用可能であること。 ニ 剰余金の配当の停止を行った場合における発行者に対するいっさいの制約（同等以上の質の資本調達手段に係る剰余金の配当に関するものを除く）がないこと。
8号	剰余金の配当が、法令の規定に基づき算定された分配可能額を超えない範囲内で行われるものであること。
9号	剰余金の配当額が、発行後の発行者の信用状態を基礎として算定されるものでないこと。
10号	発行者の倒産手続に関し当該発行者が債務超過にあるかどうかを判断するにあたり、当該発行者の債務として認識されるものでないこと。
11号	発行者または当該発行者の子法人等もしくは関連法人等により取得されておらず、かつ、取得に必要な資金が発行者により直接または間接に融通されたものでないこと。
12号	ある特定の期間において他の資本調達手段が発行価格に関して有利な条件で発行された場合には、補償が行われる特約その他の発行者の資本の増強を妨げる特約が定められていないこと。
13号	一定の時期の到来を条件として普通株式へ転換されるものであること。

ⅰ．資本充実性（1号）

　強制転換条項付優先株式は、発行者により現に発行され、かつ、払込ずみのものでなければならない。実際に払込みが行われており、自己資本としての損失吸収力が実体として認められることを求める趣旨である。

ⅱ．劣後性（2号）

　強制転換条項付優先株式は、残余財産の分配について、発行者の他の債務に対して劣後的内容を有するものでなければならない。ただし、普通株式に対して優先することは認められる。

ⅲ．無担保・無保証（3号）

　強制転換条項付優先株式は、担保権により担保されてはならず、かつ、発

行者または当該発行者と密接な関係を有する者による保証に係る特約その他の法的または経済的に他の同順位の資本調達手段に対して優先的内容を有するものとするための特約が定められてはならない。これら担保や特約は、強制転換条項付優先株式の要件である劣後性を失わせるものであるためである。

ⅳ．永久性（4号〜6号）

（A）　償還期限のないこと

　強制転換条項付優先株式は、償還期限が定められてはならない。強制転換条項付優先株式は、ゴーイング・コンサーンの損失吸収力を有するものであり、償還期限がなく永久性を有する必要があるためである。

（B）　発行後一定期間経過後の任意償還

　もっとも、強制転換条項付優先株式については、原則として、発行後5年を経過した日以後に、発行者の任意による場合に限り、償還が可能とされている。ただし、この場合、次に掲げる要件のすべてを満たさなければならない。

　　イ　償還又は買戻しに際し、自己資本の充実について、あらかじめ金融庁長官の確認を受けるものとなっていること[31]。

　　ロ　償還又は買戻しについての期待を生ぜしめる行為を発行者が行っていないこと。

　　ハ　その他次に掲げる要件のいずれかを満たすこと。

　　⑴　償還又は買戻しが行われる場合には、発行者の収益性に照らして適切と認められる条件により、当該償還又は買戻しのための資本調達（当該償還又は買戻しが行われるものと同等以上の質が確保されるものに限る。）が当該償還又は買戻しの時以前に行われること。

---

[31] ただし、既存の強制転換条項付優先株式については、発行要項等において金融庁長官の確認に関する明文の規定がないとしても、その償還に際して自己資本の充実の状況についての当局の確認を受けることが予定されている場合においては、この要件を実質的に満たすものと判断してよいものとされる（平成25年3月8日付パブコメ回答14番）。

(2) 償還又は買戻しの後においても発行者が十分な水準の連結自己資本比率[32]を維持することが見込まれること。

なお、発行者が上記イの償還に係る金融庁長官の確認が得られることを前提としておらず、当該発行者により当該確認についての期待を生じさせる行為が行われてはならない。また、(1)の判断にあたっては、以下の点に留意する必要がある（中小・地域金融機関向け監督指針Ⅲ－４－６－５(2)）。

- 当該資本調達手段の償還または買戻しを行うための資本調達（再調達）が当該償還もしくは買戻し以前に行われているか、または当該償還もしくは買戻し以前に行われることが確実に見込まれるか。また、当該資本調達が行われた後に、銀行が十分な水準の自己資本比率を維持できないと見込まれるような事態が生じていないか。なお、強制転換条項付優先株式の償還または買戻しを行うために資本調達（再調達）を行う場合、当該資本調達が行われた時点以降償還日または買戻し日までの間は、当該資本調達により払込みを受けた金額のうち償還予定額相当額以下の部分については自己資本への算入が認められない。
- 当該償還が、もっぱら当該資本調達手段の保有者の償還への期待に応えるためだけに行われるものではないか。たとえば、資本調達（再調達）のために発行される資本調達手段の配当率が当該償還等される資本調達手段の配当率よりも実質的に高いものとなる場合、かかる銀行の配当負担の増加にもかかわらず当該資本調達を行う合理的な理由が認められるか。
- 資本調達（再調達）のために発行される資本調達手段の配当率が、当該銀行の今後の収益見通し等に照らして、自己資本の健全性を維持しつつ十分に支払可能なものとなっているか。

また、発行後５年を経過していなくとも、発行の目的に照らして発行後５年を経過する日の前に償還を行うことについてやむをえない事由があると認

---

32 単体自己資本比率の算出については、単体自己資本比率。

められる場合にあっては、償還を行うことが可能である。
　（C）　償還の蓋然性を高める特約が定められていないこと
　強制転換条項付優先株式について、ステップ・アップ金利等に係る特約その他の償還を行う蓋然性を高める特約が定められてはならない。ステップ・アップ金利等に係る特約その他の償還の蓋然性を高める特約が定められる場合には、償還の蓋然性が高まり、強制転換条項付優先株式の永久性を損なわしめるため、このような特約を定めることは禁止されている。償還の蓋然性を高める特約の具体例については、国際統一基準のその他Tier 1 資本調達手段に関する第 2 章 5 (2) Ⅱ iv （C）を参照のこと。

Ⅴ．配当停止の完全裁量性（7号）

　強制転換条項付優先株式は、剰余金の配当の停止について、以下の 4 要件のすべてを満たすものでなければならない。
　　イ　剰余金の配当の停止を発行者の完全な裁量により常に決定することができること。
　　ロ　剰余金の配当の停止を決定することが発行者の債務不履行とならないこと。
　　ハ　剰余金の配当の停止により流出しなかった資金を発行者が完全に利用可能であること。
　　ニ　剰余金の配当の停止を行った場合における発行者に対する一切の制約（同等以上の質の資本調達手段に係る剰余金の配当に関するものを除く。）がないこと。

　まず、上記イについては、たとえば以下のような事例がこれに抵触する（告示Q&A「第 6 条 － Q 4 」）。
① 他の資本調達手段に対して剰余金の配当または利息の支払を行った場合に当該強制転換条項付優先株式に係る配当が義務づけられる等、一定の場合に当該強制転換条項付優先株式の剰余金の配当を義務づける特約が定められている場合
② 当該強制転換条項付優先株式に対する剰余金の配当を全部または一部停

止した場合に、停止された配当金のかわりに金銭以外の財産（当該銀行の普通株式その他の資本調達手段を含む）を交付することを義務づける特約が定められている場合
③ 当該強制転換条項付優先株式に対する剰余金の配当を全部または一部停止した場合に、停止された配当金の全部または一部を実質的に補てんするための金銭を銀行が任意に支払うことを可能とする特約が定められている場合
④ 当該強制転換条項付優先株式に対する剰余金の配当を全部または一部停止した場合に、剰余金の配当につき銀行が完全な裁量を有しない他の資本調達手段に対する剰余金の配当の停止を義務づける特約が定められている場合
⑤ 当該強制転換条項付優先株式に対する剰余金の配当を全部または一部停止した場合に、銀行の通常の業務または事業の買収もしくは処分を含む事業再編活動を制約する特約が定められている場合
⑥ 当該強制転換条項付優先株式に当該銀行の株式への転換請求権が付されている場合において、当該転換請求権の行使につき当該強制転換条項付優先株式に対する剰余金の配当が全部または一部停止されたことを条件とする特約が定められている場合

もっとも、上記①に関連して、一般的に優先株式は普通株式に優先して剰余金の配当が行われる内容となっているところ、この場合であっても、たとえば、普通株式と優先株式に係る剰余金の配当の決定が同日または近接した日に行われる場合等、配当政策において普通株式および優先株式の配当が一体的に決定されており、普通株式に係る剰余金の配当の実施が優先株式に係る剰余金の配当の実施を実質的に強制しているとは認められない場合については、本要件に抵触しない（告示Q&A「第6条－Q6」）。

また、上記ニについては、同等以上の質の資本調達手段（普通株式または強制転換条項付優先株式）に係る剰余金の配当に関する制約であっても、たとえば、当該強制転換条項付優先株式に対する剰余金の配当が停止される期間を超えて普通株式または他の強制転換条項付優先株式に係る剰余金の配当

が禁止される場合など、当該強制転換条項付優先株式に対する剰余金の配当につき銀行の裁量に実質的な制約が課されていると認められる場合には、この例外規定を満たさないものとされる（告示Q&A「第6条－Q5」）[33]。

ⅵ. 配当・利払財源の分配可能額制限（8号）

強制転換条項付優先株式に対する剰余金の配当は、法令の規定に基づき算定された分配可能額を超えない範囲内で行われるものでなければならない。強制転換条項付優先株式については、剰余金の配当について、会社法に基づき分配可能額の制限が課せられる（会社法461条）。

ⅶ. 発行者の発行後の信用状態との非連動性（9号）

強制転換条項付優先株式に対する剰余金の配当額は、発行後の発行者の信用状態（格付や信用スプレッド等）を基礎として算定されるものであってはらない。これを許容すると、発行後に銀行の信用状態が悪化した場合等に強制転換条項付優先株式の配当負担が重くなり、これがさらに銀行の経営状態を悪化させるといった事態が生じうるためである。

ⅷ. 債務超過判断における非債務性（10号）

強制転換条項付優先株式について、発行者の倒産手続に関し当該発行者が債務超過にあるかどうかを判断するにあたり、当該発行者の債務として認識されるものであってはならない。強制転換条項付優先株式はゴーイング・コンサーン資本として事業継続を前提とした損失吸収力を有するものであり、倒産手続に関しての債務超過の判断において債務と認識されない性質であることが必要となる。

---

[33] なお、剰余金の配当を行わなかった場合に優先株式の議決権が復活する旨の条項（いわゆる議決権復活条項）を規定することは、一般論としてこの要件に反しないものとされる（平成25年3月8日付パブコメ回答15番）。

ⅸ．外部調達性（11号）

　強制転換条項付優先株式は、発行者または当該発行者の子法人等もしくは関連法人等により取得されておらず、かつ、取得に必要な資金が発行者により直接または間接に融通されたものであってはならない。これは、強制転換条項付優先株式の発行代り金が、そのグループ外の第三者からの資金によって払い込まれたことを確保する趣旨である。

ⅹ．その後の資本増強を妨げないこと（12号）

　強制転換条項付優先株式について、発行者の資本の増強を妨げる特約、たとえば、ある特定の期間において他の資本調達手段が発行価格に関して有利な条件で発行された場合には補償が行われる特約等が定められてはならない。このような特約により銀行の資本増強が妨げられ、発行後の銀行の必要な資本調達が阻害されることを防ぐ趣旨である。

ⅺ．強制転換条項（13号）

　強制転換条項付優先株式は、その名のとおり、一定の時期の到来を条件として普通株式へ転換されるものでなければならない。コア資本に係る基礎項目の額に含まれる株主資本は普通株式がその中心であるところ、このような一定の時期の到来条件として強制的に普通株式に転換される優先株式については、その将来の効果を先取りするかたちで、コア資本に係る基礎項目の額に含めることを認めるものである。

　なお、「一定の時期」については、強制転換条項付優先株式がコア資本に係る基礎項目の額に含められる趣旨をふまえ、当該強制転換条項付優先株式の他の発行条件等に照らして合理的と認められる期間（たとえば15年）である必要がある（告示Q&A「第28条－Q１」）。どの程度の期間まで認められるかは個別具体的な事情によることとなるが、発行条件や発行に際しての中長期的な資本計画等に鑑み、合理的な期間として認められる必要がある。したがって、あまりにも長期にわたり転換が予定されないようなケースは、合理

的な期間として認められる可能性は低くなる。

Ⅳ．社外流出予定額

普通株式または強制転換条項付優先株式に係る株主資本の額からは、国際統一基準の場合と同様に、社外流出予定額[34]が控除される。これは、毎四半期における決算期末後、剰余金の配当として銀行の自己資本から処分されることが一般に確実と考えられるものについては、これを保守的に自己資本比率の計算から控除するものである。この取扱いについてはバーゼルⅡ告示からの変更はない。

(3) その他の包括利益累計額

連結自己資本比率の算出において、コア資本に係る基礎項目の額には、その他の包括利益累計額のうち、その他有価証券評価差額金、繰延ヘッジ損益および土地再評価差額金以外のものが算入される（銀行告示28条1項2号）。具体的には、為替換算調整勘定および退職給付に係る調整累計額が算入されることとなり、他方で、その他有価証券評価差額金、土地再評価差額金および繰延ヘッジ損益については、コア資本に係る基礎項目の額の計算の対象から除外される。

Ⅰ．その他有価証券評価差額金の資本不算入について

その他有価証券評価差額金については、プロシクリカリティの抑制の観点、すなわち、景気や市場動向の悪化が自己資本比率の低下を通じて実体経済がさらに悪化するという悪影響を緩和し、特に地域における重要な金融仲介機能を担う地域金融機関を中心とする国内基準行による安定的かつ持続的

---

[34] 毎四半期（3月期、6月期、9月期および12月期）における決算期末後3カ月以内に、①株主総会もしくは取締役会が剰余金の配当として決議した額または決議を予定している額、または、②株主総会における剰余金の配当に関する決議案として取締役会が決議した額または決議を予定している額、のいずれかに該当するものを指す（告示Q&A「第5条-Q12」）。

な金融仲介機能の発揮を維持するため、その損益いずれもコア資本に係る基礎項目の額に算入しないこととされた。これは、リーマン・ショックに伴う金融市場の混乱を受けて平成20年12月期決算から導入された、いわゆる自己資本比率規制の弾力化措置を恒久化するものである。

　バーゼルⅢおよび国際統一基準では、会計と規制資本における取扱いの整合性を図る観点から、その他有価証券評価差額金を含むその他の包括利益累計額（Accumulated Other Comprehensive Income、AOCI）が、普通株式等Tier 1資本に係る基礎項目の額に算入されるが、国内基準では、景気後退時の市場動向の悪化が自己資本比率の低下、ひいては地域金融機関を中心とする国内基準行による金融仲介機能の悪化につながるといった悪影響を抑制するためその他有価証券の評価損を自己資本比率において勘案しない取扱いとし、また、その他有価証券の評価益についても、市場動向による自己資本比率の過度な変動を抑制するため、バーゼルⅡ告示における国内基準と同様に、自己資本比率において勘案しない取扱いとされている。

　もっとも、あくまでこれは第1の柱としての自己資本比率の計算上においてその他有価証券評価差額金を勘案しない取扱いを定めるものにすぎず、国内基準行が有価証券の価格変動リスク（市場リスク）を適切に勘案する必要があることは従前と変わるものではない。この旨は、監督指針においても示されており、国内基準行についても、株式や国債、仕組債等の有価証券保有に伴う市場リスクの適切な管理が引き続き求められる（中小・地域金融機関向け監督指針Ⅱ－2－2－1⑵④、Ⅱ－2－5－1）。

Ⅱ．土地再評価差額金の資本不算入について

　土地再評価差額金については、バーゼルⅡ告示ではTier 2にその税効果勘案前の45％相当額が算入されることとなっていたが、当該差額金はあくまで帳簿上の洗替えにすぎず、実体的な損失吸収力を有しないと考えられることから、改正国内基準告示ではコア資本に係る基礎項目の額には算入されないこととなった。

Ⅲ. 繰延ヘッジ損益の資本不算入について

繰延ヘッジ損益については、ヘッジ対象の損益が（連結）貸借対照表に計上されるタイミングにあわせるために、ヘッジ手段の損益を繰延ヘッジ損益としてその他の包括利益累計額または評価・換算差額等において繰り延べるものであり、いずれはヘッジ対象の損益と相殺されることが予定されており、これ以外の損失吸収力を有するものではないことから、コア資本に係る基礎項目の額には算入されないこととなっている。

(4) 普通株式または強制転換条項付優先株式に係る新株予約権の額

コア資本に係る基礎項目の額に算入される「普通株式又は強制転換条項付優先株式に係る新株予約権」には、普通株式または強制転換条項付優先株式をその目的とする新株予約権が該当する（銀行告示28条1項3号、40条1項2号）。その考え方については国際統一基準と同様であり、詳細については、第2章3(2)Ⅳの国際統一基準の普通株式に係る新株予約権に関する説明を参照されたい。

(5) コア資本に係る調整後少数株主持分の額

Ⅰ. 少数株主持分の規制資本への算入制限

連結自己資本比率の計算にあたっての少数株主持分については、バーゼルⅡ告示においては、原則としてその全額が、Tier1資本に算入されることとされていた。

しかしながら、少数株主持分に対応する子会社の資本は、子会社においてその損失吸収のために用いることはできるものの、当該子会社の親会社グループ全体の損失を吸収することは通常困難と考えられる。そのため、バー

図表3－9　少数株主持分の取扱いの概要

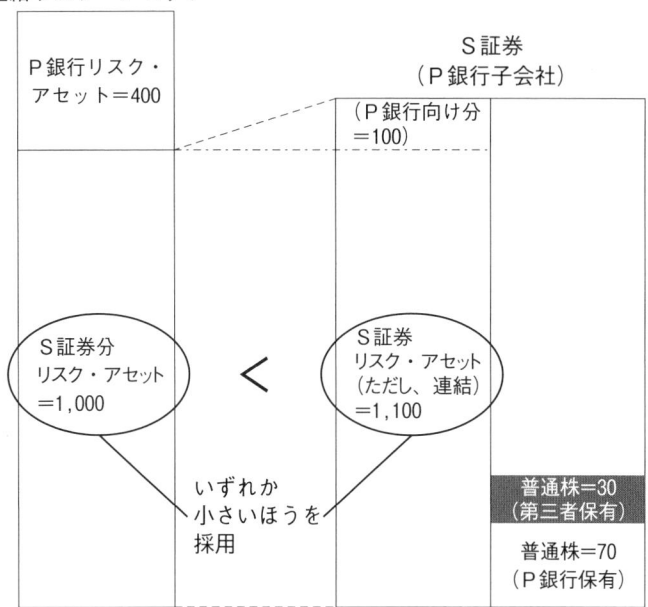

```
P銀行
連結リスク・アセット
┌─────────────────┬─────────────────────┐
│ P銀行リスク・    │                     │
│ アセット＝400    │  S証券              │
│                  │ （P銀行子会社）     │
│                  ├─────────────────────┤
│                  │ （P銀行向け分       │
│                  │   ＝100）           │
│                  │                     │
├─────────────────┤                     │
│                  │                     │
│ ┌S証券分──┐     │ ┌S証券──────┐      │
│ │リスク・  │  ＜  │ │リスク・アセット│   │
│ │アセット  │     │ │（ただし、連結）│   │
│ │＝1,000   │     │ │＝1,100     │      │
│ └──────────┘     │ └────────────┘      │
│                  ├─────────────────────┤
│  いずれか        │ 普通株＝30          │
│  小さいほうを    │ （第三者保有）      │
│  採用            ├─────────────────────┤
│                  │ 普通株＝70          │
│                  │ （P銀行保有）       │
└─────────────────┴─────────────────────┘
```

［概要］
1　当該計算の対象子会社
　・預金取扱金融機関
　・証券会社　等
2　対象資本
　コア資本相当資本（普通株・強制転換条項付優先株等）
3　算入可能額計算式
　【子会社リスク・アセット〈子会社連結分と親会社連結に占める子会社分のうち小さいほう〉】
　×【最低水準（＝4.0％）】
　×【コア資本の第三者保有割合】

［上記事例の算入可能限度額］
コア資本
＝1,000×4％×30/100
＝12
⇒30のうち、コア資本に12を算入可

ゼルⅢおよび国際統一基準においては、その親会社グループの連結自己資本比率を算出する際に自己資本として算入することができる少数株主持分の額について、「普通株式等Tier 1資本に係る調整後少数株主持分の額」のみ普通株式等Tier 1資本に係る基礎項目の額に算入することとされている。

新しい国内基準においても、こうした少数株主持分の資本としての損失吸収力の限界をふまえ、以下で説明する「コア資本に係る調整後少数株主持分の額」のみを、コア資本に係る基礎項目の額に算入することとなった（銀行告示28条1項4号）。

詳細な計算方法についてはⅡで解説するが、図表3－9のとおり、大要、子会社が銀行または証券会社その他自己資本比率に関する規制を受ける者であって、当該子会社が銀行でない場合には銀行であると仮定した場合に、国内基準の最低所要自己資本比率4％を充足するために必要となるコア資本に係る基礎項目の額における第三者保有資本が占める部分について、コア資本に係る基礎項目の額に算入することが認められている。

Ⅱ．コア資本に係る調整後少数株主持分の額の計算方法

コア資本に係る調整後少数株主持分の額は、「特定連結子法人等の少数株主持分相当コア資本に係る基礎項目の額(ⅰ)のうち次に掲げる額のいずれか少ない額(ⅱ)にコア資本に係る第三者持分割合(ⅲ)を乗じて得た額以下の額」である（銀行告示29条1項）。

① 当該特定連結子法人等の連結自己資本比率を算出する算式[35]の分母の額[36]に4％を乗じて得た額
② 親法人等である銀行の連結自己資本比率を算出する算式の分母の額のうち当該特定連結子法人等に関連するものの額[37]に4％を乗じて得た額

---

[35] 銀行告示25条に定める算式である。
[36] 当該特定連結子法人等が銀行以外の場合にあっては、これに相当する額とする。すなわち、銀行以外の場合、銀行告示の適用対象ではないため、仮に銀行告示が適用される場合の連結自己資本比率を算出する算式の分母の額に相当する額を用いることとなる。
[37] すなわち、親法人等である銀行の連結自己資本比率を算出する算式の分母の額のうち、当該特定連結子法人等の連結自己資本比率を算出する算式の分母の額に関連するものの額である。

具体的には、以下の方法により計算する。

i．特定連結子法人等の少数株主持分相当コア資本に係る基礎項目の額の算出

まず、コア資本に係る調整後少数株主持分の額は、「特定連結子法人等」の少数株主持分でなければならない。「特定連結子法人等」とは、連結子法人等のうち金融機関またはバーゼル委の定める自己資本比率の基準もしくはこれと類似の基準の適用（金融商品取引業等に関する内閣府令を含む[38]）を受ける者をいう。すなわち、連結子法人等のうち銀行や、証券会社等の第一種金融商品取引業者を行う金融商品取引業者等がこれに該当することとなる。

また、コア資本に係る調整後少数株主持分の額は、特定連結子法人等の少数株主持分または新株予約権のうち、「少数株主持分相当コア資本に係る基礎項目の額」でなければならない。この「少数株主持分相当コア資本に係る基礎項目の額」とは、「特定連結子法人等の単体コア資本に係る基礎項目の額」のうち当該特定連結子法人等の親法人等である銀行の連結貸借対照表の純資産の部に新株予約権または少数株主持分として計上される部分の額をいい、当該額が零を下回る場合にあっては、零とされる。

そして、「特定連結子法人等の単体コア資本に係る基礎項目の額」とは、特定連結子法人等について銀行告示37条の算式におけるコア資本に係る基礎項目の額（当該特定連結子法人等が銀行以外の場合にあっては、これに相当する額）とされ、具体的には、特定連結子法人等が銀行である場合または銀行であると仮定した場合における、その普通株式または強制転換条項付優先株式に係る株主資本の額（社外流出予定額を除く）および普通株式または強制転換条項付優先株式に係る新株予約権の額の合計額となる。

ゆえに、「少数株主持分相当コア資本に係る基礎項目の額」とは、特定連結子法人等が銀行である場合または銀行であると仮定した場合における、その普通株式または強制転換条項付優先株式に係る株主資本の額（社外流出予

---

[38] 第一種金融商品取引業を行う金融商品取引業者に適用のある自己資本規制比率（金融商品取引法46条の6、金融商品取引業等に関する内閣府令176条〜180条）を含む。

定額を除く）および普通株式または強制転換条項付優先株式に係る新株予約権の額の合計額のうち、親法人等である銀行の連結貸借対照表の純資産の部に新株予約権または少数株主持分として計上される部分の額、すなわち、親法人等である銀行の連結貸借対照表において、連結会計処理において相殺消去されずに新株予約権または少数株主持分として計上されるものの額を意味することとなる。

ⅱ．次に掲げる額のいずれか少ない額

　コア資本に係る調整後少数株主持分の額は、ⅰで算出した特定連結子法人等の少数株主持分相当コア資本に係る基礎項目の額のうち、次に掲げる額のいずれか少ない額(ⅱ)にコア資本に係る第三者持分割合(ⅲ)を乗じて得た額以下の額である。

① 当該特定連結子法人等の連結自己資本比率を算出する算式の分母の額に４％を乗じて得た額
② 親法人等である銀行の連結自己資本比率を算出する算式の分母の額のうち当該特定連結子法人等に関連するものの額に４％を乗じて得た額

　このうち、①は、特定連結子法人等の（銀行でない場合は銀行であると仮定した場合の）連結リスク・アセットの額に４％を乗じた額、すなわち、所要自己資本比率４％を当該連結子法人等が達成するために必要な自己資本の額と等しい。

　他方で、②は、親法人等である銀行の連結リスク・アセットの額のうち当該連結子法人等に関連するもの、すなわち、銀行の連結リスク・アセットの額のうち当該連結子法人等の連結ベースの資産および取引等に関して算出される連結リスク・アセットの額に、上記①と同様に４％を乗じた額である。

　①と②では、いずれも、連結子法人等の連結リスク・アセットの額に４％を乗じた額、すなわち、連結子法人等が国内基準行であると仮定した場合に少なくとも必要となる自己資本の額を計算することになるが、ここで①と②を比較して小さい額を計算に用いることとされているのは、たとえば親法人等である銀行と当該特定連結子法人等との間の連結グループ内の取引が行わ

れている場合に、このような連結グループ内の取引は銀行の連結会計処理において連結消去され、当該取引に関するリスク・アセットの額は、銀行の連結自己資本比率の算出における連結リスク・アセットの額に含まれないこととなるため、このような連結グループ内の取引に基づく特定連結子法人等のリスク・アセットの額を除外する趣旨である。

なお、必ずしも自己資本比率の算出が求められるものではない銀行告示1条7号に定める「金融機関」以外の連結子法人等については、国際統一基準と同様、その連結リスク・アセットの額を計算することが困難な場合であって、親法人等である銀行の連結リスク・アセット額のうち当該連結子法人等に関連するものの額が当該連結子法人等の連結リスク・アセットの額よりも小さい蓋然性が高いと見込まれるときは、親法人等である銀行の連結リスク・アセット額のうち当該連結子法人等に関連するものの額を用いてかまわないものとされている（告示Q&A「第8条－Q1」）。

すなわち、銀行に適用される自己資本比率規制の直接の対象とならない証券会社について、当該証券会社を頂点とする連結ベースでのリスク・アセットの額を内部管理上も算出しておらず、かつ、その算出が困難である場合には、このような簡易な計算を行うことができる。

ⅲ．コア資本に係る第三者持分割合

上述のとおり、コア資本に係る調整後少数株主持分の額に算入可能な額は、ⅱにおいて算出した額にコア資本に係る第三者持分割合を乗じて得た額以下の額に限られる。

ここで、コア資本に係る第三者持分割合とは、特定連結子法人等の少数株主持分相当コア資本に係る基礎項目の額を単体コア資本に係る基礎項目の額で除して得た割合をいう。前述のとおり、特定連結子法人等の少数株主持分相当コア資本に係る基礎項目の額は、特定連結子法人等の単体コア資本に係る基礎項目の額のうち当該特定連結子法人等の親法人等である銀行の連結貸借対照表の純資産の部に新株予約権または少数株主持分として計上される部分の額をいうことから、これを単体コア資本に係る基礎項目の額で除して得

た割合であるコア資本に係る第三者持分割合とは、以下のうち特定連結子法人等の親法人等である銀行の連結貸借対照表の純資産の部に新株予約権または少数株主持分として計上される部分の額が、特定連結子法人等の単体コア資本に係る基礎項目の額に占める割合を意味することとなる。

　端的には、特定連結子法人等の単体コア資本のうち銀行のグループ外の第三者に帰属し、または保有するものの割合を意味する。

ⅳ．コア資本に係る調整後少数株主持分の額の算出

　以上の計算により、ⅰないしⅲの額が算出され、ⅰの額のうち、ⅱにⅲを

図表3－10　コア資本に係る調整後少数株主持分の額の計算上の主な留意点

1　銀行子会社または証券子会社等
①　銀行子会社・証券子会社については、連結に占めるリスク・アセット（RWA）と子会社連結分のリスク・アセットを比較する必要
　→　小さいほうを採用
②　ただし、証券子会社については、子会社連結分のRWAの算出が困難な場合があることから、連結に占めるRWAが、子会社連結分のRWAより小さい蓋然性が高いと見込まれれば、連結に占めるRWA相当額を使用可能（告示Q&A「第8条－Q1」）
③　上記RWAの4％を超えるコア資本（普通株または強制転換条項付優先株等）関連の少数株主持分がある場合、超過額分につき経過措置対象金額を計算（当初6年100％算入、その後10％ずつ減額）
④　銀行子会社について社債型優先株に関する少数株主持分がある場合は、親会社の社債型優先株と合算のうえ、経過措置の対象（15年）
⑤　その他（劣後債等）については、親会社発行分と合算のうえ、経過措置の対象（10年）

2　銀行・証券等以外の子会社
①　算入超過額等の計算は不要（完全施行後はいっさい資本算入できない）
②　コア資本関連少数株主持分がある場合、算入可能額は毎年10％ずつ減額（各年の金額×掛け目）
③　コア資本関連以外の持分については、親会社の劣後債等と同じ枠で合算のうえ、経過措置の対象（10年）

経過措置期間中の計算例は、25年改正告示Q&A「附則第7条－Q1」を参照

乗じて得た額以下の額を、コア資本に係る調整後少数株主持分の額に算入することとなる。以上の少数株主持分およびそれに関連する持分の計算にあたって留意すべき点は、図表3－10に記載しているのでこちらを参照されたい。

(6) 貸倒引当金の額

　貸倒引当金の額に関し、①標準的手法採用行または内部格付手法採用行の標準的手法適用エクスポージャーについては一般貸倒引当金の額が、②内部格付手法採用行の内部格付手法適用エクスポージャーについては適格引当金が事業法人等向けエクスポージャーおよびリテール向けエクスポージャーの期待損失額の合計額を上回る金額が、それぞれコア資本に係る基礎項目の額に算入される。ただし、①については、信用リスク・アセットの額の合計額（内部格付手法採用行にあっては、銀行告示152条2号に掲げる額）に1.25％を乗じて得た額が上限とされ、また、②については、銀行告示152条1号に掲げる額に0.6％を乗じて得た額が上限とされる（銀行告示28条1項5号、40条1項3号）。

　バーゼルⅡ告示において、これらの引当金についてはTier 2に算入することが認められ、かつ、その算入上限は上記の国内基準告示における算入上限のおおむね半分とされていた。国内基準告示でコア資本に係る基礎項目の額への算入を行い、また算入上限が引き上げられたのは、前述のとおりプロシクリカリティを抑制し、特に地域における重要な金融仲介機能を担う地域金融機関を中心とする国内基準行による安定的かつ持続的な金融仲介機能の発揮に資するためである。

　なお、他の金融機関等の対象資本調達手段のうち、少数出資に係る10％基準額、特定項目に係る10％基準額および特定項目に係る15％基準額を超えることからコア資本に係る調整項目の額とされるものについては、信用リスク・アセットの額の合計額に含まれないこととなり、したがって、一般貸倒引当金のコア資本に係る基礎項目の額への算入上限額の計算に含まれないこ

ととなる。他方で、上記の各基準額を計算するためには後述の6(3)Ⅲ、Ⅶ、Ⅹ記載のとおりコア資本に係る基礎項目の額に含まれる一般貸倒引当金の額を確定する必要があり、したがって、上記各超過額と一般貸倒引当金の算入上限額の間には循環構造の関係がある。このように循環構造となるため計算が困難な場合の計算方法については、告示Q&A「第28条－Q３」を参照されたい。なお、当該計算方法はあくまで計算が循環する場合の１つの計算方法であり、各金融機関において客観的かつ合理的と考えられる方法により異なる計算を行うことも許容される。

6 コア資本に係る調整項目の額

(1) 総　論

　新しい国内基準の自己資本の算出に際しては、コア資本に係る調整項目の額が、コア資本に係る基礎項目の額から減算項目として控除される。コア資本に係る調整項目の額は、銀行の貸借対照表に計上される項目のうち、①一般的に損失吸収力に乏しいと考えられる資産や利益等、および、②金融システム内のリスクの連鎖を防止する観点から一定程度保有を抑制する必要があると考えられる資産について、自己資本比率の計算において、規制上の自己資本から控除するものである。

　コア資本に係る調整項目としては、銀行告示28条2項各号または40条2項各号において、以下のものが定められている。

コア資本に係る調整項目	
1号	次に掲げる額の合計額
	イ　次に掲げる無形固定資産の額の合計額 　(1)　無形固定資産（のれんに係るものに限り、連結自己資本比率の算出においては、のれん相当差額[39]を含む）の額 　(2)　無形固定資産（のれんおよびモーゲージ・サービシング・ライツに係るものを除く）の額
	ロ　繰延税金資産（一時差異に係るものを除く）の額
	ハ　内部格付手法採用行において、事業法人等向けエクスポージャーおよびリテール向けエクスポージャーの期待損失額の合計額が適格引当金の

---

[39] 他の金融機関等であって、連結子会社である保険子法人等または持分法が適用される者に係る差額（連結子会社である保険子法人等にあっては連結財務諸表規則28条5項の規定によりのれんに含めて表示される差額をいい、持分法が適用される者にあってはこれに相当するものをいう）をいう。

	合計額を上回る場合における当該期待損失額の合計額から当該適格引当金の合計額を控除した額
	ニ 証券化取引に伴い増加した自己資本に相当する額
	ホ 負債の時価評価（銀行または連結子法人等[40]の信用リスクの変動に基づくものに限る）により生じた時価評価差額であって自己資本に算入される額
	ヘ 退職給付に係る資産（単体自己資本比率の算出においては前払年金費用）の額
2号	自己保有普通株式等の額
3号	意図的に保有している他の金融機関等の対象資本調達手段の額
4号	少数出資金融機関等の対象普通株式等の額
5号	特定項目に係る10％基準超過額
6号	特定項目に係る15％基準超過額

　このうち、①一般的に損失吸収力に乏しいと考えられる資産や利益等としては、1号および2号ならびに5号および6号の一部が、また、②金融システム内でのリスクを抑制する観点からの資産としては、3号および4号ならびに5号および6号の一部が、それぞれ該当する。

(2) 一般的に損失吸収力に乏しいと考えられる資産や利益等であるコア資本に係る調整項目

Ⅰ．無形固定資産の額

　無形固定資産については、①のれんに係るもの[41]、②モーゲージ・サービシング・ライツに係るもの[42]、ならびに、③のれんおよびモーゲージ・サー

40　単体自己資本比率の算出においては、銀行の信用リスクの変動に基づくものに限られる。
41　銀行告示28条2項1号イ(1)、40条2項1号イ(1)
42　銀行告示28条2項5号および6号、40条2項5号および6号

図表3－11　主なコア資本に係る調整項目

	バーゼルⅢ告示	改正国内基準告示
のれん	Tier 1 控除	コア資本控除
のれん以外の無形資産〈ソフトウェア等〉	リスク・アセット計上（リスク・ウェイト100％）	コア資本控除（ただし、税効果勘案後の数字）
繰延税金資産	リスク・アセット計上（リスク・ウェイト100％）	繰越欠損金は全額コア資本控除。その他は自己のコア資本の10％超過分を原則控除
金融機関等向け出資	一部Tier 2 控除（意図的保有や関連会社出資等）	コア資本での出資（普通株出資等）は、自己のコア資本の10％超過分を原則控除。劣後債等出資は、原則リスク・ウェイト250％（経過措置あり）
退職給付に係る資産・前払年金費用	リスク・アセット計上（リスク・ウェイト100％）	コア資本控除（ただし、税効果勘案後の数字）
証券化に伴う利益	Tier 1 控除	コア資本控除
期待損失が適格引当金を上回る額（内部格付手法）	Tier 1 / Tier 2 控除（50％ずつ）	コア資本控除
自己保有普通株式等	（Tier 1 から減算）	コア資本控除
負債の時価評価に伴う評価差額	該当なし	コア資本から除外（※日本の会計基準上該当なし）
自己資本控除となる証券化商品 PD/LGD方式の株式の期待損失 非同時決済取引関連控除	Tier 2 控除	リスク・ウェイト1,250％でリスク・アセット計上

新規制では、自己資本控除ではなく、リスク・アセットとして計算することに注意

ビシング・ライツに係るもの以外のもの[43]（以下「その他無形資産」）の3つの区分ごとに、異なる取扱いが定められている。これらの取扱いは原則として国際統一基準と同様の取扱いとなる。

ⅰ．のれんに係る無形固定資産

（A）　コア資本に係る調整項目としての取扱い

　無形固定資産のうちのれんは、その全額について、コア資本に係る調整項目の額に含まれ、規制上の自己資本の額から控除されることとなる。これは、のれんが、合併等によって取得した子会社の取得価額と時価の正の差額であり、これを処分することで銀行の損失吸収に充てること等が困難と考えられることによる。バーゼルⅡ告示においても、のれんはTier１の減算項目とされていたが、改正国内基準告示においても同様の取扱いを行うものである。

（B）　のれん相当差額

　連結自己資本比率の算出にあたり、のれんに係る無形固定資産には、のれん相当差額が含まれる。のれん相当差額とは、他の金融機関等[44]であって、連結子会社[45]である保険子法人等または持分法[46]が適用される者に係る差額[47]をいう。具体的には、保険子法人等や持分法が適用される他の金融機関等について、銀行による投資金額がこれに対応する当該保険子法人等の資本の金額を超えることにより生じる差額が該当する。

　なお、このような他の金融機関等に係る資本調達手段の額のうちのれん相当差額としてすでに調整項目に含まれた部分については、後述する調整項目の対象となる他の金融機関等に係る対象資本調達手段の額には含めなくてよい（告示Q&A「第８条－Ｑ９」）。のれん相当差額が二重に調整項目の額の算

---

[43]　銀行告示28条2項1号イ(2)、40条2項1号イ(2)
[44]　定義については、後述4(3)Ⅰⅰの解説を参照のこと。
[45]　連結財務諸表規則2条4号に規定する連結子会社をいう。
[46]　連結財務諸表規則2条8号に規定する持分法をいう。
[47]　連結子会社である保険子法人等にあっては連結財務諸表規則28条5項の規定によりのれんに含めて表示される差額を意味し、持分法が適用される者にあってはこれに相当するものを意味する。

出に含まれることを回避する趣旨である。

ⅱ．のれんおよびモーゲージ・サービシング・ライツ以外に係る無形固定資産（その他無形資産）

（A）　コア資本に係る調整項目としての取扱い

　無形固定資産のうちその他無形資産（ソフトウェア等）は原則として、その全額がコア資本に係る調整項目の額に算入され、規制上の自己資本の額から控除される。

　これは、無形固定資産が、一般的に銀行の危機時における処分が困難であり、連結貸借対照表または貸借対照表に計上される額をもって換価することが困難であると考えられることによる。その他無形資産は、バーゼルⅡ告示においてはTier 1の減算項目や控除項目には含まれておらず、その他資産等としてリスク・ウェイト100％で信用リスク・アセットの額の合計額に加えるものとされていた。

　こうした無形固定資産は、会計上無形固定資産の項目に表示されるすべての資産が該当することから、ソフトウェアのみならず、借地権や電話加入権も含まれることとなる（平成25年3月8日付パブコメ回答7番）。

　なお、のれんと異なり、国内基準告示において、他の金融機関等であって、連結子会社である保険子法人等または持分法が適用される者に係る無形固定資産はその対象に含まれていない。そのため、これらの者に係るその他無形資産については、コア資本に係る調整項目の額に含める必要はない。なお、モーゲージ・サービシング・ライツに係る無形固定資産の取扱いについては、後述の(3)Ⅷ（B）を参照されたい。

（B）　繰延税金負債との相殺

　その他無形資産に関連する繰延税金負債がある場合は、当該無形固定資産の額と関連する繰延税金負債の額を相殺することが認められている（銀行告示28条5項、40条5項）。

　また、その他無形資産の額の算出に際して、税効果会計の適用対象ではないため繰延税金負債が認識されていない無形固定資産についても、繰延税金

資産の回収可能性の判断にかかわらず、その全額を費用認識した場合に生じる税効果相当額を実効税率等により合理的に見積もったうえで、この額と当該無形固定資産の額を相殺してもかまわないものとされている（告示Q&A「第5条－Q8」）。

すなわち、コア資本に係る調整項目の対象となるその他無形資産の計算にあたり、バランスシートに計上される金額から実効税率分を控除した金額を用いることが可能となるとの趣旨である。ただし、この場合、銀行告示29条6項3号および7項3号または41条5項3号および6項3号に掲げる繰延税金資産（一時差異に係るものに限る）の額に当該税効果相当額を加算することが求められる[48]。すなわち、ここで控除された実効税率相当分については、後述のとおり一時差異に係る繰延税金資産の計算過程において勘案する必要がある。

Ⅱ．繰延税金資産（一時差異に係るものを除く）の額

ⅰ．コア資本に係る調整項目としての取扱い

繰延税金資産（一時差異に係るものを除く）については、原則として、その全額がコア資本に係る調整項目の額に算入され、自己資本の額の計算において控除されることとなる。なお、繰延税金資産（一時差異に係るものを除く）とは、繰越欠損金等の繰延税金資産のうち会計と税務の一時差異により生じるもの以外のものをいう。

繰延税金資産は、将来収益に依存する不安定な資産であり、特に銀行の危機時においては、会計上、回収可能性に鑑み計上が否定される結果、資産性が失われ、損失吸収力も消滅するおそれが高いことから、このような取扱いが適用されることとなった。実際、日本においても、平成15年に預金保険法に基づく危機対応措置が2つの銀行に適用されたが、いずれのケースにおいても、繰延税金資産の計上が否定されたために自己資本比率が大きく低下し

---

[48] なお、のれんについては、このような税効果相当額を勘案することは認められていない（告示Q&A「第5条－Q8」）。

たことが、そのきっかけとなっている。

こうした経緯もふまえ、バーゼルⅡ告示においては、繰延税金資産は、一時差異に係るものであるか否かにかかわらず、主要行についてはその純額がTier 1 の20％を超える額についてTier 1 の減算項目とし、それ以外の部分については信用リスク・アセットの額を計算することとする見直しが適用されていた。一方で、主要行以外の銀行については、繰延税金資産はTier 1 から控除することなく、全額につきその他資産等としてリスク・ウェイト100％で信用リスク・アセットの額を計算することとされていた。

なお、会計と税務の一時差異により生じる繰延税金資産（一時差異に係るものに限る）については、その全額が普通株式等Tier 1 資本の額の計算において控除されるわけではないが、後述の(3)Ⅷ（C）に記載のとおり、おおむね規制上の自己資本の10％相当額を超過する部分の額について、コア資本に係る調整項目の額に含め、規制上の自己資本の額から控除することとされている。

ⅱ．繰延税金負債との相殺

繰延税金資産について、関連する繰延税金負債がある場合については、繰延税金資産と関連する繰延税金負債を相殺することができる（銀行告示29条10項、41条9項）[49]。この場合、以下の点について留意する必要がある（銀行告示29条11項、41条10項、告示Q&A「第5条－Q6」）。

① 繰延税金資産の額およびこれと相殺される繰延税金負債の額は、その他有価証券評価差額金、繰延ヘッジ損益および土地再評価差額金に係るものが含まれないものとした場合の額とすること。
② 税務当局が異なる場合には相殺できないこと。

---

[49] 第1四半期または第3四半期において、一部の重要性のない連結子法人等の繰延税金資産または繰延税金負債の額の発生要因別内訳を算出することが困難な場合にあっては、他の合理的な方法によって当該連結子法人等の繰延税金資産または繰延税金負債の額を発生要因ごとに見積もることが認められている（告示Q&A「第5条－Q7」）。たとえば、直前の決算期の金額をもとに行った合理的見積額等を使用することが認められることとなる。

図表3-12 繰延税金資産、退職給付に係る資産（前払年金費用）、その他無形資産の取扱い

1　繰延税金資産
　① 　繰越欠損金－全額コア資本控除
　② 　上記以外の繰延税金資産（一時差異に係るもの）
　　―自己資本（特定項目に係る調整項目以外の調整項目適用後の額）の10%を超える部分がコア資本控除、それ以外はリスク・ウェイト250%適用（RW引上げの経過措置なし）
　　―10%超の議決権を有する他の金融機関等向け出資（＝その他金融機関等向け出資）とあわせて自己資本の15%相当を超過する場合、追加控除
　○コア資本の計算上勘案しない下記項目関連の繰延税金資産・負債は、上記②の繰延税金資産の額の計算過程において勘案しない
　　（イ）　その他有価証券評価差額金
　　（ロ）　土地再評価差額金（ただし経過措置期間中（10年間）は勘案）
　　（ハ）　繰延ヘッジ損益
2　退職給付に係る資産（前払年金費用）
　○その全額（ただし、関連する繰延税金負債が認識されていない場合には、バランスシート計上額に税効果（例：40%）を勘案した後の金額）をコア資本控除
　○その際、税効果分は仮の繰延税金資産とみなして、1②の計算過程で勘案
3　その他無形資産（のれんを除く）
　○バランスシート計上額に税効果を勘案した後の金額をコア資本控除
　○その際、税効果分は仮の繰延税金資産とみなして、1②の計算過程で勘案

（計算過程が必ずしも単純でなく、完全実施と経過措置ベースで計算方法も異なる）

退職給付に係る資産（前払年金費用）やその他無形資産の控除額を算出する際に税効果分を勘案（減額）した場合は、繰延税金資産の金額を算出する過程で、当該税効果分を勘案（増額）する必要（告示Q&A「第28条－Q2」）

---

③ 　無形固定資産や退職給付に係る資産（前払年金費用）と相殺した繰延税金負債については、重ねて相殺することができないこと。

　繰延税金資産の額と繰延税金負債の額との相殺について、新しい国内基準が国際統一基準と異なる点は、1つ目に掲げるその他有価証券評価差額金、繰延ヘッジ損益および土地再評価差額金に係るものが含まれないものとした

場合の額をもって繰延税金資産または繰延税金負債の額を計算する点である。すなわち、新しい国内基準では、プロシクリカリティを抑制する観点から、あるいは、損失吸収力の低さに鑑み、その他有価証券評価差額金、繰延ヘッジ損益および土地再評価差額金をコア資本に係る基礎項目の額に含めないことから、このような取扱いと整合性を図るべく、貸借対照表の資産として計上されるその他有価証券や土地についても時価による評価替えがなされていないものと考え、繰延税金資産や繰延税金負債の算出においても規制上同様に考えるものである。

なお、この繰延税金資産と関連する繰延税金負債との相殺については、国際統一基準と同様に、バーゼルⅢ合意文書に従い、一時差異に係るものと一時差異以外に係るものとの間で按分比例の方法で行うことが国内基準告示上定められている[50]。したがって、繰延税金負債の内訳につき、個別の繰延税金資産の項目ごとにその金額がわかっていたとしても、国内基準告示上の取扱いでは一時差異に係るものの合計とそれ以外のものの合計との間で按分比例により計算をすれば足りることとなる。なお、より会計に即した正確な計算を行うという観点から、保守的に個別の繰延税金資産項目ごとに詳細な計算を行うことも許容される。繰延税金資産の額と関連する繰延税金負債の額との相殺の具体的な計算事例は、告示Q&A「第28条－Q2」を参照されたい。

Ⅲ．事業法人等向けエクスポージャーおよびリテール向けエクスポージャーの期待損失額の合計額から適格引当金の合計額を控除した額（内部格付手法採用行）

内部格付手法採用行につき、事業法人等向けエクスポージャーおよびリテール向けエクスポージャーの期待損失額の合計額が適格引当金の合計額を上回る場合、その超過額を適格引当金の合計額によって対応することができ

---

[50] 繰延税金資産につき回収可能性が認められない部分である評価性引当額についても、会計上の趣旨を逸脱しない限りにおいて、合理的な方法を用いて、これを繰延税金資産（一時差異に係るものを除く）と一時差異に係る繰延税金資産とに切り分けることができるとされる（平成24年3月30日付パブコメ回答24番）。

ず、当該期待損失額の合計額の全額が顕在化した場合には当該超過額について非期待損失を吸収するための自己資本でカバーしなければならないことから、当該超過額について、規制上の自己資本の額の計算においてあらかじめ控除される。

バーゼルⅡ告示においては、上記超過額の50％をTier 1から減算し、残りの50％を控除項目に算入することとされていたが、改正国内基準告示においては、その全額をコア資本に係る調整項目として、規制上の自己資本の額の計算において控除されることとなった。

なお、他の金融機関等の対象資本調達手段のうち、少数出資に係る10％基準額、特定項目に係る10％基準額および特定項目に係る15％基準額を超えることからコア資本に係る調整項目の額とされるものについては、自己資本比率の計算において事業法人等向けエクスポージャーに含まれないため、その期待損失額についても上記超過額の計算に含まれないこととなる。他方で上記の各基準額を計算するためには後述の(3)Ⅲ、Ⅶ、Ⅹ記載のとおり上記超過額を控除する必要があり、したがって、当該超過額と上記各超過額との間には循環構造の関係がある。このように循環構造となるため計算が困難な場合の計算方法については、告示Q&A「第5条－Q9」を参照されたい。なお、当該計算方法はあくまで計算が循環する場合におけるの1つの計算事例であり、各金融機関において客観的かつ合理的と考えられる手法により異なる計算を行うことも許容される。

Ⅳ. 証券化取引に伴い増加した自己資本に相当する額

証券化取引に伴い増加した自己資本に相当する額はコア資本に係る調整項目の額に含まれる。こうした取扱いとなっている背景には、証券化取引の実行時点において、売却される優先部分について会計上売却益が認識されるものの、これは通常の債権譲渡において認識される売却益と異なり、オリジネーターが劣後部分を保有している限り、必ずしも当該売却益が実際に金融機関の損失のバッファーとして機能するとは限らないためである。証券化取引に伴い増加した自己資本に相当する額は、バーゼルⅡ告示においてもTier

1から控除されていた。

Ⅴ．負債の時価評価により生じた時価評価差額であって自己資本に算入される額

　負債の時価評価により生じた時価評価差額のうち、銀行または連結子法人等[51]の信用リスクの変動に基づくものであって、自己資本に算入される額については、コア資本に係る調整項目の額に含められる。

　もっとも、平成26年3月末現在の日本の会計基準においては、負債を時価評価することが一般に求められているものではないことから、日本の会計基準に基づく自己資本比率の計算を実施している金融機関は、当該項目に伴う自己資本の調整を行う必要はない。

　一方で、こうした取扱いが規定された背景としては、国際統一基準との整合性を図ることがある。負債の時価評価により生じる時価評価差額はそれのみでは未実現であり、時価での負債の買取り等を行うことではじめて実現するものであることから、これが未実現の時点においては、コア資本に係る調整項目として、規制上の自己資本の額の計算において控除することとされた。バーゼルⅡ告示においては、特に取扱いが定められていなかったが、改正国内基準告示においては仮にこれが生じた場合には自己資本の額の計算において控除されることとなった。

Ⅵ．退職給付に係る資産または前払年金費用の額

ⅰ．コア資本に係る調整項目としての取扱い

　退職給付に係る資産（単体自己資本比率の算出においては前払年金費用。以下同じ）の額については、仮にたとえば退職給付会計においてその年金資産に運用益が生じているような場合であっても、当該年金資産の利用および処分等については制約が課されており、必ずしも銀行が損失吸収のために自由に

51　単体自己資本比率の算出においては、銀行の信用リスクの変動に基づくものに限る。

処分可能な財産ではないことから、その全額をコア資本に係る調整項目の額として、規制上の自己資本の計算において控除することとされた。バーゼルⅡ告示においては、前払年金費用はその他資産として、リスク・ウェイト100％で信用リスク・アセットの額を算出することとされていた。

ⅱ．繰延税金負債との相殺

退職給付に係る資産に関連する繰延税金負債がある場合、その額と当該繰延税金負債の額を相殺することができる（銀行告示28条5項、40条5項）。また、その他無形資産の場合と同様に、退職給付に係る資産について、実効税率を勘案することも認められている。具体的な取扱いについては、無形固定資産に関する上記Ⅰⅱ(B)と同じである。

Ⅶ．自己保有普通株式等の額

ⅰ．コア資本に係る調整項目としての取扱い

自己保有普通株式等の額とは、銀行または連結子法人等が当該銀行または連結子法人等の普通株式等（普通株式または強制転換条項付優先株式をいう）を保有している場合における当該普通株式等の額[52]をいう（銀行告示29条2項、41条1項）。

ただし、連結財務諸表規則2条19号または財務諸表等規則8条23項に規定する自己株式に該当するものについては、連結貸借対照表または貸借対照表の純資産の部において株主資本から控除されていることから、自己保有普通株式等の額には含まれない。

自己保有普通株式等の保有形態は、連結範囲外の法人等[53、54]に対する投

---

[52] 単体自己資本比率の算出においては、銀行が当該銀行の普通株式等を保有している場合における当該普通株式等の額をいう。
[53] 法人等（銀行法施行令4条の2第2項に規定する法人等をいう。以下同じ）であって、連結自己資本比率の算出にあたり連結の範囲に含まれない者をいう。以下同じ。
[54] 単体自己資本比率の算出においては、他の法人等、すなわち、当該銀行以外の法人等と読み替える。

資、その他これに類する行為を通じて実質的に保有している場合に相当すると認められる場合、その他これに準ずる場合を含む。具体的には、自己保有普通株式等の取得および保有を行う連結範囲外の法人等（例：ファンド、SPC）に対する投資を行い、これにより当該普通株式等の価値変動や信用リスク等を実質的に負担することとなる場合や、普通株式等の価値に直接連動する派生商品取引（例：株式オプション[55]）を行っている場合をいう（告示Q&A「第8条－Q5」）。これらの具体例については、後述の(3)Ⅰⅱを参照のこと。

なお、自己保有普通株式等については、バーゼルⅡ告示においても、会計上株主資本から控除されるものについては同様に規制資本に含まれていなかった（すなわち会計上も規制上も株主資本から控除されていた）が、それ以外の連結貸借対照表または貸借対照表の自己株式に含まれない間接的または実質的に保有している自己の普通株式等については、このような自己資本控除の取扱いは規定されていなかった。したがって後述7の経過措置の適用の計算を行う際、前者についてはそれが適用されず、後者についてのみ経過措置が適用される結果となることには留意を要する。

ⅱ．ショート・ポジションとの相殺

自己保有普通株式等については、銀行または連結子法人等[56]が自己保有普通株式等に係る一定のショート・ポジションを保有するときは、当該自己保有資本調達手段と対応するショート・ポジションを相殺することができる（銀行告示29条3項、41条2項）。

この場合における「一定のショート・ポジション」とは、具体的には、以下の場合が該当する（告示Q&A「第8条－Q7」）。

① ロング・ポジション（インデックスに含まれる場合など、間接保有による場合も含む）と同一の資本調達手段のショート・ポジション（カウンターパーティ・リスクを有しないものに限る）[57]を有しており、かつ、当該ショー

---

[55] オプションに限らず、普通株式等の価値に連動するあらゆるデリバティブ取引を含む。
[56] 単体自己資本比率の計算においては、銀行と読み替える。

ト・ポジションのマチュリティが当該ロング・ポジションのマチュリティと同一である場合または残存マチュリティが1年以上の場合
② インデックスに含まれるロング・ポジションについては、上記①に該当する場合に加えて、同一のインデックスのショート・ポジションを有しており、かつ、当該ショート・ポジションのマチュリティが当該ロング・ポジションのマチュリティと同一である場合または残存マチュリティが1年以上の場合
③ 上記①および②にかかわらず、ロング・ポジションと同一の資本調達手段を原資産に含むインデックスのショート・ポジション（カウンターパーティ・リスクを有しないものに限る）を有しており、かつ、当該ショート・ポジションのマチュリティが当該ロング・ポジションのマチュリティと同一である場合または残存マチュリティが1年以上の場合であって、以下の要件のすべてを満たす場合
  ⓐ ヘッジ対象となるロング・ポジションおよびヘッジ手段であるインデックスがいずれもトレーディング勘定で保有されていること。
  ⓑ いずれのポジションも貸借対照表において公正価値で評価されていること。
  ⓒ 監督当局の評価対象となる銀行の内部管理プロセスのもと、ヘッジが有効であると認められること。

なお、後述の少数出資金融機関等の対象普通株式等やその他金融機関等の対象普通株式等をショート・ポジションと相殺する場合と異なり、①および③の場合には、ショート・ポジションについてカウンターパーティ・リスクを有しないものに限られる。これは、銀行の普通株式等については、前述のとおり資本充実性の要件として、その払込みがなされていることが必要であるところ、ショート・ポジションがカウンターパーティ・リスクを有する場合には、この要件に実質的に抵触することとなると考えられるためである。

---

57 カウンターパーティ・リスクを有しないベアファンド等、ショート・ポジションを間接的に有する場合も相殺は可能となるが、この場合、マチュリティの要件を充足するために、当該ショート・ポジションを保有する意思が重要となる。

(3) 金融システムのリスクの連鎖を防止する観点から一定程度保有を抑制する必要があると考えられる資産等

Ⅰ．総　　論

　銀行告示28条2項3号～6号に定めるもののうち、①意図的に保有している他の金融機関等の対象資本調達手段の額、②少数出資金融機関等の対象普通株式等の額、ならびに、③特定項目に係る10％基準超過額および特定項目に係る15％基準超過額のうちその他金融機関等の対象普通株式等に関するものについては、その全額または一定以上の額（大要、規制上の自己資本の10％または他の特定項目をあわせてその15％を上回る額）は、コア資本に係る調整項目の額に算入し、規制上の自己資本の額から控除される。こうした取扱いは国際統一基準における取扱いと原則として同様である。

　国際統一基準行であれ、国内基準行であれ、銀行が他の銀行、証券会社または保険会社等に多くの出資を行うことにより、金融システムのなかで資本の連鎖や持合いの構造（いわゆるダブルギアリング）が生じると、ある金融システムの参加者に生じた危機が、これを通じて他の参加者にも伝播することとなり、このような金融システム内での負の連鎖が、ひいては金融システム全体の危機を引き起こすことになりかねない。そのため、このような事態を可及的に防止し、金融システム安定に資するため、銀行による他の金融システム参加者の規制資本への出資を抑制することが重要となる。

　なお、バーゼルⅡ告示においても、意図的に保有している他の金融機関の資本調達手段や金融業務を営む関連法人等の資本調達手段等については、控除項目として、自己資本から控除されていた。このうち、意図的に保有している他の金融機関の資本調達手段については、銀行が他の金融機関の自己資本比率の向上のために意図的に当該他の金融機関の株式その他の資本調達手段を保有している場合を対象としており、銀行と当該他の金融機関との間で

図表 3 －13　他の金融機関等向け出資の取扱いの全体像

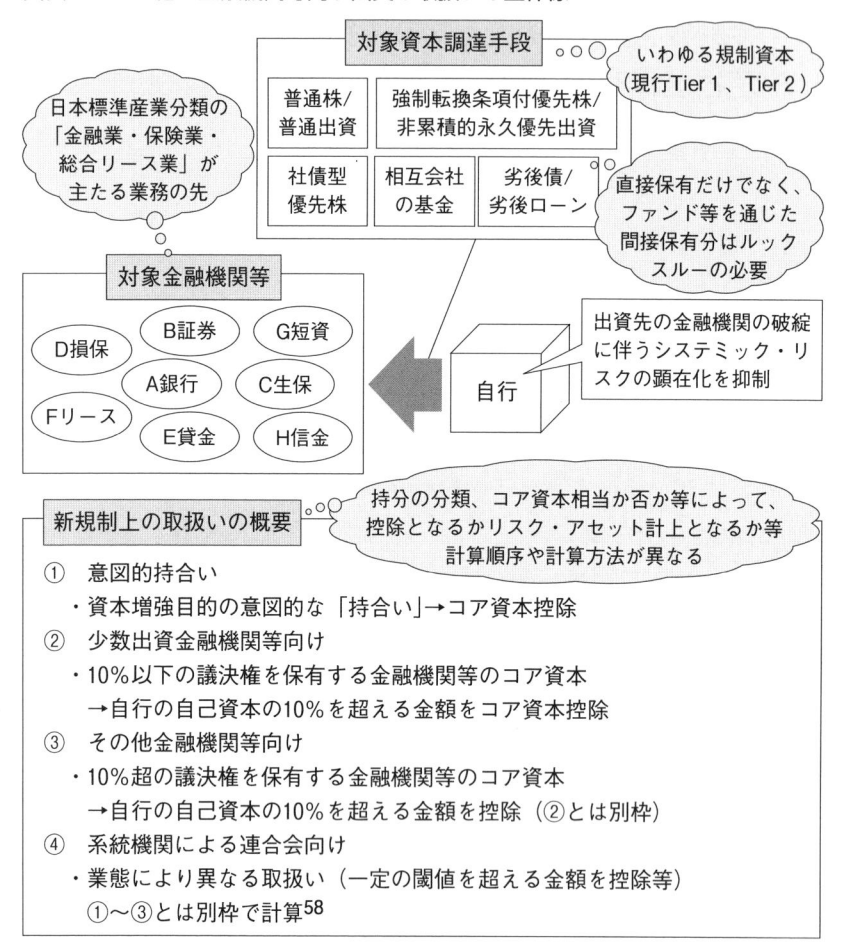

対象資本調達手段（いわゆる規制資本（現行Tier 1、Tier 2））

- 普通株/普通出資
- 強制転換条項付優先株/非累積的永久優先出資
- 社債型優先株
- 相互会社の基金
- 劣後債/劣後ローン

日本標準産業分類の「金融業・保険業・総合リース業」が主たる業務の先

直接保有だけでなく、ファンド等を通じた間接保有分はルックスルーの必要

対象金融機関等
- A銀行
- B証券
- C生保
- D損保
- E貸金
- Fリース
- G短資
- H信金

自行

出資先の金融機関の破綻に伴うシステミック・リスクの顕在化を抑制

新規制上の取扱いの概要

持分の分類、コア資本相当か否か等によって、控除となるかリスク・アセット計上となるか等計算順序や計算方法が異なる

① 意図的持合い
・資本増強目的の意図的な「持合い」→コア資本控除
② 少数出資金融機関等向け
・10％以下の議決権を保有する金融機関等のコア資本
→自行の自己資本の10％を超える金額をコア資本控除
③ その他金融機関等向け
・10％超の議決権を保有する金融機関等のコア資本
→自行の自己資本の10％を超える金額を控除（②とは別枠）
④ 系統機関による連合会向け
・業態により異なる取扱い（一定の閾値を超える金額を控除等）
①～③とは別枠で計算[58]

資本の持合構造があることは要件ではなかったため、いわゆる片持ちの場合も対象に含まれた。

　一方で、出資先が告示に定める「金融機関」、すなわち預貯金取扱金融機関に限定されていたため、証券会社や保険会社等を含まず、また外国の金融

58　詳細は第 4 章 2 (4)Ⅳを参照。

機関は銀行であっても含まないという点で対象範囲が限定的であった。ただし、意図的保有に該当しない金融機関等向け出資のうち、上記金融業務を営む関連法人等の一定のものも控除項目に含まれていた。

改正国内基準告示においては、以下に述べるとおり、意図的保有としてその額の全額が控除されるものを片持ちではなく両持ち（持合い）に限定し、また、金融業務を営む関連法人等の対象普通株式等については必ずしも全額を控除するものではない等、バーゼルⅡ告示から一部内容を緩和された部分もあるといえる。一方で、対象範囲に証券会社や保険会社および外国の金融機関が含まれることとなったほか、金融業務を営む関連法人等には該当しない金融機関等の資本調達手段を保有する場合についても計算対象に含める等、銀行による金融システム参加者の資本調達手段の保有全体について、金融システムの安定の観点から、自己資本比率の計算における取扱いがあらためて整理されることとなった。

図表３－14　他の金融機関等向け出資の取扱い（フローチャート）

```
規制金融機関につい     対象資本調達手段に該当するか
ては、規制資本か否か                              資本増強目的の「持
                        no      yes              合い」か否か
                                 ↓
                           意図的持合いか         yes
                        no       yes    →    コア資本控除
        ↓
  その他金融機関等         少数出資金融
  （10％超出資先等）か     機関等に該当      yes＝普通株、普通出資、強制転換
        no                                    条項付優先株、協同組織優先出資
        ↓
   yes  対象普通株式等か    対象普通株式等か  no
                no                            yes＝銀行発行の
                                              PON条項付優先株
    特定項目                                   や劣後債等および銀
    に該当                                     行以外の金融機関が
          yes              yes                 発行する社債型優先
                                              株や劣後債等
                                    預金取扱金融機関、
                                    銀行持株会社または
                                    最終指定親会社の
                                    バーゼルⅡ告示準拠
                                    の資本調達手段か    銀行の既存劣後
各手法に  ・自己資本の10％  ・自己資本の                 ローン等（15年
従いリス   以内：RW250％    10％以内：     5年間の段階      間の経過措置）
ク・アセ  ・自己資本の10％   RW100％      引上げの経過      （附則12条2項）
ット計上   超：コア資本控    ・自己資本の    措置あり（附
          除（別途15％      10％超：コ    則12条1項）  yes
          capも勘案）      ア資本控除                    no
                                                  RW250％  RW100％
```

第３章　国内基準　279

なお、以上の取扱いについて、どの対象資本調達手段や対象普通株式等がどのような取扱いに該当するかについては、図表3－14のフローチャートを参考にされたい。

ⅰ．「他の金融機関等」の定義

これらの対象となる「他の金融機関等」とは、金融機関もしくはこれに準ずる外国の者または金融業、保険業その他の業種に属する事業を主たる事業として営む者（これに準ずる外国の者を含み、金融システムに影響を及ぼすおそれがないと認められる者その他の者を除く）であって連結自己資本比率の算出にあたり連結の範囲に含まれないものをいう（銀行告示29条4項。なお、単体自己資本比率の計算においては、「他の金融機関等」の定義自体からは、連結自己資本比率の算出にあたり連結の範囲に含まれないものは除かれていないが、銀行告示第5章の適用においてはこれらのものは除外されている（銀行告示41条3項））[59]。

この「他の金融機関等」の意義については、国際統一基準の場合と同様に、原則として、日本標準産業分類の「Ｊ．金融業、保険業」に該当する事業を主たる事業として営む者および「Ｋ．不動産業、物品賃貸業」のうち「7011．総合リース業」に該当する事業を主たる事業として営む者が該当し、また、外国法人についても、これらに準ずる者が該当することとされている。もっとも、「621．中央銀行」や「6616．預・貯金等保険機関」に該当する者のほか、金融秩序・信用秩序の維持や金融・金融取引の円滑化等のための公益的な業務のみをもっぱら行う者については、対象に含まず、また、これらに該当する事業を含む複数の事業を営む者であっても、その主たる事業が上記以外のものである場合には、当該者は調整項目の対象となる他の金融機関等に含まれないこととされている。たとえば、日本銀行や預金保険機構のほか、金融商品取引清算機関等が他の金融機関等から除外されることとなる。

---

[59] したがって、単体自己資本比率の算出においても、他の金融機関等の範囲には、銀行の連結の範囲に含まれる連結子法人等は含まれないこととなる。

なお、上記に形式的に該当する者であっても、これが実質的にファンドに類すると認められる場合については、ファンド等を通じた間接保有の場合とみなしてルックスルーを行うことで、その最終的な投資先のエクスポージャーとして取り扱うことも許容される（告示Q&A「第8条－Q10」）。これにより、たとえば不動産投資信託（REIT）については、基本的に他の金融機関等には該当しない取扱いが許容されることとなる。

ⅱ．対象となる資本調達手段の保有形態

　以下に説明する意図的に保有している他の金融機関等の対象資本調達手段の額、少数出資金融機関等の対象普通株式等の額ならびに特定項目に係る10％基準超過額および特定項目に係る15％基準超過額のうち、その他金融機関等の対象普通株式等に関するものを銀行が保有する形態には、銀行または連結子法人等（単体自己資本比率の算出においては銀行に限る）が直接保有する場合のみならず、銀行もしくは連結子法人等または他の金融機関等が連結範囲外の法人等（単体自己資本比率の算出においては、他の法人等）に対する投資その他これに類する行為を通じて実質的に保有している場合に相当すると認められる場合、その他これに準ずる場合も含まれる（銀行告示29条4項ないし6項および7項1号、41条3項ないし5項および6項1号）。

　具体的には、(2)Ⅶの自己保有普通株式等の額の場合と同様に、他の金融機関等に係る資本調達手段の取得および保有を行う連結範囲外の法人等または他の法人等（例：ファンド、SPC）に対する投資を行い、これにより当該資本調達手段の価値変動や信用リスク等を実質的に負担することとなる場合や、これらの資本調達手段の価値に直接連動する派生商品取引（例：株式オプション）を行っている場合が含まれる。具体例としては、以下の場合があげられている（告示Q&A「第8条－Q5」）。

・他の金融機関等に係る資本調達手段を保有するファンドに対して出資している場合（日経平均株価や東証株価指数に連動する株式投資信託やETFを含む）
・連結範囲外の法人等に対する貸付を通じて当該法人等に、他の金融機関等に係る資本調達手段を保有させていると認められる場合

・他の金融機関等に係る資本調達手段について、第三者とトータル・リターン・スワップ契約を結んでいる場合
・第三者による他の金融機関等への出資について保証や、CDSのプロテクションを提供している場合
・他の金融機関等に係る資本調達手段についてコール・オプションを購入している、またはプット・オプションを売却している場合
・他の金融機関等に係る資本調達手段を将来取得する契約を結んでいる場合
・他の金融機関等に係る資本調達手段を裏付資産とする特定社債や、証券化商品に対して投資している場合

なお、これらの場合における他の金融機関等に係る資本調達手段の保有額は、以上の資本調達手段が全額毀損したと仮定した場合に銀行に生じる損失額等をもとに算出することとなる。たとえば、ファンド等を通じた間接保有であれば、原則としてルックスルーを行ったうえで、他の金融機関等に係る資本調達手段への投資割合を勘案して算出することとなる。一方で、派生商品取引であれば、当該取引を通じて実質的に保有していると認められる額を見積もることが必要となる。たとえば、個別株オプションであればデルタポジション、スワップであれば想定元本を保有額とみなすこと等が考えられるが、当該取引の特性をふまえ、それぞれ適切に見積もることが求められている。ルックスルーが困難な場合は、告示Q&A「第8条-Q6」を参照。

ⅲ. 対象資本調達手段および対象普通株式等の意義

「対象資本調達手段」とは、国際統一基準と同様、資本調達手段のうち、普通株式に相当するもの、その他Tier1資本調達手段に相当するものまたはTier2資本調達手段に相当するものをいい、規制金融機関の資本調達手段にあっては、当該規制金融機関に適用される経営の健全性を判断するための基準またはこれと類似の基準において銀行告示2条3号または25条の算式（単体自己資本比率の算出においては、銀行告示14条3号または37条の算式）の分子の額を構成するものに相当するものに限られている。また、ここでいう「普通株式」には、みなし普通株式、すなわち、普通株式、その他Tier1資本調

達手段またはTier 2資本調達手段のいずれにも相当しない資本調達手段が含まれる。他の金融機関等の資本調達手段がどのTierに該当または相当するかの判断については、国際統一基準と共通であることから、第2章4(3)Ⅰⅲを

図表3－15　他の金融機関等向け出資の取扱いの概要①

1　対象金融機関等
　○国際統一基準と同様、<u>銀行、証券および保険を含む、広く金融に関連する業務を行う者（海外金融機関含む）</u>が対象
　　⇒原則として、日本標準産業分類の<u>「金融業・保険業」</u>に属する業務を主たる事業として営む者および「不動産業、物品賃貸業」のうち、<u>「総合リース業」</u>を主たる事業として営む者が対象。公益的業務をもっぱら営む者は対象外（告示Q&A「第8条－Q10」参照）

　　具体的にどの法人、会社、機関が該当するかは個別の金融機関で判断する必要

2　対象となる資本調達手段
　○「対象資本調達手段」：普通株、優先株、優先出資、劣後債、劣後ローン、相互会社基金等の資本調達手段
　○規制資本の概念がある金融機関等（銀行、証券、保険等）については、規制資本に含まれるものに限られる
　○なお、種類や商品性等により、取扱い（コア資本控除かリスク・アセット計上か）は異なることになる

　　保有する資本調達手段の種類により、下記分類に従い、経過期間中を含め異なる取扱いとなることに留意する必要

3　分　類
　①　意図的持合い
　　―相互に自己資本比率を向上させるための意図的な資本調達手段の相互持合い
　②　少数出資金融機関等向け
　　―10%以下の議決権を保有している相手方金融機関等のコア資本を保有
　③　その他金融機関等向け
　　―10%超の議決権を保有している相手方金融機関等や兄弟会社等のコア資本を保有

　　各分類ごとに、資本調達手段の種類に応じ、計算の方法や順序、経過期間中の取扱い等が異なることに留意する必要

参照されたい。

コア資本に係る調整項目において対象となる「対象普通株式等」は、対象資本調達手段のうち、普通株式または強制転換条項付優先株式に相当するもの（みなし普通株式を含む）をいう。この点に関し、株式会社以外の形態の会社が発行する資本調達手段のうち、どのようなものが普通株式または強制転換条項付優先株式に相当すると判断されるかについては、協同組織金融機関に適用される国内基準において、非累積的永久優先出資がコア資本に係る基礎項目の額に含められることをふまえ、株式会社である他の金融機関等が発行する普通株式または強制転換条項付優先株式のほか、協同組織金融機関の発行する非累積的永久優先出資も、普通株式または強制転換条項付優先株式に相当するものと考えられる。他方、株式会社である他の金融機関等が発行する社債型優先株式や劣後債はこれらに相当するものではないとされる（告示Q&A「第29条－Q１」）[60]。

Ⅱ. 意図的に保有している他の金融機関等の対象資本調達手段の額

「意図的に保有している他の金融機関等の対象資本調達手段の額」（銀行告示28条2項3号、41条2項3号）とは、銀行または連結子法人等（単体自己資本比率の算出においては銀行に限る。以下同じ）が他の金融機関等との間で相互に自己資本比率を向上させるため、意図的に当該他の金融機関等の対象資本調達手段[61]を保有していると認められ、かつ、当該他の金融機関等が意図的に当該銀行または連結子法人等の普通株式または強制転換条項付優先株式

---

[60] この考え方は、国内基準の適用を受ける協同組織金融機関が、他の金融機関等の発行する対象資本調達手段について、対象普通出資等に該当するか否かを判断する際にも同様に妥当するものとされる。

[61] ここで対象普通株式等ではなく、対象資本調達手段とされているのは、持合構造によって他の金融機関等の対象資本調達手段の取得に際し拠出した金銭が銀行の対象普通株式等への払込みを通じて銀行に戻ってくるものと実質的に同視できることから、対象普通株式等以外の対象資本調達手段、すなわち社債型優先株や劣後債等を保有していたとしてもコア資本に係る調整項目の額に含めて自己資本から控除すべきと考えられるからである。

を保有していると認められる場合における当該他の金融機関等の対象資本調達手段の額をいう（銀行告示29条4項、41条3項）。

　これに該当した場合、意図的に保有している他の金融機関等の対象資本調達手段の額の全額がコア資本に係る調整項目の額に算入され、規制上の自己資本の額の計算において控除されることとなる。こうした取扱いの背景には、金融システム内で自己資本比率向上のために資本調達手段を相互に意図的に保有することは、銀行および他の金融機関等の双方において実体の伴わない資本が計上されることとなり、金融システムを脆弱なものにするため、自己資本からは控除すべきということがある。意図的に保有している他の金融機関等の対象資本調達手段に該当するかの具体的な判断は、以下の判断基準に基づき行われる（中小・地域金融機関向け監督指針Ⅲ－4－6－1）。

　　イ．銀行又は連結子法人等が、平成9年7月31日以降、我が国の預金取扱金融機関との間で、相互に資本増強に協力することを主たる目的の一つとして互いに資本調達手段を保有することを約し、これに従い、銀行又は連結子法人等が当該預金取扱金融機関の資本調達手段を保有し、かつ、当該預金取扱金融機関も銀行又は連結子法人等の資本調達手段を保有している場合

　　ロ．銀行又は連結子法人等が、平成24年12月12日以降、他の金融機関等（我が国の預金取扱金融機関を除く。）との間で、相互に資本増強に協力することを主たる目的の一つとして互いに資本調達手段を保有することを約し、これに従い、銀行又は連結子法人等が当該他の金融機関等の資本調達手段を保有し、かつ、当該他の金融機関等が銀行又は連結子法人等の資本調達手段を保有している場合

　したがって、他の金融機関等が当該銀行または連結子法人等の資本調達手段を保有していない場合は、意図的持合いには該当しない。また、他の金融機関等との間で相互に資本調達手段を保有している場合であっても、相互に資本増強に協力することを主たる目的の1つとして資本調達手段を互いに保有することが約されているとは認められない場合（たとえば、もっぱら純投資目的等により流通市場等において他の金融機関等の資本調達手段を取得および保

図表3-16 意図的持合いの取扱い

1　対象となるケース
○バーゼルⅡ告示における「意図的保有」とは、他の金融機関（国内の預金取扱金融機関）の自己資本比率の向上のための保有（片持ちであっても）が対象
○改正国内基準告示における「意図的持合い」とは、<u>相互に自己資本比率を向上させるため、金融機関等同士がお互いに持ち合っている場合（両持ち）</u>が対象
○現行規制では意図的保有となる「劣後ローン」保有を含め、<u>結果として持ち合うこととなっているにすぎないケースは、「意図的持合い」に該当しない</u>。
○既存保有分のうち、平成9年7月31以降に生じた国内預金取扱金融機関との間の<u>意図的持合いおよび24年12月12日以降にそれ以外の金融機関等との間で生じた意図的持合いは控除の対象となる</u>（監督指針参照）。
　⇒あくまで、<u>意図的持合いに該当するケースに限られる</u>。
2　対象となる相手方の資本調達手段
○普通株・普通出資、強制転換型優先株式・協同組織金融機関発行優先出資のみならず、<u>これら以外の規制上の資本調達手段（劣後債や劣後ローン、生保基金等）も対象</u>
　⇒<u>これら資本の意図的持合いを行っている場合には、すべてコア資本控除</u>となる。
3　留意点
○従来意図的保有として控除されていたが、意図的持合いに該当しない持分は、後述の少数出資金融機関等またはその他金融機関等の対象資本調達手段として取り扱われる。

有している場合や、もっぱら業務提携を行う目的で他の金融機関等の資本調達手段を相互に保有している場合、また、証券子会社がマーケット・メイキング等の目的で一時的に他の金融機関等の資本調達手段を保有している場合等）は、意図的持合いには該当しない。

　このように、意図的持合いとは、銀行または連結子法人等と他の金融機関等との間で相互に資本調達手段を保有しているという客観的な要件と、相互に資本増強に協力するという主観的な要件が必要とされている。

　従来は、いわゆる片持ちであっても、たとえば劣後ローンの引受け等は意

図的保有として自己資本から控除されていたが、今般の見直しにより、意図的持合いに該当する場合が自己資本増強のためにもっぱら資本を持ち合うような例外的な場合に限定されるため、意図的持合いに該当する取引はあまり想定されなくなったといえる。それでもなお、こうした取扱いが設けられた背景には、金融機関同士が相互に自己資本の増強を目的として、お互いに出資し合うことを抑制するためである。

なお、従来は意図的保有として自己資本から控除されていた他の預金取扱金融機関の資本調達手段が、改正国内基準告示において意図的持合いに該当しない場合、以下の少数出資金融機関等またはその他金融機関等の対象資本調達手段を保有する場合として、それぞれの取扱いに従うこととなる。

Ⅲ．少数出資金融機関等の対象普通株式等の額

ⅰ．計算方法

「少数出資金融機関等の対象普通株式等の額」（銀行告示28条2項4号、40条2項4号）は、少数出資金融機関等の対象普通株式等を銀行または連結子法人等（単体自己資本比率の算出においては銀行に限る）が保有している場合における当該対象普通株式等の額の合計額から少数出資に係る10％基準額を控除した額をいい、当該額が零を下回る場合には、零とされる（銀行告示29条5項、41条4項）。

ここで、「少数出資金融機関等」とは、銀行および連結子法人等（単体自己資本比率の算出においては銀行に限る）がその総株主等の議決権[62]の100分の10を超える議決権を保有していない他の金融機関[63]（銀行告示29条6項1号ホおよびへまたは41条5項1号ロまたはハに掲げる者を除く）をいう。すなわち、議決権を10％以下しか保有していない他の金融機関等（親法人等および

---

[62] この議決権とは、委託者または受益者が行使し、またはその行使について銀行に指図を行うことができる株式等に係る議決権は含まれないが、信託財産である株式等に係る議決権で銀行が委託者もしくは受益者として議決権を行使し、またはその行使について指図を行うことができる株式等に係る議決権は含まれる（告示Q&A「第8条－Q14」）。

その子法人等または関連法人等を除く）がこれに該当する。なお、この場合における「保有」には、連結範囲外の法人等に対する投資その他これに類する行為を通じて実質的に保有している場合に相当すると認められる場合その他これに準ずる場合を含み、ファンドや投信、インデックス投資等を通じて間接的に保有している場合もその対象となることは前述のとおりである。

「少数出資に係る10％基準額」は、銀行告示28条1項各号に掲げる額の合計額から同条2項1号～3号に掲げる額の合計額を控除した額[64]に10％を乗じて得た額である。この計算においては、後述の国内基準に係る経過措置は勘案されない。

したがって、「少数出資金融機関等の対象普通株式等の額」とは、銀行（または連結子法人等）が直接または間接に保有する少数出資金融機関等の対象普通株式等の額の合計額のうち、コア資本に係る基礎項目の額からコア資本に係る調整項目の額のうち、無形資産や自己保有普通株式等、意図的持合い等を控除して得ることで算出する規制上の自己資本の額の10％を超える額が該当し、これをコア資本に係る調整項目として、規制上の自己資本の額の計算において控除するものである。

ⅱ．ショート・ポジションとの相殺

銀行または連結子法人等（単体自己資本比率の算出においては銀行に限る）が少数出資金融機関等の対象普通株式等に係る一定のショート・ポジションを保有するときは、これらの対象普通株式等と対応するショート・ポジショ

---

[63] 少数出資金融機関等に該当するか否かは、原則として自己資本比率の算出基準日における議決権の保有割合をもって判断する必要があるが、当該算出基準日における保有割合の把握が困難である場合には、直近の他の金融機関等の公表資料等によって把握可能な数字を用いて判断してもかまわない。また、株式会社形態でない金融機関等についても、総社員または総出資者の議決権のうち100分の10を超える議決権を保有しているか否かによって、少数出資金融機関であるか否かを判断することとなる。したがって、たとえば、株式会社形態でない金融機関等につき、その総会等における議決権のない資本調達手段のみを保有している場合には、当該金融機関等に係る資本調達手段はすべて少数出資金融機関等向けの出資として取り扱われる（告示Q&A「第8条－Q13」）。
[64] 単体自己資本比率の算出の場合は、銀行告示40条1項各号に掲げる額の合計額から同条2項1号～3号に掲げる額の合計額を控除した額である。

ンを相殺することができる（銀行告示29条8項、41条7項）。

　この「一定のショート・ポジション」については、具体的には以下のショート・ポジションが該当することとなる。前述のとおり自己保有普通株式等に関しても同様の取扱いが適用されるが、自己保有普通株式等に関しショート・ポジションとの相殺を行うためには、以下の①または③のケースにおいて、ショート・ポジションがカウンターパーティ・リスクを有していないことが要件となっている点が異なる。すなわち、少数出資金融機関等の対象普通株式等につき保有するショート・ポジションと相殺するにあたっては、当該ショート・ポジションにカウンターパーティ・リスクがないことは要件として求められない（告示Q&A「第8条－Q7」）。

① ロング・ポジション（インデックスに含まれる場合など、間接保有による場合も含む）と同一の資本調達手段のショート・ポジションを有しており、かつ、当該ショート・ポジションのマチュリティが当該ロング・ポジションのマチュリティと同一である場合または残存マチュリティが1年以上の場合

② インデックスに含まれるロング・ポジションについては、上記①に該当する場合に加えて、同一のインデックスのショート・ポジションを有しており、かつ、当該ショート・ポジションのマチュリティが当該ロング・ポジションのマチュリティと同一である場合または残存マチュリティが1年以上の場合

③ 上記①および②にかかわらず、ロング・ポジションと同一の資本調達手段を原資産に含むインデックスのショート・ポジションを有しており、かつ、当該ショート・ポジションのマチュリティが当該ロング・ポジションのマチュリティと同一である場合または残存マチュリティが1年以上の場合であって、以下の要件のすべてを満たす場合

　ⓐ ヘッジ対象となるロング・ポジションおよびヘッジ手段であるインデックスがいずれもトレーディング勘定で保有されていること。

　ⓑ いずれのポジションも貸借対照表において公正価値で評価されていること。

ⓒ 監督当局の評価対象となる銀行の内部管理プロセスのもと、ヘッジが有効であると認められること。

なお、上記①～③においてショート・ポジションのマチュリティがロング・ポジションのマチュリティと同一であるか否かの判断に関しては、仮にショート・ポジションとロング・ポジションのマチュリティが同一でない場合であっても、トレーディング勘定において保有しているポジションについては、マチュリティが同一とみなせる場合がある。たとえば、他の金融機関等に係る資本調達手段（株式等）のロング・ポジションを保有している銀行が、同時に当該株式のプット・オプションを有している場合や、当該株式の先物売りもしくはコール・オプションのショート・ポジションを有している場合等、ヘッジ取引の一環として、特定の時点において当該銀行が当該ロング・ポジションを売却する契約上の権利を有しており、その権利行使により取引相手方（カウンターパーティ）が当該ポジションを購入する契約上の義務を負う場合または特定の時点において当該銀行が当該ロング・ポジションを売却する契約上の義務を有している場合等については、ロング・ポジションとショート・ポジションのマチュリティが同一であるとみなすことが認められている（告示Q&A「第8条－Q8」）。なお、銀行勘定における取引については、ポジションを頻繁に変更することは認められていないことから、こうした取扱いは原則として想定されない。

Ⅳ．危機対応出資および引受行為に基づく例外

ⅰ．概　　要

少数出資金融機関等の対象普通株式等を保有する場合であっても、これが次に掲げる資本調達手段に該当する場合には、当該対象普通株式等を調整項目の算出の対象から除外することができるものとされている（銀行告示29条9項、41条8項）。ただし、以下の①に掲げる資本調達手段については、当該資本調達手段の保有に係る特殊事情その他の事情を勘案して金融庁長官が承認した場合に限り、当該承認において認められた期間に限るものとされている。

① その存続がきわめて困難であると認められる者の救済または処理のための資金の援助を行うことを目的として保有することとなった資本調達手段
② 引受け[65]により取得し、かつ、保有期間が5営業日以内[66]の資本調達手段

　少数出資金融機関等の対象普通株式等を保有する場合に、これが規制上の自己資本の額の計算における資本控除額の計算対象に含まれる背景には、前述のとおり、現在および将来の金融システム全体の安定を図るため、金融システム内での規制資本の保有を制限することにある。しかし、存続がきわめて困難となるような危機的状況に陥った金融機関等が金融システム内に実際に生じた場面においては、この金融機関等への救済出資を行わないことが、かえってその破綻やこれを起点とする金融システム全体の危機に波及しかねないことから、このような例外的な場合に限っては、金融庁長官による承認を条件として、当該金融機関等の救済のために出資することを認め、もって金融システムの安定という本来の目的を達成させようとすることが①の取扱いの背景にある。

　また、②については、たとえば証券子会社等が引受業務を行う場合に、当該引受業務に付随して他の金融機関等の対象普通株式等を保有する場合がありうるところ、このような対象普通株式等のうち、その後直ちに第三者に譲渡されることが予定されるもの、すなわち、保有期間が5営業日以内の資本調達手段に限って、コア資本に係る調整項目の対象から除外することを認めるものである。ただし、保有期間が5営業日以内のものに限られることから、決算期末直前に引き受けたもの等、きわめて限定的な場合のみがこれに該当することとなると考えられる。

ii．その存続がきわめて困難であると認められるか否かの判断基準

　上記①において、その存続がきわめて困難であると認められるか否かは、銀行による資本調達手段の取得時点における当該資本調達手段の発行者の財

65　金融商品取引法2条8項6号に規定する有価証券の引受けをいう。以下同じ。
66　払込日が起算日となる（告示Q&A「第8条－Q15」）。

政状態および経営成績ならびに経済情勢および経営環境その他の事情を総合的に勘案して判断される。たとえば、業務もしくは財産の状況に照らし預金等の払戻しを停止するおそれのある金融機関または預金等の払戻しを停止した金融機関が含まれる（中小・地域金融機関向け監督指針Ⅲ－4－6－2）。

図表3－17　他の金融機関等向け出資の取扱いの概要②

1　対象となる資本調達手段の保有形態（告示Q&A「第8条－Q5」）
　○直接保有の場合のみならず、間接保有やシンセティック保有（デリバティブ）の場合も対象
　　①　これらを保有する連結範囲外の法人等（例：ファンドまたはSPC）に投資を行い、これにより当該資本調達手段の価値変動や信用リスク等を実質的に負担することとなる場合
　　②　資本調達手段の価値に直接連動する派生商品取引（例：株式オプション）を行っている場合　　等
2　ファンド等を通じた保有の場合の対象金額の計算方法（告示Q&A「第8条－Q6」）
　　①　原則としてルックスルーをしたうえで、当該ファンド等が保有する金融機関等向け出資の割合に応じて対象額を計算
　　②　ルックスルーができない場合、ファンドの運用基準に基づき対象額を推計することは可能
　　③　①、②いずれもできない場合は、最大限保守的な見積りを行い対象額を推計
3　対象から除外することが認められるケース（銀行告示29条9項等）
　　①　<u>存続がきわめて困難と認められる者の救済または処理のための資金援助。ただし、当局承認が必要で、かつ、一定期間（取得時点から原則10年）に限られる</u>（監督指針参照）
　　　⇒預金保険法59条2項にて破綻金融機関を救済合併する際の保有分も対象
　　②　引受けにより取得した保有期間が5営業日以内のもの
　　③　①、②にかかわらず、<u>一定の要件を満たすショート・ポジションとネッティング</u>することが可能
　　　⇒要件の詳細（＝ショート・ポジションのマチュリティが1年以上またはロング・ポジションと一致していること等）については、告示Q&A「第8条－Q7、8」を参照

　　3①の危機対応出資については、該当しそうな先を各行が選別し、あらかじめ金融庁長官の承認が必要

したがって、このような資本調達手段には、預金保険法65条に規定する適格性の認定等に係る同法59条2項に規定する合併等の際に保有することとなった同条1項に規定する救済金融機関および救済銀行持株会社等の資本調達手段も含まれる。

　また、こうした取扱いが認められる期間は、以上の事情に加えて、当該資本調達手段の発行者の規模および金融システムにおける重要性、当該資本調達手段の種類および保有額、銀行の資本の状況、銀行が当該資本調達手段を保有することとなった経緯および目的その他の背景事情ならびに当該発行者と銀行の関係その他の当該資本調達手段の保有に係る事情を総合的に勘案して、当該資本調達手段を取得した日から10年を基本としつつ、期間の伸長・縮減や、激変緩和措置としての対象範囲の段階的縮減を認めるなど、金融システムの安定に鑑み、合理的に必要と認められる期間が定められることとなる。

　例外的にこうした取扱いを認める期間が原則10年とされた背景には、国際統一基準との整合性や、危機対応として行われた出資については、10年程度の期間があれば対象金融機関が経営危機から脱することができること等をふまえたものである。ただし、10年という期間は原則であり、状況に応じてその期間が前後することはありうる。

　なお、銀行による承認の申請については、原則として、対象となる資本調達手段の取得と同時またはその直後までに行うことが求められることから、今後こうした出資に該当しうる取引が仮に生じる場合には、すみやかに金融庁長官に対して承認の申請を行う必要がある。

Ⅴ．少数出資金融機関等の対象普通株式等のうち、調整項目に含まれなかったもの

　少数出資金融機関等の対象普通株式等のうち、コア資本に係る調整項目の額に含まれなかったものについて、標準的手法採用行については旧告示における取扱いと同様、出資等としてリスク・ウェイト100％が適用される（銀行告示76条）。内部格付手法採用行についても、バーゼルⅡ告示における取

扱いと同様の取扱いが適用されるところ、対象普通株式等は株式等エクスポージャーに該当することから、銀行告示166条により株式等エクスポージャーの信用リスク・アセットの額の計算に用いられている手法を用いて計算された額が信用リスク・アセットの額となる。

Ⅵ. 少数出資金融機関等の対象普通株式等以外の対象資本調達手段のリスク・ウェイト

　少数出資金融機関等の対象普通株式等以外の対象資本調達手段、すなわち預貯金取扱金融機関が発行する国際統一基準におけるその他Tier 1 資本調達手段やTier 2 資本調達手段（例：社債型優先株式や劣後債）、あるいは保険会社や証券会社等が発行するこれらに適用ある規制上の自己資本に含まれる同様の資本調達手段のリスク・ウェイトは、保有額にかかわらず一律に250％となる（銀行告示76条の2の3、178条の2の3）。こうした取扱いとなった背景には、対象普通株式等でなくとも、他の金融機関等の規制資本に該当する資本調達手段を保有する場合には、金融システム全体のリスクを高めることにつながるため、その取扱いの厳格化を図るねらいがある。ただし、後述する7⑽Ⅲ記載のとおり、経過措置として、リスク・ウェイトの250％への引上げは、平成26年3月末から5年間をかけて段階的に実施される。

　また、同じく経過措置により、7⑽Ⅱ記載のとおり、預貯金取扱金融機関、銀行持株会社または最終指定親会社が発行する対象普通株式等以外のバーゼルⅡ告示において規制資本に算入されていた資本調達手段（バーゼルⅢ告示の国際統一基準本則において資本算入されるものを除く）を保有する場合には、平成26年3月末から15年間リスク・ウェイト100％が適用される。すなわち、他の銀行のバーゼルⅡ告示における適格社債型優先株や劣後債、劣後ローンを保有する場合には、26年3月31日以降も、15年間にわたりリスク・ウェイト100％が適用されることとなる。

図表3－18　少数出資金融機関等の対象普通株式等の取扱い

1　対象となるケース
○議決権の10%超を保有していない連結外の金融機関等が対象
2　対象となる資本調達手段
○コア資本要件を満たす対象資本調達手段（普通株、強制転換条項付優先株、協同組織普通出資、優先出資）
○上記以外の対象資本調達手段（劣後債や保険会社基金等。具体的には、バーゼルⅢ告示のその他Tier 1資本、Tier 2資本の要件を満たすもの（銀行等が発行する場合）や証券・保険会社等の他の金融機関等の規制資本を想定）についてはRW250%（適用日時点で保有し、継続保有するものについては段階的引上げの経過措置あり）
○ただし、バーゼルⅡ告示準拠の銀行、銀行持株会社または最終指定親会社の既存の劣後債・劣後ローン等については、RW100%を適用（平成41年3月30日までの経過措置）
3　調整項目の額の計算方法
○少数出資金融機関等のコア資本要件を満たす資本調達手段の額をすべて合計したうえで、自行の自己資本の額（少数出資金融機関等控除適用前）の10%を超える額がコア資本控除
○自行の自己資本の額の10%以下の部分については、標準的手法の場合、バーゼルⅡ告示での取扱いと同様RW100%を適用。内部格付手法（IRB）採用行は、同手法に基づきリスク・アセットを計算
○上記計算の前提となる「自己資本の額」は、経過措置を勘案しない完全適用ベースの額

	現行規制（あらゆる資本調達手段）	普通株・強制転換条項付優先株・普通出資・優先出資	左記以外のバーゼルⅢ適格その他Tier 1、Tier 2資本（銀行発行）、銀行以外の金融機関の規制資本	左記以外の資本調達手段
自己資本の10%以内	RW100%（標準的手法）	RW100%	RW250%	RW100%
自己資本の10%超		コア資本控除		

Ⅶ. 特定項目に係る10％基準超過額

i. 概　　要

　特定項目に係る10％基準超過額とは、次に掲げる額の合計額をいい、いずれも、その額が零を下回る場合には、零とされる。
　　一　その他金融機関等の対象普通株式等を銀行又は連結子法人等が保有している場合における当該対象普通株式等の額から特定項目に係る10％基準額を控除した額
　　二　モーゲージ・サービシング・ライツに係る無形固定資産の額から特定項目に係る10％基準額を控除した額
　　三　繰延税金資産（一時差異に係るものに限る。）の額から特定項目に係る10％基準額を控除した額

　これらの場合における特定項目に係る10％基準額とは、銀行告示28条1項各号に掲げる額の合計額から同条2項1号～4号に掲げる額の合計額を控除した額[67]に10％を乗じて得た額をいい、すなわち、これは、コア資本に係る基礎項目の額から、少数出資金融機関等の対象普通株式等の額までのコア資本に係る調整項目の額を控除することで算出される規制上の自己資本の額の10％を意味する。なおこの計算においては、後述の国内基準に係る経過措置は勘案されない。

　特定項目として定義されるのは、その他金融機関等に対する対象資本調達手段の対象普通株式等、モーゲージ・サービシング・ライツに係る無形固定資産および繰延税金資産（一時差異に係るものに限る）の3つである（銀行告示29条7項1号、41条6項1号）。

---

[67]　単体自己資本比率の算出においては、銀行告示40条1項各号に掲げる額の合計額から同条2項1号～4号に掲げる額の合計額を控除した額である。

ⅱ．特定項目の定義

（A）　その他金融機関等の対象普通株式等

その他金融機関等とは、以下の者またはこれに準ずる外国の者をいう（銀行告示29条6項1号。ただし、単体自己資本比率の算出においてはロ～ニに掲げる者を除き、また、イについても連結子法人等の保有する議決権は含まれない。(41条5項1号)）。すなわち、総株主等の議決権の10％を超える議決権を保有している他の金融機関等や、金融業務を営む関連法人等が主に該当することとなる。

なお、投資ファンド等については、投資ファンド等自身をその他金融機関等に含める必要は必ずしもなく、その投資先がルックスルーできる場合には、ルックスルーした後の最終的な投資先について、他の金融機関等に該当するか否か等の判断を行えば足りる。

また、単体自己資本比率を算出する際には、他の金融機関等の範囲から、銀行の連結の範囲に含まれる金融機関等は除外されていることから（銀行告示41条3項）、銀行の子法人等をその他金融機関等に含める必要はない。

	その他金融機関等
イ	当該銀行および連結子法人等がその総株主等の議決権の10％を超える議決権を保有している他の金融機関等
ロ	連結自己資本比率の算出にあたり連結の範囲に含まれない金融子会社[68]（イに掲げる者を除く）
ハ	金融業務を営む会社[69]を子法人等としている場合における当該子法人等であって、連結自己資本比率の算出にあたり連結の範囲に含まれないもの[70]（イおよびロに掲げる者を除く）
ニ	金融業務を営む関連法人等[71]（イに掲げる者を除く）

---

[68] 連結財務諸表規則5条1項各号に該当するものである。
[69] 銀行法16条の2第1項1号～11号または13号に掲げる会社（同項11号に掲げる会社のうち従属業務をもっぱら営むものを除く）をいう。以下同じ。
[70] 連結財務諸表規則5条1項各号または2項に該当するものである。

ホ	他の金融機関等であって、当該銀行を子法人等とする親法人等である者（イに掲げる者を除く）
ヘ	他の金融機関等であって、当該銀行を子法人等とする親法人等の子法人等[72]または関連法人等である者（イ～ホに掲げる者を除く）

したがって、その他金融機関等の対象普通株式等とは、その他金融機関等の対象普通株式等を銀行または連結子法人等（単体自己資本比率の算出においては銀行に限る）が保有している場合における当該対象普通株式等（意図的に保有している他の金融機関等の対象普通株式等を除く）をいい、連結範囲外の法人等または他の法人等に対する投資その他これに類する行為を通じて実質的に保有している場合に相当すると認められる場合、その他これに準ずる場合を含む。すなわち、直接・間接保有両方のケースがこれに該当することとなる。

なお、この場合におけるショート・ポジションとの相殺および危機対応出資または引受けによる例外の適用については、前述のⅢⅱおよびⅣ記載の少数出資金融機関等の対象普通株式等の場合と同じである（銀行告示29条8項および9項、41条7項および8項）。

(B) モーゲージ・サービシング・ライツに係る無形固定資産

モーゲージ・サービシング・ライツに係る無形固定資産とは、住宅ローンに係る回収サービス権のことを指すが、前述のとおり、日本においてこれに該当する項目は基本的に存在しないと考えられる（平成24年3月30日付パブコメ回答25番）。

(C) 繰延税金資産（一時差異に係るものに限る）

繰延税金資産（一時差異に係るものに限る）とは、会計と税務の一時差異により会計上生じる繰延税金資産をいう。したがって、繰越欠損金以外の繰延税金資産が原則としてこれに含まれることとなる。

---

71 銀行が金融業務を営む会社を関連法人等としている場合における当該関連法人等をいう。以下同じ。
72 銀行自身は除かれる。

図表3-19　その他金融機関等の対象普通株式等の取扱い

1　対象となるケース
　①　議決権の10％超を保有している他の金融機関等
　②　連結の範囲に含まれない金融子会社
　③　金融業務を営む関連法人等、兄弟会社等

（単体自己資本比率の計算においても、連結子会社向け持分は対象外）

2　対象資本調達手段
　○コア資本要件を満たす資本調達手段（普通株、強制転換条項付優先株、協同組織普通出資、優先出資）
　○上記以外の対象資本調達手段（劣後債や保険会社基金等。具体的には、バーゼルⅢ告示のその他Tier 1 資本、Tier 2 資本の要件を満たすもの（銀行等が発行する場合）や証券・保険会社等の他の金融機関等の規制資本を想定）についてはRW250％（適用日時点で保有し、継続保有するものについては段階的引上げの経過措置あり）
　○ただし、バーゼルⅡ告示準拠の銀行、銀行持株会社または最終指定親会社の既存の劣後債・劣後ローン等については、RW100％を適用（平成41年3月30日までの経過措置）

3　調整項目の額の計算方法
　○その他金融機関等のコア資本要件を満たす資本調達手段の額をすべて合計したうえで、自行の自己資本の額（特定項目控除適用前）の10％を超える額がコア資本控除
　○自行の自己資本の額の10％以下の部分については、RW250％を適用（内部格付手法採用行にも適用）
　○上記計算の前提となる「自己資本の額」は、経過措置を勘案しない完全適用ベースの額
　○なお、上記の非控除部分と他の特定項目（一時差異に係る繰延税金資産等）との合計が、自行の自己資本の額の15％相当額を超える場合には、別途超過分をコア資本控除

	現行規制（あらゆる資本調達手段）	普通株・強制転換条項付優先株・普通出資・優先出資	左記以外のバーゼルⅢ適格その他Tier 1、Tier 2 資本（銀行発行）、銀行以外の金融機関の規制資本	左記以外の資本調達手段
自己資本の10％以内	RW100％または自己資本控除（関連会社向け出資の場合）	RW250％	RW250％	RW100％
自己資本の10％超		コア資本控除		

第3章　国内基準

繰延税金資産（一時差異に係るものに限る）についても、繰延税金資産（一時差異に係るものを除く）と同様に、繰延税金負債と相殺することができる。なお、この場合の計算方法については、前述の(2)Ⅰⅱ（Ｂ）および告示Q&A「第28条－Ｑ２」を参照されたい。

Ⅷ．特定項目のうちコア資本に係る調整項目に含まれなかったもののリスク・ウェイト

Ⅶの計算の結果、特定項目のうち普通株式等Tier 1資本に係る調整項目に含まれなかったもの、すなわち、閾値である特定項目に係る10％基準額を超過しない部分のリスク・ウェイトとしては、250％が適用される（銀行告示76条の２の２、178条の２の２）。繰延税金資産やモーゲージ・サービシング・ライツに係る無形固定資産について、バーゼルⅡ告示における標準的手法上の取扱いは、その他資産等として100％のリスク・ウェイトが適用されていた。したがって、仮にコア資本に係る調整項目の額に含まれず控除の対象とならなかったものについてもリスク・ウェイト250％が適用されることとなり、いずれにしてもバーゼルⅡ告示における取扱いと比較すると、取扱いが厳格化されることとなっている。

なお、Ⅹで解説する特定項目に係る15％基準超過額に含まれるものについては、コア資本に係る調整項目の額に含まれることに留意する必要がある。

Ⅸ．他の金融機関等の対象普通株式等以外の対象資本調達手段のリスク・ウェイト

他の金融機関等の対象普通株式等以外の対象資本調達手段のリスク・ウェイトについては、前述のⅥの少数出資金融機関等の場合と同様、250％が適用される。経過措置等の取扱いについても同様である（銀行告示76条の２の３、178条の２の３）。

Ⅹ．特定項目に係る15％基準超過額

特定項目の３つの項目それぞれにつき、大要、自己資本の10％を超過しな

かったとしても、その合計額が、大要、自己資本の15％を超過する場合には、超過分がコア資本に係る調整項目の額として控除されることとなる。これは国際統一基準における取扱いをふまえたものであり、特定項目の3つの項目のうち10％基準額を超えなかった部分の合計額が相応の金額となる場合には、コア資本に係る調整項目として規制上の自己資本の額の計算において控除するものである。その計算にあたって、最終的に控除の対象となる各特定項目に係る15％基準超過額は、次に掲げる額の合計額をいう（銀行告示29条7項、41条6項）。

　　一　特定項目に係る調整対象額に、その他金融機関等の対象普通株式等の額から銀行告示29条6項1号又は41条5項1号に掲げる額を控除した額を特定項目に係る10％基準対象額で除して得た割合を乗じて得た額
　　二　特定項目に係る調整対象額に、モーゲージ・サービシング・ライツに係る無形固定資産の額から銀行告示29条6項2号又は41条5項2号に掲げる額を控除した額を特定項目に係る10％基準対象額で除して得た割合を乗じて得た額
　　三　特定項目に係る調整対象額に、繰延税金資産の額から銀行告示29条6項3号又は41条5項3号に掲げる額を控除した額を特定項目に係る10％基準対象額で除して得た割合を乗じて得た額

「特定項目に係る調整対象額」とは、「特定項目に係る10％基準対象額」から「特定項目に係る15％基準額」を控除した額をいい、これが零を下回る場合には零とされる。

「特定項目に係る10％基準対象額」とは、特定項目（その他金融機関等の対象普通株式等、モーゲージ・サービシング・ライツに係る無形固定資産および繰延税金資産（一時差異に係るものに限る）をいう）の額から特定項目に係る10％基準額（銀行告示28条2項5号または40条2項5号に掲げる額）を控除した額をいう。すなわち、特定項目の額の合計額のうち、上記Ⅶの特定項目に係る10％基準超過額としては自己資本の額の計算において控除されなかった額になる。

図表 3 －20　特定項目の取扱い

1　特定項目の対象（銀行告示29条 7 項等）
① 　その他金融機関等の対象普通株式等（議決権の10％を超える出資等）
② 　モーゲージ・サービシング・ライツ（本邦会計基準では原則として該当なし）
③ 　繰延税金資産（一時差異に係るもの（繰越欠損金以外で、その他有価証券評価差額等に係るものを除いたもの））
2　調整項目の額の計算方法
① 　それぞれの項目のうち、自己の自己資本の額（特定項目控除適用前）の10％を超える額を算出し、その合計額を「特定項目に係る10％基準超過額」としてコア資本に係る調整項目の額に含める
② 　ⓐ特定項目の額の合計額から①の「特定項目に係る10％基準超過額」を控除した額が、ⓑ特定項目全額が調整項目の額に含まれると仮定して計算した場合の自己資本の額の85分の15を上回る場合には、当該超過額についても「特定項目に係る15％基準超過額」としてコア資本に係る調整項目の額に含める
　（注）　②の計算に関して、平成31年 3 月末より前の期間については、ⓑについて、「自行の自己資本の額（特定項目控除適用前）の15％」と読み替えて計算（25年改正告示附則11条）
③ 　なお、特定項目の額のうち、以上の計算によってコア資本に係る調整項目の額に含まれない額については、RW250％としてリスク・アセットの額を計算

　また、「特定項目に係る15％基準額」とは、銀行告示28条 1 項各号または40条 1 項各号に掲げる額の合計額から同条 2 項 1 号～ 4 号に掲げる額および特定項目の額の合計額を控除した額に15％を乗じ、これを85％で除して得た額をいう。すなわち、コア資本に係る基礎項目の額からコア資本に係る調整項目のうち少数出資金融機関等の対象普通株式等までの額を控除したうえで、控除されない特定項目の部分の額が規制上の自己資本の額の15％となる額を超える部分につき、規制上の自己資本の額の計算において控除することを意味する。

　なお、特定項目に係る15％基準額の計算方法については、平成31年 3 月30日までの経過期間中、激変緩和および計算方法の簡便化の観点から、上記とは異なる計算方法が採用されている。詳細については後述の 7 ⑼を参照され

たい。

(4) 具体的な計算例

以上のコア資本に係る調整項目の額の具体的な計算例については、告示Q&A「第28条－Q３」に計算事例が記載されているので、そちらを参照されたい。また、バーゼルⅡ告示との取扱いの比較については、図表３－21を参照されたい。

図表３－21　他の金融機関等向け出資の概要（バーゼルⅡ告示と改正国内基準告示）

<table>
<tr><th>バーゼルⅡ告示</th><th></th><th colspan="3">改正国内基準告示</th><th>バーゼルⅡ告示</th><th></th><th>改正国内基準告示</th></tr>
<tr><td rowspan="9">意図的保有</td><td>→</td><td colspan="3">意図的持合い</td><td rowspan="9">控除</td><td>→</td><td>控除</td></tr>
<tr><td>→</td><td rowspan="4">10%以下出資</td><td rowspan="2">コア資本</td><td>キャップ超</td><td>→</td><td>控除</td></tr>
<tr><td>→</td><td>キャップ以内</td><td>→</td><td>RW100%（標準的手法）。IRBは株式等エクスポージャーとして計測</td></tr>
<tr><td>→</td><td rowspan="2">コア資本以外</td><td>バーゼルⅡ告示準拠の劣後債等</td><td>→</td><td>RW100%（250%対象になるものなし）（15年間の経過措置）</td></tr>
<tr><td>→</td><td>上記以外（銀行以外の金融機関の規制資本およびバーゼルⅢ国際基準適格AT1、T2）</td><td>→</td><td>RW250%（ただし段階引上げあり）</td></tr>
<tr><td>→</td><td rowspan="4">10%超出資</td><td rowspan="2">コア資本</td><td>キャップ超</td><td>→</td><td>控除</td></tr>
<tr><td>→</td><td>キャップ以内</td><td>→</td><td>RW250%</td></tr>
<tr><td>→</td><td rowspan="2">コア資本以外</td><td>バーゼルⅡ告示準拠の劣後債等</td><td>→</td><td>RW100%（250%対象になるものなし）（15年間の経過措置）</td></tr>
<tr><td>→</td><td>上記以外（銀行以外の金融機関の規制資本およびバーゼルⅢ国際基準適格AT1、T2）</td><td>→</td><td>RW250%（ただし段階引上げあり）</td></tr>
</table>

(図表3－21　続き)

関連会社（金融業務を営む関連法人等）	→ 10%超出資	コア資本	キャップ超	控除	→	控除
			キャップ以内		→	RW250%
		コア資本以外	銀行等のバーゼルⅡ告示準拠の劣後債等		→	RW100%（15年間の経過措置）
			上記以外（銀行以外の金融機関の規制資本およびバーゼルⅢ国際基準適格AT1、T2）		→	RW250%（ただし段階引上げあり）
上記以外	→ 10%以下出資	コア資本	キャップ超	RW100%（標準的手法）IRBの場合は、IRBの計算方法	→	控除（ただし経過措置で部分控除）
			キャップ以内		→	RW100%（標準的手法）。IRBはこれまでどおり
		コア資本以外	銀行等のバーゼルⅡ告示準拠の劣後債等		→	RW100%（15年間の経過措置）
			上記以外（銀行以外の金融機関の規制資本およびバーゼルⅢ国際基準適格AT1、T2）		→	RW250%（ただし段階引上げあり）
	→ 10%超出資	コア資本	キャップ超		→	控除（ただし経過措置で部分控除）
			キャップ以内		→	RW250%
		コア資本以外	銀行等のバーゼルⅡ告示準拠の劣後債等		→	RW100%（15年間の経過措置）
			上記以外（銀行以外の金融機関の規制資本およびバーゼルⅢ国際基準適格AT1、T2）		→	RW250%（ただし段階引上げあり）

7 経過措置

　改正国内基準告示では、実体経済や地域における金融仲介機能の発揮に悪影響を与えることなく新規制への円滑な移行を確保する観点から、経過措置を設け、段階的に実施を行うこととしている。この経過措置は、図表3－22のとおり、大きく経過期間ごとに分類すると、5年、10年および15年の3種類に分けることができる。

(1) 資本調達手段に係る経過措置

Ⅰ．総　論

　改正国内基準告示に定める普通株式または強制転換条項付優先株式に該当

図表3－22　経過措置の概要

1　5年 　① 新規調整（控除）項目〈初年度0％。以後20％ずつ適用〉 　② 他の金融機関等向け出資に係るRW250％への引上げ〈100％→150％→200％→250％〉 　③ 退職給付に係るその他の包括利益累計額〈初年度0％。以後20％ずつ適用〉 2　10年〈10％ずつ減額〉 　① 現行規制下で適格資本であるが、新規制下でコア資本に入らないもののうち、銀行持株会社や銀行の社債型優先株以外のもの（劣後債等） 　② 土地再評価差額金の45％（税効果勘案前） 　③ 銀行子会社・証券子会社以外の子会社のコア資本に係る少数株主持分 3　15年〈当初6年間は全額算入、以後10％ずつ減額〉 　① 銀行持株会社や銀行の社債型優先株 　② 銀行子会社・証券子会社のコア資本に係る少数株主持分のうち算入上限超過分

しない資本調達手段については、改正国内基準告示において、コア資本に係る基礎項目の額に算入することはできない（銀行告示28条1項、40条1項）。しかしながら、以下に解説するとおり銀行の適格旧非累積的永久優先株または適格旧資本調達手段については、それぞれ15年または10年にわたり段階的に資本算入額を逓減させる内容の経過措置が定められている。

Ⅱ．銀行の適格旧非累積的永久優先株に係る経過措置

　銀行[73]の適格旧非累積的永久優先株の額については、平成26年3月31日～41年3月30日の間は、下記の表の期間の区分に応じ、26年3月31日における適格旧非累積的永久優先株の額（以下「適格旧非累積的永久優先株に係る基準額」）に同表における当該期間の区分に対応する％を乗じて得た額を超えない部分の額を、コア資本に係る基礎項目の額に算入することができる（25年改正告示附則3条1項、図表3－23）。

　ここで、各期における適格旧非累積的永久優先株の金額に対して掛け目をかけるのではなく、26年3月31日時点の残高を基準に、算入上限枠が定められることに注意する必要がある。

　適格旧非累積的永久優先株とは、銀行が平成26年3月31日より前に発行したバーゼルⅡ告示における非累積的永久優先株であって、改正国内基準告示における強制転換条項付優先株式に該当しないものをいい、公的機関による資本の増強に関する措置を通じて発行されたものは含まれない。

　次のⅢにおいて、劣後債や劣後ローンといった、適格旧非累積的永久優先株以外の適格旧資本調達手段については、10年間の経過措置が設けられているのに対し、適格旧非累積的永久優先株については15年の経過措置が設けられている。これは、劣後債等の適格旧資本調達手段と比較して、適格旧非累積的永久優先株のほうが損失吸収力が高いため、経過措置期間中、自己資本に算入できる期間を長期にわたり設けたためである。

---

[73] 銀行持株会社の自己資本比率の計算においては、銀行持株会社の適格旧非累積的永久優先株を含む。以下同じ。

適格旧非累積的永久優先株に係る基準額に乗じる%	
26年3月31日～32年3月30日の間	100%
32年3月31日～33年3月30日の間	90%
33年3月31日～34年3月30日の間	80%
34年3月31日～35年3月30日の間	70%
35年3月31日～36年3月30日の間	60%
36年3月31日～37年3月30日の間	50%
37年3月31日～38年3月30日の間	40%
38年3月31日～39年3月30日の間	30%
39年3月31日～40年3月30日の間	20%
40年3月31日～41年3月30日の間	10%

図表3－23　適格旧非累積的永久優先株に係る経過措置

1　対象資本
① 平成26年3月30日までに発行された、バーゼルⅡ告示でTier1に算入される銀行持株会社や銀行の社債型優先株
② 銀行子会社が発行した社債型優先株に係る第三者持分を含む

2　算入可能上限
① 適用日（26年3月31日）から40年3月30日まで、適用日時点の合計残高（該当する資本調達手段の合計額）を基準とする算入上限の範囲で資本算入可
② 適用日より6年間（32年3月30日まで）は、100％算入可
③ 32年3月31日からは、算入上限額が毎年10％ずつ減額（たとえば、32年3月31日時点では、適用日時点の合計額の90％が算入上限）

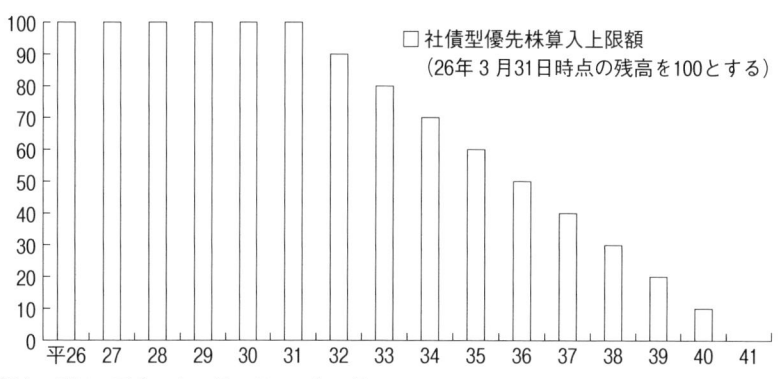

（注）　平26＝平成26年3月31日～27年3月30日

III. 適格旧資本調達手段に係る経過措置

　銀行または連結子法人等が発行した適格旧資本調達手段の額については、平成26年3月31日～36年3月30日の間は、下記の表の期間の区分に応じ、適用日における適格旧資本調達手段の額（以下「適格旧資本調達手段に係る基準額」）に同表における当該期間の区分に対応する％を乗じて得た額を超えない部分の額を、コア資本に係る基礎項目の額に算入することができる（25年改正告示附則3条2項）。

　ただし、適格旧資本調達手段のうち、償還期限の定めがあり、かつ、当該償還期限までの期間が5年以内になったものについては、連結貸借対照表計上額または貸借対照表計上額に、算出基準日[74]から当該償還期限までの期間の日数を当該償還期限までの期間が5年になった日から当該償還期限までの期間の日数で除して得た割合を乗じて得た額をもって、その適格旧資本調達手段の額としなければならない。すなわち、残存5年を切った適格旧資本調達手段については、日割りでその算入可能額が減額されていくこととなる。

　なお、適格旧資本調達手段とは、バーゼルⅡ告示における自己資本比率の算出にあたりTier 1 またはTier 2 に含まれる平成26年3月30日までに発行された資本調達手段であって、改正国内基準告示に定義する普通株式および強制転換条項付優先株式ならびに適格旧非累積的永久優先株のいずれにも該当しないものをいう。

　また、適格旧資本調達手段に係る基準額の算出にあたっては、①適格旧資本調達手段のうちバーゼルⅡ告示における期限付劣後債務または期限付優先株に該当するものの額が平成26年3月31日における経過措置を適用しないで算出した自己資本の額（以下「コア資本の額」）[75]の2分の1に相当する額を上

---

[74] 銀行告示4条1号イに規定する算出基準日、すなわち自己資本比率の計算を行う日をいう。
[75] すなわち、銀行告示28条1項各号に掲げる額の合計額から同条2項各号に掲げる額の合計額を控除した額または、新銀行告示40条1項各号に掲げる額の合計額から同条2項各号に掲げる額の合計額を控除した額である。これは、完全実施ベースでの規制上の自己資本の額に等しい。

回る場合には、その上回る額（以下「控除額」）を控除しなければならない。加えて、②適格旧資本調達手段のうちバーゼルⅡ告示におけるTier 2に含まれていたものの額（ただし、上記①の控除額がある場合には、当該控除額を控除する[76]）が26年3月31日におけるコア資本の額を上回る場合には、当該適格旧資本調達手段のうちバーゼルⅡ告示におけるTier 2に含まれていたものの額から当該コア資本の額を控除しなければならない。

これは、①については、バーゼルⅡ告示においていわゆるlower Tier 2と呼ばれる期限付劣後債等はTier 1の半分までしかTier 2への算入が認められていなかったこと、また、②については、バーゼルⅡ告示において、Tier 2の額はTier 1と同額までしか算入が認められていなかったことをふまえた取扱いである（図表3-24）。

適格旧資本調達手段に係る基準額に乗じる％	
26年3月31日～27年3月30日の間	100％
27年3月31日～28年3月30日の間	90％
28年3月31日～29年3月30日の間	80％
29年3月31日～30年3月30日の間	70％
30年3月31日～31年3月30日の間	60％
31年3月31日～32年3月30日の間	50％
32年3月31日～33年3月30日の間	40％
33年3月31日～34年3月30日の間	30％
34年3月31日～35年3月30日の間	20％
35年3月31日～36年3月30日の間	10％

資本調達手段に係る経過措置の具体例については、告示Q&A「25年改正告示附則第3条-Q1」を参照されたい。

---

76 控除額が二重に控除されることを防ぐ趣旨である。

図表3－24　適格旧資本調達手段に係る経過措置

1　対象資本
① 平成26年3月30日までに発行された、現行規制下で適格な資本調達手段（Tier 1、Tier 2資本）でコア資本に含まれないもののうち、銀行持株会社または銀行の社債型優先株以外のもの（劣後債や劣後ローン等）
② 子会社が発行しているコア資本以外の資本調達手段の第三者持分を含む

2　算入可能上限
① 適用日（平成26年3月31日）から36年3月30日まで、適用日時点の合計残高（該当する資本調達手段の合計額。償還期日まで残存5年以下のものはアモチ後の額）を基準とする算入上限（毎年10％減額）の範囲で資本算入可
② ただし、適用日時点の合計残高を計算する際、期限付劣後ローン等（現行規制下でTier 1の50％まで算入可）が、適用日時点のコア資本（完全実施ベース）の50％を超過する場合、その超過額を当該合計残高から控除
③ さらに、適用日時点の合計残高を計算する際、永久劣後ローン等と期限付劣後ローン等の合計額（②算出分を除く）が、適用日時点のコア資本（完全実施ベース）の額を超過する場合、超過額を当該合計残高から控除

3　その他の取扱い
① ステップ・アップ付きのものは、適用日後にステップ・アップした時点で資本算入不可
② コア資本不相当の公的資金については引き続きコア資本に算入可（期限付きのものは、残存5年以下でアモチ）
③ 期限付劣後債・劣後ローンについては、残存期間5年以下になると算入額が日割り計算で減額（アモチ）

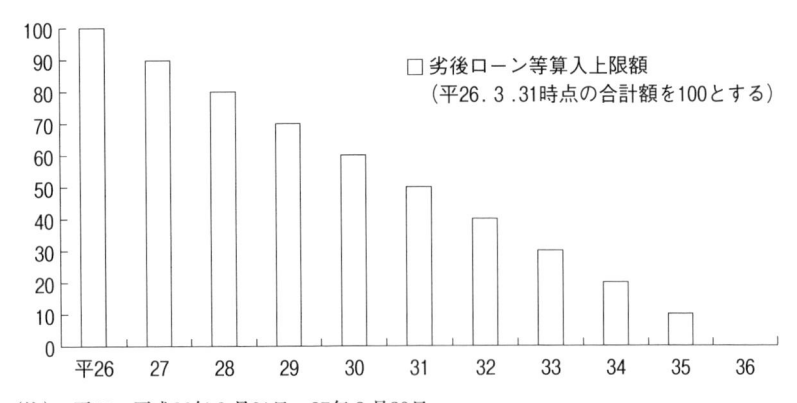

□ 劣後ローン等算入上限額
（平26.3.31時点の合計額を100とする）

（注）　平26＝平成26年3月31日～27年3月30日

Ⅳ. ステップ・アップ金利が上乗せされた場合の取扱い

　上記ⅡおよびⅢにかかわらず、適格旧非累積的永久優先株または適格旧資本調達手段にステップ・アップ金利等を上乗せする特約が付されている場合において、この特約により平成26年3月31日以降にステップ・アップ金利等が上乗せされたときは、その上乗せされた日以後、当該適格旧非累積的永久優先株または適格旧資本調達手段の額は、コア資本に係る基礎項目の額に算入することが認められない（25年改正告示附則3条3項）。すなわちその時点において償還が行われなかったとしても、それ以後は自己資本に算入することはできなくなる。

　これは、ステップ・アップ金利が上乗せされる日において償還がなされるとの実務慣行が存在することから、国際統一基準と同様、当該ステップ・アップ金利が上乗せされる日を実質的な償還期日と同視して取り扱うものである。

(2) 公的機関による資本の増強に関する措置に係る経過措置

　改正国内基準告示においては、資本調達手段が公的資金の注入に基づくものであるか、あるいは民間でのファイナンスに基づくものであるかにかかわらず、改正国内基準告示に定める普通株式または強制転換条項付優先株式の要件を満たさない場合には、コア資本に係る基礎項目の額に算入することはできない。

　しかしながら、預金保険法や金融機能強化法等に基づく公的機関による資本の増強に関する措置を通じて平成26年3月31日より前に発行された資本調達手段であって、バーゼルⅡ告示におけるTier1またはTier2に該当するものの額については、その全額をコア資本に係る基礎項目の額に算入することが認められている。

　すなわち、バーゼルⅡ告示において公的資金の注入として発行された優先

株式や供与された劣後ローン等については、改正国内基準告示の普通株式や強制転換条項付優先株式に該当しないとしても、例外的に引き続き自己資本への算入を認めるものである。

ただし、償還期限の定めがあり、かつ、当該償還期限までの期間が5年以内になったものについては、連結貸借対照表計上額または貸借対照表計上額に、算出基準日から当該償還期限までの期間の日数を当該償還期限までの期間が5年になった日から当該償還期限までの期間の日数で除して得た割合を乗じて得た額に限られる（25年改正告示附則4条1項）。

当該経過措置が適用されるのは平成26年3月31日より前に公的資金の注入に伴い発行または供与された優先株式や劣後ローン等に限られ、それ以降のものについてはこの経過措置は適用されない。したがって、26年3月31日以降は、公的資金が注入される場合であっても、普通株式または強制転換条項付優先株式に該当するものに限り、コア資本に係る基礎項目に算入されることとなる。

(3) 土地再評価差額金に係る経過措置

Ⅰ．土地の再評価額と再評価の直前の帳簿価額の差額の45％相当額の取扱い

改正国内基準告示においては、その他の包括利益累計額および評価・換算差額等の土地再評価差額金については、コア資本に係る基礎項目の額に算入することはできない。

しかしながら、バーゼルⅡ告示においてTier 2に算入されていた土地の再評価額と再評価の直前の帳簿価額の差額の45％に相当する額については、平成26年3月31日～36年3月30日の間は、以下の表に掲げる期間の区分に応じ、各時点の該当額に同表の当該期間の区分に対応する％を乗じて得た額を、コア資本に係る基礎項目の額に算入することができる（25年改正告示附則5条1項、図表3－25）。

ここで、適格旧資本調達手段等の経過措置と異なり、各時点の金額に対して掛け目がかけられることに注意が必要である。また、当該経過措置は「できる」規定であることから、これを算入しないことを選択することも可能である。ただし、算入する、しない、いずれのケースにおいても経過期間中は一貫した取扱いを採用する必要がある（告示Q&A「25年改正告示附則第5条－Q1」）。

土地の再評価額と再評価の直前の帳簿価額の差額の45％相当額に乗じる％	
26年3月31日～27年3月30日の間	100％
27年3月31日～28年3月30日の間	90％
28年3月31日～29年3月30日の間	80％
29年3月31日～30年3月30日の間	70％
30年3月31日～31年3月30日の間	60％
31年3月31日～32年3月30日の間	50％
32年3月31日～33年3月30日の間	40％
33年3月31日～34年3月30日の間	30％
34年3月31日～35年3月30日の間	20％
35年3月31日～36年3月30日の間	10％

Ⅱ．繰延税金資産および繰延税金負債ならびにリスク・アセットの額に関する取扱い

　改正国内基準告示においては、その他の包括利益累計額および評価・換算差額等の土地再評価差額金をコア資本に係る基礎項目の額に算入しない取扱いをふまえ、①コア資本に係る調整項目としての繰延税金資産の算出にあたっては、土地再評価差額金に係る繰延税金資産および繰延税金負債が含まれないものとされ（銀行告示29条11項、41条10項）、また、②土地再評価差額金に係る土地については、再評価を行わない場合の額をもって信用リスク・アセットの額を算出するものとされている（銀行告示48条1項1号、178条の5）。

しかしながら、上記Ⅰが適用される場合においては、一部とはいえ、土地再評価差額金を自己資本比率の計算における規制上の自己資本として認識することとなるため、上記①および②の取扱いを適用しないこととされる（25年改正告示附則5条2項）。したがって、経過期間中に土地再評価差額金をコ

図表3－25　土地再評価差額金に係る経過措置
1　算入可能額
　○適用日（平成26年3月31日）から36年3月30日まで、各時点の「土地再評価額－再評価前帳簿価額」の45％を基準とする算入額（毎年掛け目が10％ずつ減少）を資本算入可（正・負両方のケースを含む）
　○算入を行わないことも可能だが、一度算入を行わないとした後に、あらためて算入を行うことはできない
　（注）　平成26年3月31日時点で負の値のため算入せずとしたが、土地の処分などにより28年3月31日時点で正の値となったことを機に、上記額の45％の80％を算入することはできない
2　リスク・アセットの計算
　○上記取扱いを受ける期間（10年間）においては、当該土地のリスク・アセットの算出にあたり、再評価した後の額（現在の帳簿価額）を前提として計算しなければならない（それ以後は再評価前の金額を使用）
3　繰延税金資産・負債の計算（前出）
　○上記取扱いを受ける期間においては、当該土地の再評価に係る繰延税金資産・負債を、繰延税金資産に係る調整項目の計算過程において勘案（それ以後は勘案しない）

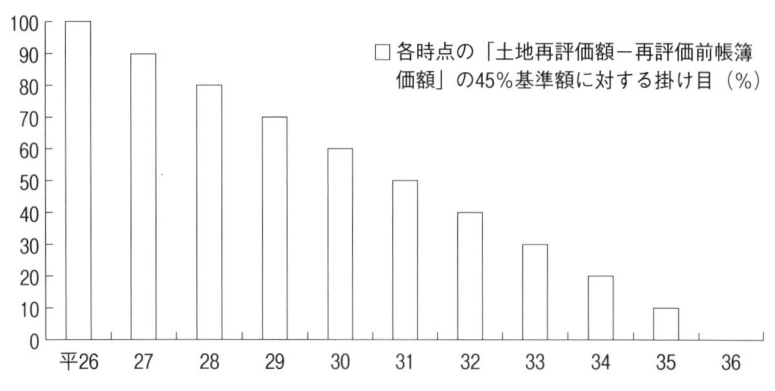

□ 各時点の「土地再評価額－再評価前帳簿価額」の45％基準額に対する掛け目（％）

平26	27	28	29	30	31	32	33	34	35	36
100	90	80	70	60	50	40	30	20	10	0

（注）　平26＝平成26年3月31日～27年3月30日

ア資本に係る基礎項目の額に算入することを選択した銀行については、コア資本に係る調整項目としての繰延税金資産の算出にあたり、土地再評価差額金に係る繰延税金資産および繰延税金負債を含むものとして計算し、また、土地の信用リスク・アセットの額を計算する際、再評価後の額をもって信用リスク・アセットの額を算出することとなる。

(4) その他の包括利益累計額のうち退職給付に係るものの経過措置

　改正国内基準告示においては、連結自己資本比率の算出に関して、その他の包括利益累計額のうち退職給付に係るものの額については、その全額がコア資本に係る基礎項目の額に算入される。

　しかしながら、平成26年3月31日〜31年3月30日の間は、以下の表に掲げる期間の区分に応じ、各時点の当該額に同表の当該期間の区分に対応する％を乗じて得た額を、コア資本に係る基礎項目の額に算入するものとされる（25年改正告示附則6条1項）。この取扱いは、単体自己資本比率の算出において、コア資本に係る調整項目の額の1つである前払年金費用について下記(6)記載のとおり、段階的に導入される経過措置とも整合的な取扱いとする観点から導入されたものである（告示Q&A「25年改正告示附則第6条－Q1」）（図表3－26）。

退職給付に係るものの額に乗じる％	
26年3月31日〜27年3月30日の間	0％
27年3月31日〜28年3月30日の間	20％
28年3月31日〜29年3月30日の間	40％
29年3月31日〜30年3月30日の間	60％
30年3月31日〜31年3月30日の間	80％

図表3-26　その他の包括利益累計額に係る経過措置

1　対　　象
　○その他の包括利益累計額のうち退職給付に係るもの（いわゆる退職給付に係る調整累計額）
　○会計基準の変更に伴い平成26年3月期より発生する項目（ただし、連結基準のみが対象）
2　経過措置の概要
　○適用日（平成26年3月31日）から31年3月30日までの期間については、各時点の対象額に掛け目（初年度は0％で、以後毎年20％ずつ増加）を乗じた額を、コア資本に係る基礎項目の額に算入（実際にはコア資本から減額される結果となる）
　○これにより、単体自己資本比率で調整（控除）項目に含まれる前払年金費用（毎年20％ずつ控除対象額が増加）に係る経過措置と同様の取扱いとなる

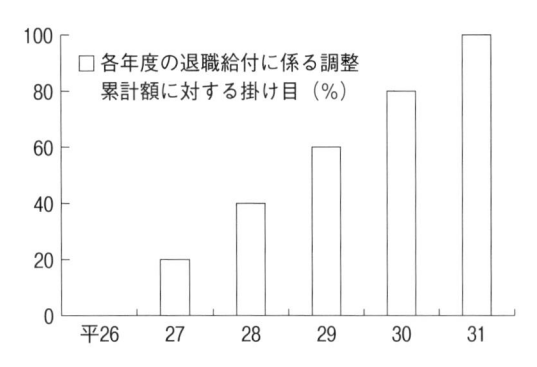

各年度の退職給付に係る調整累計額に対する掛け目（％）

平26：0、27：20、28：40、29：60、30：80、31：100

（注）　平26＝平成26年3月31日〜27年3月30日

(5)　少数株主持分に係る経過措置

Ｉ．特定連結子法人等の少数株主持分相当コア資本に係る基礎項目の額の取扱い

　連結自己資本比率の算出において、特定連結子法人等に当たる銀行や証券子会社等の少数株主持分相当コア資本に係る基礎項目の額については、当該額のうち、コア資本に係る調整後少数株主持分の額に算入されたもののみが、コア資本に係る基礎項目の額に算入される。

しかしながら、平成26年3月31日〜41年3月30日の間は、特定連結子法人等の少数株主持分相当コア資本に係る基礎項目の額のうちコア資本に係る調整後少数株主持分の額に算入されなかったものについても、次の表に掲げる期間の区分に応じ、各時点の当該額に同表に掲げる当該期間の区分に対応する％を乗じて得た額について、コア資本に係る基礎項目の額に算入することが認められている（25年改正告示附則7条1項）。

	資本算入できる部分の％
26年3月31日〜32年3月30日の間	100％
32年3月31日〜33年3月30日の間	90％
33年3月31日〜34年3月30日の間	80％
34年3月31日〜35年3月30日の間	70％
35年3月31日〜36年3月30日の間	60％
36年3月31日〜37年3月30日の間	50％
37年3月31日〜38年3月30日の間	40％
38年3月31日〜39年3月30日の間	30％
39年3月31日〜40年3月30日の間	20％
40年3月31日〜41年3月30日の間	10％

これは、銀行の適格旧非累積的永久優先株について、(1)に記載のとおり15年にわたる経過措置が設けられていることとの平仄から、特定連結子法人等の対象普通株式等に係る少数株主持分についても15年にわたる経過措置を設けたものである。なお、当該規定も「できる」規定であることから、算入しないことを選択することも可能である。

Ⅱ．特定連結子法人等以外の連結子法人等の少数株主持分の取扱い

改正国内基準告示において、特定連結子法人等以外の連結子法人等の少数株主持分は、コア資本に係る調整後少数株主持分の額に含まれないことか

ら、これを規制上の自己資本に算入することはできない。

 しかしながら、特定連結子法人等以外の連結子法人等の少数株主持分については、新規制を円滑に実施するとの観点から、平成26年3月31日〜36年3月30日の間は、下記表に掲げる期間の区分に応じ、各時点の当該額に同表の当該期間の区分に対応する％を乗じて得た額を、コア資本に係る基礎項目の額に算入することが認められている（25年改正告示附則7条2項）。

 なお、特定連結子法人等以外の連結子法人等の少数株主持分からは、①当該連結子法人等が株主資本に計上しているTier 2に該当する負債性資本調達手段または期限付優先株[77]、②バーゼルⅡ告示に定める一定の要件を満たす場合に限りTier 1への算入が認められていた海外SPCの発行する優先出資証券、および、③適格旧非累積的永久優先株または適格旧資本調達手段に係るもの[78]が除かれている。したがって、この経過措置の計算対象となる少数株主持分としては、子銀行および証券子会社以外の連結子法人等の普通株式または強制転換条項付優先株式に係る少数株主持分が該当することとなる。

資本算入できる部分の％	
26年3月31日〜27年3月30日の間	100％
27年3月31日〜28年3月30日の間	90％
28年3月31日〜29年3月30日の間	80％
29年3月31日〜30年3月30日の間	70％
30年3月31日〜31年3月30日の間	60％
31年3月31日〜32年3月30日の間	50％
32年3月31日〜33年3月30日の間	40％
33年3月31日〜34年3月30日の間	30％
34年3月31日〜35年3月30日の間	20％

---

[77] バーゼルⅡ告示においてもTier 1としての少数株主持分への算入が認められていなかったものである。
[78] 上記(1)における資本調達手段に係る経過措置が適用されることから、(5)Ⅱの適用対象からは除外する趣旨である。

35年3月31日～36年3月30日の間	10%

図表3－27　少数株主持分に係る経過措置

1　特定連結子法人等の少数株主持分（銀行や証券会社を子会社としている場合）について
　① 銀行子会社または証券子会社の少数株主（第三者）持分のうち、コア資本に係るものが対象
　　―コア資本に含まれないバーゼルⅡ準拠の資本調達手段に係る第三者持分は、既出の経過措置（社債型優先株：15年、その他の資本調達手段：10年）が適用される
　② 各時点において、告示本則に定める算入上限を超過したため、コア資本に係る基礎項目の額に算入されない額について、適用日（平成26年3月31日）から6年間（32年3月30日まで）は100％資本算入可。その後、算入可能額が毎年10％ずつ減額する
2　上記以外の連結子法人等の少数株主持分（1以外の会社を子会社としている場合）について
　① 特定連結子法人等以外の連結子法人等の少数株主持分のうち、コア資本に係るもの（普通株等）が対象
　　―コア資本に含まれないバーゼルⅡ準拠の資本調達手段は、既出の劣後債等の経過措置（10％ずつ減額）が適用される
　② 適用日（平成26年3月31日）から36年3月30日まで、各時点の残高を基準として掛け目（毎年10％ずつ減少）を乗じた額を資本算入可

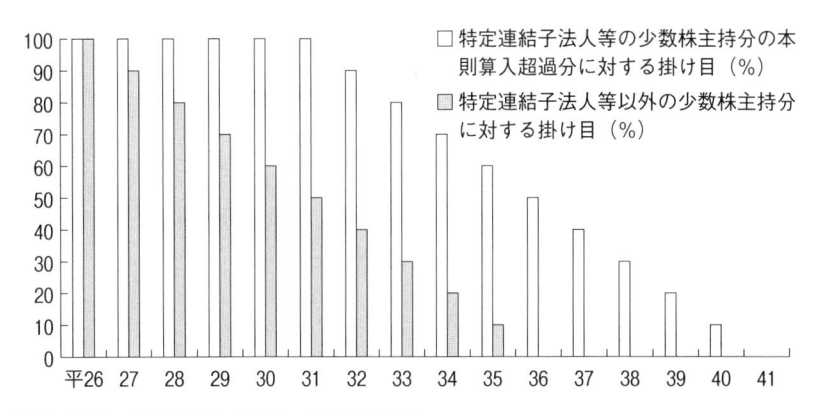

年度	特定連結子法人等の少数株主持分の本則算入超過分に対する掛け目（％）	特定連結子法人等以外の少数株主持分に対する掛け目（％）
平26	100	100
27	100	90
28	100	80
29	100	70
30	100	60
31	100	50
32	90	40
33	80	30
34	70	20
35	60	10
36	50	0
37	40	
38	30	
39	20	
40	10	
41	0	

（注）　平26＝平成26年3月31日～27年3月30日

図表 3 −28　資本調達手段および少数株主持分に係る経過措置に関するフローチャート

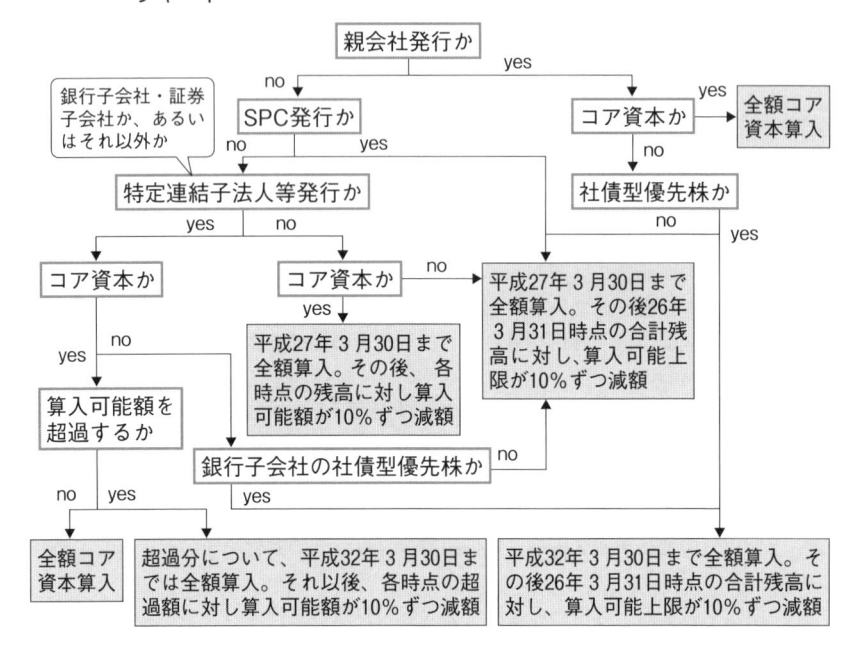

```
                          親会社発行か
                    no   ┌────────┐  yes
                  ┌──────┤        ├──────┐
                  │      └────────┘      │
         ┌────────┴─┐                ┌───┴────┐   yes   ┌──────────┐
銀行子会社・証券   │SPC発行か│              │コア資本か├────────→│全額コア  │
子会社か、あるい   └─┬────┬─┘              └───┬────┘         │資本算入  │
はそれ以外か       no│    │yes                 │no            └──────────┘
                    │    │                    │
                    │    └──┐            ┌────┴────┐
                    │       │            │社債型優先株か│
              ┌─────┴──────┐│            └─┬──────┬─┘
              │特定連結子法人等発行か│         no│      │yes
              └─┬────────┬─┘ │           │      │
              yes│        │no │           │      │
                 │        │   │           │      │
           ┌─────┤        ├───┴──┐        │      │
           │コア資本か│  │コア資本か│no     │      │
           └─┬──┬─┘  └─┬──┬─┘     │      │
           yes│  │no  yes│  │       │      │
              │  │     │  │   平成27年3月30日まで│
       ┌──────┘  │     │  │   全額算入。その後26年│
       │算入可能額を│     │  │   3月31日時点の合計残│
       │超過するか │     │  │   高に対し、算入可能上│
       └─┬──┬─┘     │  │   限が10％ずつ減額  │
       no│  │yes    │  │                  │
         │  │       │  │                  │
```

少数株主持分に係る経過措置の具体例については、告示Q&A「25年改正告示附則第7条−Q1」を参照されたい。また、銀行の資本調達手段および連結子法人等の少数株主持分に係る経過措置についての全体像は、図表3−28のフローチャートを参照されたい。

(6)　コア資本に係る調整項目に係る経過措置

Ⅰ．コア資本に係る調整項目の額のうち経過期間中に算入される額

改正国内基準告示においては、国内基準としての自己資本比率の分子は、コア資本に係る基礎項目の額からコア資本に係る調整項目の額を控除することで算出される規制上の自己資本の額である。

しかしながら、25年改正告示附則8条1項では、コア資本に係る調整項目について、平成26年3月31日～31年3月30日の間は、以下の表に掲げる期間の区分に応じ、各時点のこれらの額に同表の当該期間の区分に対応する％を乗じて得た額を、コア資本に係る調整項目の額に算入することができるものとされている。

　これは、改正国内基準告示においては、バーゼルⅡ告示におけるTier1の減算項目および控除項目に比べて、同じく資本から控除されるものであるコア資本に係る調整項目に該当するものの範囲が拡大したため、実体経済に悪影響を与えることなく円滑に新規制を実施できるように、5年間にわたる段階的経過措置が定められたものである。

コア資本に係る調整項目の額に乗じる％	
26年3月31日～27年3月30日の間	0％
27年3月31日～28年3月30日の間	20％
28年3月31日～29年3月30日の間	40％
29年3月31日～30年3月30日の間	60％
30年3月31日～31年3月30日の間	80％

Ⅱ．コア資本に係る調整項目の額のうち経過期間中に算入されないものの取扱い

　コア資本に係る調整項目の額に関して、上記Ⅰにおける割合を乗じた部分以外の部分の額については、バーゼルⅡ告示における取扱いに応じて、下記表記載の取扱いを受けることとなる。たとえば、内部格付手法採用行の期待損失が適格引当金を上回る部分については、バーゼルⅡ告示においてTier1とTier2から50％ずつ控除されていたことから、経過措置を適用しても、その全額がコア資本に係る調整項目の額に算入されることとなる。

バーゼルⅡ告示において該当するもの	適用される取扱い
Tier 1 減算項目または控除項目に該当する部分	コア資本に係る調整項目の額に算入する。
Tier 1 減算項目および控除項目に該当しない部分	従前の例（標準的手法、内部格付手法それぞれの取扱い）による。

図表3-29 コア資本に係る調整項目に係る経過措置

① 適用日（平成26年3月31日）から31年3月30日までの間については、各時点における調整項目対象額に掛け目（初年度は0％で、以後毎年20％ずつ増加）を乗じた額を、コア資本に係る調整項目の額に算入可（＝コア資本から控除される）
② 新規制下で調整項目の対象となりうるが、コア資本対比の閾値（例：10％）以下に収まることで控除対象とならないものについては、新規制下における取扱いを適用
　（例）　繰延税金資産：RW250％、少数出資金融機関等の対象普通株式等：RW100％（標準的手法）
③ ①で調整項目とならなかったものは、バーゼルⅡ告示でTier 1 減算項目または控除項目であったか否かで異なる取扱いを適用
　ⓐ　⇒バーゼルⅡ告示でも控除⇒引き続きコア資本から控除（結果として、全額コア資本控除）
　　○のれん、期待損失が適格引当金を上回る額、証券化に伴う利益等は、全額控除
　ⓑ　新規控除項目⇒バーゼルⅡ告示における取扱いに準ずる
　　○ソフトウェア、繰延税金資産、前払年金費用等→その他資産等としてRW100％計上

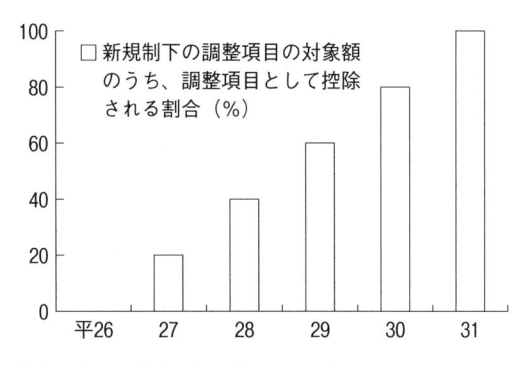

（注）　平26＝平成26年3月31日〜27年3月30日

一方で、ソフトウェアや退職給付に係る資産（単体自己資本比率の算出については前払年金費用）等については、標準的手法採用行の場合、バーゼルⅡ告示ではその他資産等としてリスク・ウェイト100％が適用されていたことから、経過措置の適用対象となった金額については、バーゼルⅡ告示における取扱い、すなわちリスク・ウェイト100％を用いて信用リスク・アセットの額に計上されることとなる。

　コア資本に係る調整項目に係る経過措置の具体例については、告示Q&A「25年改正告示附則第8条－Q1」を参照されたい。

(7) 自己保有普通株式等に係る経過措置

　銀行告示28条2項2号または40条2項2号の自己保有普通株式等とは、銀行（または連結子法人等）が当該銀行（または連結子法人等）の普通株式または強制転換条項付優先株式を保有している場合における当該普通株式等の額をいう。

　しかしながら、平成26年3月31日～36年3月30日の間においては、自己保有普通株式等の定義に、普通株式または強制転換条項付優先株式を保有している場合のみならず、適格旧非累積的永久優先株または適格旧資本調達手段を保有している場合も含むものとされ、平成36年3月31日～41年3月30日の間においては、普通株式または強制転換条項付優先株式を保有している場合のみならず、適格旧非累積的永久優先株を保有している場合も含むものとされる（25年改正告示附則9条1項）。

　これは、適格旧非累積的永久優先株または適格旧資本調達手段について、前述の(1)の経過措置に基づきコア資本に係る基礎項目の額にこれらが算入されている期間においては、これらを自ら保有している場合についても、自己保有普通株式等としてコア資本に係る調整項目の額に含めることとしたものである。

(8) 意図的に保有している他の金融機関等の対象資本調達手段の額に係る経過措置

銀行告示28条2項3号または40条2項3号の意図的に保有している他の金融機関等の対象資本調達手段の額とは、銀行（または連結子法人等）が他の金融機関等との間で相互に自己資本比率を向上させるため、意図的に当該他の金融機関等の対象資本調達手段を保有していると認められ、かつ、当該他の金融機関等が意図的に当該銀行（または連結子法人等）の普通株式または強制転換条項付優先株式を保有していると認められる場合における当該他の金融機関等の対象資本調達手段の額をいう。

図表3－30　自己保有普通株式等および意図的持合いに係る経過措置

1　自己保有普通株式等の経過措置（25年改正告示附則9条） 　①　経過期間中（10年間）は、コア資本に係る普通株式、強制転換条項付優先株式を自己保有している場合のみならず、それ以外のバーゼルⅡ告示準拠の<u>資本調達手段（社債型優先株や劣後債等）を自ら直接または間接に保有している場合にも調整項目の対象</u> 　②　具体的には、適格旧非累積的優先株を自ら保有する場合は15年間、適格旧資本調達手段（劣後債等）を自ら保有する場合は10年間、それぞれ控除の対象に含まれる 　③　経過期間終了後は、コア資本の自己保有分のみが控除項目の対象 2　意図的持合いの経過措置（25年改正告示附則10条） 　①　経過期間中（最長15年間）は、<u>意図的持合いの対象に、相手先金融機関等が自行の普通株や強制転換条項付優先株を保有している場合のみならず、バーゼルⅡ告示準拠の資本調達手段（劣後ローン等）を保有している場合も含めるものとする</u> 　②　具体的には、相手先金融機関等が自行の社債型優先株を保有している場合は15年間、適格旧資本調達手段（劣後債や劣後ローン等）を保有している場合は10年間、意図的持合いの対象に含まれることとなる 　③　経過期間終了後は、相手金融機関が自行の普通株または強制転換条項付優先株を保有している場合のみ、意図的持合いに該当しうることとなる（ただし、その他の意図的持合いの要件（資本増強目的等）を満たすケースのみ）

しかしながら、平成26年3月31日〜36年3月30日の間においては、意図的に保有している他の金融機関等の対象資本調達手段の定義に、他の金融機関等が当該銀行（または連結子法人等）の普通株式または強制転換条項付優先株式を保有している場合のみならず、適格旧非累積的永久優先株または適格旧資本調達手段を保有している場合も含むものとされ、さらに平成36年3月31日〜41年3月30日の間においては、他の金融機関等が当該銀行（または連結子法人等）の普通株式または強制転換条項付優先株式を保有している場合のみならず、適格旧非累積的永久優先株を保有している場合も含むものとされる（25年改正告示附則10条1項）。

　これは、上記(7)における自己資本調達手段に係る経過措置と同様に、経過措置により社債型優先株や劣後ローン等が自己資本に算入される期間においては、意図的持合いにおいて対象となる資本調達手段に、これら社債型優先株や劣後ローン等も含めるものである。なお、社債型優先株等の適格旧非累積的永久優先株については、経過措置により資本算入される期間が適格旧資本調達手段よりも5年長いことから、それぞれの経過措置の対象期間をふまえた取扱いとされている。

(9)　特定項目に係る15％基準超過額に係る経過措置

　改正国内基準告示において、コア資本に係る調整項目である特定項目に係る15％基準超過額は、特定項目に係る調整対象額と同じ額となるところ、この「特定項目に係る調整対象額」は、「特定項目に係る10％基準対象額」から「特定項目に係る15％基準額」を控除することで算出される。また、改正国内基準告示29条7項または41条6項において、「特定項目に係る15％基準額」とは、銀行告示28条1項各号または40条1項各号に掲げる額の合計額から同条2項1号〜4号に掲げる額および特定項目の額の合計額を控除した額に15％を乗じ、これを85％で除して得た額と規定されている。

　しかしながら、平成26年3月31日〜31年3月30日の間においては、「特定項目に係る15％基準額」は、銀行告示28条1項各号または40条1項各号に掲

げる額の合計額から同条2項1号～4号に掲げる額の合計額を控除した額に15％を乗じて得た額、すなわちコア資本に係る基礎項目の合計額から特定項目の額を控除する前までの調整項目を控除した金額を意味するものと読み替えられる（25年改正告示附則10条1項）。

これは、特定項目に係る10％基準額に1.5を乗じた額と同じ結果となるが、新規制の円滑な実施および計算の簡便性の観点から、こうした経過措置が設けられたものである。

⑽ 他の金融機関等の対象資本調達手段に係るエクスポージャーに係る経過措置

Ⅰ．概　　要

改正国内基準告示においては、他の金融機関等（連結自己資本比率を算出する銀行にあっては、連結の範囲に含まれる者を除く）の対象資本調達手段のうち、対象普通株式等に該当するもの以外のものに係るエクスポージャーについては、250％のリスク・ウェイトが適用される（銀行告示76条の2の3、178条の2の3）。

しかしながら、これらの対象資本調達手段については、バーゼルⅡ告示では100％のリスク・ウェイトが適用されていたところ、これが改正国内基準告示の施行と同時に250％に引き上げられた場合に生じる銀行やマーケットへ与える影響に鑑み、以下の経過措置が定められている。

Ⅱ．預金取扱金融機関、銀行持株会社および最終指定親会社の発行するもの

上記エクスポージャーのうち、金融機関[79]、銀行持株会社[80]または最終指

79　銀行告示1条7号
80　銀行告示1条37号ホ

定親会社[81]が発行した適格旧非累積的永久優先株または適格旧資本調達手段に相当するものについては、平成26年3月31日～41年3月30日の間、100％のリスク・ウェイトが適用される（25年改正告示12条2項）。すなわち、これらの者の資本調達手段のうち、普通株式および強制転換条項付優先株式に該当せず、また、バーゼルⅢの新国際統一基準のその他Tier 1 資本調達手段やTier 2 資本調達手段に該当しないものについては、当該エクスポージャーに係るリスク・ウェイトとしては、41年3月30日までの間、一律100％が適用されることとなる。したがって、たとえば他の国内基準行に対する劣後ローンの供与を行っている場合や国際統一基準行が発行したバーゼルⅡ適格な劣後債を保有している場合等のリスク・ウェイトは、経過期間中、引き続き100％となる。

Ⅲ．上記Ⅱ以外のもの

上記エクスポージャーのうちⅡ以外のものについては、銀行が平成26年3月31日において保有し、かつ、その保有を継続している場合に限り、26年3月31日～31年3月30日の間、次の表に掲げる期間の区分に応じ、同表に掲げるリスク・ウェイトが適用される（25年改正告示附則12条1項）。すなわち、Ⅱにあげた者に含まれない、証券会社や保険会社等が発行する社債型優先株、劣後債、基金債等を26年3月31日時点で保有しており、かつ、それを継続保有する場合に限っては、次の表のとおりリスク・ウェイトの引上げが段階的に実施されることとなる。

一方で、たとえば、新しい国内基準の適用日である平成26年3月31日より後に、こうした資本調達手段のリファイナンスに応じた場合には、この経過措置は適用されないこととなり、250％のリスク・ウェイトが直ちに適用される。

---

[81] 金融商品取引法57条の12第3項

他の金融機関等の対象資本調達手段（対象普通株式等を除く）の リスク・ウェイト	
26年3月31日～27年3月30日の間	100%
27年3月31日～29年3月30日の間	150%
29年3月31日～31年3月30日の間	200%

(11) 内部格付手法等を用いるための自己資本比率に係る経過措置

　信用リスク・アセットの額の計算に内部格付手法を採用する銀行、マー

図表3－31　(9)～(11)に係る経過措置

1　特定項目に係る15％基準超過額（25年改正告示附則11条）
　① 　平成26年3月31日から5年間については、特定項目に係る10％基準超過額より前にある調整項目を適用して計算される自己資本の額に、100分の15を乗じたものが基準額
　② 　それ以後は、上記調整項目および特定項目の額を全額控除した後の自己資本の額に、85分の15を乗じたものが15％基準超過額を判断する際の基準額
2　他の金融機関等の対象資本調達手段のうち対象普通株式等以外のもの（25年改正告示附則12条）
他の金融機関等の対象普通株式等（＝コア資本（普通株、強制転換条項付優先株、協同組織普通出資、優先出資））以外の対象資本調達手段を保有している場合
　① 　当該対象資本調達手段がバーゼルⅢ告示のその他Tier 1 資本、Tier 2 資本要件を満たすもの（銀行が発行する場合）および証券会社・保険会社等の他の金融機関等の規制資本である場合、リスク・ウェイト段階引上げ（図表3－32参照）
　② 　バーゼルⅡ告示準拠の銀行、銀行持株会社または最終指定親会社の既存の劣後債・劣後ローン等については、平成26年3月31日から15年間、RW100％でリスク・アセット計上
3　内部格付手法採用行等の要件に係る経過措置（25年改正告示附則13条）
　信用リスク・アセットの計算において内部格付手法を採用する銀行等、内部モデル採用行は、バーゼルⅢ告示の普通株式等Tier 1 比率4.5％を満たす必要がある。一方で、バーゼルⅢ告示の経過措置にあわせ、平成26年3月31日～27年3月30日までの間は「4％」を満たせばよい。

ケット・リスク相当額の計算に内部モデル方式を採用する銀行およびオペレーショナル・リスク相当額の計算に先進的計測手法を採用する銀行は、これらの手法を採用する要件として、国際統一基準における普通株式等Tier 1比率が4.5%を上回ることが求められる（銀行告示238条2号、274条3項10号、315条3項10号ロ）。

しかしながら、平成26年3月31日～27年3月30日の間においては、国際統一基準の普通株式等Tier 1比率の最低水準について経過措置が適用されていることから、こうした経過措置との整合性を確保するため、普通株式等Tier 1比率4.5%ではなく、4%を上回ることが要件とされる（25年改正告示附則13条）。以上の(9)～(11)に係る経過措置の概要については図表3-31、図表3-32を参照されたい。

図表3-32 リスク・ウェイトの引上げに係る経過措置

1 他の金融機関等向け出資に係るリスク・ウェイトの引上げ
  ① 他の金融機関等向け出資（信用金庫、信用組合による連合会向け出資含む）のうち、<u>対象普通株式等以外の対象資本調達手段を保有する場合、そのリスク・ウェイトを250%へ引上げ</u>
  ② 信用金庫、信用組合等による連合会の対象普通出資等（普通出資および非累積的永久優先出資）のうち、その自己資本の10～20%以内に収まる部分について、リスク・ウェイトを250%へ引上げ（20%を超える部分はコア資本控除となるが、別途経過措置あり）
2 経過措置の概要（25年改正告示附則12条1項）
  上記いずれのリスク・ウェイトについても、5年間かけて段階的に引上げ。ただし、適用日において保有しており、かつ、継続して保有するものに限る。

経過措置	26年3月31日～	27年3月31日～	28年3月31日～	29年3月31日～	30年3月31日～	31年3月31日～
リスク・ウェイト	100%	150%	150%	200%	200%	250%

3 銀行等のバーゼルⅡ準拠の資本調達手段の経過措置の概要（25年改正告示附則12条2項）
  上記2にかかわらず、銀行を含む預金取扱金融機関、銀行持株会社または最終指定親会社のバーゼルⅡ準拠の資本調達手段（社債型優先株、劣後債、劣後ローン等）を保有する場合、適用日から15年間はRW100%

⑿ 単体自己資本比率の算出の方法等に係る経過措置

　平成26年3月31日～36年3月30日の間においては、単体自己資本比率の算出における銀行告示38条の規定の適用に関して、もっぱら銀行の資本調達を目的として海外に設立された連結子法人等を有する銀行においては、当該会社を含む連結財務諸表に基づき算出するものとし、この場合において、連結財務諸表については、連結財務諸表規則に基づき作成するとともに、連結に伴う自己資本比率算出上の扱いは銀行告示第4章に準ずることとされる（25年改正告示附則14条1項）。

　新しい国内基準においては、特別目的会社を通じてコア資本に係る基礎項目の額を調達することは事実上認められなくなったものであるが、バーゼルⅡ告示において認められていた海外特別目的会社の優先出資証券を発行している銀行については、その単体自己資本比率の算出において、バーゼルⅡ告示と同様にその範囲において当該海外特別目的会社の連結を行うことを許容するための取扱いである。

8 リスク捕捉の強化

(1) 概　要

　国内基準行に対するリスク捕捉の強化については、原則として国際統一基準行に対する取扱いと同様であることから、第2章8のリスク捕捉の強化を参照されたい。これまで、国際統一基準と国内基準という2つの基準が設けられてきたなか、リスク捕捉の強化、すなわち分母の取扱いについては、基本的には両基準ともに同様の取扱いが適用されてきた。

　こうした取扱いの背景にあるのは、最低自己資本比率が異なったとしても、リスクを捕捉する手法そのものについては両基準の間で整合性を確保すべきとの考え方である。こうした考え方をふまえ、今般の国内基準の見直しにおいても、原則としてバーゼルⅢ導入に伴う国際統一基準におけるリスク捕捉の強化の取扱いをそのまま適用している。

　一方で、CVAリスクの取扱い等については、日本におけるCVAを計測する実務が事実上存在しないなかで、特に中小金融機関にとってはその計算が一部複雑であるとの意見もあったことから、国際統一基準では設けられていない簡便手法を導入している。以下ではこうした国際統一基準と異なる取扱いを設けている部分につき解説をしたい。

(2) CVAリスク（簡便的リスク測定方式）

　既述のとおり、日本ではCVAの計測に関する実務が定着していないこと等もふまえ、国内基準行については、CVAリスクについて、国際統一基準のルールに加えて、より簡便な計測が可能となる簡便的リスク測定方式で算出することが認められている（銀行告示270条の5の2、図表3－33）。

図表3-33　簡便的リスク算定方式の算式

> CVAリスク相当額＝（デリバティブ取引に係る信用リスク・アセットの額）
> 　　　　　　　×12％

図表3-34　簡便的リスク算定方式の計測が認められない銀行

> ✓国際統一基準行
> ✓（信用リスク）基礎的／先進的内部格付手法採用行
> ✓（マーケット・リスク）内部モデル方式採用行
> ✓（オペレーショナル・リスク）先進的計測手法採用行
> ✓（カウンターパーティ・リスク）期待エクスポージャー方式採用行
> ✓すでに標準的リスク測定方式を採用している銀行

　しかしながら、図表3-34に掲げる内部モデルを自己資本比率の算定に用いることの金融庁長官の承認を得ている金融機関は、国際統一基準行と同様、承認されている内部モデルに基づき、標準的リスク測定方式もしくは先進的リスク測定方式を用いる必要がある。また、標準的リスク測定方式を一度採用した場合には、「やむをえない理由」とともに金融庁長官への届出を行わない限り、簡便的リスク測定方式を用いることはできない[82]（銀行告示270条の2第3項、第4項、図表3-34）。

(3)　その他（国際統一基準との関係）

　バーゼルⅢにおけるリスク捕捉の強化に関する事項については、前述のCVAリスクに係る簡便的リスク測定方式を除き、国際統一基準と同じルールが適用されることとなる。

---

[82]　なお、標準的リスク測定方式と簡便的リスク測定方式は、計算方法（含む水準）および「国際的なルール」と「国内ルール」の違いというだけであり、内部管理自体の巧拙を表すものではない。また、CVAリスクはあくまでもデリバティブ取引の非期待損失を計測するものであることをふまえると、まずは、期待損失であるCVA自体を計測することを優先することが必要と考えられる。CVAを計測しないというのは、信用リスクに関していえば、引当金を計上しないことと同義であり、信用VaRの計測モデルの高度化よりも、引当の精緻化を図ることが重要というのは自明であろう。

図表3-35　国際統一基準との整合性確保のための修正点

告　示	概　要
47条	内部モデルでの所要自己資本の下限算出時のリスク・アセットと所要自己資本の変換方法
136条2項	ファースト・トゥ・デフォルト型クレジット・デリバティブでプロテクションを提供した場合の、リスク・ウェイトの上限を2,500%から1,250%に変更
150条4項	
153条7項	

　一方で、リスク・アセットの額の計算において国際統一基準と異なる取扱いとしては、有価証券の評価差額を勘案しない、いわゆる弾力化措置の恒久化に伴い、その他有価証券の信用リスク・アセットの算出における与信相当額については、取得価額（償却原価）を用いることとなる（銀行告示48条1項1号、178条の5）。また、本章6(3)Ⅵ等でも述べたとおり、少数出資金融機関等の対象資本調達手段のうち、対象普通株式等以外の資本調達手段（劣後債等）を保有する場合等にはリスク・ウェイト250%が適用される点も国際統一基準とは異なる。

　CVAリスクの簡便的リスク測定方式等を除けば、新規制の導入に伴い、リスク・アセットの算出上は、より国際統一基準と国内基準の整合性の確保が図られているといえる。たとえば、従来、自己資本控除と同等なリスク・ウェイトとして、国内基準では2,500%とされてきたものが、新規制においては、国際統一基準と同じ1,250%に変更されている。また、マーケット・リスク相当額を不算入とすることができる特例についても、国内基準行に対し、国際統一基準と同じ条件を満たすことが求められることとなった（銀行告示27条、39条、図表3-35）。

9 その他

(1) 比例連結

　国内基準についても、国際統一基準同様比例連結が認められる（銀行告示32条）。簡便法を用いる場合は、国際統一基準同様、コア資本に係る調整項目の取扱い等に留意する必要がある（第2章9(1)を参照）。

(2) 内部モデル承認要件

　従来、自己資本比率の算定にあたって、図表3－36にあげられる内部モデルの使用の承認を得ていた国内基準行は、国内基準行に対する最低自己資本比率の4％とは別に、国際統一基準の算式で8％を維持することが最低要件として求められてきた。

　今般の見直しに伴い、国際統一基準の自己資本比率8％にかえて、国際統一基準の普通株式等Tier1比率で4.5％を維持することが最低要件として求められる（銀行告示238条、274条3項10号、315条3項10号）。これは、国内基準行については、自己資本比率の分子に含まれるものが普通株式や内部留保を中心とするコア資本に係る基礎項目の額に一本化され、従来Tier2として

図表3－36　内部モデル一覧

リスク・カテゴリー	内部モデル
信用リスク	基礎的内部格付手法（FIRB） 先進的内部格付手法（AIRB）
マーケット・リスク	内部モデル方式（IMA）
オペレーショナル・リスク	先進的計測手法（AMA）

自己資本への算入が認められていた劣後債等がコア資本に算入されなくなること等をふまえたものである。

10 第3の柱の見直し

(1) 見直しの背景

　国内基準行による自己資本比率に関する開示については、バーゼルⅡの第3の柱をふまえ、従前、国際統一基準行と基本的に同じ内容の開示が求められていた[83]。

　今回のバーゼルⅢおよび国際統一基準に関する第3の柱の見直しをふまえ、自己資本比率の計算の透明性および比較可能性を高めるべく、国内基準行による自己資本比率に関する開示についても、以下の点についての改正が行われている。

・自己資本の構成要素の開示
・自己資本調達手段の概要の開示

　なお、国際統一基準行についてバーゼルⅢにおいて求められることとなった、貸借対照表とのリコンシリエーション（対照関係）および資本調達手段の詳細の開示は、国内基準行については求められていない。

(2) 自己資本の構成要素の開示

　国内基準行は、図表3－37の開示様式を用いて自己資本の構成を開示しなければならないものとされる（銀行開示告示10条2項ほか）。

　自己資本の構成は、事業年度に係る説明書類および中間事業年度に係る説明書類において開示する必要があるほか、銀行法施行規則19条の5に基づく四半期開示事項にも含まれている（銀行開示告示14条1項4号）。なお、自己

---

[83] もっとも、四半期開示については、内部格付手法を採用する国内基準行についてのみ、監督指針において開示が求められていた。

資本比率に関する四半期開示について、内部格付手法を採用する国内基準行はこれを適切に行う必要があるほか、その他の国内基準行についても、四半期開示を実施している場合には、預金者、投資家等の利用者にとって有用な情報につき、四半期ごとに開示することが望ましいとされている（中小・地域金融機関向け監督指針Ⅲ－4－9－4－4(4)③）。なお、国際統一基準との違いについては図表3－38を参照されたい。

図表3－37　自己資本の構成要素の開示様式（連結、完全実施の事例）

項　目	
コア資本に係る基礎項目	
普通株式又は強制転換条項付優先株式に係る株主資本の額	
うち、資本金及び資本剰余金の額	
うち、利益剰余金の額	
うち、自己株式の額（△）	
うち、社外流出予定額（△）	
うち、上記以外に該当するものの額	
コア資本に算入されるその他の包括利益累計額	
うち、為替換算調整勘定	
うち、退職給付に係るものの額	
普通株式又は強制転換条項付優先株式に係る新株予約権の額	
コア資本に係る調整後少数株主持分の額	
コア資本に係る基礎項目の額に算入される引当金の合計額	
うち、一般貸倒引当金コア資本算入額	
うち、適格引当金コア資本算入額	
適格旧非累積的永久優先株の額のうち、コア資本に係る基礎項目の額に含まれる額	
適格旧資本調達手段の額のうち、コア資本に係る基礎項目の額に含まれる額	

公的機関による資本の増強に関する措置を通じて発行された資本調達手段の額のうち、コア資本に係る基礎項目の額に含まれる額	
土地再評価額と再評価直前の帳簿価額の差額の45パーセントに相当する額のうち、コア資本に係る基礎項目の額に含まれる額	
少数株主持分のうち、経過措置によりコア資本に係る基礎項目の額に含まれる額	
コア資本に係る基礎項目の額	(イ)
コア資本に係る調整項目	
無形固定資産（モーゲージ・サービシング・ライツに係るものを除く。）の額の合計額	
うち、のれんに係るもの（のれん相当差額を含む。）の額	
うち、のれん及びモーゲージ・サービシング・ライツに係るもの以外の額	
繰延税金資産（一時差異に係るものを除く。）の額	
適格引当金不足額	
証券化取引に伴い増加した自己資本に相当する額	
負債の時価評価により生じた時価評価差額であって自己資本に算入される額	
退職給付に係る資産の額	
自己保有普通株式等（純資産の部に計上されるものを除く。）の額	
意図的に保有している他の金融機関等の対象資本調達手段の額	
少数出資金融機関等の対象普通株式等の額	
特定項目に係る10パーセント基準超過額	
うち、その他金融機関等の対象普通株式等に該当するものに関連するものの額	
うち、モーゲージ・サービシング・ライツに係る無形固定資産に関連するものの額	

		うち、繰延税金資産（一時差異に係るものに限る。）に関連するものの額	
	特定項目に係る15パーセント基準超過額		
		うち、その他金融機関等の対象普通株式等に該当するものに関連するものの額	
		うち、モーゲージ・サービシング・ライツに係る無形固定資産に関連するものの額	
		うち、繰延税金資産（一時差異に係るものに限る。）に関連するものの額	
コア資本に係る調整項目の額			(ロ)
自己資本			
自己資本の額（(イ)−(ロ)）			(ハ)
リスク・アセット等			
信用リスク・アセットの額の合計額			
	うち、経過措置によりリスク・アセットの額に算入される額の合計額		
		うち、他の金融機関等向けエクスポージャー	
		うち、上記以外に該当するものの額	
マーケット・リスク相当額の合計額を8パーセントで除して得た額			
オペレーショナル・リスク相当額の合計額を8パーセントで除して得た額			
信用リスク・アセット調整額			
オペレーショナル・リスク相当額調整額			
リスク・アセット等の額の合計額			(ニ)
連結自己資本比率			
連結自己資本比率（(ハ)／(ニ)）			

図表3−38　国際統一基準と国内基準の比較

	国際統一基準			国内基準	
	グループ最上位連結（持株／銀行）	グループ子銀行連結／単体	IRB採用行	銀行／持株信金中金	信金信組労金農漁協
自己資本比率	四半期	四半期	四半期	半期（四半期）	通期（半期）
自己資本の構成	四半期	四半期	四半期	半期（四半期）	通期（半期）
資本調達手段の詳細	四半期	四半期			
B/S項目との対照	四半期	半期			

（注）　カッコ書は努力義務

(3) 自己資本調達手段の概要の開示

　国内基準行は、国際統一基準行と同様に、預金者、投資家等の利用者がその資本調達手段の特性や損失吸収力を判断することが可能となるように、自己資本調達手段、すなわち、自己資本比率の計算において自己資本に算入される資本調達手段[84]に関する契約内容の概要を開示することが求められている（銀行開示告示10条3項1号等）。もっとも、国際統一基準と異なり、共通の開示様式を用いることは求められておらず、以下の情報を記載すべきものとされている（中小・地域金融機関向け監督指針Ⅲ−4−9−4−4(2)②）。これは、国際統一基準と異なり、国内基準において完全実施後に自己資本に算入される資本調達手段は普通株式と強制転換条項付優先株式に限られている

---

[84] したがって、銀行告示本則に定める普通株式および強制転換条項付優先株式のみならず、25年改正告示附則に定める適格旧非累積的永久優先株および適格旧資本調達手段も開示の対象となる。

ことから、国際統一基準のように共通の開示様式を用いる必要が必ずしもないと判断されたためである。
① 常に記載すべき事項
  ・発行主体
  ・資本調達手段の種類
  ・コア資本に係る基礎項目の額に算入された額
② 該当ある場合に記載すべき事項
  ・配当率または利率(公表されている場合)
  ・償還期限がある場合は、その旨および日付
  ・一定の事由が生じた場合に償還等を可能とする特約がある場合は、その概要(初回償還可能日、償還金額、対象となる事由等)
  ・他の種類の資本調達手段への転換に係る特約がある場合は、その概要
  ・元本の削減に係る特約がある場合は、その概要
  ・配当等停止条項がある場合は、その旨ならびに停止した未払いの配当または利息に係る累積の有無
  ・ステップ・アップ金利等に係る特約その他の償還等を行う蓋然性を高める特約がある場合は、その概要

なお、以上の自己資本調達手段の契約内容の概要の開示は、国際統一基準行と異なり、事業年度または中間事業年度に係る説明書類に記載する(銀行開示告示10条3項1号等)。

(4) 経過措置

以上のうち(2)の開示事項については、前述の7において説明した国内基準に係る経過措置の内容をふまえ、この経過措置が適用される期間中に用いることとされる開示様式が定められている。これにより、経過期間中においても、市場関係者等が、経過措置の各金融機関への影響度合い等を把握することが可能となる。

第4章

協同組織金融機関の自己資本比率規制

1 適用対象

　協同組織金融機関については、業態ごとに、国際統一基準および国内基準の告示の定めが異なる。

　このうち、信用金庫、信用協同組合連合会（全国信用協同組合連合会）、信用協同組合、労働金庫連合会、労働金庫ならびに信用事業を行う農業協同組合、農業協同組合連合会、漁業協同組合、漁業協同組合連合会、水産加工業協同組合および水産加工業協同組合連合会については、国内基準のみが、それぞれに適用される告示に定められている。

　一方、信用金庫連合会（信金中央金庫）については、国際統一基準および国内基準が信金告示に定められているほか、農林中央金庫については、国際的に活動する金融機関として、国際統一基準のみが農中告示に定められている。

　これら協同組織金融機関に適用される国際統一基準および国内基準についても、24年改正告示および25年改正告示において、銀行の国際統一基準および国内基準の見直しにあわせて、同様に改正が行われた。改正の趣旨や改正内容は、銀行に適用される国際統一基準および国内基準と基本的に同じであるが、協同組織金融機関としての特性をふまえ、一部異なる取扱いが規定されている。

　本章では、協同組織金融機関に適用される国際統一基準および国内基準について、第2章および第3章において説明した銀行に適用される基準との相違点を中心に解説を行う。なお、以下では原則として信金告示の該当条番号を参照しているが、その他の業態の告示の該当条番号については付録の告示の読替表を参照されたい。

図表 4 − 1　協同組織金融機関に係る告示一覧

	国際統一基準	国内基準	告　示
信用金庫連合会（信金中央金庫）	○	○	信用金庫法89条1項において準用する銀行法14条の2の規定に基づき、信用金庫および信用金庫連合会がその保有する資産等に照らし自己資本の充実の状況が適当であるかどうかを判断するための基準
信用金庫		○	
信用協同組合連合会（全国信用協同組合連合会）		○	協同組合による金融事業に関する法律6条1項において準用する銀行法14条の2の規定に基づき、信用協同組合および信用協同組合連合会がその保有する資産等に照らし自己資本の充実の状況が適当であるかどうかを判断するための基準
信用協同組合		○	
労働金庫連合会		○	労働金庫法94条1項において準用する銀行法14条の2の規定に基づき、労働金庫および労働金庫連合会がその保有する資産等に照らし自己資本の充実の状況が適当であるかどうかを判断するための基準
労働金庫		○	
農林中央金庫	○		農林中央金庫がその経営の健全性を判断するための基準
農業協同組合・農業協同組合連合会（注）		○	農業協同組合等がその経営の健全性を判断するための基準
漁業協同組合・漁業協同組合連合会・水産加工業協同組合・水産加工業協同組合連合会（注）		○	漁業協同組合等がその経営の健全性を判断するための基準

（注）　貯金または定期積金の受入れを行うものに限る。

2 信用金庫連合会、信用金庫、信用協同組合連合会、信用協同組合、労働金庫連合会または労働金庫に適用される国内基準

(1) 概　要

　国内基準が適用される信用金庫連合会、信用金庫、信用協同組合連合会、信用協同組合、労働金庫連合会または労働金庫(以下「信金等」)は、以下の自己資本比率を充足することが求められる(信金告示2条)。

$$\frac{\text{自己資本の額(コア資本に係る基礎項目の額－コア資本に係る調整項目の額)}}{\text{信用リスク・アセットの額の合計額＋オペレーショナル・リスク相当額の合計額を8％で除した額}} \geq 4\%$$

　上記の自己資本比率の計算式は、第3章4(1)の国内基準行に適用される国内基準と基本的に同じであるが、国内基準が適用される信金等の協同組織金融機関については、銀行と異なり、マーケット・リスク相当額を算出することが免除されていることから、分母のリスク・アセットの額には、マーケット・リスク相当額の合計額を8％で除して得た額を常に算入しないものとされる。

(2) 自己資本比率の計算式における分母(協同組織金融機関のリスク・アセット)

　信金等の協同組織金融機関が抱えるリスク量を表す自己資本比率の計算式における分母は、信用リスク・アセットの額の合計額およびオペレーショナル・リスク相当額の合計額を8％で除して得た額の合計額であり、マーケッ

ト・リスク相当額の合計額を8％で除して得た額は含まれない。信用リスク・アセットの額の合計額およびオペレーショナル・リスク相当額の合計額を8％で除して得た額の計算方法については、いずれも銀行の国内基準において算出が求められる計算方法と基本的に同じである。

(3) コア資本に係る基礎項目の額

Ⅰ．総　論

コア資本に係る基礎項目の額は、次に掲げる額の合計額をいう（信金告示4条1項、13条1項）。非累積的永久優先出資の取扱いを除けば、基本的に株式会社形態の銀行と同様のものがコア資本に係る基礎項目に含まれる。

連結自己資本比率	単体自己資本比率
①　普通出資または非累積的永久優先出資に係る会員勘定[1]の額（外部流出予定額[2]を除く） ②　その他の包括利益累計額または評価・換算差額等（その他有価証券評価差額金、繰延ヘッジ損益および土地再評価差額金を除く） ③　コア資本に係る調整後少数株主持分の額 ④　次に掲げる額の合計額 　ⓐ　一般貸倒引当金[3]の額[4] 　ⓑ　内部格付手法を採用する場合にお	①　普通出資または非累積的永久優先出資に係る会員勘定[1]の額（外部流出予定額[2]を除く） ②　次に掲げる額の合計額 　ⓐ　一般貸倒引当金[3]の額[4] 　ⓑ　内部格付手法採用を採用する場合において、適格引当金の合計額が事業法人等向けエクスポージャーおよびリテール向けエクスポージャーの期待損失額の合計額を上回る場合における当該適格引当金の合計額から当該期待損失額

1　信用協同組合については組合員勘定の額。以下同じ。
2　剰余金の配当の予定額をいう。
3　内部格付手法を採用する場合においては、標準的手法により算出される信用リスク・アセットの額に対応するものとして区分された一般貸倒引当金に限る。以下同じ。
4　当該金庫が信用リスク・アセットの額の合計額（内部格付手法採用金庫にあっては、信金告示150条1号ロに掲げる額とする）に1.25％を乗じて得た額を上回る場合にあっては、当該乗じて得た額。以下同じ。

いて、適格引当金の合計額が事業法人等向けエクスポージャーおよびリテール向けエクスポージャーの期待損失額の合計額を上回る場合における当該適格引当金の合計額から当該期待損失額の合計額を控除した額[5]	の合計額を控除した額[5]

Ⅱ．普通出資または非累積的永久優先出資に係る会員勘定の額

　普通出資または非累積的永久優先出資に係る会員勘定の額とは、協同組織金融機関の会員勘定のうち、普通出資または非累積的永久優先出資に帰属すると考えられる部分の額をいう。ただし、銀行に対する取扱いと同様、外部流出予定額は控除される。

　信金等の協同組織金融機関は、会員や組合員からの出資により成り立つ組織であることから、市場等からの増資が可能な銀行と異なり、一般に機動的な資本増強が困難である。こうした協同組織金融機関の特性をふまえ、銀行については非累積的永久優先株のうち、強制転換条項付優先株式に該当するもののみをコア資本に係る基礎項目の額に算入可能とされるのに対し、協同組織金融機関については、こうした限定がなく、非累積的永久優先出資に係る会員勘定の額がコア資本に係る基礎項目の額に算入されることとなっている。これにより、協同組織金融機関が一般的に発行している非累積的永久優先出資は、コア資本に係る基礎項目の額に算入されることとなる。

ⅰ．普通出資の要件

　普通出資とは、以下の14の要件のすべてを満たす出資をいう（信金告示4条3項、13条3項）。

---

[5] 当該額が信金告示150条1号イに掲げる額に0.6％を乗じて得た額を上回る場合にあっては、当該乗じて得た額。以下同じ。

	普通出資の14要件
1号	残余財産の分配について、会員[6]が法に基づいて払込みを行った出資と同等の劣後的内容を有するものであること。
2号	残余財産の分配について、他の優先的内容を有する資本調達手段に対する分配が行われた後に、出資者の保有する出資の口数その他の事情に応じて公平に割当てを受けるものであること。
3号	払戻しまたは償還の期限が定められておらず、かつ、法令に基づく場合を除き、償還されるものでないこと。
4号	発行者(出資を受けた者を含む)が発行時または払込みを受けた時に将来にわたり買戻しを行う期待を生ぜしめておらず、かつ、当該期待を生ぜしめる内容が定められていないこと。
5号	剰余金の配当が法令の規定に基づき算定された限度額を超えない範囲内で行われ、法に基づく場合を除きその額が株式の払込金額を基礎として算定されるものでなく、かつ、剰余金の配当の限度額に関する法令の規定により制限される場合を除き、剰余金の配当について上限額が定められていないこと。
6号	剰余金の配当について、発行者の完全な裁量により決定することができ、これを行わないことが発行者の債務不履行となるものでないこと。
7号	剰余金の配当について、他の資本調達手段に対して優先的内容を有するものでないこと。
8号	他の資本調達手段に先立ち、発行者が業務を継続しながら、当該発行者に生じる損失を公平に負担するものであること。
9号	発行者の倒産手続[7]に関し当該発行者が債務超過[8]にあるかどうかを判断するにあたり、当該発行者の債務として認識されるものでないこと。
10号	払込金額が適用される企業会計の基準において会員勘定[9]として計上されるものであること。
11号	現に払込ずみであり、かつ、取得または払込みに必要な資金が発行者により直接または間接に融通されたものでないこと。

---

6 信用協同組合の場合は組合員。以下同じ。
7 破産手続、再生手続、更生手続または特別清算手続をいう。以下同じ。
8 債務者が、その債務につき、その財産をもって完済することができない状態をいう。以下同じ。
9 信用協同組合の場合においては、組合員勘定。以下同じ。

12号	担保権により担保されておらず、かつ、発行者または当該発行者と密接な関係を有する者による保証に係る特約その他の法的または経済的に他の資本調達手段に対して優先的内容を有するものとするための特約が定められていないこと。
13号	総会、理事会その他の法令に基づく権限を有する機関の決議または決定に基づくものであること。
14号	発行者の事業年度に係る説明書類において他の資本調達手段と明確に区別して記載されるものであること。

　この普通出資の14要件は、銀行における普通株式の14要件と基本的に同じものが定められている。

　もっとも、協同組織金融機関の普通出資については、株式会社形態の銀行の普通株式とは異なり、その持分は法律上「株式」ではなく「出資」であるほか、その根拠法において、剰余金の配当の上限が定められ、また、出資口数に応じた剰余金の配当のみならず利用に応じた配当が認められる等、銀行の株式とは異なる取扱いが定められていることから、これらの特性をふまえた要件となっている。

　具体的には、協同組織金融機関の根拠法に基づく出資に該当するのであれば、最劣後性が認められると考えられることから、法に基づいて払込みを行った出資と同等の劣後的内容を有するものであることを最劣後性の要件としている（1号）。

　また、協同組織金融機関は会員または組合員の相互扶助を基本理念とする非営利法人であるため、その剰余金の配当については一般に利用分量配当と出資配当の2つの方法が認められているが、協同組織金融機関の特性をふまえ、残余財産の分配や剰余金の配当において、出資の口数や額のみならず利用分量等をふまえたものとすることが可能な内容としている（2号、5号）。

ⅱ．非累積的永久優先出資の要件

　非累積的永久優先出資とは、以下の12の要件のすべてを満たす出資をいう（信金告示4条4項、13条4項）。

	非累積的永久優先出資の12要件
1号	発行者により現に発行され、かつ、払込ずみのものであること。
2号	残余財産の分配について、発行者の他の債務に対して劣後的内容を有するものであること。
3号	担保権により担保されておらず、かつ、発行者または当該発行者と密接な関係を有する者による保証に係る特約その他の法的または経済的に他の同順位の資本調達手段に対して優先的内容を有するものとするための特約が定められていないこと。
4号	償還期限が定められておらず、ステップ・アップ金利等に係る特約その他の償還を行う蓋然性を高める特約が定められていないこと。
5号	償還を行う場合には発行後5年を経過した日以後(発行の目的に照らして発行後5年を経過する日前に償還を行うことについてやむをえない事由があると認められる場合にあっては、発行後5年を経過する日前)に発行者の任意による場合に限り償還を行うことが可能であり、かつ、償還または買戻しに関する次に掲げる要件のすべてを満たすものであること。 イ 償還または買戻しに際し、自己資本の充実について、あらかじめ金融庁長官の確認を受けるものとなっていること。 ロ 償還または買戻しについての期待を生ぜしめる行為を発行者が行っていないこと。 ハ その他次に掲げる要件のいずれかを満たすこと。 　(1) 償還または買戻しが行われる場合には、発行者の収益性に照らして適切と認められる条件により、当該償還または買戻しのための資本調達(当該償還または買戻しが行われるものと同等以上の質が確保されるものに限る)が当該償還または買戻しの時以前に行われること。 　(2) 償還または買戻しの後においても発行者が十分な水準の連結自己資本比率を維持することが見込まれること。
6号	発行者が前号イの確認が得られることを前提としておらず、当該発行者により当該確認についての期待を生ぜしめる行為が行われていないこと。
7号	剰余金の配当の停止について、次に掲げる要件のすべてを満たすものであること。 イ 剰余金の配当の停止を発行者の完全な裁量により常に決定することができること。 ロ 剰余金の配当の停止を決定することが発行者の債務不履行とならないこと。

	ハ　剰余金の配当の停止により流出しなかった資金を発行者が完全に利用可能であること。 ニ　剰余金の配当の停止を行った場合における発行者に対するいっさいの制約（同等以上の質の資本調達手段に係る剰余金の配当に関するものを除く）がないこと。
8号	剰余金の配当が、法令の規定に基づき算定された分配可能額を超えない範囲内で行われるものであること。
9号	剰余金の配当額が、発行後の発行者の信用状態を基礎として算定されるものでないこと。
10号	発行者の倒産手続に関し当該発行者が債務超過にあるかどうかを判断するにあたり、当該発行者の債務として認識されるものでないこと。
11号	発行者または当該発行者の子法人等もしくは関連法人等により取得されておらず、かつ、取得に必要な資金が発行者により直接または間接に融通されたものでないこと。
12号	ある特定の期間において他の資本調達手段が発行価格に関して有利な条件で発行された場合には補償が行われる特約その他の発行者の資本の増強を妨げる特約が定められていないこと。

　これら非累積的永久優先出資の12要件は、強制転換条項に関する要件を除き、銀行の場合における強制転換条項付優先株式の要件と同じである。各要件の趣旨等については、前述の第3章5(2)Ⅲの説明を参照されたい。協同組織金融機関が一般的に発行している非累積的永久優先出資については、これら12要件を満たすものと考えられ、コア資本に係る基礎項目の額に算入される。

Ⅲ．その他の包括利益累計額または評価・換算差額等

　その他の包括利益累計額または評価・換算差額等のうち、その他有価証券評価差額金、繰延ヘッジ損益および土地再評価差額金以外のものが、コア資本に係る基礎項目の額に算入される（信金告示4条1項2号）。具体的には、為替換算調整勘定および退職給付に係る調整累計額（連合会の場合に限る）が該当することとなる。これは退職給付に係る調整累計額の取扱いを除き、銀行の国内基準と同じ取扱いであり、前述の第3章5(3)の説明を参照されたい。また退職給付会計基準の見直しに伴う取扱いは図表4－2を参照された

図表 4 - 2 　退職給付会計基準の見直しに伴う取扱い（信金等）

1 　退職給付会計基準の見直し

- ・平成24年 5 月17日に企業会計審議会が、退職給付会計基準の見直しを発表
- ・当該見直しにより、これまでオフバランス処理されてきた「未認識数理計算上の差異」「未認識過去勤務費用」が即時認識され、その他の包括利益累計額として、「退職給付に係る調整累計額」が区分掲記されることに
- ・当該見直しは、平成26年 3 月期より連結会計基準にのみ適用予定（単体基準については、当面の間、現行の取扱いを適用）
- ・なお、信用金庫、信用組合および労働金庫（これらの連合会を除く）については、包括利益に係る業務報告等の対象外であるため、平成26年 3 月時点では上記見直しの影響はない。

2 　調整項目（前払年金費用）との関係

- ・退職給付関連項目については、バランスシートに計上される「前払年金費用」を、基本的に金融機関自身が使用することができない資産であることから、コア資本から控除
- ・上記退職給付会計基準の見直しに伴い、連結会計基準については、前払年金費用の一部がその他の包括利益の項目として計上されることに
- ・これに伴う連結会計と単体会計の整合性を可及的に確保すること、また、期待運用収益率の見積りの違いにより「退職給付に係る調整累計額」に差異が生じることについて金融機関間の整合性を確保するため、連結自己資本比率の計算において、「退職給付に係る調整累計額」を、コア資本に含まれるその他の包括利益累計額として勘案することに

い。

Ⅳ．コア資本に係る調整後少数株主持分の額

　銀行の国内基準と同じ取扱いであり、計算方法の詳細等については、第 3 章 5 (5)を参照されたい。

Ⅴ．貸倒引当金の額

　以下の貸倒引当金はコア資本に係る基礎項目の額に算入される。ただし、①については、信用リスク・アセットの額の合計額（内部格付手法を採用する場合にあっては、信金告示150条 1 号ロに掲げる額）に1.25％を乗じて得た額

が上限とされ、また、②については信金告示150条1号イに掲げる額に0.6%を乗じて得た額が上限とされる。

① 一般貸倒引当金（内部格付手法採用金庫[10]においては信金告示149条の規定により標準的手法により算出される信用リスク・アセットの額に対応するものとして区分された一般貸倒引当金に限る。以下同じ）の額

② 内部格付手法を採用する場合において、適格引当金の合計額が事業法人等向けエクスポージャーおよびリテール向けエクスポージャーの期待損失額の合計額を上回る場合における当該適格引当金の合計額から当該期待損失額の合計額を控除した額

図表 4 － 3　バーゼルⅡ告示と改正国内基準告示における自己資本の構成項目比較（信金等）

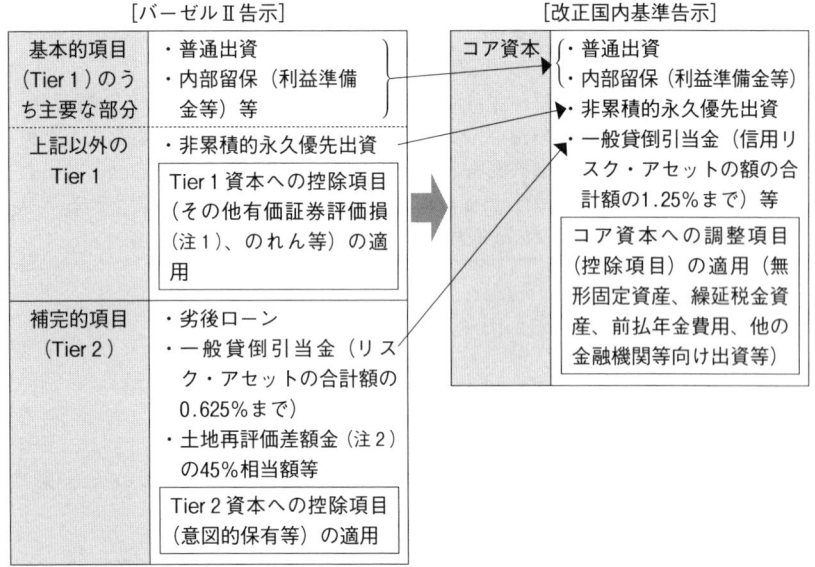

[バーゼルⅡ告示]		[改正国内基準告示]	
基本的項目（Tier 1）のうち主要な部分	・普通出資 ・内部留保（利益準備金等）等	コア資本	・普通出資 ・内部留保（利益準備金等） ・非累積的永久優先出資 ・一般貸倒引当金（信用リスク・アセットの額の合計額の1.25%まで）等
上記以外のTier 1	・非累積的永久優先出資		
	Tier 1 資本への控除項目（その他有価証券評価損（注1）、のれん等）の適用		コア資本への調整項目（控除項目）の適用（無形固定資産、繰延税金資産、前払年金費用、他の金融機関等向け出資等）
補完的項目（Tier 2）	・劣後ローン ・一般貸倒引当金（リスク・アセットの合計額の0.625％まで） ・土地再評価差額金（注2）の45％相当額等		
	Tier 2 資本への控除項目（意図的保有等）の適用		

（注1）　平成24年より延長されている弾力化措置により、平成26年3月30日まで控除の対象とはされていない。
（注2）　税効果勘案前。
（注3）　新基準において不算入となる項目や新たに控除される項目については、経過措置が適用される。

10　信用協同組合の場合は内部格付手法採用組合。以下同じ。

以上についても銀行の国内基準と同様の取扱いであり、第3章5(6)の説明を参照されたい。

(4) コア資本に係る調整項目の額

Ⅰ. 総　論

協同組織金融機関に適用される新しい国内基準の自己資本比率の算出に際しても、コア資本に係る調整項目の額が、コア資本に係る基礎項目の額から減算項目として控除される。コア資本に係る調整項目の額は、協同組織金融機関の連結貸借対照表または貸借対照表に計上される項目のうち、①一般的に損失吸収力に乏しいと考えられる資産や利益等、および、②金融システム内のリスクの連鎖を防止する観点から一定程度保有を抑制する必要があると考えられる資産について、自己資本比率の計算において、規制上の自己資本から控除するものである。

コア資本に係る調整項目としては、信金告示4条2項および13条2項において、以下のものが定められている。

コア資本に係る調整項目	
1号	次に掲げる額の合計額
	イ　次に掲げる無形固定資産の額の合計額 　(1)　無形固定資産（のれんに係るものに限り、連結自己資本比率の算出においては、のれん相当差額[11]を含む）の額 　(2)　無形固定資産（のれんおよびモーゲージ・サービシング・ライツに係るものを除く）の額
	ロ　繰延税金資産（一時差異に係るものを除く）の額

---

11 他の金融機関等であって、連結子会社である保険子法人等または持分法が適用される者に係る差額（連結子会社である保険子法人等にあっては連結財務諸表規則28条5項の規定によりのれんに含めて表示される差額をいい、持分法が適用される者にあってはこれに相当するものをいう）をいう。

	ハ 内部格付手法採用金庫において、事業法人等向けエクスポージャーおよびリテール向けエクスポージャーの期待損失額の合計額が適格引当金の合計額を上回る場合における当該期待損失額の合計額から当該適格引当金の合計額を控除した額	
	ニ 証券化取引に伴い増加した自己資本に相当する額	
	ホ 負債の時価評価（信用金庫または連結子法人等[12]の信用リスクの変動に基づくものに限る）により生じた時価評価差額であって自己資本に算入される額	
	ヘ 退職給付に係る資産または前払年金費用の額	
2号	自己保有普通出資等の額	
3号	意図的に保有している他の金融機関等の対象資本調達手段の額	
4号	少数出資金融機関等の対象普通出資等の額	
5号	信用金庫連合会[13]の対象普通出資等の額	
6号	特定項目に係る10％基準超過額	
7号	特定項目に係る15％基準超過額	

　このうち、①一般的に損失吸収力の乏しいと考えられる資産や利益等としては、1号および2号ならびに6号および7号の一部が、また、②金融システム内でのリスクを抑制する観点からの資産としては、3号〜5号ならびに6号および7号の一部が、それぞれ該当する。銀行におけるコア資本に係る調整項目の額と異なるのは、信金等においては5号の信用金庫連合会の対象普通出資等の額として、連合会向け出資を有する場合の取扱いが別途定められている点である。

Ⅱ．銀行の国内基準と共通する項目

　1号および2号に掲げるコア資本に係る調整項目については、銀行の国内

12　単体自己資本比率の算出においては、信用金庫の信用リスクの変動に基づくものに限られる。
13　信用協同組合については信用協同組合連合会、労働金庫については労働金庫連合会。以下同じ。

図表 4 − 4　他の金融機関等向け出資の取扱いの概要（信金等）

1　対象金融機関等

○国際統一基準と同様、銀行、証券および保険を含む、広く金融に関連する業務を行う者（海外金融機関も含む）が対象
⇒原則として、日本標準産業分類の「金融業・保険業」に属する業務を主たる事業として営む者および「不動産業、物品賃貸業」のうち、「総合リース業」を主たる事業として営む者が対象。公益的業務をもっぱら営む者は対象外（告示Q&A「第8条−Q10」参照）

具体的にどの法人、会社、機関が該当するかは個別の金融機関で判断する必要

2　対象となる資本調達手段

○「対象資本調達手段」：普通株、優先株、優先出資、劣後債、劣後ローン、相互会社基金等の資本調達手段
○規制資本の概念がある金融機関等（銀行、証券、保険等）については、規制資本に含まれるものに限られる
○なお、種類や商品性等により、取扱い（コア資本控除かリスク・アセット計上か）は異なることになる

保有する資本調達手段の種類により、下記分類に従い、経過期間中を含め異なる取扱いとなることに留意する必要

3　分　類

① 意図的持合い
　―相互に自己資本比率を向上させるための意図的な資本調達手段の相互持合い
② 少数出資金融機関等向け
　―10%以下の議決権を保有している相手方金融機関等のコア資本を保有
③ 連合会向け
　―連合会のコア資本を保有
④ その他金融機関等向け
　―10%超の議決権を保有している相手方金融機関等や兄弟会社等のコア資本を保有

各分類ごとに、資本調達手段の種類に応じ、計算の方法や順序、経過期間中の取扱い等が異なることに留意する必要

基準におけるコア資本に係る調整項目と同じであることから、前述の第3章6(2)を参照されたい。

なお、3号の意図的に保有している他の金融機関等の対象資本調達手段の額および4号の少数出資金融機関等の対象普通出資等の額についても、趣旨および計算方法等は銀行の国内基準におけるコア資本に係る調整項目と同じである（図表4－4）。ただし、これらの対象となる他の金融機関等の範囲から、信用金庫連合会が除外されており、信用金庫連合会向けの出資は、後述のⅣ．に説明する5号の信用金庫連合会の対象普通出資等の額の計算対象に含まれる点が異なる。

また、6号の特定項目に係る10％基準超過額および7号の特定項目に係る15％基準超過額についても、その趣旨および計算方法等は銀行の国内基準におけるコア資本に係る調整項目と同じである。ただし、これらの額の算出において用いられる、「特定項目に係る10％基準額」および「特定項目に係る15％基準額」の計算に際して、協同組織金融機関に特有の調整項目である5号の信用金庫連合会の対象普通出資等の額が控除される点が異なる。

Ⅲ．連合会による傘下金庫・組合への出資

バーゼルⅡ告示においては、信用金庫連合会や信用協同組合連合会、労働組合連合会が傘下の信金等に対して資本支援を行った場合、すべて意図的保有として自己資本から控除されることとなっていた。しかし、前述の第3章6(3)Ⅱ記載のとおり、改正国内告示においては意図的保有の概念が見直され、他の金融機関等との間で相互に資本調達手段を保有しているという客観的な要件と、相互に資本増強に協力するという主観的な要件の両方の要件に該当する場合に、意図的持合いとして、コア資本に係る調整項目の額に含まれ、規制上の自己資本の計算において控除されることとなる。

そのため、信用金庫連合会や信用協同組合連合会、労働金庫連合会が傘下の信金等に対して保有する資本調達手段についても、この意図的持合いの概念が適用されることとなり、上記客観的要件および主観的要件を満たす場合に限り、意図的持合いとして、その全額がコア資本に係る調整項目の額に含

まれ、これら連合会の規制上の自己資本の額の計算において控除されることとなった（信金告示5条4項、14条3項）。したがって、信用金庫連合会が救済出資の目的で傘下金庫の資本調達手段を保有することになったとしても、必ずしも意図的持合いとなるわけではない。

なお、信用金庫連合会や信用協同組合連合会、労働金庫連合会が保有する傘下信金等の資本調達手段が意図的持合いに含まれない場合については、この資本調達手段を他の金融機関等向け出資に含めて取り扱われることとなり、すなわち、傘下信金等の非累積的永久優先出資を保有する場合には、少

図表4－5　連合会が傘下機関の資本調達手段を保有する場合の取扱い（信金等）

1　バーゼルⅡ告示における取扱い
　〇連合会が傘下金融機関の資本調達手段を保有している場合、意図的保有として全額自己資本控除
2　調整項目の対象となる資本調達手段
　〇コア資本に含まれる対象資本調達手段（具体的には、<u>優先出資</u>）
3　調整項目の額の計算方法
　〇少数出資金融機関等向け出資に含めて計算
　　→少数出資金融機関等向け出資に含めて自己資本の額（少数出資金融機関等控除、特定項目控除いずれも適用前）の10％以下に収まる部分についてはRW100％を適用（標準的手法の場合。内部格付手法採用行はその計測方法に基づき計算）。自己資本の額の10％を超える部分については、コア資本から控除
4　上記以外の対象資本調達手段の取扱い
　〇上記以外の対象資本調達手段（劣後ローン等）のうち、<u>バーゼルⅡ告示準拠の既存の劣後ローン等についてはRW100％を適用</u>（平成41年3月30日までの経過措置）。それ以外のものについてはRW250％を適用

現行規制（あらゆる資本調達手段）		優先出資	左記以外のバーゼルⅢ適格その他Tier1、Tier2資本	左記以外の資本調達手段（適格旧劣後ローン等）
自己資本の10％以内	自己資本控除	RW100％	RW250％	RW100％
自己資本の10％超		コア資本控除		

数出資金融機関等の対象普通出資等またはその他金融機関等の対象普通出資等の額の計算に含めて取り扱われることとなった(信金告示5条6項、7項、14条5項、6項、図表4-5)。

Ⅳ. 協同組織金融機関に特有のコア資本に係る調整項目(信用金庫連合会の対象普通出資等の額)

i. 概　要

協同組織金融機関に適用される国内基準においては、協同組織金融機関による連合会向け出資について、協同組織金融機関の特性をふまえ、コア資本に係る調整項目として特別の取扱いが定められている。すなわち、協同組織金融機関による連合会向け出資については、バーゼルⅡ告示と同様、連合会以外の金融機関等の資本調達手段を保有する場合とは異なる取扱いが適用される。

信金等についてこうした取扱いが設けられている背景としては、図表4-6のとおり協同組織金融システムの特性がある。すなわち、傘下信金等は、その上位機関である連合会に対し出資を行うが、これは外形的にはある金融機関等が他の金融機関等に対し出資をしていることとなる。一方で、信用金庫連合会や信用協同組合連合会は、相援制度の枠組みのもと、経営不振に陥った傘下信金または傘下信組に対して優先出資による資本支援を行うこと

図表4-6　協同組織金融機関(信金等)の相互援助制度

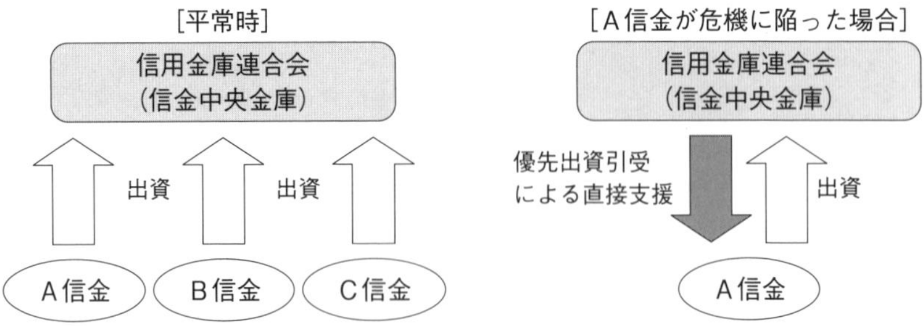

［平常時］
信用金庫連合会
(信金中央金庫)
↑出資　↑出資　↑出資
A信金　B信金　C信金

［A信金が危機に陥った場合］
信用金庫連合会
(信金中央金庫)
優先出資引受による直接支援↓　↑出資
A信金

※信金と信金中金との間で資本の持合状態が構造的に生じうる。

が可能である。したがって、連合会による資本支援がなされる場合には、資本の意図的持合いの外形が必然的に生じることとなる。

　しかし、このような傘下信金等による連合会向けの出資や、連合会による傘下信金等への資本支援の枠組みは、協同組織金融システムの基礎をなすものであることから、傘下信金等による連合会向け出資を、他の金融機関等の対象資本調達手段を保有する場合と同じに扱うことは適当ではないと考えられ、そのためバーゼルⅡ告示においても別途の取扱いが設けられていた。

　具体的には、バーゼルⅡ告示においては、信用金庫および信用協同組合が信用金庫連合会または信用協同組合連合会の普通出資を保有する場合につき、自己資本の額の20％相当額まではリスク・ウェイト100％でリスク・アセットを計算し、それを超える部分については自己資本から控除することとされていた。他方、労働金庫については、信用金庫や信用協同組合と異なり、労働金庫連合会が傘下の労働金庫を直接的に資本支援する枠組みがなかったことから、バーゼルⅡ告示においては、労働金庫連合会の普通出資を保有する場合であってもこれが自己資本から控除されることはなかったが、労働金庫についてもその後、信用金庫や信用協同組合と同様の労働金庫連合会による資本支援の枠組みが設けられることとなった。

　今般の国内基準の見直しにおいては、協同組織金融機関に係る協同組織システムの特殊性を勘案する一方、金融システム内にリスクが滞留することを回避するため、連合会向けの出資についても取扱いを厳格化するとともに、連合会による資本支援の枠組みが存在する信用金庫、信用協同組合および労働金庫の3業態については同様の取扱いを適用することとなった。具体的には、大要、自己資本の10％相当額まではリスク・ウェイト100％が適用され、また自己資本の10～20％相当額まではリスク・ウェイト250％が適用され、それを超える部分についてはコア資本に係る調整項目の額として、規制上の自己資本の額の計算において控除することとなった。

　なお、前述のとおり、信金等はその上位機関である連合会から優先出資により資本支援を受ける枠組みが整備されているため、資本支援が実施された場合には資本の持合いの外形が必然的に生じることとなるが、このような協

図表4－7　連合会向け対象普通出資等の取扱い（信金等）

1　バーゼルⅡ告示における取扱い
　○連合会の資本調達手段を保有している場合、自己資本の20％以内に収まるものについてはRW100％でリスク・アセット計上。自己資本の20％を超える部分については自己資本から控除
2　調整項目の対象となる資本調達手段
　○コア資本に含まれる対象資本調達手段（普通出資、優先出資）
3　調整項目の額の計算方法
　○自己資本の額（少数出資金融機関等控除、連合会向け控除、特定項目控除いずれも適用前）の10％に収まる部分については、RW100％を適用（標準的手法の場合。内部格付手法採用行はその計測方法に基づき計算）
　○自己資本の額の10～20％に収まる部分については、RW250％を適用
　○自己資本の額の20％を超える額がコア資本控除
　○少数出資金融機関等控除とは別枠で、自己の自己資本の20％以内か否かを計算
4　上記以外の対象資本調達手段の取扱い
　○上記以外の対象資本調達手段（劣後ローン等。具体的には、バーゼルⅢ告示のその他Tier 1資本、Tier 2資本の要件を満たすものを想定）についてはRW250％（段階的引上げの経過措置あり）。ただし、バーゼルⅡ告示準拠の既存の連合会の劣後ローンについては、RW100％を適用（平成41年3月30日までの経過措置）

	バーゼルⅡ告示（あらゆる資本調達手段）	普通出資・優先出資	左記以外のバーゼルⅢ適格その他Tier 1、Tier 2資本	左記以外の資本調達手段
自己資本の10％以内	RW100％	RW100％	RW250％	RW100％
自己資本の10～20％	自己資本控除	RW250％		
自己資本の20％超		コア資本控除		

　同組織金融システムの特性をふまえ、信金等が保有する連合会の対象普通出資等については、意図的持合いの対象には含まれないこととされている。
　このように、信用金庫と信用協同組合については、連合会向け出資のうち

自己資本の10～20％に収まる部分についての取扱いが厳格化され、また、労働金庫については労働金庫連合会向け出資のうち自己資本の10％を超える部分の取扱いが厳格化されている。

さらに、バーゼルⅡ告示では連合会向け出資のうち普通出資のみが事実上その対象となっていたが、改正国内基準告示では、普通出資のみならず非累積的永久優先出資も上記計算の対象に含まれることとなり、その対象範囲が拡大されている。

ⅱ．信用金庫連合会の対象普通出資等の取扱い

（A）　コア資本に係る調整項目の額への算入

コア資本に係る調整項目である信用金庫連合会[14]の対象普通出資等の額は、信用金庫連合会の対象普通出資等を信用金庫または連結子法人等（単体自己資本比率の算出においては、信用金庫に限る）が保有している場合における当該対象普通出資等（普通出資および非累積的永久優先出資）の額の合計額から連合会向け出資に係る20％基準額を控除した額をいい、当該額が零を下回る場合には零とされる（信金告示5条6項、14条5項）。

このような保有には、少数出資金融機関等の対象普通出資等の場合と同様に、連結範囲外の法人等（単体自己資本比率の算出においては、他の法人等）に対する投資、その他これに類する行為を通じて実質的に保有している場合に相当すると認められる場合、その他これに準ずる場合が含まれる。

ここで、連合会向け出資に係る20％基準額とは、信金告示4条1項各号に掲げる額の合計額から同条2項1号～3号に掲げる額の合計額を控除した額[15]、すなわちコア資本に係る基礎項目の額から、コア資本に係る調整項目の額のうち意図的に保有している対象資本調達手段（意図的持合い）までを適用した額に20％を乗じて得た額をいう[16]。

14　信用協同組合については信用協同組合連合会、労働金庫については労働金庫連合会。以下同じ。
15　単体自己資本比率の場合は信金告示13条1項各号に掲げる額の合計額から同条2項1号～3号に掲げる額の合計額を控除した額である。
16　これは、少数出資に係る10％基準額を2倍したものに等しい。

したがって、「信用金庫連合会の対象普通出資等の額」とは、信用金庫（または連結子法人等）が直接または間接に保有する信用金庫連合会の対象普通出資等の額の合計額のうち、コア資本に係る基礎項目の額からコア資本に係る調整項目の額のうち無形固定資産や自己保有普通出資等、意図的持合い等を控除することで算出する規制上の自己資本の額の20％を超える額が該当し、これをコア資本に係る調整項目として規制上の自己資本の額の計算において控除するものである。

なお、信用金庫連合会の対象普通出資等の額の計算におけるショート・ポジションとの相殺および危機対応出資等の例外の適用については、少数出資金融機関等の対象普通出資等の額の算出の場合と同様である（第3章6(3)Ⅲ参照）。

（B）　信用リスク・アセットの額の合計額への算入

（A）の計算においてコア資本に係る調整項目の額に算入されなかった信用金庫連合会の対象普通出資等の額、すなわち、連合会向け出資に係る20％基準額以下の部分の額については、信用リスク・アセットの額を算出し、自己資本比率の分母における信用リスク・アセットの額の合計額に算入することとなる。

この場合に適用されるリスク・ウェイトは、以下のとおりであるが、前述のとおり、信用金庫および信用協同組合については連合会向け出資に係る

対象	リスク・ウェイト
連合会向け出資に係る10％基準額[17]以下の部分	100％
連合会向け出資に係る10％基準額を上回る部分（～20％基準額）	250％

17　連結自己資本比率の算出の場合は、信金告示4条1項各号に掲げる額の合計額から同条2項1号～3号に掲げる額（無形固定資産、自己保有普通出資等、意図的に保有している他の金融機関等の対象資本調達手段（意図的持合い）等）の合計額を控除した額に10％を乗じて得た額をいい、単体自己資本比率の算出の場合は信金告示13条1項各号に掲げる額の合計額から同条2項1号～3号に掲げる額（無形固定資産、自己保有普通出資等、意図的に保有している他の金融機関等の対象資本調達手段（意図的持合い）等）の合計額を控除した額に10％を乗じて得た額（信金告示5条7項）をいう。すなわち、少数出資に係る10％基準額と同じである。

10％基準額～20％基準額の間の部分に適用されるリスク・ウェイトが、100％から250％へと厳格化された。また労働金庫については、これまで規制上の自己資本から控除される部分はなかったのに対し、改正国内基準告示においては連合会向け出資に係る20％基準額を上回る部分がコア資本に係る調整項目に含まれるほか、連合会向け出資に係る10％基準額～20％基準額の間の部分に適用されるリスク・ウェイトが、100％から250％へと厳格化されている（信金告示70条の3第2項、178条の3第2項）。

図表4－8　他の金融機関等向け出資の取扱い（フローチャート）（信金等）

```
規制金融機関に        対象資本調達手段に該当するか        資本増強目的の
ついては、規制                                          「持合い」か否か
資本か否か                    yes
                      no                                no      意図的持合いか
                                                                    yes
                              連合会向けか
                        no                  yes
                                                              コア資本控除
     その他金融機関等          対象普通出資等か
     （10％超出資先等）か
                         少数出資金融機関等に該当                yes   普通出資・優先出資
                no                               no
          yes                                                    ・自己資本の10％以内：
                                                                   RW100%
      対象普通    対象普通      no                                ・自己資本の10～20％：
      出資等か    出資等か                                          RW250%
                    yes                                          ・自己資本の20％超：
                          yes＝普通株、普通出資、                   コア資本控除
                          強制転換条項付優先株、
                          協同組織優先出資           yes＝預取発行のPON条項付
                                                   優先株や劣後債等および預取
      特定項目                                     以外の金融機関が発行する社
      に該当                                       債型優先株や劣後債等
          yes
                                                 預金取扱金融機関、銀行持株会社
                     no                          または最終指定親会社のバーゼル
                                                 Ⅱ告示準拠の資本調達手段か

                    ・自己資本の                 5年間の段階       預取の既存劣後
  ・自己資本の         10％以内：                 引上げの経過   yes ローン等（15年
    10％以内：         RW100%                   措置あり（附       間の経過措置）
    RW250%         ・自己資本の                 則12条5項）       （附則12条6項）
  ・自己資本の         10％超：コ            no
    10％超：コ         ア資本控除
    ア資本控除
各手法に （別途15％                             RW250%           RW100%
従いリス cap も勘案）
ク・アセ
ット計上
```

第4章　協同組織金融機関の自己資本比率規制

以上の取扱いについては、図表4-8のフローチャートを参照されたい。

Ⅴ. コア資本に係る調整項目の額の計算例

以上に基づくコア資本に係る調整項目の額の計算例については、告示Q&A（協同組織金融機関関係）「第4条－Q2」を参照されたい。銀行の国内基準における取扱いと異なる点は、前述のとおり、信用金庫連合会の対象普通出資等の額がコア資本に係る調整項目の額に含まれる点である。

(5) 経過措置

Ⅰ. 概　　要

協同組織金融機関に適用される新しい国内基準についても、銀行の国内基準と同様に、実体経済や地域における金融仲介機能の発揮に悪影響を与えることなく新規制への円滑な移行を確保する観点から経過措置が設けられている。かかる経過措置の内容は銀行の国内基準と原則として同様であることから、前述の第3章7を参照されたい。

なお、連合会向け出資のうち、リスク・ウェイトが250％に引き上げられる部分（連合会向け出資に係る10％基準額～20％基準額の間の部分）については、信用金庫連合会の対象普通出資等を平成26年3月31日において保有しており、かつこれを継続して保有している場合に限り、他の金融機関等の対象資本調達手段のリスク・ウェイトに係る経過措置と同様、以下のとおりリスク・ウェイトが段階的に引き上げられる（25年改正告示附則12条5項）。

連合会向け出資に係る10％基準額～20％基準額の間の部分に適用されるリスク・ウェイト	
26年3月31日～27年3月30日の間	100％
27年3月31日～29年3月30日の間	150％
29年3月31日～31年3月30日の間	200％

協同組織金融機関については非累積的永久優先出資等の額がコア資本に係る基礎項目の額に算入されることから、銀行の場合における社債型優先株に係る15年の経過措置は設けられていない。また、自己保有普通出資等の額や意図的に保有している他の金融機関等の対象資本調達手段の額の経過措置についても、10年の経過措置のみが定められている。

Ⅱ. 計算例

経過期間中における協同組織金融機関のコア資本に係る調整項目の計算例については、告示Q&A（協同組織金融機関関係）「附則第8条－Q2」を参照されたい。

3 農水系統機関に適用される国内基準

(1) 概　要

信用事業を営む農業協同組合、農業協同組合連合会、漁業協同組合、漁業協同組合連合会、水産加工業協同組合および水産加工業協同組合連合会（以下「農水系統機関」）は、以下の自己資本比率を充足することが求められる（農協告示2条）。

$$\frac{\text{自己資本の額（コア資本に係る基礎項目の額－コア資本に係る調整項目の額）}}{\text{信用リスク・アセットの額の合計額＋オペレーショナル・リスク相当額の合計額を8\%で除した額}} \geq 4\%$$

この自己資本比率の計算式は、第3章4(1)の国内基準行に適用される国内基準と基本的に同じであるが、国内基準が適用される農水系統機関については、マーケット・リスク相当額を算出することが免除されていることから、分母のリスク・アセットの額に、マーケット・リスク相当額の合計額を8％で除して得た額を算入しない点のみが異なる。

(2) 自己資本比率の計算式における分母（農水系統機関のリスク・アセット）

これら農水系統機関の抱えるリスク量を表す自己資本比率の計算式における分母は、信用リスク・アセットの額の合計額およびオペレーショナル・リスク相当額の合計額を8％で除して得た額の合計額であり、マーケット・リスク相当額の合計額を8％で除して得た額を算入しない点を除き、銀行の国

内基準において算出が求められるリスク量と基本的に同じである。

(3) コア資本に係る基礎項目の額

コア資本に係る基礎項目の額は、次に掲げる額の合計額をいう（農協告示4条1項、12条1項）。非累積的永久優先出資の取扱いを除けば、基本的に株式会社形態の銀行と同様のものがコア資本に係る基礎項目に含まれる。

連結自己資本比率	単体自己資本比率
① 普通出資または非累積的永久優先出資に係る組合員資本または会員資本の額（再評価積立金を含み、外部流出予定額[18]を除く） ② 評価・換算差額等（その他有価証券評価差額金、繰延ヘッジ損益および土地再評価差額金を除く） ③ コア資本に係る調整後少数株主持分の額 ④ 次に掲げる額の合計額 　ⓐ 一般貸倒引当金[19]および相互援助積立金[20]の額[21] 　ⓑ 内部格付手法を採用する場合において、適格引当金の合計額が事業法人等向けエクスポージャーおよびリテール向けエクスポージャーの期待損失額の合計額を上回る場合における当該適格引当金の合計額から当該期待損失額の合計額を控除した額[22]	① 普通出資または非累積的永久優先出資に係る会員勘定の額（再評価積立金を含み、外部流出予定額[18]を除く） ② 次に掲げる額の合計額 　ⓐ 一般貸倒引当金[19]および相互援助積立金[20]の額[21] 　ⓑ 内部格付手法を採用する場合において、適格引当金の合計額が事業法人等向けエクスポージャーおよびリテール向けエクスポージャーの期待損失額を上回る場合における当該適格引当金の合計額から当該期待損失額の合計額を控除した額[22]

---

[18] 剰余金の配当の予定額をいう。
[19] 内部格付手法を採用する場合においては、標準的手法により算出される信用リスク・アセットの額に対応するものとして区分された一般貸倒引当金に限る。以下同じ。
[20] 農業協同組合の場合に限る。
[21] 当該額が信用リスク・アセットの額の合計額（内部格付手法採用組合にあっては、農協告示126条2号に掲げる額とする）に1.25％を乗じて得た額を上回る場合にあっては、当該乗じて得た額。以下同じ。
[22] 当該額が農協告示126条1号に掲げる額に0.6％を乗じて得た額を上回る場合にあっては、当該乗じて得た額。以下同じ。

コア資本に係る基礎項目に含まれるものについては、信用金庫、信用協同組合および労働金庫における取扱いと基本的に同じである。

一方で、農水系統機関については、農業協同組合においては従前同様に相互援助積立金が一般貸倒引当金と同じく取り扱われることが異なる。信金等と共通の事項については、前述の2(3)を参照されたい。

Ⅰ．普通出資または非累積的永久優先出資に係る組合員資本または会員資本の額

普通出資または非累積的永久優先出資に係る組合員資本または会員資本の額とは、農水系統金融機関の組合員資本または会員資本のうち、普通出資または非累積的永久優先出資に帰属すると考えられる部分の額をいい、再評価積立金が含まれる[23]。ただし、銀行に対する取扱いと同様、外部流出予定額は除かれる。

なお、農業協同組合の出資金のなかには、回転出資金と呼ばれる特有の資本項目がある。回転出資金は、事業分量配当金の組合員への払出しを5年間停止するものであり、経済実態としては配当の繰延べであり、いずれ社外流出することが予定されていることから、他の出資金と異なり実質的な損失吸収力が劣るものとして、コア資本に係る基礎項目の額からは除かれている[24]。

回転出資金以外の取扱いならびに普通出資および非累積的永久優先出資の要件は、信金等と同じであることから、前述の2(3)を参照されたい。

Ⅱ．評価・換算差額等

評価・換算差額等のうち、その他有価証券評価差額金、繰延ヘッジ損益および土地再評価差額金以外のものが、コア資本に係る基礎項目の額に算入さ

---

[23] 再評価積立金は、バーゼルⅡ告示においてもTier1に算入されるほか、資本組入れが法律上認められていること等をふまえ、コア資本に係る基礎項目の額に算入可能とされている（平成25年3月8日付パブコメ回答3番）。
[24] 平成25年3月8日付パブコメ回答32番

れる(農協告示12条1項2号)。具体的には、退職給付に係る調整累計額が該当することとなる。これは、為替換算調整勘定の取扱いを除き、銀行の国内基準と同じ取扱いであり、前述の第3章5(3)の説明を参照されたい。

Ⅲ．コア資本に係る調整後少数株主持分の額

少数株主持分のうち、コア資本に係る調整後少数株主持分の額に係る取扱いは、銀行の国内基準と同じ取扱いである。計算方法の詳細等については、前述の第3章5(5)を参照のこと。

Ⅳ．貸倒引当金の合計額

以下の貸倒引当金および相互援助積立金(農業協同組合の場合に限る)は、コア資本に係る基礎項目の額に算入される。ただし、①については、信用リスク・アセットの額の合計額(内部格付手法を採用する場合にあっては、農協告示126条2号に掲げる額)に1.25％を乗じて得た額が上限とされ、また、②については、農協告示126条1号に掲げる額に0.6％を乗じて得た額が上限とされる。

① 一般貸倒引当金(内部格付手法を採用する場合においては農協告示125条の規定により標準的手法により算出される信用リスク・アセットの額に対応するものとして区分された一般貸倒引当金に限る)の額
② 内部格付手法を採用する場合において、適格引当金の合計額が事業法人等向けエクスポージャーおよびリテール向けエクスポージャーの期待損失額の合計額を上回る場合における、当該適格引当金の合計額から当該期待損失額の合計額を控除した額

以上の取扱いは、農業協同組合については相互援助積立金が含まれることを除き、銀行の国内基準と同じであり、前述の第3章5(6)の説明を参照のこと。

(4) コア資本に係る調整項目の額

Ⅰ．概　　要

　農水系統機関に適用される新しい国内基準の自己資本の算出に際しても、コア資本に係る調整項目の額がコア資本に係る基礎項目の額から控除される。コア資本に係る調整項目の取扱いは、信金等の連合会向け出資の取扱いを除き、信金等の取扱いと同様であることから、信金等の連合会向け出資の取扱い（前述2(4)Ⅳ）を除き、前述の2(4)を参照されたい。

Ⅱ．農林中央金庫・連合会向け出資

　①農水系統機関が保有している農林中央金庫の対象資本調達手段または対象普通出資等、および、②農業協同組合または漁業協同組合もしくは水産加工業協同組合（以下「農協等」）が保有している農業協同組合連合会または漁業協同組合連合会、水産加工業協同組合連合会もしくは共済水産業協同組合連合会の対象資本調達手段または対象普通出資等については、以下のとおり、意図的に保有している他の金融機関等の対象資本調達手段（意図的持合い）の額や少数出資金融機関等の対象普通出資等の額から除かれ、これらとは異なる別途の取扱いが定められている。

　バーゼルⅡ告示において、農水系統機関については、信金等と異なり、上位機関が傘下機関に直接資本算入するかたちでの支援を行う枠組みがない、すなわち資本を持ち合うケースが存在しないことから、その上位機関に対する出資については、100％のリスク・ウェイトが一律に適用されていた（図表4-9）。労働金庫についても従前は同様の取扱いとされていたが、その後労働金庫連合会による労働金庫に対する直接的な資本支援の枠組みが導入されたことから、改正国内基準告示においては労働金庫について信金等と同様の取扱いが適用されることは、前述のとおりである。

　一方で、農水系統機関については、上位機関による傘下機関への資本支援

図表4−9　農水系統機関の相互援助制度

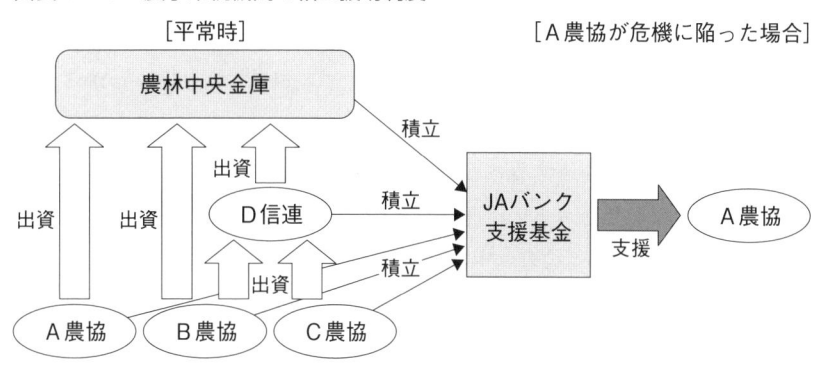

［平常時］　　　　　　　　　　　　　　　［A農協が危機に陥った場合］

農林中央金庫 ← 出資（A農協、B農協、D信連から）
D信連 ← 出資（A農協、B農協、C農協）
農林中央金庫・D信連・C農協 → 積立 → JAバンク支援基金 → 支援 → A農協

※信金等の場合と異なり、農林中金や信連と農協との間で資本の持合いは生じえない。

図表4−10　連合会向け対象普通出資等の取扱い（農水系統機関）

1　バーゼルⅡ告示における取扱い
　○農林中央金庫や連合会の資本調達手段を保有している場合、RW100％でリスク・アセット計上
2　対象となる連合会等
　○農林中央金庫、農業協同組合連合会（信連およびJA共済連）、漁業協同組合連合会（信漁連およびJF共水連）、水産加工業協同組合連合会、共済水産業協同組合連合会
3　対象となる資本調達手段
　○農林中金につき、対象普通出資等を含む対象資本調達手段（普通出資、優先出資、バーゼルⅢ適格劣後ローン等）
　○それ以外の連合会につき、対象普通出資等を含む対象資本調達手段（普通出資、優先出資、劣後ローン等）
4　新規制における取扱い
　○上記3の農林中央金庫や連合会の対象資本調達手段を保有している場合、RW250％でリスク・アセット計上
5　経過措置
　○バーゼルⅡ告示準拠の既存の劣後ローン等については、平成41年3月30日までRW100％
　○平成26年3月31日時点で保有し、かつこれを継続的に保有している農林中央金庫または連合会の普通出資、優先出資については、同時点から5年をかけてRWが250％まで段階的に引き上げられる。

第4章　協同組織金融機関の自己資本比率規制

に関して、従前の枠組みが引き続き維持されている。すなわち、上位機関による傘下機関に対する直接の資本参加が行われず、結果として上位機関と傘下機関との間で直接資本を持ち合うようなケースが生じえないことから、信金等とは異なる取扱いが維持されている。もっとも、金融システム内にリスクが滞留することを回避するべく信金等による連合会向け出資の取扱いが一部厳格化されたことをふまえ、農水系統機関による上位機関向けの出資につき、これまで一律100％のリスク・ウェイトであったところ、改正国内告示では一律250％にリスク・ウェイトが引き上げられることとなった（農協告示47条の3第2項、154条の3第2項）。

また、バーゼルⅡ告示と異なり、以上の取扱いの対象には共済農業協同組合連合会、共済漁業協同組合連合会および共済水産業協同組合連合会も含まれるため、農協等の共済農業協同組合連合会への出資についても250％のリスク・ウェイトが一律に適用されることとなる（図表4－10）。

(5) 経過措置

農水系統機関に適用される新しい国内基準についても、信金等に対して適用される経過措置と同様の経過措置が適用されることから、その内容については、前述の2(5)を参照されたい。

信金等向けの取扱いと異なる取扱いが設けられている上位機関向け出資、すなわち、①組合が保有している農林中央金庫の対象資本調達手段および対象普通出資等、ならびに②農協等が保有している農業協同組合連合会または漁業協同組合連合会、水産加工業協同組合連合会および共済水産業協同組合連合会の対象資本調達手段および対象普通出資等については、2(5)において説明したリスク・ウェイトの引上げの経過措置が適用される。

すなわち、組合が保有している農林中央金庫や上位連合会のバーゼルⅡ告示ベースの劣後ローンについては、平成41年3月30日までの間100％のリスク・ウェイトが適用される。また、組合が26年3月31日において保有し、かつ、継続して保有している農林中央金庫および上記機関の対象普通出資等に

ついては、2(5)と同じく以下のリスク・ウェイトの段階的引上げが適用される。

農林中央金庫および上位機関の対象普通出資等に適用されるリスク・ウェイト	
26年3月31日～27年3月30日の間	100%
27年3月31日～29年3月30日の間	150%
29年3月31日～31年3月30日の間	200%

4 信用金庫連合会および農林中央金庫に適用される国際統一基準

　信用金庫連合会および農林中央金庫に適用される国際統一基準については、バーゼルⅢが国際的に活動する金融機関に等しく適用されるものであることから、銀行に適用される国際統一基準と同様の自己資本比率規制が適用される。そのため、これらの内容については、第2章を参照されたい。

　もっとも、信用金庫連合会および農林中央金庫が協同組織金融機関であるとの特性をふまえ[25]、普通出資、その他Tier1資本調達手段およびTier2資本調達手段の要件としては、以下の内容が定められている。

(1) 普通出資

　普通出資とは、以下の14の要件をすべて満たす出資をいう（信金告示22条3項、34条3項、農中告示5条3項、17条3項）。

普通出資の14要件	
1号	残余財産の分配について、信用金庫連合会または農林中央金庫の会員が法に基づいて払込みを行った出資と同等の劣後的内容を有するものであること。
2号	残余財産の分配について、他の優先的内容を有する資本調達手段に対する分配が行われた後に、出資者の保有する出資の口数その他の事情に応じて公平に割当てを受けるものであること。
3号	払戻しまたは償還の期限が定められておらず、かつ、法令に基づく場合を除き、償還されるものでないこと。
4号	発行者（出資を受けた者を含む）が発行時または払込みを受けた時に将来

---

[25] バーゼルⅢ合意において、協同組織金融機関に対する取扱いについては、その資本の質を維持する限りにおいて、普通出資につき協同組織金融機関の特性をふまえた修正を行うことが認められている。

	にわたり買戻しを行う期待を生ぜしめておらず、かつ、当該期待を生ぜしめる内容が定められていないこと。
5号	剰余金の配当が法令の規定に基づき算定された限度額を超えない範囲内で行われ、法に基づく場合を除きその額が株式の払込金額を基礎として算定されるものでなく、かつ、剰余金の配当の限度額に関する法令の規定により制限される場合を除き、剰余金の配当について上限額が定められていないこと。
6号	剰余金の配当について、発行者の完全な裁量により決定することができ、これを行わないことが発行者の債務不履行となるものでないこと。
7号	剰余金の配当について、他の資本調達手段に対して優先的内容を有するものでないこと。
8号	他の資本調達手段に先立ち、発行者が業務を継続しながら、当該発行者に生じる損失を公平に負担するものであること。
9号	発行者の倒産手続に関し当該発行者が債務超過にあるかどうかを判断するにあたり、当該発行者の債務として認識されるものでないこと。
10号	払込金額が適用される企業会計の基準において会員勘定として計上されるものであること。
11号	現に払込ずみであり、かつ、取得または払込みに必要な資金が発行者により直接または間接に融通されたものでないこと。
12号	担保権により担保されておらず、かつ、発行者または当該発行者と密接な関係を有する者による保証に係る特約その他の法的または経済的に他の資本調達手段に対して優先的内容を有するものとするための特約が定められていないこと。
13号	総会、理事会その他の法令に基づく権限を有する機関の決議または決定に基づくものであること。
14号	発行者の事業年度に係る説明書類において他の資本調達手段と明確に区別して記載されるものであること。

　普通出資の14要件は、協同組織金融機関に適用される国内基準における普通出資の14要件と同じであり、銀行の普通株式の14要件との差異については前述の2(3)Ⅱを参照のこと。

(2) その他Tier 1 資本調達手段

　その他Tier 1 資本調達手段とは、以下の15の要件をすべて満たす資本調達手段をいい、普通出資に該当するものを除く（信金告示23条4項、34条4項、農中告示6条4項、18条4項）。当該要件は、銀行に適用される国際統一基準におけるその他Tier 1 資本調達手段の15要件と基本的に同じであり、各要件の詳細については第2章5(2)Ⅱを参照のこと[26]。

	その他Tier 1 資本調達手段の15要件
1号	発行者により現に発行され、かつ、払込ずみのものであること。
2号	残余財産の分配または倒産手続における債務の弁済もしくは変更について、発行者の他の債務に対して劣後的内容を有するものであること。
3号	担保権により担保されておらず、かつ、発行者または当該発行者と密接な関係を有する者による保証に係る特約その他の法的または経済的に他の同順位の資本調達手段に対して優先的内容を有するものとするための特約が定められていないこと。
4号	償還期限が定められておらず、ステップ・アップ金利等[27]に係る特約その他の償還を行う蓋然性を高める特約が定められていないこと。
5号	償還を行う場合には発行後5年を経過した日以後（発行の目的に照らして発行後5年を経過する日前に償還を行うことについてやむをえない事由があると認められる場合にあっては、発行後5年を経過する日前）に発行者の任意による場合に限り償還を行うことが可能であり、かつ、償還または買戻しに関する次に掲げる要件のすべてを満たすものであること。 　イ　償還または買戻しに際し、自己資本の充実について、あらかじめ（農林水産大臣および）金融庁長官の確認を受けるものとなっていること。

---

[26] 15号の実質破綻時損失吸収条項の要件については、協同組織金融機関の優先出資が、協同組織金融機関の優先出資に関する法律に基づき発行されるものであって、たとえば普通出資について減資を行う場合には同法に基づき優先出資についても同額の減資がなされる等、減資を通じた損失吸収力が普通出資と同様に認められることや、銀行の優先株式と異なり償還条項が付されないという点で永続性があるなど、その損失吸収力が相応にあると認められることをふまえたものとなっている。

[27] あらかじめ定めた期間が経過した後に上乗せされる一定の金利または配当率をいう。

	ロ　償還または買戻しについての期待を生じさせる行為を発行者が行っていないこと。 ハ　その他次に掲げる要件のいずれかを満たすこと。 　(1)　償還または買戻しが行われる場合には、発行者の収益性に照らして適切と認められる条件により、当該償還または買戻しのための資本調達（当該償還または買戻しが行われるものと同等以上の質が確保されるものに限る）が当該償還または買戻しの時以前に行われること。 　(2)　償還または買戻しの後においても発行者が十分な水準の連結自己資本比率を維持することが見込まれること。
6号	発行者が前号イの確認が得られることを前提としておらず、当該発行者により当該確認についての期待を生ぜしめる行為が行われていないこと。
7号	剰余金の配当または利息の支払の停止について、次に掲げる要件のすべてを満たすものであること。 イ　剰余金の配当または利息の支払の停止を発行者の完全な裁量により常に決定することができること。 ロ　剰余金の配当または利息の支払の停止を決定することが発行者の債務不履行とならないこと。 ハ　剰余金の配当または利息の支払の停止により流出しなかった資金を発行者が完全に利用可能であること。 ニ　剰余金の配当または利息の支払の停止を行った場合における発行者に対するいっさいの制約（同等以上の質の資本調達手段に係る剰余金の配当および利息の支払に関するものを除く）がないこと。
8号	剰余金の配当または利息の支払が、法令の規定に基づき算定された分配可能額を超えない範囲内で行われるものであること。
9号	剰余金の配当額または利息の支払額が、発行後の発行者の信用状態を基礎として算定されるものでないこと。
10号	発行者の倒産手続に関し当該発行者が債務超過にあるかどうかを判断するにあたり、当該発行者の債務として認識されるものでないこと。
11号	負債性資本調達手段である場合には、連結普通株式等Tier1比率（単体自己資本比率の算出については、単体普通株式等Tier1比率）が一定の水準を下回ったときに連結普通株式等Tier1比率が当該水準を上回るために必要な額またはその全額の元本の削減または普通株式への転換が行われる特約その他これに類する特約が定められていること。
12号	発行者または当該発行者の子法人等もしくは関連法人等により取得されておらず、かつ、取得に必要な資金が発行者により直接または間接に融通さ

13号	ある特定の期間において他の資本調達手段が発行価格に関して有利な条件で発行された場合には、補償が行われる特約その他の発行者の資本の増強を妨げる特約が定められていないこと。
14号	特別目的会社等が発行する資本調達手段である場合には、発行代り金を利用するために発行される資本調達手段が前各号および次号に掲げる要件のすべてを満たし、かつ、当該資本調達手段の発行者が発行代り金の全額を即時かつ無制限に利用可能であること。
15号	協同組織金融機関の優先出資に関する法律における優先出資に該当しないものについては、元本の削減等または公的機関による資金の援助その他これに類する措置が講じられなければ発行者が存続できないと認められる場合において、これらの措置が講じられる必要があると認められるときは、元本の削減等が行われる旨の特約が定められていること[28]。

(3) Tier 2 資本調達手段

　Tier 2 資本調達手段とは、以下の10の要件をすべて満たす資本調達手段をいい、普通株式またはその他 Tier 1 資本調達手段に該当するものは除かれる（信金告示24条4項、35条4項、農中告示7条4項、19条4項）。これらの要件は銀行に適用される国際統一基準における Tier 2 資本調達手段の10要件と基本的に同じであり、各要件の詳細については第2章6(2)Ⅱを参照のこと[29]。

Tier 2 資本調達手段の10要件	
1号	発行者により現に発行され、かつ、払込ずみのものであること。
2号	残余財産の分配または倒産手続における債務の弁済もしくは変更について、発行者の他の債務（劣後債務を除く）に対して劣後的内容を有するものであること。

---

[28] ただし、法令の規定に基づいて、元本の削減等を行う措置が講じられる場合または公的機関による資金の援助その他これに類する措置が講じられる前に当該発行者に生じる損失を完全に負担することとなる場合は、この限りでない。
[29] 10号の実質破綻時損失吸収条項については、上記(2)のその他 Tier 1 資本調達手段に同じ。

3号	担保権により担保されておらず、かつ、発行者または当該発行者と密接な関係を有する者による保証に係る特約、その他の法的または経済的に他の同順位の資本調達手段に対して優先的内容を有するものとするための特約が定められていないこと。
4号	償還期限が定められている場合には発行時から償還期限までの期間が5年以上であり、かつ、ステップ・アップ金利等に係る特約その他の償還等[30]を行う蓋然性を高める特約が定められていないこと。
5号	償還等を行う場合には発行後5年を経過した日以後(発行の目的に照らして発行後5年を経過する日前に償還等を行うことについてやむをえない事由があると認められる場合にあっては、発行後5年を経過する日前)に発行者の任意による場合に限り償還等を行うことが可能であり、かつ、償還等または買戻しに関する次に掲げる要件のすべてを満たすものであること。 イ 償還等または買戻しに際し、自己資本の充実について、あらかじめ(農林水産大臣および)金融庁長官の確認を受けるものとなっていること。 ロ 償還等または買戻しについての期待を生じさせる行為を発行者が行っていないこと。 ハ その他次に掲げる要件のいずれかを満たすこと。 (1) 償還等または買戻しが行われる場合には、発行者の収益性に照らして適切と認められる条件により、当該償還等または買戻しのための資本調達(当該償還等または買戻しが行われるものと同等以上の質が確保されるものに限る)が当該償還等または買戻しの時以前に行われること。 (2) 償還等または買戻しの後においても発行者が十分な水準の連結自己資本比率を維持することが見込まれること。
6号	発行者が債務の履行を怠った場合における期限の利益の喪失についての特約が定められていないこと。
7号	剰余金の配当額または利息の支払額が、発行後の発行者の信用状態を基礎として算定されるものでないこと。
8号	発行者または当該発行者の子法人等もしくは関連法人等により取得されておらず、かつ、取得に必要な資金が発行者により直接または間接に融通されたものでないこと。
9号	特別目的会社等が発行する資本調達手段である場合には、発行代り金を利

---

[30] 償還期限が定められていないものの償還または償還期限が定められているものの期限前償還をいう。

	用するために発行される資本調達手段が前各号および次号に掲げる要件のすべてまたは前条第4項各号に掲げる要件のすべてを満たし、かつ、当該資本調達手段の発行者が発行代り金の全額を即時かつ無制限に利用可能であること。
10号	協同組織金融機関の優先出資に関する法律における優先出資に該当しないものについては、元本の削減等または公的機関による資金の援助、その他これに類する措置が講じられなければ発行者が存続できないと認められる場合において、これらの措置が講じられる必要があると認められるときは、元本の削減等が行われる旨の特約が定められていること[31]。

(4) 調整項目

　信用金庫連合会および農林中央金庫に適用される国際統一基準のうち、調整項目の取扱いは銀行に適用される規制と同様である。

---

[31] ただし、法令の規定に基づいて、元本の削減等を行う措置が講じられる場合または公的機関による資金の援助その他これに類する措置が講じられる前に当該発行者に生じる損失を完全に負担することとなる場合は、この限りでない。

第5章

バーゼルⅢのその他のパッケージの今後の導入予定

国際統一基準については、平成25年3月末からバーゼルⅢをふまえた新しい自己資本規制の段階実施が始まっている。25年3月末より実施されている規制は、バーゼルⅢパッケージの自己資本比率規制における第1の柱（最低所要自己資本比率）に関する部分のみであり、その他の自己資本比率規制に関する資本バッファー等の取扱い、またレバレッジ規制や流動性規制等の導入は、バーゼル委における合意や議論等もふまえながら、今後順次国内で実施するための準備が行われる予定となっている。

　一方、国内基準については、平成26年3月末より改正国内基準告示が適用され、第3章および第4章で説明した新規制の段階実施が開始されているが、国際統一基準に対して今後導入される予定の規制がすべて、そのまま国内基準行に必ずしも適用されるわけではない。国内基準行に対する取扱いについては、国際統一基準の実施に向けた準備状況や、国内基準行に対してこれらの規制を導入した場合の影響度等を分析しながら、実施の是非やタイミングが金融庁において検討される見込みである。

　以下では、導入が予定されているバーゼルⅢパッケージのうち、すでに適用が開始されている自己資本比率規制の一部を除く、残りの規制の実施の見通しについて、導入に伴う影響等についても触れながら簡単に紹介をしたい。

1 バッファー、サーチャージ、システム上重要な銀行に対する取扱い

(1) 資本保全バッファー

　平成25年3月末から実施されている新国際統一基準では、普通株式等Tier 1比率については4.5%が規制上の最低所要比率となっている。しかし、バーゼルⅢではこれまでのバーゼルⅡと異なり、最低所要比率以上の資本の積立を平時より求める、いわゆる資本バッファーの概念が導入された。これは、好況時に十分な資本バッファーの積立を求めることにより、不況時に資本バッファーを用いて損失を吸収することが可能となり、結果として、不況時にも金融機関がその金融仲介機能を持続的に発揮することで、景気や経済へ与えるマイナスの影響を回避し、プロシクリカリティを抑制することを目的とするものである。

　資本バッファーの導入に関しては、国際交渉の過程において2種類の考え方が議論された経緯がある。1つは固定バッファー、すなわち景気動向等にかかわらず一定水準のバッファーを常時求めるという考え方である。もう一方は変動バッファー、すなわち好況時にはバッファー水準を引き上げ、不況時にはその水準を引き下げるという考え方である。プロシクリカリティを抑制するという観点からは、後者の変動バッファーのほうがより望ましいといえるが、変動バッファーは景気動向等に応じて当局がその水準を調整する必要があるなど、導入に際しての実務的な課題が多数あるとの指摘がこれまでも行われてきた。

　バーゼルⅢの交渉過程において、双方のバッファーのメリット、デメリットに関してさまざまな議論が行われたが、最終的には両方のバッファーが導入されることとなった。すなわち、固定バッファーについては資本保全バッファーとして導入が行われ、変動バッファーについてはカウンター・シクリ

カル・バッファーとしての導入が行われる予定である。いずれのバッファーについても、日本においては、国際統一基準行に対し、平成28年3月末から段階的に導入される予定となっている。一方で、国内基準行に対する取扱いについては、その導入の是非を含め、平成26年3月末時点ではいまだ明らかではない。

資本保全バッファーは、普通株式等Tier 1比率で2.5％[1]、カウンター・シクリカル・バッファーについては、景気動向等に応じて0〜2.5％の範囲内で各国ごとに設けられることとなっている。すなわち、資本保全バッファーを含めて、少なくとも普通株式等Tier 1比率7％、カウンター・シクリカル・バッファーが最大限設定された場合には少なくとも9.5％の普通株式等Tier 1比率を満たすことが必要となる。

これらの資本バッファー水準を割り込んだ場合、最低所要普通株式等Tier 1比率4.5％との間の距離に応じ、均等に4つの区分が設けられ、配当や役員賞与等の社外流出行為に制限が課せられることとなる。カウンター・シクリカル・バッファーが0％であり、またその他Tier 1資本およびTier 2資本がそれぞれ1.5％または2％以上あると仮定すると、普通株式等Tier 1比率が7％を割り込み、6.375％までの間の水準に下がった場合、配当や役員賞与等の社外流出が当期の利益に対して40％相当については制限されることとなる。その後比率が下がるにつれて社外流出制限の当期の利益に対する割合が60％、80％と段階的に引き上げられ、5.125％を割り込んだ場合には配当や役員賞与等の社外流出がいっさいできないこととなる。

ここで制限される社外流出には株式の配当に加え、自社株買いが含まれるほか、役職員の賞与もその対象となるが、国際合意においてはその明確な範囲が示されていないことから、日本において実際に導入するにあたっては、役職員の賞与につきどこまでを対象とするのかを検討する必要があるといえる。また、当期の利益に関しても明確な定義が国際合意のなかにあるわけではないほか、たとえば当期利益がマイナスになった場合にはどのように社外

---

[1] なお、その他Tier 1資本やTier 2資本の不足分に補われる普通株式等Tier 1資本については、これらのバッファーに用いることができない。

流出を抑制するのかといった点も、今後検討が必要な論点といえる。

(2) 早期是正措置の見直し

　資本バッファーの導入にあたっては、早期是正措置の見直しの検討が今後行われるものと見込まれる。国際統一基準については、平成24年8月に、バーゼルⅢの段階実施に伴い総自己資本比率に加え普通株式等Tier 1 比率およびTier 1 比率を、新たに早期是正措置の発動基準に追加する見直しが行われており、これにより国際統一基準であれば最低所要総自己資本比率である8 %、最低所要Tier 1 比率である6 %、最低所要普通株式等Tier 1 比率である4.5%のいずれかを下回った際に、監督上の措置として早期是正措置が発動される[2]。

　こうした現行制度においては、図表 5 - 1 のとおり、仮に普通株式等Tier 1 比率が4.5%を下回ったとしても、直ちに配当等の社外流出の抑制が求められるわけではなく、第二区分に当たる、たとえば普通株式等Tier 1 比率が2.25%を下回った場合にはじめて監督当局から配当等の禁止の命令がなされることとなる。

　一方で、資本保全バッファーやカウンター・シクリカル・バッファーが導入されると、普通株式等Tier 1 比率で7 %以上となる資本バッファー水準を割り込んだ場合に、前述のような社外流出規制が課されることとなるため、現行の早期是正措置と必ずしも整合しない部分が生じる。また、最低所要自己資本比率という位置づけではない資本バッファーと、監督上の強制力を伴う措置である早期是正措置との関係をどのように整理するのか等、導入にあたってはさまざまな論点が議論の対象になると考えられる。いずれにしても、平成28年からの資本バッファー導入に向け、金融庁において今後早期是正措置についての見直しも含めた議論がなされるものと見込まれる。

---

[2] ただし、平成27年3月30日までの間は、最低比率が段階的に引き上げられることから、図表 5 - 1 のとおり、発動基準も段階実施ベースとなる。

図表5－1　国際統一基準の早期是正措置

	平成26年3月30日まで	27年3月30日まで	27年3月31日以降	主な措置
第一区分	［総自己資本比率］ 4％以上8％未満ほか ［Tier 1 比率］ 2.25％以上4.5％未満 ［普通株式等 Tier 1 比率］ 1.75％以上3.5％未満	［総自己資本比率］ 4％以上8％未満 ［Tier 1 比率］ 2.75％以上5.5％未満 ［普通株式等 Tier 1 比率］ 2％以上4％未満	［総自己資本比率］ 4％以上8％未満 ［Tier 1 比率］ 3％以上6％未満 ［普通株式等 Tier 1 比率］ 2.25％以上4.5％未満	経営改善計画の提出・実行
第二区分	［総自己資本比率］ 2％以上4％未満ほか ［Tier 1 比率］ 1.13％以上2.25％未満 ［普通株式等 Tier 1 比率］ 0.88％以上1.75％未満	［総自己資本比率］ 2％以上4％未満 ［Tier 1 比率］ 1.38％以上2.75％未満 ［普通株式等 Tier 1 比率］ 1％以上2％未満	［総自己資本比率］ 2％以上4％未満 ［Tier 1 比率］ 1.5％以上3％未満 ［普通株式等 Tier 1 比率］ 1.13％以上2.25％未満	資本増強計画の提出・実行 配当・役員賞与の抑制・禁止 総資産の増加の圧縮・抑制 不利な預金等の受入抑制・禁止 営業所の業務縮小 一部営業所の廃止
第二区分の二	［総自己資本比率］ 0％以上2％未満ほか ［Tier 1 比率］ 0％以上1.13％未満 ［普通株式等 Tier 1 比率］ 0％以上0.88％未満	［総自己資本比率］ 0％以上2％未満 ［Tier 1 比率］ 0％以上1.38％未満 ［普通株式等 Tier 1 比率］ 0％以上1％未満	［総自己資本比率］ 0％以上2％未満 ［Tier 1 比率］ 0％以上1.5％未満 ［普通株式等 Tier 1 比率］ 0％以上1.13％未満	自己資本の充実、大幅な業務縮小、合併、銀行業の廃止
第三区分	［いずれかの比率］ 0％未満ほか	［いずれかの比率］ 0％未満	［いずれかの比率］ 0％未満	業務の一部または全部の停止

(3) カウンター・シクリカル・バッファー

　その導入にあたり、資本保全バッファー以上に実務的な論点が多数あるといえる規制が、カウンター・シクリカル・バッファーである。これは過度な信用創造が、いずれそれが崩壊した際に銀行セクターに与えるマイナスの影響を抑制するために設けられる仕組みであるが、過度な信用創造が実際に起きているかどうか、これを判断するのは各国当局の役割となる。2010（平成

22)年12月に公表されたバーゼルⅢ合意文書において、カウンター・シクリカル・バッファーは、総与信成長率とGDP成長率の直近の比率が過去のトレンドと比較して大きい場合、すなわち経済成長と比較して足元の与信の拡大が過剰となっている場合に設けることとされている。

　各国当局は、総信用とGDPの比率だけでなく、各種マクロ指標や市場指標等を総合的に判断したうえでバッファーの導入の是非を判断することとなり、仮にバッファーの引上げを行う場合には、その1年前に発表を行うこととなる。

　各国当局はそれぞれ独自にバッファーの設定の有無を判断することとなるが、各国におけるどの当局がその意思決定にかかわってくるかについての統一的な基準は設けられていない。また、各国当局にはバッファーの設定にあたっての裁量が付与されるものの、水準設定にあたっての根拠を公表することが求められることから、日本においても、どのような基準に基づき、どのようなプロセスを経てバッファーを設定するのか、こうした課題について、今後平成28年の導入に向けて検討される必要があるといえる。

　各国当局により設定されたカウンター・シクリカル・バッファーの水準は、国際決済銀行（BIS）のウェブサイトに公表される予定である。これをふまえ、各金融機関は、海外エクスポージャーの金額に応じ、各国当局が設定したバッファー水準を掛け合わせ、加重平均値を算出するかたちで自金融機関にとって必要となるカウンター・シクリカル・バッファーの水準を計算する必要がある。たとえば、新興国において過度な与信の拡大が生じており、当該国に対して多額のエクスポージャーを有する銀行があった場合、当該銀行にとってのカウンター・シクリカル・バッファーの水準は他行比高くなるという仕組みである。

　この点に関しても実務上の課題があり、海外エクスポージャーの最終的な所在地をどのように判断すべきか、またどの程度細かい単位で判断すべきか、すなわち一国一国最も細かい単位までエクスポージャーの最終地点を捕捉する必要があるか否かといった論点の詳細についても、検討される必要がある。

以上のとおり、カウンター・シクリカル・バッファーは、バーゼルⅢパッケージのなかで最も実務上の課題が多い規制の1つといえるが、国内基準行に対する取扱いについては、資本保全バッファー同様、カウンター・シクリカル・バッファーが導入されるのかどうかを含め現時点では明らかではない。

(4) グローバルなシステム上重要な銀行（G-SIBs）に対するサーチャージ

グローバルなシステム上重要な銀行（Global Systemically Important Banks、G-SIBs)、すなわちグローバルに活動し、金融システムに対する影響力が非常に大きい銀行については、仮に当該銀行が危機に陥った際、金融システムに与える影響が他行と比較して大きいことから、上記2種類の資本バッファーに加えて、追加的な資本賦課としてのG-SIBサーチャージが平成28年から課されることとなる。暫定的なG-SIBsのリストは、図表5－2のとおり2013（平成25）年11月にFSBから公表されているが、平成28年からのG-SIBsサーチャージ導入に先立ち、その対象となるG-SIBsは2014（平成26）年末に決定されることとなっている。

G-SIBsに該当するか否かは、規模やクロスボーダーの活動、相互連関性、代替可能性等の各種指標をもとに、システム上の重要性に関するスコアを計算することで決定され[3]、スコアに応じて1～2.5％の間でサーチャージが課されることとなる。平成26年3月末時点において、日本の金融機関については、3メガグループが暫定的にG-SIBsに選ばれており、株式会社三菱UFJフィナンシャル・グループ（MUFG）については1.5％、株式会社みずほフィナンシャルグループ（みずほFG）および株式会社三井住友フィナンシャルグループ（三井住友FG）については1％のサーチャージがそれぞれ課されるこ

---

[3] G-SIBsの選定手法については、2013（平成25）年7月にバーゼル委が公表した「グローバルなシステム上重要な銀行：更新された評価手法およびより高い損失吸収力」を参照。

図表 5 − 2　グローバルなシステム上重要な銀行（G-SIBs）の暫定リスト

G-SIB サーチャージ	対象銀行グループ	
2.5%	JP モルガンチェース（米）	HSBC（英）
2 %	シティ（米） バークレイズ（英）	BNP パリバ（仏） ドイチェ（独）
1.5%	バンクオブアメリカ（米） ゴールドマンサックス（米） UBS（スイス） RBS（英）	モルガンスタンレー（米） クレディスイス（スイス） クレディアグリコール（仏） MUFG（日）
1 %	ウェルズファーゴ（米） バンクオブニューヨークメロン（米） スタンダードチャータード（英） ウニクレディト（伊） BBVA（西） ノルディア（スウェーデン） 中国工商銀行（中） みずほ FG（日）	ステートストリート（米） バンクポピュレール（仏） ソシエテジェネラル（仏） サンタンデール（西） ING バンク（蘭） 中国銀行（中） 三井住友 FG（日）

（出所）　2013（平成25）年11月、FSB 公表

とが暫定的に決まっている。

　G-SIBsサーチャージは資本保全バッファーおよびカウンター・シクリカル・バッファーの拡張として導入されることから、これらの資本バッファーおよびサーチャージの合計により必要となる普通株式等Tier 1 比率の水準と、最低所要普通株式等Tier 1 比率4.5％との間の距離に応じて、必要水準を割り込んだ場合には上記(1)記載の社外流出制限が課されることとなる。

(5)　国内のシステム上重要な銀行（D-SIBs）の取扱い

　G-SIBsに対するサーチャージが段階的に導入される2016（平成28）年には、国内のシステム上重要な銀行（Domestic Systemically Important Banks, D-SIBs）に対する規制があわせて導入される予定である。図表 5 − 3 のとおり、2012（平成24）年10月にバーゼル委から公表された「国内のシステム上重要な銀行の取扱いに関する枠組み」によれば、D-SIBsは各国当局が規模や相互連関性、代替可能性等に基づき選定を行ったうえで、対象に選ばれた

銀行については、普通株式等Tier 1資本によるサーチャージおよびその他必要な措置を課すべきであるとされている。

D-SIBsの認定については、G-SIBsと同様2014（平成26）年中に行われる予定であるが、日本においてどの銀行が選定されるのか、平成26年3月末現在のところ未定である。一方で、各国においてはすでにシステム上重要な銀行に関する考え方がさまざま示されている。

図表5－4のとおり、米国においては総資産500億ドル以上という条件を

図表5－3　国内のシステム上重要な銀行（D-SIBs）の取扱いに関する枠組み

[パラグラフ10（実施時期）]
　国内のシステム上重要な銀行（D-SIBs）の枠組みが、グローバルなシステム上重要な銀行（G-SIBs）の枠組みを補完するものであることをふまえ、バーゼル銀行監督委員会は、各国当局によりD-SIBsに認定された銀行が、G-SIBsの枠組みの段階実施にあわせて、すなわち2016(平成28)年1月より本枠組みの原則を遵守することを求められることが適当であると考える

[原則5（システム上の重要性の評価手法）]
　D-SIBsの破綻が国内経済に与える影響は、原則として以下の銀行別の指標に基づき評価されるべきである
　①規模、②相互連関性、③代替可能性／金融機関のインフラ、④複雑さ（クロスボーダーの活動を含む）

[原則8（手法の文書化）]
　各国当局は、D-SIBsに対して求められる枠組みにおけるより高い損失吸収力の水準を決定するための手法および検討を文書化すべきである

[原則12（追加損失吸収要件）]
　より高い損失吸収力要件は、普通株式等Tier 1により満たされるべきである。加えて、各国当局は、D-SIBsに伴うリスクに対処するために適切と考えられる追加要件やその他の措置をとるべきである

[パラグラフ45（追加損失吸収要件の実施方法）]
　各国当局は、より高い損失吸収力要件を、資本保全バッファーの拡張として実施すべきである

> 国内のシステム上重要な銀行（D-SIBs）に対しては、G-SIBsと同じタイミングで、2016（平成28）年より追加資本（サーチャージ）規制等が導入される予定

（出所）　2012（平成24）年10月、バーゼル委

満たす銀行等がシステム上重要な銀行であるといえる。これは、2012（平成24）年12月に米国連邦準備制度理事会（FRB）が、総資産500億ドル以上の

図表5－4　各国におけるシステム上重要な銀行の考え方

【米国】
① 最も大規模かつ複雑な米国金融機関（Large Institution supervision Coordinating Committee が認定）、
② 連結総資産500億ドル（約5兆円）以上の米国銀行、
③ 米国内拠点の連結総資産500億ドル以上の外国銀行

○2012（平成24）年12月に FRB が公表した大規模銀行持株会社に対する包括的な監督枠組みの対象機関。上記銀行持株会社には再建・処理計画（recovery and resolution plans）の策定等が求められる

【EU】

① 総資産が300億ユーロ（約4兆円）超、 ② 域内各国 GDP 対比の総資産比率が20％超、 ③ 域内各国のトップ3銀行	自国外に重要な支店や子会社を有する国際的に活動するすべての銀行
○2013（平成25）年11月より始まる欧州中銀（ECB）を中心とした欧州単一監督メカニズムにおいて、包括的アセスメント（資産査定やストレステスト）の対象となる銀行	○2013（平成25）年6月発表の、欧州銀行再建・処理指令案のなかで、再建・処理計画の策定対象となる銀行に、少なくとも上記銀行は含まれるべきと提案

【英国】 全預金取扱金融機関
すべての預金取扱金融機関に対し、再建・処理計画の策定を求めている

【日本】 ？？？
○金融庁において国内のシステム上重要な銀行（D-SIBs）の対象を検討中
（参考）　預金保険法102条の各措置発動の要件（システミック・リスク顕在化の抑制）
「我が国又は当該金融機関が業務を行つている地域の信用秩序の維持に極めて重大な支障が生ずるおそれがあると認めるとき」

銀行を含め図表5－4の3つの条件いずれかに該当する銀行については、システム上重要であることから、監督上他の銀行とは別途の取扱いを求めることを公表していることによる。

　また、欧州においては、2013（平成25）年11月より国境を越えた統一的な銀行監督の枠組みである、欧州単一監督メカニズムがスタートしているが、同メカニズムのもとで包括的アセスメントの対象となる銀行は、総資産が300億ユーロ以上等、3つのいずれかの条件を満たす銀行となる。

　仮に日本において米国や欧州における考え方をそのまま適用した場合には、中規模の地銀以上の規模を有する銀行がシステム上重要な銀行に含まれる可能性が出てくるが、日本におけるシステム上の重要性を判断する際の1つの軸になりうるものとして、預金保険法102条の取扱いがあげられる。預金保険法102条は、「我が国又は当該金融機関が業務を行つている地域の信用秩序の維持に極めて重大な支障が生ずるおそれがあると認めるとき」に発動されることとなる。すなわち、システミック・リスクを引き起こす可能性のある銀行に対してとられる措置であることから、同措置の対象に入ってくる可能性のある銀行は、すべてシステム上重要であると考えることも可能といえる。

　いずれにしても、日本においてどの銀行がシステム上重要な銀行となりうるのか、またシステム上重要な銀行に選出された銀行に対してどのような追加的要件が求められるのかについては、平成26年3月末時点では明らかではなく、金融庁における検討結果が待たれるところである。

(6) 再建計画と処理計画

　バーゼルⅢパッケージのなかには含まれないものの、システム上重要な銀行に選ばれた銀行については、図表5－5のとおり、FSBが2011（平成23）年11月に発表した「金融機関の実効的な破綻処理の枠組みのための主要な特性（key attributes）」に基づき、自行が危機に陥った際にどのように再建（recovery）を行うかをあらかじめ準備した再建計画（recovery plans）およ

図表 5 − 5　金融機関の実効的な破綻処理の枠組みの主要な特性（key attributes）（再建・処理計画（Recovery and Resolution Planning）関連部分）

○11.2　全 G-SIFIs およびシステム上重要な金融機関に対する再建・処理計画の策定
　　各国は、附属書Ⅲに定める再建・処理計画の基本的な要素を含んだ、<u>頑健かつ信頼性の高い再建・処理計画の策定</u>を、すべての G-SIFIs および母国当局が当該金融機関の破綻が金融の安定に影響を及ぼしうると判断したその他の金融機関に対し求めるべきである

○11.5　再建計画に含めるべき再建オプション、ストレスシナリオ
　　監督および処理当局は、再建・処理計画の策定が求められる金融機関が深刻なストレス状況に陥った際に、健全性および生存可能性を回復するためのオプションを特定する再建計画を維持しておくことを求めるべきである。再建計画は以下の内容を含むべきである
　①　<u>各社固有および市場全体のストレス双方を含むシナリオに対処するための信頼性の高いオプション</u>
　②　<u>資本不足および流動性の圧力に対処するためのシナリオ</u>
　③　さまざまなストレス状況下において、<u>再建オプションを適時に発動する</u>ことを確保するためのプロセス

○11.8　全 G-SIFIs に対する処理計画の策定
　　少なくとも <u>G-SIFIs について、母国処理当局は、金融機関グループの処理計画について、すべての危機管理グループ（CMG）メンバーと協力して策定を主導すべきである。</u>CMG メンバーあるいは当該金融機関グループがシステム上重要なプレゼンスをもっている地域のホスト当局は、再建・処理計画およびホスト国に影響を及ぼしうる情報や措置に対するアクセス権が与えられるべきである

○11.10　再建・処理計画の年次アップデート
　　監督および処理当局は、再建・処理計画が定期的にアップデートされること、<u>少なくとも毎年または対象金融機関グループのビジネス、グループ構造に重大な変更があるたびにアップデート</u>され、CMG のなかで定期的にレビューされることを確保すべきである

> G-SIBs だけではなく、D-SIBs についても、再建・処理計画の策定が求められる

（出所）　2011（平成23）年11月、FSB

び、自力では再建が困難な状況に陥った際に、金融システムに大きな影響を与えることなく円滑に処理するための計画である処理計画（resolution plans）の策定が求められることとなる。

このうち、G-SIBsについては、2012（平成24）年中に再建計画の策定および各国当局宛ての提出が求められたことから、すでに第1版の策定は完了しており、日本では3メガグループがすでに再建計画の策定を行っている。一方で、G-SIBsの処理計画については、各国当局が2013（平成25）年中に策定することが求められていたが、実際の策定にあたっては各国ともにさまざまな課題があることから、同年中にすべてのG-SIBsについて同計画の策定が完了していない模様である。

また、主要な特性によれば、G-SIBsに加え、母国当局が当該金融機関の破綻が金融の安定に影響を及ぼしうると判断したその他の金融機関に対しても再建計画の策定を求めるべきとある。したがって、今後日本においても、D-SIBsに選ばれるであろう銀行については、追加資本賦課に加え、再建計画の策定が求められると見込まれる。平成25年9月に金融庁より公表された主要行等向け監督方針によれば、G-SIBsに選定された金融機関等について再建計画の策定を求めるとされており、すでにそうした取組みが開始されているところである。

(7) 国内基準行に対する取扱い

以上の資本バッファーやサーチャージについては、D-SIBsに対する取扱いを除くと、まずは国際統一基準行に対して適用される措置である。国内基準行に対しても同様の取扱いを適用するか否か、また適用するとした場合の対象や規制の深度等については、平成26年3月末現在ではいまだ明らかではない。

バーゼルIIが導入されるまでは、基本的に国際統一基準と国内基準という2つの基準に応じて、対象となる預貯金取扱金融機関に対する規制上の取扱いが区分されてきたが、バーゼルIIIの導入に伴い、新たにD-SIBsの考え方

が導入されるなど、預貯金取扱金融機関を、これまでのような基準に基づき形式的に区分することが必ずしもできなくなってきている。

バーゼルⅡの導入に伴い、信用リスク・アセットの計算に際して内部格付手法（IRB）を採用する銀行に対しては、国内基準行であっても、国際統一基準行と同様、最低所要自己資本比率8％を満たすことがその要件とされた。これは、内部格付手法そのものが最低所要自己資本比率8％を基準に策定された手法であるという背景や、内部格付手法を採用すると、自己資本比率のブレが標準的手法採用行よりも大きくなることから、平時より十分な資本の準備が必要であるといった理由により求められることとなったものである。

今般の新国内基準の導入に伴い、国内基準行で内部格付手法等の先進的手法を採用する銀行については、これまでの最低所要自己資本比率8％という基準にかえて、国際統一基準の最低所要普通株式等Tier 1比率4.5％を満たすことが求められることとなった。これは、これまでの規制との整合性を確

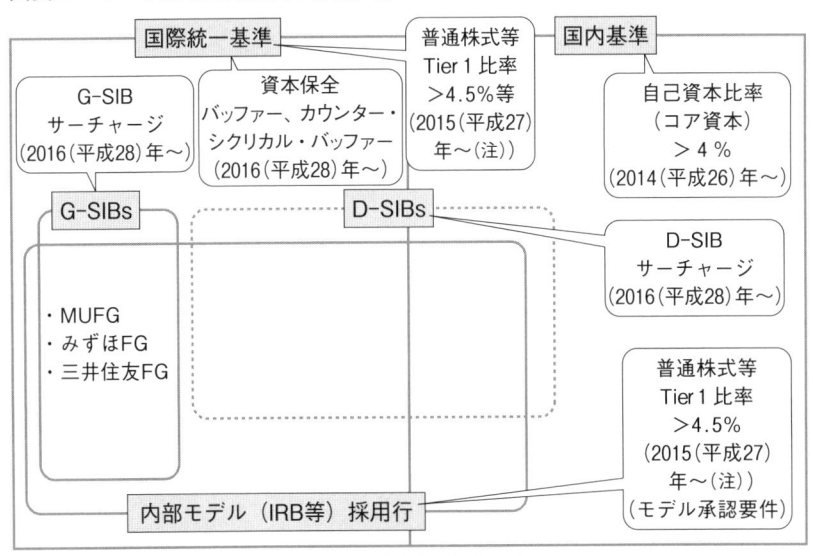

図表5－6　今後の国内規制の分類区分

国際統一基準			国内基準
G-SIB サーチャージ (2016（平成28）年～)	資本保全バッファー、カウンター・シクリカル・バッファー (2016（平成28）年～)	普通株式等 Tier 1 比率 ＞4.5％等 (2015（平成27）年～（注）)	自己資本比率 （コア資本） ＞4％ (2014（平成26）年～)
G-SIBs		D-SIBs	
・MUFG ・みずほFG ・三井住友FG			D-SIB サーチャージ (2016（平成28）年～)
			普通株式等 Tier 1 比率 ＞4.5％ (2015（平成27）年～（注）) （モデル承認要件）
	内部モデル（IRB等）採用行		

（注）　4.5％が最低比率となるのは2015（平成27）年から。

保する一方、新国内基準では劣後債等の既存のTier 2 が規制上の自己資本に算入されないことを勘案した結果の措置である。

　図表 5 - 6 のとおり、今後導入される予定のものも含めた新しい自己資本比率規制においては、これまでの国際統一基準と国内基準という 2 つの区分に加え、内部格付手法等の先進的手法を採用しているか否かといった基準、さらにこれらに加えて、D-SIBsに該当するか否かという新しい軸が規制上の区分を判断する際の基準として導入されることとなる。規制の簡素化という観点からは、規制上の分類区分はなるべく少なくかつ単純であるほうが望ましいといえるが、平成28年からのバッファーおよびサーチャージの導入に向け、こうした分類区分の整理についても検討が行われることが見込まれる。

2 レバレッジ規制

(1) 概　　要

　自己資本比率規制は、リスクに応じてウェイトがつけられたリスク・アセットと呼ばれる分母に対し、一定割合以上の分子である資本を準備することを求める規制である。このようにリスクに応じて計算された総リスク量に対して一定量の資本を備えるという枠組みはリスク感応的であり、銀行の健全性を適切に把握、維持する観点から重要な枠組みであるといえる。一方で、リーマン・ショックに伴う先般の金融危機においては、自己資本比率が比較的高い水準を示していたにもかかわらず、バランスシートやバランスシートに計上されないオフバランス取引を大きく拡大させる、いわゆるレバレッジを拡大させることにより、多額の損失を計上した銀行が出てきたという事実がある。

　こうしたレバレッジの拡大を抑制するための手段として、図表5－7のとおり、バーゼルⅢではレバレッジ規制が新たに導入されることとなった。レバレッジ規制については、2010（平成22）年12月のバーゼルⅢテキストの公表後も実務的な論点について議論が継続され、2013（平成25）年6月にこれらの議論の結果をふまえた新しい規制案が市中協議に付されることとなった。その後、市中協議案に対するコメント等をふまえ、2014（平成26）年1月に最終規制が公表された。

　最終規制では、市中協議案を緩和する見直しが行われている。たとえば、コミットメントライン等のオフバランス取引について、エクスポージャー額を決定するために掛け合わせる掛け目（Credit Conversion Factor、CCF）について、市中協議案では、原則100％のCCFを適用することとしていた。しかしこうした取扱いが厳格すぎるとの意見等をふまえ、原則、バーゼルⅡに

おける標準的手法の取扱いに準じ、種類ごとに異なるCCFを適用することとなった。

また、計算対象となるレバレッジ比率は、市中協議案では四半期ごとに月次平均値を計算することが求められていたが、最終規制では四半期ごとの期末の数字を計算すれば十分となった。

レバレッジ比率は、今後2015（平成27）年から各行による開示が開始される予定となっている。また、2017（平成29）年1月までの間はいわゆる試行期間に当たり、自己資本比率のように最低比率を割り込んだ場合に監督当局により公式に介入がなされる第1の柱ではなく、第2の柱における措置という位置づけである。この期間中に、最終規制において示されたTier1資本を分子とする比率のみならず、普通株式等Tier1資本および総自己資本を分子とする比率についてもあわせてデータの収集および分析が行われることとなる。

こうした試行期間中の運用状況もふまえたうえで、2017（平成29）年前半に、2018（平成30）年からの第1の柱への移行を視野に最終的なレバレッジ

図表5－7　レバレッジ規制

$$\text{レバレッジ比率} = \frac{\text{Tier1資本}}{\text{オンバランス項目＋デリバティブ項目＋証券金融取引＋オフバランス項目}} \geq 3\%$$

・2014（平成26）年1月公表の最終規制では、オフバランス取引のCCFが原則バーゼルⅡの標準的手法に基づく取扱いを適用する等、従前の規制案を緩和
・四半期ごとに期末時点のレバレッジ比率を算出
・3％を最低要件として、バーゼル委において試行が行われている段階（試行期間：2013（平成25）年1月～2017（平成29）年1月）
・レバレッジ比率の分子のTier1資本は、経過措置も勘案したバーゼルⅢベースの数字
・2015（平成27）年より各銀行による開示がスタート
・2018（平成30）年より第1の柱へ移行することを視野に、2017（平成29）年前半にレバレッジ比率の定義および水準の最終調整をバーゼル委にて実施予定

比率の定義や水準の調整がバーゼル委により行われる予定となっている。したがって、日本における国際統一基準行に対する規制についても、こうした国際的なスケジュールに沿って今後必要なルールの整備が行われることになると見込まれる。国内基準行に対する取扱いについては、現時点では明らかではない。

(2) レバレッジ規制の導入に伴う影響

　レバレッジ規制が第1の柱のもとで導入されるのは、早くても2018（平成30）年の予定である。一方で、2015（平成27）年には国際統一基準行による開示が開始されることから、監督上の最低比率としては位置づけられないものの、2015（平成27）年時点において各国際統一基準行は3％という比率を満たすことが実質的に求められることになるといえる。

　レバレッジ比率の分子は、現時点ではTier 1資本を用いることとなっているため、自己資本比率同様、必要な資本の積立を行うことでレバレッジ比率を引き上げることは可能である。しかし、通常はレバレッジ比率の分母のほうが自己資本比率の分母よりも大きいことから、資本の積立による比率の引上げ幅はレバレッジ比率のほうが小さい。すなわち、自己資本比率と比較して、レバレッジ比率の絶対水準を引き上げることは相対的にむずかしい。

　したがって、バランスシート効率が必ずしもよくない銀行や、レバレッジを利かすことで収益をあげていた銀行については、今後レバレッジを抑制することを通じてレバレッジ比率を引き上げることが求められることとなるが、その際、資本の積立だけでなく、バランスシート効率をいかにして高めるかといったことが経営上の課題になってくるといえる。

　また、米国においては、2013（平成25）年8月に公表された米国内のレバレッジ規制案において、連結総資産7,000億ドル以上の銀行持株会社[4]に対

---

[4] 連結総資産7,000億ドル以上またはカストディ資産10兆ドル以上の銀行持株会社。バッファー2％は、自己資本比率の資本保全バッファーと同じ位置づけで、5％を割り込むと社外流出規制が課される。

し、最低レバレッジ比率3％に加え2％のバッファーを加えた合計5％の水準を満たすことが提案されている。規制の最終化を待つ必要があるが、仮に米国においてこうした規制が最終的に導入された場合、国際的な競争条件の平等を維持する観点から、米国の独自規制が国際規制として全世界において導入される可能性もある。

　レバレッジ規制の正式導入までには比較的時間があるが、逆に時間があるがゆえに米国における動きも含め、今後もさまざまな議論がバーゼル委あるいは各国においてなされると予想される。最終的に日本の銀行だけが不利な状況に追い込まれるといったことのないよう、きめ細かくさまざまな動きを捕捉していくとともに、議論に積極的にかかわっていくことが今後日本の金融機関には期待される。

3 流動性規制

(1) 流動性カバレッジ比率と安定調達比率

　バーゼルⅢパッケージにおいて導入された、これまでの規制にない新しい概念が、流動性規制である。サブプライム問題に伴う金融危機のなか、英国ではノーザンロックという銀行が2008（平成20）年に公的救済に追い込まれたが、その原因となったのが、急速な資金流動性、すなわち資金調達側の流動性の枯渇である。一般的に、日本や米国の銀行は、個人を中心とした預金による資金調達の割合が高いことから、比較的安定した資金調達構造を有している。一方で、ノーザンロックを含め、欧州の銀行は日米の銀行と比較すると相対的に市場からの資金調達割合が高いことから、調達側の流動性の問題、すなわち資金流動性が十分ではないとの指摘がある。

　こうした反省をふまえ、バーゼルⅢでは、これまで統一的な規制のなかった流動性の分野において、流動性カバレッジ比率（Liquidity Coverage Ratio、LCR）および安定調達比率（Net Stable Funding Ratio、NSFR）と呼ばれる2つの流動性に関する指標を導入し、それぞれ100％を最低比率として、一定割合の流動資産を準備する、あるいは安定的な調達構造を確保することを銀行に対して求めることとなった。

　図表5－8のとおり、流動性カバレッジ比率は、短期の流動性ショックに耐えうるだけの十分な流動資産の保持を求める指標で、具体的には、30日間の資金流出ストレスに対し、換金可能な流動資産（適格流動資産）をストレス額以上に保有することを求めるものである。流動性カバレッジ比率については、2010（平成22）年12月にバーゼルⅢテキストが公表された後、ストレス時の預金の流出率や適格流動資産の種類等につき議論が継続され、2013（平成25）年1月にいったん最終規制が公表された。その後、2014（平成26）

図表5-8　流動性カバレッジ比率

- 2014（平成26）年に最終化。30日間のストレス下における資金流出に対応できるよう十分な流動資産の保有を求めるための指標
- 中銀の流動性ファシリティ追加可能（2014（平成26）年1月改訂）

〈あわせて適格流動資産全体の40％まで算入可〉

【掛け目100％】
○現金
○中銀預金
○国債（RW0％または母国国債等）

【掛け目85％】
○国債（RW20％）
○社債・カバードボンド（AA格以上）

【掛け目75％】
○住宅ローン担保証券（AA以上）
【掛け目50％】
○上場株・社債（BBB格以上）
〈適格流動資産全体の15％まで〉

$$\text{流動性カバレッジ比率（LCR）} = \frac{\text{レベル1資産 + レベル2A資産 + レベル2B資産}}{\text{30日のストレス期間中の資金流出額}} \geq 100\%$$

◇主な預金の流出率
○リテール・中小企業
　（預金保険対象）：5％（3％）
　（預金保険対象外）：10％
○非金融機関
　（預金保険対象）：20％
　（預金保険対象外）：40％
○金融機関：100％

◇与信等の流出率
○リテール向け与信枠・流動性枠：5％
○非金融機関向け与信枠：10％
○非金融機関向け流動性枠：30％
○金融機関向け与信枠・流動性枠：40％
○中銀とのレポ取引：0％

国際統一基準行に対し2015（平成27）年より最低比率60％から段階実施。毎年10％ずつ最低比率を引き上げ、2019（平成31）年より100％基準

年1月に、中央銀行による流動性ファシリティについて、各国裁量によりレベル2B資産に算入することが可能な旨が追加されている。

　流動性カバレッジ比率については、2015（平成27）年より段階的に実施が開始され、当初最低比率は60％、その後4年間かけて100％へと最低比率が10％ずつ引き上げられる。また、完全実施後においても、ストレス時には流動性カバレッジ比率が100％を下回ることが容認されることとなった。

　安定調達比率は、資産側の中長期の流動性が低い銀行ほど、より中長期の安定的な資金調達構造の維持を求める指標である。分母として、流動性の低い資産ほど高い掛け目を掛けることで、中長期的にどの程度安定的な調達額

図表5－9　安定調達比率

運用サイドの長短に見合う安定調達を求めるための指標。2014（平成26）年1月に修正案を市中協議。市中協議の結果をふまえ、2014年内に最終規制を策定予定。実施時期は未定

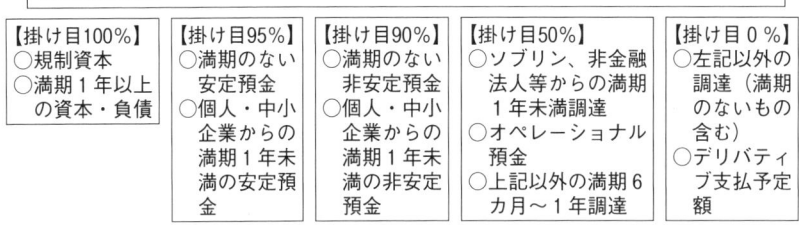

【掛け目100％】 ○規制資本 ○満期1年以上の資本・負債	【掛け目95％】 ○満期のない安定預金 ○個人・中小企業からの満期1年未満の安定預金	【掛け目90％】 ○満期のない非安定預金 ○個人・中小企業からの満期1年未満の非安定預金	【掛け目50％】 ○ソブリン、非金融法人等からの満期1年未満調達 ○オペレーショナル預金 ○上記以外の満期6カ月～1年調達	【掛け目0％】 ○左記以外の調達（満期のないもの含む） ○デリバティブ支払予定額

$$\text{安定調達比率（NSFR）} = \frac{\text{安定調達額}}{\text{所要安定調達額}} \geqq 100\%$$

【掛け目0％】 ○現金、中銀預金 ○銀行向け6カ月未満貸出	【掛け目50％】 ○レベル2B資産 ○6カ月～1年担保付適格流動資産 ○6カ月～1年銀行向け貸出 ○オペレーショナル預金 ○上記以外の1年未満の資産	【掛け目85％】 ○1年超RW35％超正常債権 ○適格流動資産に含まれない非デフォルト証券 ○商品（金など）	〈オフバランス取引〉 ○取消不能、条件付取消可能信用・流動性ファシリティ→未引出額の5％ ○上記以外は各国当局裁量で決定
【掛け目5％】 ○レベル1A資産（上記除く）	【掛け目65％】 ○1年超RW35％以下住宅ローン ○上記以外の1年超RW35％以下貸出（金融機関向け貸出除く）	【掛け目100％】 ○1年超担保付資産 ○デリバティブ受取予定額 ○上記以外の資産	
【掛け目15％】 ○レベル2A資産			

を要するか（所要安定調達額）に対し、分子に資本や満期の長い負債等安定的な調達がどの程度行われているか（安定調達額）、所要安定調達額以上の安定調達を維持することを求める指標である。

安定調達比率については、2010（平成22）年12月のバーゼルⅢテキスト公表後、引き続き実務的な議論が行われ、2014（平成26）年1月に市中協議案が公表されている。本市中協議案では、当初案から安定調達額、所要安定調達額それぞれの掛け目や分類の見直しが行われており、たとえば、安定調達額の掛け目につき、個人・中小企業からの預金については、安定預金・非安定預金ともに掛け目が引き上げられ、より安定的な調達であるとの取扱いと

なっている。今後は、市中協議の結果をふまえてさらなる検討が進められ、2014（平成26）年中に規制が最終化される予定である。

(2) 流動性規制の導入に伴う影響

　前述のとおり、日本の銀行については、現在のところ個人からの安定的な預金による調達の割合が高いことから、流動性カバレッジ比率の最低比率そのものを満たすためのハードルはそれほど高くないといえる。また、安定調達比率についても、個人からの預金の安定性がさらに評価される等、規制水準を満たしやすい方向での国際的議論が引き続き行われている。一方で、流動性カバレッジ比率では属性ごとに異なる預金の流出率が適用されるが、これまでこうした観点からのシステムやデータ整備を必ずしも行っていなかった金融機関がほとんどであることから、新たなシステム整備を行う必要性が出てきている。

　また、自己資本比率規制についても、規制上の最低所要自己資本比率である第1の柱と、それを補完する位置づけとしての第2の柱という2つの柱があるが、流動性規制についても、規制上定められた2指標の最低比率のみを満たせばよいというのではなく、こうした指標を活用した銀行自身による流動性管理の高度化が図られることも期待されている。

　国際統一基準については、流動性カバレッジ比率の平成27年からの段階実施に向け、金融庁により国内ルールの整備が現在行われているところであるが、国内基準行に対する取扱いは現時点では明らかではない。流動性カバレッジ比率の最終化に向けた国際的な議論の過程においても、流動性に関する統一的な規制導入が初めてだったということもあり、さまざまな議論がその間に行われており、そのため実際に運用が開始された後も、当面は試行錯誤が続くものと見込まれる。

　したがって、日本の預貯金取扱金融機関の大半を占める国内基準行に対する取扱いを検討するにあたっては、こうした国際的な議論の背景もふまえ、どのようなかたちでどのような対象に対して流動性規制を導入すべきである

のか、むずかしい判断が今後行われることとなる。

　なお、米国では2013（平成25）年10月にすでに米国内の流動性カバレッジ比率に関する規制案が公表されており、国際合意の直接の適用対象は総資産2,500億ドル以上の銀行である。総資産500億ドル以上の銀行については、流動性カバレッジ比率を若干簡素化した指標を適用することが提案されており、500億ドル未満の先に対してはこうした新しい流動性規制の適用は現在のところ予定されていない。こうした他国における規制導入に向けた動きについても、今後日本国内の規制策定の際に勘案されることとなると見込まれる。

4 バーゼルⅢ導入が銀行ビジネスに与えうる影響

　バーゼルⅢパッケージ全体が完全に実施されるのは、2018（平成30）年以降であり、本書執筆時（26年3月末）からはまだ数年間の猶予がある。しかし、規制対象となる銀行の多くは、完全実施に向けた準備をすでに開始しており、逆にこうした準備が遅れれば遅れるほど、他行に比して競争上不利な立場に追い込まれていくこととなるといえる。

　バーゼルⅢは、大きく自己資本比率規制、レバレッジ規制、流動性規制の3つの柱から構成されるが、それぞれの規制は必ずしも同じ方向を向いているわけではなく、ある規制を満たそうとすると別の規制を満たしにくくなるといったトレードオフの関係にある点が少なくない。

　その1つの例が、国債の取扱いである。流動性規制では、十分な量の流動資産の保有を銀行に対して求める一方、レバレッジ規制では、バランスシートの圧縮を求めており、両規制の方向性は真逆である。今後見直しが行われる可能性があるものの、銀行勘定における国債保有についてはリスク・ウェイトがゼロであることから、自己資本比率規制に関しては国債保有に伴う障害はない。一方で、国債保有にあたっては、自己資本比率規制の第1の柱の対象ではないものの、第2の柱のもと、金利リスクを適切に管理することが求められており、2014（平成26）年3月末現在、バーゼル委では、第1の柱のもとでの資本賦課に向けた議論が行われている。

　このように、これまでの自己資本比率規制だけでなく、レバレッジ規制、流動性規制という新たな規制の導入が行われることにより、銀行にとってのビジネス上の制約条件がより複雑になってきている。バーゼル委では、これまでの反省をふまえ、国際合意を各国横断的に一貫性のあるかたちで実施するために各国の規制の整合性につきピアレビューを実施していることもあり、規制上の競争条件は基本的にはどの国の銀行も同一となる見込みである。

図表5－10　バーゼルⅢ導入が銀行の資産・負債管理に与えうる影響

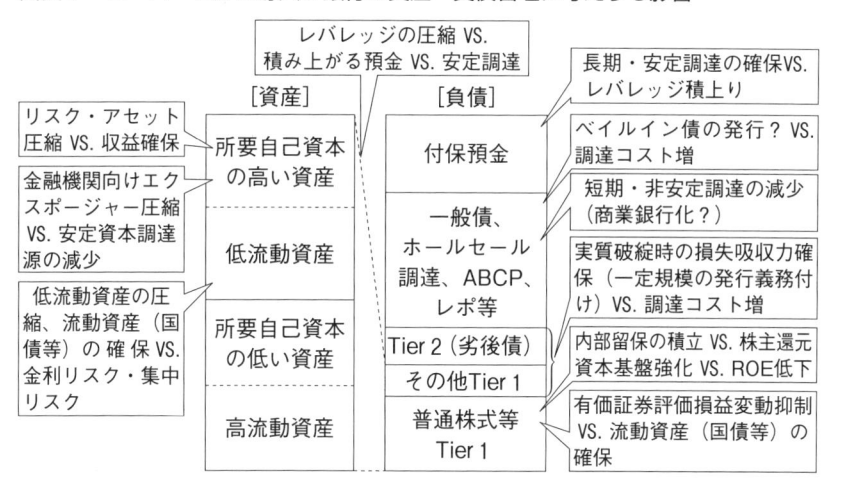

	[資産]	[負債]	
リスク・アセット圧縮 VS. 収益確保	所要自己資本の高い資産	付保預金	レバレッジの圧縮 VS. 積み上がる預金 VS. 安定調達
金融機関向けエクスポージャー圧縮 VS. 安定資本調達源の減少	低流動資産	一般債、ホールセール調達、ABCP、レポ等	長期・安定調達の確保VS. レバレッジ積上り
			ベイルイン債の発行？ VS. 調達コスト増
			短期・非安定調達の減少（商業銀行化？）
低流動資産の圧縮、流動資産（国債等）の確保 VS. 金利リスク・集中リスク	所要自己資本の低い資産	Tier 2（劣後債）	実質破綻時の損失吸収力確保（一定規模の発行義務付け）VS. 調達コスト増
		その他Tier 1	内部留保の積立 VS. 株主還元 資本基盤強化 VS. ROE低下
	高流動資産	普通株式等Tier 1	有価証券評価損益変動抑制 VS. 流動資産（国債等）の確保

　したがって、こうした条件のもとで他行との競争に勝ち抜いていくためには、さまざまな規制動向を俯瞰的かつフォワードルッキングに把握をしたうえで、規制の検討段階から積極的にルールの策定に関与すること、また合意が行われた規制の導入スケジュールや他の規制との関係を見極めたうえで、最適なビジネス戦略を構築することが今後必要になってくるといえる。

おわりに

　2007（平成19）年のサブプライム危機に端を発する問題は、2008（平成20）年のリーマン・ショックを経て、その後の欧州債務問題等、世界的な金融危機へと波及した。これは、金融システムには国境はなく、世界全体が1つの金融システムとして動いており、ある特定の銀行あるいは一国の市場や金融システムに生じた問題が直ちに他の市場や地域へ波及しうるということの証左といえる。

　日本では1990年代前半にバブルが崩壊し、その後の不良債権問題の解決のため、多くの銀行に対する公的支援が行われるなど、長きにわたる金融危機をすでに経験している。そうした経験もふまえ、金融機関の破綻処理法制が整備されたほか、他国に先駆けてバーゼルⅡが実施されるなど、システミック・リスク顕在化の抑制に向けた体制の整備や規制の実施が順次行われてきた。こうした経験があったことが、リーマン・ショックに伴う金融危機による直接の影響を軽減できたことにつながったのではないかといえる。

　一方で、こうした金融危機をふまえ、国際的には次なる危機に備えてバーゼルⅢを含めたさまざまな規制がすでに導入され、あるいは導入に向けた議論が継続されている。直接の被害者あるいは加害者ではなかった日本の金融機関にとっては、こうした規制導入に伴う負担が増すことは受け入れがたいことかもしれない。しかしながら、世界中の金融システムが連関していることは動かしがたい事実であり、そうした状況のなかで、次の危機が起きる可能性を低下させることはできたとしても、その可能性をゼロとすることは不可能な状況である。

　こうしたなかで行うべきことは、次なる危機が生じる可能性を可能な限り抑制するだけでなく、仮に危機が生じたとしても、それがシステミック・リスクとして世界中の金融システムに伝播することを抑制することである。日本の金融機関も、グローバルな金融システムの一部として責任の一端を有していることから、こうした世界の動きをふまえた対応が求められることは不

可避である。

　こうした世界全体の流れのなかで、日本の当局および金融機関に求められることは、よりよい規制環境を構築していくために、積極的にルールの策定プロセスに関与していくことだといえる。バーゼルⅢの策定過程においても、一部の国からは行き過ぎた規制強化論があったものの、日本の当局は、金融機関ともコミュニケーションをとりながら、バランスのとれた規制の構築を一貫して主張し、結果としてこうした主張が最終的な規制のなかに盛り込まれることとなった。

　バランスのとれた規制内容とすることはもちろんであるが、これにとどまらず、あるべき規制の姿を日本が主導するかたちで積極的に発信していくことが可能となれば、いわゆる決められた規制を受動的に順守させられるのではなく、自らが望ましいとして決めた規制を能動的に順守することとなり、日本の金融システムおよび金融機関にとっても望ましいことだといえる。

　本書で解説を行った国際統一基準行および国内基準行に対する新しい自己資本規制は、こうした議論の発端にすぎない。今後も毎年のように新しい規制が導入されることがすでに決まっており、またバーゼル委ではバーゼルⅢ後のバーゼルⅣを見据えたさまざまな議論がすでに行われているところである。こうした議論のなかには、銀行勘定の金利リスクに対する第1の柱のもとでの資本賦課の可能性や、銀行勘定の標準的手法の見直しなど、日本の銀行にとって大きな影響が生じうる論点も多数含まれている。

　繰り返しとなるが、こうした金融規制を取り巻く環境の変化のなかで、日本が取り残されていかないようにするため、日本の当局および業界を含めた金融関係者全体が協力して、日本の主張を積極的に発信していくことがますます期待される。

　最後になるが、著者が金融庁在籍時に今般の規制策定にあたり多大なる尽力をいただいた、すべての銀行、信用金庫、信用協同組合、労働金庫、農水系統機関、協同組織金融機関の中央機関の皆様、各業態の協会の関係者、証券会社の皆様、また金融庁監督局の健全性基準室をはじめとした、金融庁のすべての関係部署、財務省、経済産業省、農林水産省、水産庁、厚生労働

省、日本銀行の関係者の皆様には、この場を借りて心からの感謝を申し上げたい。

● 付録：告示の読替表

1　国際統一基準告示読替表

連結・単体の別、標準的手法採用行・内部格付手法採用行の別ごとに、以下のとおり適用される表が異なる。なお、各業態の告示一覧については、本文第1章1を参照。

分　類	適用される表
連結・標準的手法採用行	①、③、⑤、⑥
単体・標準的手法採用行	②、③、⑤、⑥
連結・内部格付手法採用行	①、④、⑤、⑥
単体・内部格付手法採用行	②、④、⑤、⑥

①　連結自己資本比率	銀行	持株	農林中金	信金中金
普通株式等Tier1比率の計算（普通出資等Tier1比率の計算）	2条1号	2条1号	2条1号	19条1号
Tier1比率の計算	2条2号	2条2号	2条2号	19条2号
総自己資本比率の計算	2条3号	2条3号	2条3号	19条3号
普通株式等Tier1資本に係る基礎項目（普通出資等Tier1資本に係る基礎項目）	5条1項	5条1項	5条1項	22条1項
普通株式等Tier1資本に係る調整項目（普通出資等Tier1資本に係る調整項目）	5条2項	5条2項	5条2項	22条2項
普通株式の定義（普通出資の定義）	5条3項	5条3項	5条3項	22条3項
その他Tier1資本に係る基礎項目	6条1項	6条1項	6条1項	23条1項
その他Tier1資本に係る調整項目	6条2項	6条2項	6条2項	23条2項
特別目的会社等が発行するその他Tier1資本資本調達手段	6条3項	6条3項	6条3項	23条3項
その他Tier1資本調達手段の定義	6条4項	6条4項	6条4項	23条4項
その他Tier1資本に係る調整項目の額が基礎項目の額を上回る場合の取扱い	6条5項	6条5項	6条5項	23条5項
Tier2資本に係る基礎項目	7条1項	7条1項	7条1項	24条1項

付録　413

① 連結自己資本比率（続き）	銀行	持株	農林中金	信金中金
Tier 2 資本に係る調整項目	7条2項	7条2項	7条2項	24条2項
特別目的会社等が発行するTier 2 資本	7条3項	7条3項	7条3項	24条3項
Tier 2 資本調達手段の定義	7条4項	7条4項	7条4項	24条4項
Tier 2 資本に係る調整項目の額が基礎項目の額を上回る場合の取扱い	7条5項	7条5項	7条5項	24条5項
少数株主持分等	8条1項	8条1項	8条1項	25条1項
連結子法人等の特別目的会社等の取扱い	8条2項、3項	8条2項、3項	8条2項、3項	25条2項、3項
自己保有普通株式の額（自己保有普通出資の額）	8条4項	8条4項	8条4項	25条4項
自己保有普通株式（自己保有普通出資）のショート・ポジションとの相殺	8条5項	8条5項	8条5項	25条5項
意図的持合い	8条6項	8条6項	8条6項	25条6項
少数出資金融機関等向け出資	8条7項	8条7項	8条7項	25条7項
その他金融機関等のその他Tier 1 資本調達手段およびTier 2 資本調達手段	8条8項	8条8項	8条8項	25条8項
特定項目のうちその他金融機関等の普通株式	8条9項1号	8条9項1号	8条9項1号	25条9項1号
特定項目のうちモーゲージ・サービシング・ライツ	8条9項2号	8条9項2号	8条9項2号	25条9項2号
特定項目のうち繰延税金資産	8条9項3号	8条9項3号	8条9項3号	25条9項3号
特定項目に係る15％基準超過額	8条10項	8条10項	8条10項	25条10項
他の金融機関等向け出資のショート・ポジションとの相殺	8条11項	8条11項	8条11項	25条11項
危機対応出資の例外	8条12項1号	8条12項1号	8条12項1号	25条12項1号

① 連結自己資本比率（続き）	銀行	持株	農林中金	信金中金
引受行為の例外	8条12項2号	8条12項2号	8条12項2号	25条12項2号
繰延税金資産の繰延税金負債との相殺	8条13項	8条13項	8条13項	25条13項
その他Tier 1資本、Tier 2資本不足額	8条14項	8条14項	8条14項	25条14項
比例連結	9条	9条	9条	26条
信用リスク・アセットの額の算出を要しないエクスポージャー	10条2項	10条2項	10条2項	27条2項
信用リスク・アセットの額の算出を要しない清算機関向けエクスポージャー	10条3項	10条3項	10条3項	27条3項

② 単体自己資本比率	銀行	持株	農林中金	信金中金
普通株式等Tier 1比率の計算（普通出資等Tier 1比率の計算）	14条1号		14条1号	31条1号
Tier 1比率の計算	14条2号		14条2号	31条2号
総自己資本比率の計算	14条3号		14条3号	31条3号
算出の方法（特別目的会社等の取扱い）	15条		15条	32条
普通株式等Tier 1資本に係る基礎項目（普通出資等Tier 1資本に係る基礎項目）	17条1項		17条1項	34条1項
普通株式等Tier 1資本に係る調整項目（普通出資等Tier 1資本に係る調整項目）	17条2項		17条2項	34条2項
普通株式の定義（普通出資の定義）	17条3項		17条3項	34条3項
その他Tier 1資本に係る基礎項目	18条1項		18条1項	35条1項
その他Tier 1資本に係る調整項目	18条2項		18条2項	35条2項
特別目的会社等が発行するその他Tier 1資本調達手段	18条3項		18条3項	35条3項
その他Tier 1資本調達手段の定義	18条4項		18条4項	35条4項

② 単体自己資本比率（続き）	銀行	持株	農林中金	信金中金
その他Tier 1資本に係る調整項目の額が基礎項目の額を上回る場合の取扱い	18条5項		18条5項	35条5項
Tier 2資本に係る基礎項目	19条1項		19条1項	36条1項
Tier 2資本に係る調整項目	19条2項		19条2項	36条2項
特別目的会社等が発行するTier 2資本調達手段の額	19条3項		19条3項	36条3項
Tier 2資本調達手段の定義	19条4項		19条4項	36条4項
Tier 2資本に係る調整項目の額が基礎項目の額を上回る場合の取扱い	19条5項		19条5項	36条5項
自己保有普通株式の額（自己保有普通出資の額）	20条1項		20条1項	37条1項
自己保有普通株式（自己保有普通出資）のショート・ポジションとの相殺	20条2項		20条2項	37条2項
意図的持合い	20条3項		20条3項	37条3項
少数出資金融機関等向け出資	20条4項		20条4項	37条4項
その他金融機関等のTier 1資本調達手段およびTier 2資本調達手段	20条5項		20条5項	37条5項
特定項目のうちその他金融機関等の普通株式	20条6項1号		20条6項1号	37条6項1号
特定項目のうちモーゲージ・サービシング・ライツ	20条6項2号		20条6項2号	37条6項2号
特定項目のうち繰延税金資産	20条6項3号		20条6項3号	37条6項3号
特定項目に係る15%基準超過額	20条7項		20条7項	37条7項
他の金融機関等向け出資のショート・ポジションとの相殺	20条8項		20条8項	37条8項
危機対応出資の例外	20条9項1号		20条9項1号	37条9項1号
引受行為の例外	20条9項2号		20条9項2号	37条9項2号

② 単体自己資本比率（続き）	銀行	持株	農林中金	信金中金
繰延税金資産の繰延税金負債との相殺	20条10項	/	20条10項	37条10項
その他Tier 1 資本、Tier 2 資本不足額	20条11項	/	20条11項	37条11項
信用リスク・アセットの額の算出を要しないエクスポージャー	21条2項	/	21条2項	37条2項
信用リスク・アセットの額の算出を要しない清算機関向けエクスポージャー	21条3項	/	21条3項	38条3項

③ 標準的手法	銀行	持株	農林中金	信金中金
CVAリスク相当額を8％で除して得た額	48条1項2号	26条1項2号	26条1項2号	42条1項2号
中央清算機関関連エクスポージャーの信用リスク・アセットの額	48条1項3号	26条1項3号	26条1項3号	42条1項3号
直接清算参加者の清算取次ぎ等による間接清算参加者に対するトレード・エクスポージャーの取扱い	48条2項	26条2項	26条2項	42条2項
重要な出資のエクスポージャー	76条の2	54条の2	53条の2	70条の2の2
特定項目のうち調整項目に算入されない部分に係るエクスポージャーの取扱い	76条の3	54条の3	53条の3	70条の4の2
与信相当額の算出にあたってのCVAの影響の不勘案	79条5項	57条5項	56条5項	73条5項
信用リスク・アセットの算出におけるCVAの影響の勘案	79条6項	57条6項	56条6項	73条6項
期待エクスポージャー方式採用行のストレスEPE	79条の4第3項	57条の4第3項	56条の4第3項	76条3項
期待エクスポージャー方式採用行の a の取扱い	79条の4第4項	57条の4第4項	56条の4第4項	76条4項
実効EPEの計測におけるマージン・アグリーメントに基づく担保の取扱い	79条の4第5項	57条の4第5項	56条の4第5項	76条5項

③ 標準的手法（続き）	銀行	持株	農林中金	信金中金
実効EPEの計測とショートカットメソッド	79条の4第6項	57条の4第6項	56条の4第6項	76条6項
リスクのマージン期間	79条の4第7項	57条の4第7項	56条の4第7項	76条7項
担保額調整に係る紛争とリスクのマージン期間	79条の4第8項	57条の4第8項	56条の4第8項	76条8項
個別誤方向リスクが存在する場合のネッティング・セットからの除外	79条の4第9項	57条の4第9項	56条の4第9項	76条9項
個別誤方向リスクの特性の勘案	79条の4第10項	57条の4第10項	56条の4第10項	76条10項
現金担保以外の担保の価格変動の勘案	79条の4第11項	57条の4第11項	56条の4第11項	76条11項
法的に有効な相対ネッティング契約の効果	79条の4第12項	57条の4第12項	56条の4第12項	76条12項
直接清算参加者の清算取次ぎ等による間接清算参加者に対するトレード・エクスポージャーのリスクのマージン期間	79条の4第13項	57条の4第13項	56条の4第13項	76条13項
期待エクスポージャー方式の承認基準	79条の4の3	57条の4の3	56条の4の3	76条の3
未決済取引	79条の5	57条の5	56条の5	77条
簡便手法を用いる場合の適格金融資産担保の範囲	89条	67条	66条	86条
包括的手法を用いる場合の適格金融資産担保の範囲	90条	68条	67条	87条
標準的ボラティリティ調整率	94条	72条	71条	92条
ボラティリティ調整率の調整（最低保有期間による調整）	100条	78条	77条	98条
保証人およびプロテクション提供者の適格性	122条	100条	99条	120条
間接清算参加者に対するトレード・エクスポージャーの信用リスク・アセットの額の算出方法	139条の2	117条の2	116条の2	137条の2

④ 内部格付手法	銀行	持株	農林中金	信金中金
内部格付手法採用行の信用リスク・アセットの額	152条1号	130条1号	129条1号	150条2号
大規模規制金融機関等向けエクスポージャーの相関係数の引上げ	153条3項	131条3項	130条3項	151条3項
保証またはクレジット・デリバティブの取扱い	154条	132条	131条	152条
直接清算参加者の清算取次ぎ等による間接清算参加者に対するトレード・エクスポージャーのEAD	157条6項	135条6項	134条6項	156条6項
先進的リスク測定方式によりCVAリスク相当額を算出する場合のマチュリティ上限	158条8項	136条8項	135条8項	156条8項
直接清算参加者の清算取次ぎ等による間接清算参加者に対するトレード・エクスポージャーのEAD（リテール向けエクスポージャー）	165条6項	143条6項	142条6項	164条6項
未決済取引	170条の2	155条の2	154条の2	177条
重要な出資のエクスポージャー	178条の2	156条の2	155条の2	178条の2の2
特定項目のうち調整項目の額に含まれない部分に係るエクスポージャー	178条の3	156条の3	155条の3	178条の4の2
債務者格付の付与等におけるストレス下の債務者の耐性の反映	188条2項3号	166条2項3号	165条2項3号	188条2項3号
1,250％リスク・ウェイトが適用される証券化エクスポージャー	254条256条257条266条	232条234条235条244条	231条233条234条244条	254条256条257条266条

⑤ 共通（リスク・アセット）	銀行	持株	農林中金	信金中金
1,250％のリスク・ウェイトが適用される証券化エクスポージャー	247条	225条	224条	247条

⑤ 共通（リスク・アセット）（続き）	銀行	持株	農林中金	信金中金
標準的リスク測定方式によるCVAリスク相当額の算出対象	270条の2第1項	248条の2第1項	247条の2第1項	270条の2第1項
先進的リスク測定方式によるCVAリスク相当額の算出対象	270条の2第2項	248条の2第2項	247条の2第2項	270条の2第2項
標準的リスク測定方式によるCVAリスク相当額の算出	270条の3第1～5項	248条の3第1～5項	247条の3第1～5項	270条の3第1～5項
標準的リスク測定方式におけるヘッジ効果の勘案	270条の3第6項	248条の3第6項	247条の3第6項	270条の3第6項
標準的リスク測定方式における清算取次ぎ等による間接清算参加者向けトレード・エクスポージャーのEAD	270条の3第7項	248条の3第7項	247条の3第7項	270条の3第7項
先進的リスク測定方式によるCVAリスク相当額の算出	270条の4	248条の4	247条の4	247条の4
先進的リスク測定方式採用行が標準的リスク測定方式を適用できる場合	270条の5	248条の5	247条の5	247条の5
中央清算機関関連エクスポージャーの信用リスク・アセットの計算対象	270条の6	248条の6	247条の6	270条の7
中央清算機関に対するトレード・エクスポージャーおよび直接清算参加者に対するトレード・エクスポージャーの信用リスク・アセット	270条の7	248条の7	247条の7	270条の8
適格中央清算機関に係る清算基金の信用リスク・アセット	270条の8第1項	248条の8第1項	247条の8第1項	270条の9第1項
リスク・センシティブ手法	270条の8第2項	248条の8第2項	247条の8第2項	270条の9第2項
簡便的手法	270条の8第3項	248条の8第3項	247条の8第3項	270条の9第3項

⑤ 共通（リスク・アセット）（続き）	銀行	持株	農林中金	信金中金
適格中央清算機関以外の中央清算機関に係る清算基金の信用リスク・アセット	270条の9	248条の9	247条の9	270条の10

⑥ 24年改正告示附則（信金中金については25年改正告示附則）	銀行	持株	農林中金	信金中金
自己資本比率に係る経過措置	2条1項	2条2項	2条	2条
適格旧Tier 1資本調達手段に係る経過措置	3条1項	3条4項	3条1項	3条9項
適格旧Tier 2資本調達手段に係る経過措置	3条2項	3条5項	3条2項	3条10項
ステップアップ日を迎えた場合の取扱い	3条3項	3条6項	3条3項	3条11項
公的資金に係る経過措置（旧Tier 1）	4条1項	4条3項	4条1項	4条4項
公的資金に係る経過措置（旧Tier 2）	4条2項	4条4項	4条2項	4条5項
その他の包括利益累計額および評価・換算差額等に係る経過措置	5条1項、2項	5条3項、4項	5条1項、2項	6条4項、5項
少数株主持分等に係る経過措置	6条1項	6条2項	6条	7条7項
調整項目に係る経過措置	7条1項、2項	7条3項、4項	7条1項、2項	8条7項、8項
特定項目に係る15%基準額に係る経過措置	8条1項	8条2項	8条	11条4項

2　国内基準告示読替表

　連結・単体の別、標準的手法採用行・内部格付手法採用行の別ごとに、以下のとおり適用される表が異なる。なお、各業態の告示一覧については、本文第1章1を参照。

分類	適用される表
連結・標準的手法採用行	①、③、⑤、⑥
単体・標準的手法採用行	②、③、⑤、⑥
連結・内部格付手法採用行	①、④、⑤、⑥
単体・内部格付手法採用行	②、④、⑤、⑥

① 連結自己資本比率	銀行	持株	信金	信組	労金	農協	漁協
自己資本比率の計算	25条	14条	2条	2条	2条	11条	11条
マーケット・リスク不算入の特例	27条	16条					
コア資本に係る基礎項目	28条1項	17条1項	4条1項	4条1項	4条1項	12条1項	12条1項
コア資本に係る調整項目	28条2項	17条2項	4条2項	4条2項	4条2項	12条2項	12条2項
普通株式（普通出資）の定義	28条3項	17条3項	4条3項	4条3項	4条3項	12条3項	12条3項
強制転換条項付優先株式（非累積的永久優先出資）の定義	28条4項	17条4項	4条4項	4条4項	4条4項	12条4項	12条4項
無形固定資産等の繰延税金負債相当額との相殺	28条5項	17条5項	4条5項	4条5項	4条5項	12条5項	12条5項
調整後少数株主持分	29条1項	18条1項	5条1項	5条1項	5条1項	13条1項	13条1項
自己保有普通株式等（自己保有普通出資等）	29条2項	18条2項	5条2項	5条2項	5条2項	13条2項	13条2項
自己保有普通株式等（自己保有普通出資等）のショート・ポジションとの相殺	29条3項	18条3項	5条3項	5条3項	5条3項	13条3項	13条3項
意図的持合い	29条4項	18条4項	5条4項	5条4項	5条4項	13条4項	13条4項
少数出資金融機関等の対象普通株式等（対象普通出資等）	29条5項	18条5項	5条5項	5条5項	5条5項	13条5項	13条5項
連合会の対象普通出資等			5条6項	5条6項	5条6項		

① 連結自己資本比率（続き）	銀行	持株	信金	信組	労金	農協	漁協
特定項目のうちその他金融機関等の対象普通株式等（対象普通出資等）	29条6項1号	18条6項1号	5条7項1号	5条7項1号	5条7項1号	13条6項1号	13条6項1号
特定項目のうちモーゲージ・サービシング・ライツ	29条6項2号	18条6項2号	5条7項2号	5条7項2号	5条7項2号	13条6項2号	13条6項2号
特定項目のうち繰延税金資産	29条6項3号	18条6項3号	5条7項3号	5条7項3号	5条7項3号	13条6項3号	13条6項3号
特定項目に係る15％基準超過額	29条7項	18条7項	5条8項	5条8項	5条8項	13条7項	13条7項
他の金融機関等の対象普通株式等（対象普通出資等）のショート・ポジションとの相殺	29条8項	18条8項	5条9項	5条9項	5条9項	13条8項	13条8項
危機対応出資の例外	29条9項1号	18条9項1号	5条10項1号	5条10項1号	5条10項1号	13条9項1号	13条9項1号
引受行為の例外	29条9項2号	18条9項2号	5条10項2号	5条10項2号	5条10項2号	13条9項2号	13条9項2号
繰延税金資産の繰延税金負債との相殺	29条10項	18条10項	5条11項	5条11項	5条11項	13条10項	13条10項
繰延税金資産の計算対象外の項目（その他有価証券評価差額等）	29条11項	18条11項	5条12項	5条12項	5条12項	13条11項	13条11項
他の金融機関等向け出資の評価差額の取扱い	29条12項	18条12項	5条13項	5条13項	5条13項	13条12項	13条12項
比例連結	32条	21条	7条	7条	7条	15条	15条
信用リスク・アセットの額の算出を要しないエクスポージャー	33条2項	22条2項	8条2項	8条2項	8条2項	16条2項	16条2項
信用リスク・アセットの額の算出を要しない中央清算機関向けエクスポージャー	33条3項	22条3項	8条3項	8条3項	8条3項	16条3項	16条3項
内部格付手法採用行のフロア計算	26条	25条	10条	10条	10条	18条	18条

② 単体自己資本比率	銀行	持株	信金	信組	労金	農協	漁協
自己資本比率の計算	37条		11条	11条	11条	2条	2条
マーケット・リスク不算入の特例	39条						
コア資本に係る基礎項目	40条1項		13条1項	13条1項	13条1項	4条1項	4条1項
コア資本に係る調整項目	40条2項		13条2項	13条2項	13条2項	4条2項	4条2項
普通株式（普通出資）の定義	40条3項		13条3項	13条3項	13条3項	4条3項	4条3項
強制転換条項付優先株式（非累積的永久優先出資）の定義	40条4項		13条4項	13条4項	13条4項	4条4項	4条4項
無形固定資産等の繰延税金負債相当額との相殺	40条5項		13条5項	13条5項	13条5項	4条5項	4条5項
自己保有普通株式等（自己保有普通出資等）	41条1項		14条1項	14条1項	14条1項	5条1項	5条1項
自己保有普通株式等（自己保有普通出資等）のショート・ポジションとの相殺	41条2項		14条2項	14条2項	14条2項	5条2項	5条2項
意図的持合い（含、他の金融機関等の範囲）	41条3項		14条3項	14条3項	14条3項	5条3項	5条3項
少数出資金融機関等の対象普通株式等（対象普通出資等）	41条4項		14条4項	14条4項	14条4項	5条4項	5条4項
連合会の対象普通出資等			14条5項	14条5項	14条5項		
特定項目のうちその他金融機関等の対象普通株式等（対象普通出資等）	41条5項1号		14条6項1号	14条6項1号	14条6項1号	5条5項1号	5条5項1号
特定項目のうちモーゲージ・サービシング・ライツ	41条5項2号		14条6項2号	14条6項2号	14条6項2号	5条5項2号	5条5項2号
特定項目のうち繰延税金資産	41条5項3号		14条6項3号	14条6項3号	14条6項3号	5条5項3号	5条5項3号

② 単体自己資本比率（続き）	銀行	持株	信金	信組	労金	農協	漁協
特定項目に係る15％基準超過額	41条6項		14条7項	14条7項	14条7項	5条6項	5条6項
他の金融機関等の対象普通株式等（対象普通出資等）のショート・ポジションとの相殺	41条7項		14条8項	14条8項	14条8項	5条7項	5条7項
危機対応出資の例外	41条8項1号		14条9項1号	14条9項1号	14条9項1号	5条8項1号	5条8項1号
引受行為の例外	41条8項2号		14条9項2号	14条9項2号	14条9項2号	5条8項2号	5条8項2号
繰延税金資産の繰延税金負債との相殺	41条9項		14条10項	14条10項	14条10項	5条9項	5条9項
繰延税金資産の計算対象外の項目（その他有価証券評価差額等）	41条10項		14条11項	14条11項	14条11項	5条10項	5条10項
他の金融機関等向け出資の評価差額の取扱い	41条11項		14条12項	14条12項	14条12項	5条11項	5条11項
信用リスク・アセットの額の算出を要しないエクスポージャー	44条2項		16条2項	16条2項	16条2項	7条2項	7条2項
信用リスク・アセットの額の算出を要しない中央清算機関向けエクスポージャー	44条3項		16条3項	16条3項	16条3項	7条3項	7条3項
内部格付手法採用行のフロア計算	47条		18条	18条	18条	9条	9条

③ 標準的手法	銀行	持株	信金	信組	労金	農協	漁協
信用リスク・アセットの額の計算における資産の額の評価差額の取扱い	48条1項1号	26条1項1号	42条1項1号	19条1項1号	19条1項1号	19条1項1号	19条1項1号
CVAリスク相当額を8％で除して得た額	48条1項2号	26条1項2号	42条1項2号	19条1項2号	19条1項2号	19条1項2号	19条1項2号

③ 標準的手法（続き）	銀行	持株	信金	信組	労金	農協	漁協
中央清算機関関連エクスポージャーの信用リスク・アセットの額	48条1項3号	26条1項3号	42条1項3号	19条1項3号	19条1項3号	19条1項3号	19条1項3号
直接清算参加者の清算取次ぎ等による間接清算参加者に対するトレード・エクスポージャーの取扱い	48条2項	26条2項	42条2項	19条2項	19条2項	19条2項	19条2項
重要な出資のエクスポージャー	76条の2の2	54条の2の2	70条の2	47条の2	47条の2	47条の2	47条の2
対象普通株式等（対象普通出資等）以外の対象資本調達手段のエクスポージャー	76条の2の3	54条の2の3	70条の3第1項	47条の3第1項	47条の3第1項	47条の3第1項	47条の3第1項
連合会の対象普通出資等のうちコア資本に係る調整項目の額に算入されないもの	/	/	70条の3第2項	47条の3第2項	47条の3第2項	/	/
農中・系統上部の対象資本調達手段	/	/	/	/	/	47条の3第2項	47条の3第2項
特定項目のうち調整項目に算入されない部分に係るエクスポージャーの取扱い	76条の4	54条の4	70条の4	47条の4	47条の4	47条の4	47条の4
与信相当額の算出にあたってのCVAの影響の不勘案	79条5項	57条5項	73条5項	50条5項	50条5項	50条5項	50条5項
信用リスク・アセットの算出におけるCVAの影響の勘案	79条6項	57条6項	73条6項	50条6項	50条6項	50条6項	50条6項
期待エクスポージャー方式採用行のストレスEPE	79条の4第3項	57条の4第3項	76条3項	53条3項	53条3項	53条3項	53条3項
期待エクスポージャー方式採用行のαの取扱い	79条の4第4項	57条の4第4項	76条4項	53条4項	53条4項	53条4項	53条4項

③　標準的手法（続き）	銀行	持株	信金	信組	労金	農協	漁協
実効EPEの計測におけるマージン・アグリーメントに基づく担保の取扱い	79条の4第5項	57条の4第5項	76条5項	53条5項	53条5項	53条5項	53条5項
実効EPEの計測とショートカットメソッド	79条の4第6項	57条の4第6項	76条6項	53条6項	53条6項	53条6項	53条6項
リスクのマージン期間	79条の4第7項	57条の4第7項	76条7項	53条7項	53条7項	53条7項	53条7項
担保額調整に係る紛争とリスクのマージン期間	79条の4第8項	57条の4第8項	76条8項	53条8項	53条8項	53条8項	53条8項
個別誤方向リスクが存在する場合のネッティング・セットからの除外	79条の4第9項	57条の4第9項	76条9項	53条9項	53条9項	53条9項	53条9項
個別誤方向リスクの特性の勘案	79条の4第10項	57条の4第10項	76条10項	53条10項	53条10項	53条10項	53条10項
現金担保以外の担保の価格変動の勘案	79条の4第11項	57条の4第11項	76条11項	53条11項	53条11項	53条11項	53条11項
法的に有効な相対ネッティング契約の効果	79条の4第12項	57条の4第12項	76条12項	53条12項	53条12項	53条12項	53条12項
直接清算参加者の清算取次ぎ等による間接清算参加者に対するトレード・エクスポージャーのリスクのマージン期間	79条の4第13項	57条の4第13項	76条13項	53条13項	53条13項	53条13項	53条13項
期待エクスポージャー方式の承認基準	79条の4の3	57条の4の3	76条の3	53条の3	53条の3	53条の3	53条の3
未決済取引	79条の5	57条の5	77条	54条	54条	54条	54条

③　標準的手法（続き）	銀行	持株	信金	信組	労金	農協	漁協
簡便手法を用いる場合の適格金融資産担保の範囲	89条4号	67条	86条	64条	64条	64条	64条
包括的手法を用いる場合の適格金融資産担保の範囲	90条	68条	87条	/	/	/	/
標準的ボラティリティ調整率	94条	72条	92条	69条	69条	69条	69条
ボラティリティ調整率の調整（最低保有期間による調整）	100条	78条	98条	75条	75条	75条	75条
保証人およびプロテクション提供者の適格性	122条	100条	120条	97条	97条	97条	97条
間接清算参加者に対するトレード・エクスポージャーの信用リスク・アセットの額の算出方法	139条の2	117条の2	137条の2	113条の2	113条の2	113条の2	113条の2
1,250％リスク・ウェイト適用証券化エクスポージャー	249条	227条	249条	225条	225条	225条	225条

④　内部格付手法	銀行	持株	信金	信組	労金	農協	漁協
内部格付手法採用行の信用リスク・アセットの額	152条1号	130条1号	150条2号	126条	126条	126条	126条
大規模規制金融機関等向けエクスポージャーの相関係数の引上げ	153条3項	131条3項	151条3項	127条3項	127条3項	127条3項	127条3項
保証またはクレジット・デリバティブの取扱い	154条	132条	152条	128条	128条	128条	128条
直接清算参加者の清算取次ぎ等による間接清算参加者に対するトレード・エクスポージャーのEAD	157条6項	135条6項	156条6項	132条6項	132条6項	132条6項	132条6項
先進的リスク測定方式によりCVAリスク相当額を算出する場合のマチュリティ上限	158条8項	136条8項	156条8項	/	/	/	/

④ 内部格付手法（続き）	銀行	持株	信金	信組	労金	農協	漁協
直接清算参加者の清算取次ぎ等による間接清算参加者に対するトレード・エクスポージャーのEAD（リテール向けエクスポージャー）	165条6項	143条6項	164条6項	140条6項	140条6項	140条6項	140条6項
未決済取引	170条の2	155条の2	177条	153条	153条	153条	153条
重要な出資のエクスポージャー	178条の2の2	156条の2の2	178条の2	154条の2	154条の2	154条の2	154条の2
対象普通株式等（対象普通出資等）以外の対象資本調達手段のエクスポージャー	178条の2の3	156条の2の3	178条の3第1項	154条の3第1項	154条の3第1項	154条の3第1項	154条の3第1項
連合会の対象普通出資等のうちコア資本に係る調整項目の額に算入されないもの			178条の3第2項	154条の3第2項	154条の3第2項		
農中・系統上部の対象資本調達手段						154条の3第2項	154条の3第2項
特定項目のうち調整項目に算入されない部分に係るエクスポージャーの取扱い	178条の4	156条の4	178条の4	154条の4	154条の4	154条の4	154条の4
信用リスク・アセットの額の計算における資産の額の評価差額の取扱い	178条の5	156条の5	178条の5	154条の5	154条の5	154条の5	154条の5
債務者格付の付与等におけるストレス下の債務者の耐性の反映	188条2項3号	166条2項3号	188条2項3号	164条2項3号	164条2項3号	164条2項3号	164条2項3号
内部格付手法最低資本要件	238条	216条	238条	214条	214条	214条	214条
1,250％リスク・ウェイトが適用される証券化エクスポージャー	254条 256条 257条 266条	232条 234条 235条 244条	254条 256条 257条 266条	230条 232条 233条 242条	230条 232条 233条 242条	230条 232条 233条 242条	230条 232条 233条 242条

⑤ 共通（リスク・アセット）	銀行	持株	信金	信組	労金	農協	漁協
1,250％のリスク・ウェイトが適用される証券化エクスポージャー	247条	225条	247条	223条	223条	223条	223条
標準的リスク測定方式によるCVAリスク相当額の算出対象	270条の2第1項	248条の2第1項	270条の2第1項	246条の2第1項	246条の2第1項	246条の2第1項	246条の2第1項
先進的リスク測定方式によるCVAリスク相当額の算出対象	270条の2第2項	248条の2第2項	270条の2第2項	／	／	／	／
標準的リスク測定方式によるCVAリスク相当額の算出	270条の3第1〜5項	248条の3第1〜5項	270条の3第1〜5項	246条の3第1〜5項	246条の3第1〜5項	246条の3第1〜5項	246条の3第1〜5項
標準的リスク測定方式におけるヘッジ効果の勘案	270条の3第6項	248条の3第6項	270条の3第6項	246条の3第6項	246条の3第6項	246条の3第6項	246条の3第6項
標準的リスク測定方式における清算取次ぎ等による間接清算参加者向けトレード・エクスポージャーのEAD	270条の3第7項	248条の3第7項	270条の3第7項	246条の3第7項	246条の3第7項	246条の3第7項	246条の3第7項
先進的リスク測定方式によるCVAリスク相当額の算出	270条の4	248条の4	247条の4	／	／	／	／
先進的リスク測定方式採用行が標準的リスク測定方式を適用できる場合	270条の5	248条の5	247条の5	／	／	／	／
簡便的リスク測定方式によるCVAリスク相当額の算出	270条の5の2	248条の5の2	270条の6	246条の4	246条の4	246条の4	246条の4
中央清算機関関連エクスポージャーの信用リスク・アセットの計算対象	270条の6	248条の6	270条の7	246条の5	246条の5	246条の5	246条の5
中央清算機関に対するトレード・エクスポージャーおよび直接清算参加者に対するトレード・エクスポージャーの信用リスク・アセット	270条の7	248条の7	270条の8	246条の6	246条の6	246条の6	246条の6

⑤ 共通(リスク・アセット)(続き)	銀行	持株	信金	信組	労金	農協	漁協
適格中央清算機関に係る清算基金の信用リスク・アセット	270条の8第1項	248条の8第1項	270条の9第1項	246条の7第1項	246条の7第1項	246条の7第1項	246条の7第1項
リスク・センシティブ手法	270条の8第2項	248条の8第2項	270条の9第2項	246条の7第2項	246条の7第2項	246条の7第2項	246条の7第2項
簡便的手法	270条の8第3項	248条の8第3項	270条の9第3項	246条の7第3項	246条の7第3項	246条の7第3項	246条の7第3項
適格中央清算機関以外の中央清算機関に係る清算基金の信用リスク・アセット	270条の9	248条の9	270条の10	246条の8	246条の8	246条の8	246条の8
マーケット・リスクの一般市場リスクの計算において内部モデル方式を採用する場合の最低資本要件	274条	252条					
オペレーショナル・リスク相当額の計算において先進的計測手法を採用する場合の最低資本要件	315条	293条	315条	259条	259条	259条	259条

⑥ 25年改正告示附則	銀行	持株	信金	信組	労金	農協	漁協
適格旧非累積的永久優先株に係る経過措置	3条1項	3条4項					
適格旧資本調達手段に係る経過措置	3条2項	3条5項	3条7項	3条12項	2条1項	2条1項	2条3項
ステップアップ日を迎えた場合の取扱い	3条3項	3条6項	3条8項	3条13項	2条2項	2条2項	2条4項
公的資金に係る経過措置	4条1項	4条2項	4条3項	4条6項	3条	3条1項	3条2項
土地再評価差額金に係る経過措置	5条1項、2項	5条3項、4項	5条5項、6項	5条7項、8項	4条	4条1項、2項	4条3項、4項
その他包括利益累計額、評価換算差額等に係る経過措置	6条1項	6条2項	6条3項	6条6項	5条		

⑥ 25年改正告示附則（続き）	銀行	持株	信金	信組	労金	農協	漁協
少数株主持分に係る経過措置	7条1項、2項	7条3項、4項	7条5項、6項	7条8項、9項	6条	5条1項、2項	5条3項、4項
調整項目に係る経過措置	8条1項、2項	8条3項、4項	8条5項、6項	3条9項、10項	7条	6条1項、2項	6条3項、4項
自己保有普通株式等（自己保有普通出資等）に係る経過措置	9条1項	9条2項	9条3項	9条4項	8条	7条1項	7条2項
意図的持合いに係る経過措置	10条1項	10条2項	10条3項	10条4項	9条	8条1項	8条2項
特定項目に係る15％基準相当額に係る経過措置	11条1項	11条2項	11条3項	11条5項	10条	9条1項	9条2項
他の金融機関等向け出資のリスク・ウェイト引上げ（250％）に係る経過措置	12条1項	12条3項	12条5項	12条7項	11条1項	10条1項	10条3項
適格旧非累積的永久優先株または適格旧資本調達手段に係る経過措置	12条2項	12条4項	12条6項	12条8項	11条2項	10条2項	10条4項
内部格付手法採用行の最低資本要件に係る経過措置	13条1項	13条2項					
単体自己資本比率計算の際の海外特別目的会社等に係る経過措置	15条						

事項索引

〈英字〉

CSA契約の取扱い …………… 187
CVA(Credit Valuation Adjustment)
　………………………… 149, 150
CVAヘッジ …………………… 162
CVAリスク ……………… 149, 331
Domestic Systemically Important
　Banks（D-SIBs）…………… 391
DVA(Debt Valuation Adjustment)
　………………………………… 163
Global Systemically Important
　Banks（G-SIBs）…………… 390
G-SIBサーチャージ ………… 390
Tier 1 比率 …………………… 31
Tier 2 資本 …………………… 122
Tier 2 資本調達手段 ……… 123, 380
Tier 2 資本に係る基礎項目 …… 122
Tier 2 資本に係る調整項目 …… 134
Tier 2 資本に係る調整後少数株主
　持分等 ……………………… 129
Tier 2 の撤廃 ………………… 212

〈あ行〉

安定調達比率 ………………… 404
一般誤方向リスク …………… 180
意図的に保有している他の金融機
　関等のその他Tier 1 資本調達手
　段 …………………………… 126
意図的に保有している他の金融機
　関等の対象資本調達手段 …… 79, 284
意図的に保有している他の金融機
　関等の対象資本調達手段の額に
　係る経過措置 ……………… 324
意図的に保有している他の金融機
　関等の普通株式の額 ………… 79
意図的に保有している他の金融機
　関等のTier 2 資本調達手段 …… 135
意図的保有（バーゼルⅡ）
　………………………… 74, 81, 286
意図的持合い ……………… 81, 286

〈か行〉

回転出資金 …………………… 370
外部格付の使用（CVAリスク相
　当額の計算）………………… 159
カウンター・シクリカル・バッ
　ファー ……………………… 388
貸倒引当金 ……… 133, 221, 261, 353
間接清算参加者 ……………… 171
間接保有 ………………… 77, 281
簡便手法（CCP）……………… 169
簡便的リスク測定方式（CVA）…… 331
危機対応出資 ……………… 85, 290
規制資本の損失吸収力の差異 …… 217
期待エクスポージャー方式 …… 179
期待損失額の合計額から適格引当
　金の合計額を控除した額 …… 65, 271
強制転換条項付優先株式 …… 216, 243
協同組織金融機関に係る告示一覧
　………………………………… 345
協同組織金融機関による連合会向

事項索引　433

け出資 ·· 360
協同組織金融機関の相互援助制度
　··· 360
繰越欠損金 ····························· 63, 268
繰延税金資産（一時差異に係るも
　のに限る） ··························· 91, 298
繰延税金資産（一時差異に係るも
　のを除く） ··························· 62, 268
繰延ヘッジ損益 ······················· 64, 254
グローバルなシステム上重要な銀
　行 ·· 390
経過措置 ····················· 137, 223, 366
コア資本に係る基礎項目 ······ 236, 347
コア資本に係る調整項目 ······ 263, 355
コア資本に係る調整項目に係る経
　過措置 ····································· 320
コア資本に係る調整後少数株主持
　分 ································· 256, 353
公的機関による資本の増強に関す
　る措置に係る経過措置 ······ 142, 311
ゴーイング・コンサーン損失吸収
　力 ·· 105
国際統一基準行 ······························ 2
国際統一基準行と国内基準行 ········· 4
国際統一基準と国内基準の比較 ··· 226
国内基準行 ······································ 3
国内のシステム上重要な銀行 ······ 391
個別誤方向リスク ························ 180
誤方向リスク ······························· 180

〈さ行〉

再建計画（recovery plans） ········ 394
最低所要自己資本比率 ··········· 29, 228
再評価積立金 ······························· 370

自己資本の構成要素の開示
　································ 194, 195, 336
自己資本比率に係る経過措置 ······ 137
自己保有その他Tier 1 資本調達手
　段 ·· 120
自己保有Tier 2 資本調達手段 ······ 134
自己保有普通株式 ·························· 68
自己保有普通株式等 ···················· 274
自己保有普通株式等に係る経過措
　置 ·· 323
実効マチュリティ ························ 161
実質破綻認定時（point of non-
　viability ; PON） ······················ 108
実質破綻時の損失吸収力 ············· 108
シドニー合意 ································· 39
資本調達手段に係る経過措置
　······································ 138, 305
資本調達手段の概要および詳細の
　開示 ··· 200
資本調達手段の概要の開示 ········· 340
資本保全バッファー ···················· 385
社債型優先株式 ··························· 216
重要な出資 ·································· 189
主要な特性（Key attributes） ······ 394
証券化取引に伴い増加した自己資
　本 ····································· 66, 272
少数株主持分 ························· 48, 254
少数株主持分等に係る経過措置 ··· 144
少数株主持分に係る経過措置 ······ 316
少数出資金融機関等 ············· 81, 287
少数出資金融機関等のその他Tier
　1 資本調達手段 ························ 120
少数出資金融機関等の対象普通株
　式等 ··· 287

少数出資金融機関等のTier 2 資本
　調達手段 ………………………… 135
少数出資金融機関等の普通株式の
　額 ………………………………… 81
ショートカット・メソッド ……… 182
ショート・ポジションとの相殺 …… 69,
　　　　　　　　　　　　84, 275, 288
処理計画（resolution plans） …… 396
新株予約権 ……………………… 48, 254
信用金庫連合会の対象普通出資等
　…………………………………… 363
清算基金（デフォルト・ファン
　ド） ……………………………… 169
先進的リスク測定方式（CVA）… 154
早期警戒制度 ……………………… 9
早期是正措置 …………………… 7, 387
相互援助積立金 …………………… 370
総自己資本比率 …………………… 31
その他金融機関等 ……………… 89, 297
その他金融機関等のその他Tier 1
　資本調達手段 …………………… 121
その他金融機関等の対象資本調達
　手段 ……………………………… 89
その他金融機関等の対象普通株式
　等 ………………………………… 298
その他金融機関等のTier 2 資本調
　達手段 …………………………… 135
その他Tier 1 資本 …………… 94, 378
その他Tier 1 資本調達手段 ……… 95
その他Tier 1 資本に係る基礎項目
　…………………………………… 94
その他Tier 1 資本に係る調整項目
　…………………………………… 119
その他Tier 1 資本に係る調整後少

　数株主持分等 …………………… 115
その他の包括利益累計額
　……………………………… 46, 252, 352
その他の包括利益累計額および評
　価・換算差額等に係る経過措置
　…………………………………… 143
その他無形資産 ………………… 61, 267
その他有価証券の評価損益 ……… 218
その他有価証券評価差額金の資本
　不算入 …………………………… 252
ソフトウェア …………………… 61, 267

〈た行〉

大規模規制金融機関等 …………… 175
第 3 の柱の見直し …………… 193, 336
貸借対照表とのリコンシリエー
　ション …………………………… 199
対象資本調達手段 ……………… 77, 282
対象普通株式等 …………………… 284
退職給付に係る資産 …………… 67, 273
退職給付に係るものの経過措置 … 315
他の金融機関等 ………………… 74, 280
他の金融機関等の対象資本調達手
　段に係るエクスポージャーに係
　る経過措置 ……………………… 326
ダブルギアリング ………… 71, 211, 277
弾力化措置 ……………………… 219, 253
中央清算機関（Central Counterparty ;
　CCP） …………………………… 163
調整項目 …………………………… 55
調整項目に係る経過措置 ………… 146
直接清算参加者 …………………… 171
適格旧資本調達手段 ……………… 308
適格旧資本調達手段に係る経過措

事項索引　435

置 ……………………………… 308
適格旧Tier 1 資本調達手段に係る
　経過措置 ………………………… 138
適格旧Tier 2 資本調達手段に係る
　経過措置 ………………………… 139
適格旧非累積的永久優先株 ……… 306
適格旧非累積的永久優先株に係る
　経過措置 ………………………… 306
適格中央清算機関 ………………… 165
適格引当金の合計額から期待損失
　の合計額を控除した額 …… 133, 261
特定項目 …………………… 88, 297
特定項目に係る10％基準超過額
　………………………………… 88, 296
特定項目に係る15％基準超過額
　………………………………… 92, 300
特定項目に係る15％基準超過額に
　係る経過措置 …………… 148, 325
特定項目の定義 …………………… 89
特定項目の取扱い ………………… 302
特定連結子法人等 ………… 50, 257
特別目的会社等 …………………… 113
土地再評価差額金 ………………… 253
土地再評価差額金に係る経過措置
　…………………………………… 312
トレード・エクスポージャー …… 167

〈な行〉

内部モデル承認要件 ……………… 334
日本における実質破綻認定時の定
　義 ………………………………… 109
日本標準産業分類 …………… 75, 280
農水系統機関 ……………………… 368
のれん ………………………… 60, 266

のれん相当差額 ……………… 60, 266

〈は行〉

バーゼル2.5 ………………………… 16
バーゼル銀行監督委員会 ……………2
バーゼル合意のパスポート機能 … 21
配当停止の完全裁量性 …………… 248
配当または利払停止の完全裁量性
　………………………………………… 101
ピアレビュー ……………………… 22
評価・換算差額等 …………… 47, 370
標準的ボラティリティ調整率 …… 184
標準的リスク測定方式（CVA）… 157
非累積的永久優先出資の要件 …… 350
比例連結 …………………… 191, 334
負債の時価評価 …………… 67, 273
普通株式 …………………… 41, 238
普通株式等Tier 1 資本に係る基礎
　項目 ………………………………… 38
普通株式等Tier 1 資本に係る調整
　項目 ………………………………… 55
普通株式等Tier 1 資本に係る調整
　後少数株主持分 ………………… 48
普通株式等Tier 1 比率 …………… 31
普通株式に係る株主資本 ………… 40
普通出資 …………………… 348, 376
普通出資または非累積的永久優先
　出資に係る会員勘定 …………… 348
普通出資または非累積的永久優先
　出資に係る組合員資本または会
　員資本 ……………………………… 370
フロア ……………………………… 191
プロシクリカリティ ……… 218, 221
法的ベイルイン …………………… 111

保険会社の基金 …………………… 79
保証人に対する格付要件 ………… 188

〈ま行〉

マーケット・リスク相当額不算入
　の特例 …………………… 233
マージン期間（マージン・ピリオ
　ド） ……………………… 186
前払年金費用 …………… 67, 273
みなし普通株式 ………… 77, 282
無形固定資産 …………… 61, 264
モーゲージ・サービシング・ライ
　ツ ……………………… 61, 91, 298

〈や行〉

預金保険法 ……………………… 110

〈ら行〉

リスク・ウェイト1,250% ……… 189
リスク・センシティブ手法（CCP）
　……………………………… 169
流動性カバレッジ比率 …………… 403
ルックスルー …………… 77, 281
レバレッジ規制 ………………… 399
連合会による傘下金庫・組合への
　出資 ……………………… 358
連合会向け出資 ………………… 224

事項索引　437

バーゼルⅢ 自己資本比率規制
国際統一／国内基準告示の完全解説

平成26年5月9日　第1刷発行
平成28年6月23日　第3刷発行

著　者　北　野　淳　史
　　　　緒　方　俊　亮
　　　　浅　井　太　郎
発行者　小　田　　　徹
印刷所　図書印刷株式会社

〒160-8520　東京都新宿区南元町19
発　行　所　一般社団法人 金融財政事情研究会
　　　編　集　部　TEL 03(3355)2251　FAX 03(3357)7416
販　　売　株式会社きんざい
　　　販売受付　TEL 03(3358)2891　FAX 03(3358)0037
　　　URL http://www.kinzai.jp/

・本書の内容の一部あるいは全部を無断で複写・複製・転訳載すること、および磁気または光記録媒体、コンピュータネットワーク上等へ入力することは、法律で認められた場合を除き、著作者および出版社の権利の侵害となります。
・落丁・乱丁本はお取替えいたします。定価はカバーに表示してあります。

ISBN978-4-322-12448-4